Saurier

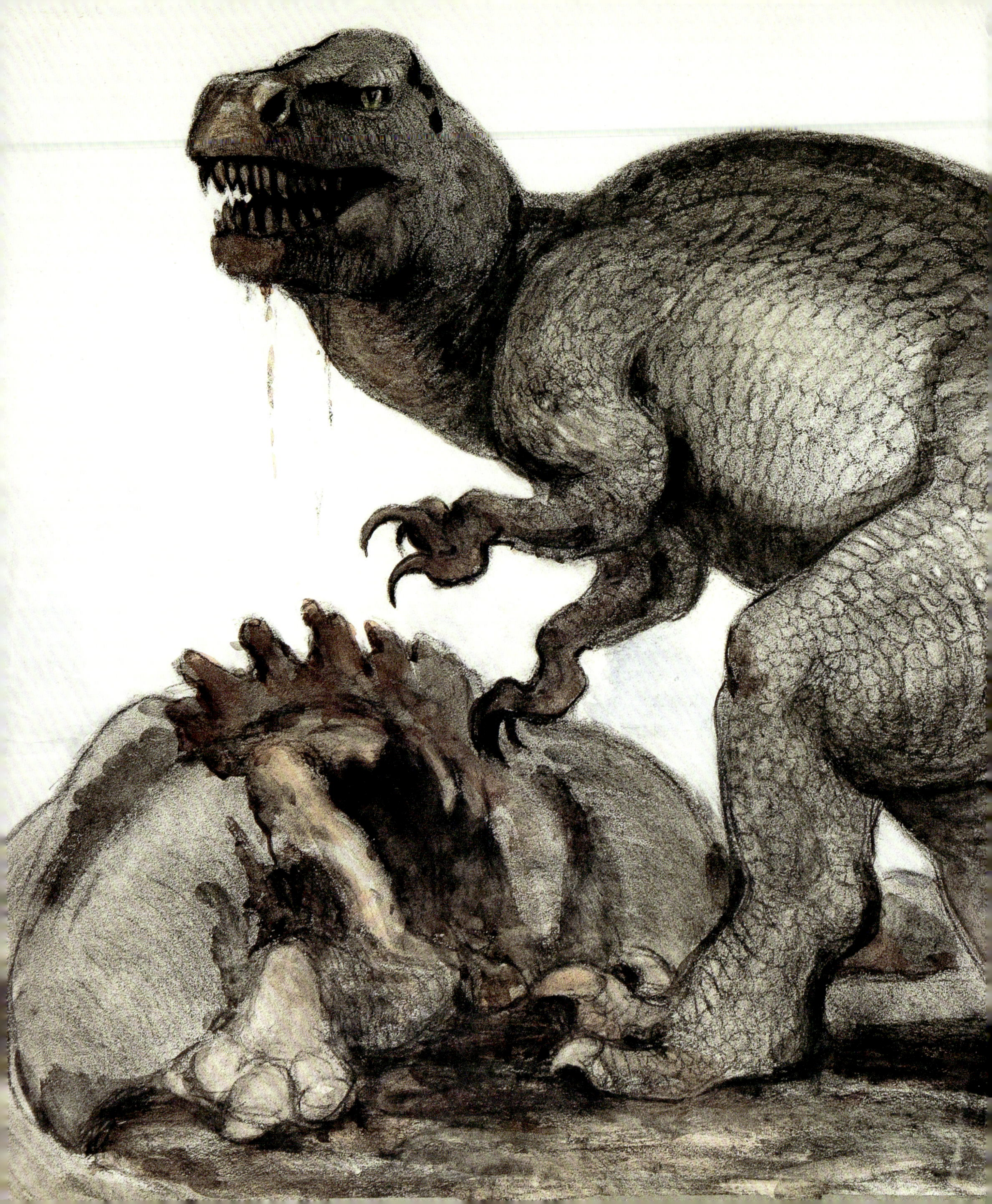

Saurier

Die Erfindung der Urzeit

Herausgegeben von
Tom Hübner

für die Stiftung
Schloss Friedenstein Gotha

SCHNELL + STEINER

Die Ausstellung wurde durch die folgenden Personen, Vereine und Firmen gefördert:

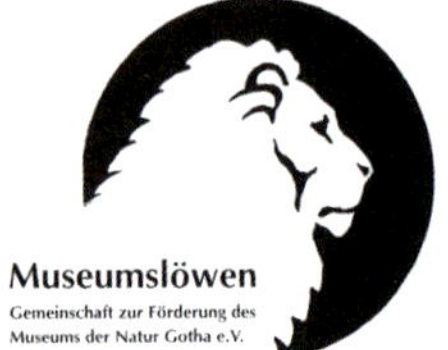

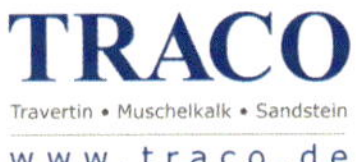

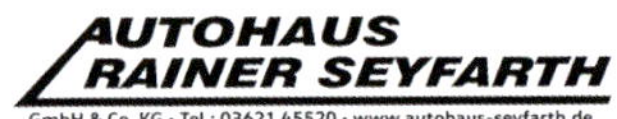

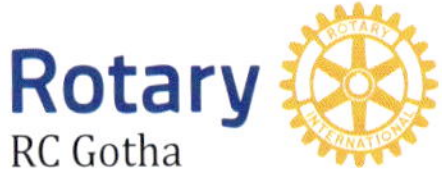

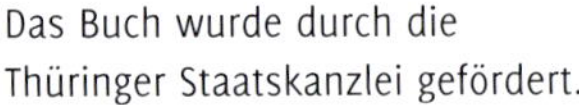
Das Buch wurde durch die Thüringer Staatskanzlei gefördert.

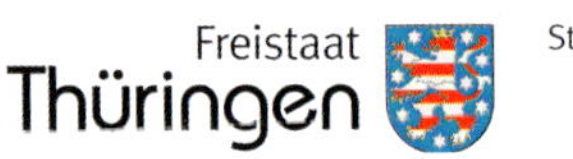

Abb. Seite 2: *Bildausschnitt aus dem Aquarell »Tyrannosaurus« von Vassili Alexejewitsch Vatagin, 1915.*

Inhalt

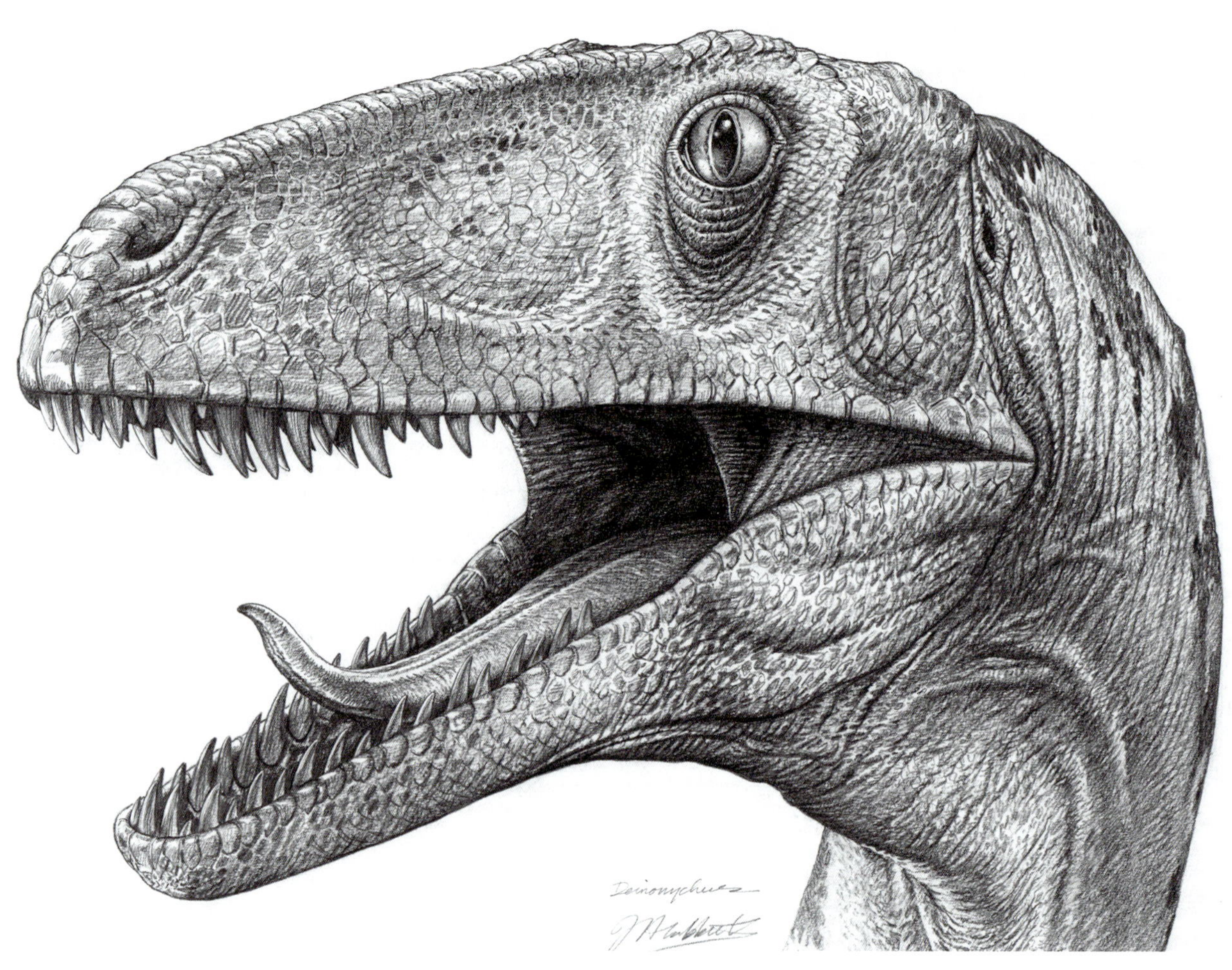

Deinonychus Portrait. John Sibbick, 1991.

Vorwort

Saurier! Sofort haben die meisten Menschen bei diesem Namen ein Bild im Kopf. Zumeist sind es gewaltige Riesenechsen, die unsereins mit einem Mal verschlingen könnten – wenn sie nicht ausgestorben wären. Doch woher wissen die Menschen überhaupt, wie die Urzeitwesen aussahen, was sie fraßen und wie sie sich bewegten? Abgesehen von heute lebenden Krokodilen und Echsen hat niemand solche Wesen je zu Gesicht bekommen.

Natürlich kennen wir die Knochen, Zähne und sogar ganze Skelette, die seit nunmehr 200 Jahren von Forschern aus der Erde geholt werden. Aber kaum jemand kann sich nur anhand dieser Reste ein lebendes Wesen darunter vorstellen, denn einer der wichtigsten Sinne des Menschen ist das Sehen. Der berühmte Evolutionsbiologe und Paläontologe Stephen Jay Gould schrieb 1993 im Discover Magazine dazu: »Wie wir die Vergangenheit des Lebens verstehen, ist mehr eine Konsequenz der Kunst als der Wissenschaft«.

Tatsächlich ist die sogenannte Paläokunst die ideale Verbindung zwischen den versteinerten Knochen und unserer Vorstellungskraft. Fast genauso lang wie die Wissenschaft der Paläontologie gibt es bereits Rekonstruktionen, Bilder und Modelle von Sauriern, mal einzeln, mal im Kampf oder als Teil einer urzeitlichen Welt. Die Paläokunst ist unser menschliches Fenster in die Urzeit, denn sie nimmt den aktuellen Stand des Wissens auf und ergänzt die Wissenslücken mit begründeten Vermutungen.

Im Laufe der letzten 200 Jahre haben Menschen durch immer neue Funde und Erkenntnisse die Saurier und die Urzeit immer wieder neu gesehen und durch die Paläokunst auch immer wieder neu erfunden. Der Titel der großen Sonderausstellung der Stiftung Schloss Friedenstein Gotha im Jahr 2021 könnte daher nicht passender sein: Saurier – Die Erfindung der Urzeit!

Die Ausstellung erzählt die Geschichte der Darstellung von Sauriern. Darüber hinaus zeigt sie vor allem die großartigen Fossilien aus der eigenen Sammlung sowie Abgüsse, Modelle, Gemälde und Reproduktionen.

Die Publikation zur Ausstellung vertieft dieses spannende Kapitel der Erforschung der Vergangenheit anhand von Beiträgen aus so unterschiedlichen Bereichen wie der Paläontologie, der Kulturwissenschaft und der Paläokunst.

Mein besonderer Dank gilt allen Mitarbeiterinnen und Mitarbeitern der Stiftung Schloss Friedenstein, die zum Gelingen dieser großartigen Ausstellung beigetragen haben.

Für die Entwicklung und Konzeption der Ausstellung danke ich besonders dem großen Engagement von Tom Hübner. Marianne Conrad hat gemeinsam mit Steve Hampel die Gestaltung und den Ausstellungsbau übernommen. Ihr ist eine überzeugende Präsentation gelungen. Für die logistische Unterstützung und den Aufbau waren Thomas Huck, Andreas Fiedler, Ronny Wolf, Matthias Kauk, Guntram Hofmann und René Winter verantwortlich. Die Organisation des Leihverkehrs lag in den Händen von Christiane Backhaus. Die Öffentlichkeitsarbeit und das Rahmenprogramm gestalteten Susanne Hörr, Petra Hill, Alina Depner, Maria Schulz und Marco Karthe. Die Planung und Verwaltung von Fördergeldern wurde maßgeblich durch Ingrid Dettmann, Veronika Otto und Annett Seupel unterstützt. Peter Mildner danke ich sehr für die hervorragenden neuen Sauriermodelle und die Unterstützung bei den ersten Ausstellungsplanungen.

Ohne finanzielle Unterstützung wäre die Ausstellung und dieses Buch nicht umzusetzen gewesen. Ich bedanke mich besonders bei der Thüringer Staatskanzlei, unserem Freundeskreis *Die Museumslöwen – Gemeinschaft zur Förderung des Museums der Natur Gotha e. V.*, Herrn Ulrich Klösser von der *TRACO GmbH*, dem *Rotary Club Gotha* und dem *Autohaus Rainer Seyfarth*. In diesem Zusammenhang ist unbedingt Ronald Bellstedt zu erwähnen, der viele dieser wertvollen Kontakte anbahnte und herstellte.

Mit besonderem Dank möchte ich Joschua Knüppe erwähnen, der unentgeltlich in den sozialen Netzwerken die Werbetrommel für unseren Paläokunst-Wettbewerb zum Thema »Der Bromacker lebt« gerührt hat. Auch möchte ich den Künstlern und den MitarbeiterInnen verschiedener Einrichtungen danken, die Bilder für die Ausstellung und das Buch kostenlos zur Verfügung gestellt haben. Das sind: John Sibbick; Mark Witton; Charlotte Ek vom Naturhistoriska Riksmuseet sowie Simon Stålenhag, Stockholm; Frederik Spindler; Petr Modlitba; Igor Fadeev vom State Darwin Museum, Moskau; Annelise Folie vom Institut royal des Sciences naturelles de Belgique, Brüssel; Peer Peter vom Museum Joanneum, Graz; Hannes Bertram von der Anna-Amalia-Bibliothek, Weimar; der Familie Gruß vom Sauriergarten Gruß; Ralf Werneburg vom Naturhistorischen Museum Schloss Bertholdsburg, Schleusingen; Michael Römhild und Olaf Jaenicke vom Stadtmuseum sowie Andrea Keiner vom Kreisarchiv Hildburghausen und Marcel Kral und dem Karel Zeman Museum, Prag.

Zu erwähnen ist auch die große Bereitschaft der Autorinnen und Autoren, an diesem Band mitzuwirken.

Schlussendlich muss an dieser Stelle Carsten Eckert in besonderer Weise gedankt werden. Auch auf ihn geht die Idee zu dieser Ausstellung zurück. Er stand während der gesamten Vorbereitungszeit helfend dem Kurator Tom Hübner zur Seite und brachte sich mit seiner wissenschaftlichen Expertise ein.

Ich wünsche allen Besuchern der Ausstellung einen interessanten Aufenthalt in der Ausstellung, besondere Erfahrungen und einzigartige Einblicke in das faszinierende Thema der *Paläokunst*, die unsere Vorstellungen über das Aussehen dieser Tiere der Urzeit maßgeblich geprägt hat. Die Stiftung Schloss Friedenstein Gotha ist der richtige Ort für ein international auf solch großes Interesse stoßendes Thema. Wir werden daran festhalten, auch in den kommenden Jahren wichtige Themen aus allen Bereichen der Naturwissenschaften hier im Herzoglichen Museum vorzustellen.

Dr. Tobias Pfeifer-Helke
Direktor der Stiftung Schloss Friedenstein Gotha

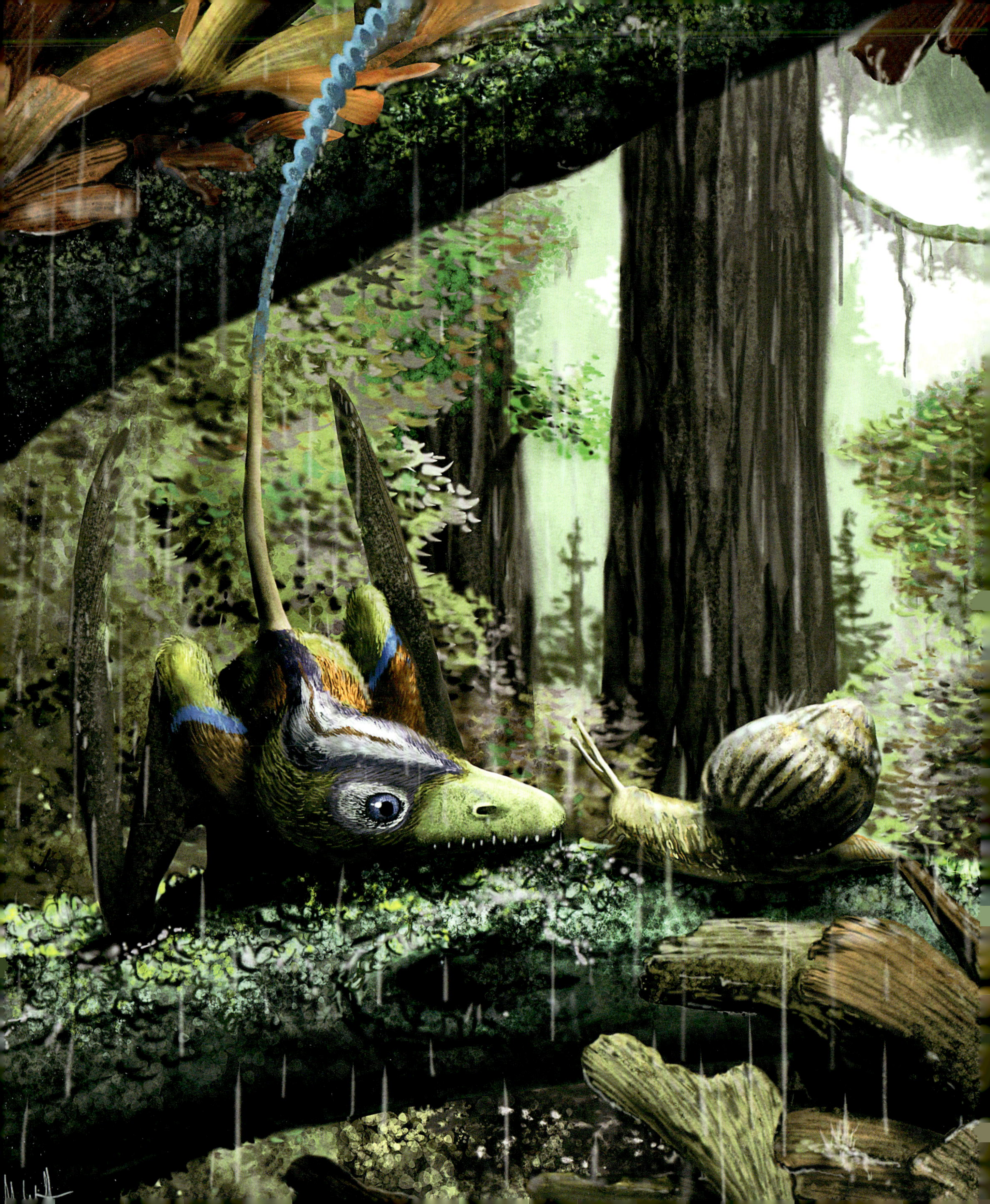

Saurier in Wissenschaft und Paläokunst – 200 Jahre voller Veränderungen

1

TOM HÜBNER

Faszination Saurier

Saurier sind überall! Als Monster, als Lebendrekonstruktion oder süßes Knuddeltier tauchen sie in Romanen, Comics, Sach- und Kinderbüchern auf (**Abb. 1**). Sie sind die Stars in Kino-Filmen wie »Jurassic Park« oder »In einem Land vor unserer Zeit«. Sie sind Gäste in Fernseh-Serien wie »Star Trek Voyager« und »Doctor Who« oder sie spielen sogar die Hauptdarsteller (z. B. »Die Dinos«). Es gibt sie als Spielzeug und Actionfiguren, auf T-Shirts, Postern, Briefmarken, Tassen, Teppichen, Tapeten, Bettwäsche oder als Werbefiguren und aufblasbar als Ballon. Im Internet treffen sich Profis und Amateure der Paläokunst-Szene, die sich zu Bildern von Sauriern austauschen. In Saurierparks sind unterschiedlichste Saurier in Lebensgröße zu bewundern. Und natürlich gibt es da noch die richtigen Skelette in den Naturkundemuseen.

Wie kam es dazu, dass Saurier heutzutage fast überall in verschiedensten Formen auftauchen? Warum sind vor allem Kinder so von ihnen fasziniert? Eine Erklärung könnte sein, dass Saurier den Darstellungen von Drachen ähnlichsehen. Drachen sind Wesen aus Sagen und Legenden, die in vielen Kulturen vorkommen. In Europa sind sie, wie der Lindwurm in den Nibelungen, von eher bösem Charakter. In China werden sie dagegen positiv gesehen und waren sogar das Symbol des Kaisers. Allen ist aber gemeinsam, dass sie die Gestalt von übergroßen Echsen oder Schlangen haben. Viele Dinosaurier, Meeresechsen und Flugsaurier passen genau in dieses Schema. Ein berühmtes Beispiel ist die Legende des Ungeheuers von Loch Ness. Viele Menschen würden schwören, dass sie in dem See ein Wesen gesehen haben, das den seit 66 Millionen Jahren ausgestorbenen Plesiosauriern erstaunlich ähnlichsieht. Die versteinerten Überreste dieser Meeresechsen und ihre Darstellungen in Bildern sind in Großbritannien seit fast 200 Jahren allgemein bekannt.

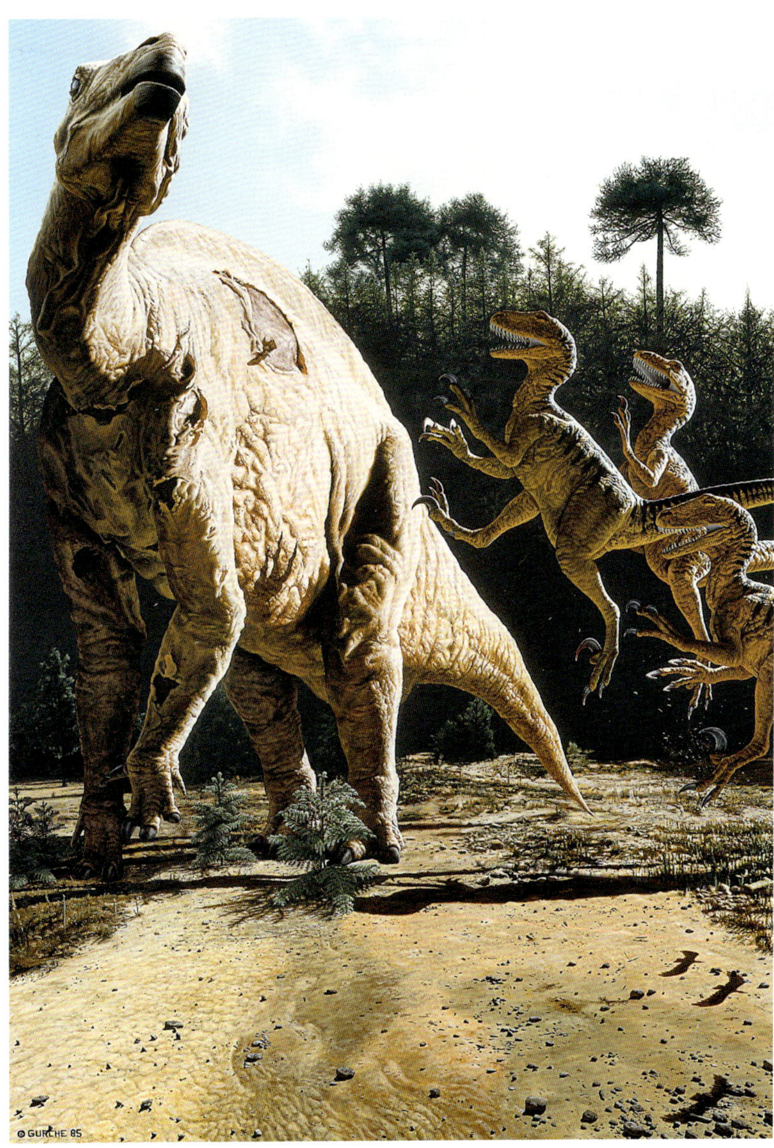

Abb. 1: *Ein mit* ***Iguanodon*** *verwandter ornithopoder Dinosaurier wird von drei* ***Deinonychus*** *angegriffen. Schon vor dem Beweis, dass viele Raubdinosaurier Federn trugen, war die Verwandtschaft zwischen Vögeln und Dinosauriern relativ klar. Das zeigt der Künstler hier symbolisch mit den Schatten dreier Vögel am Boden, die mit den drei* ***Deinonychus*** *in Beziehung stehen. John Gurche, 1985.*

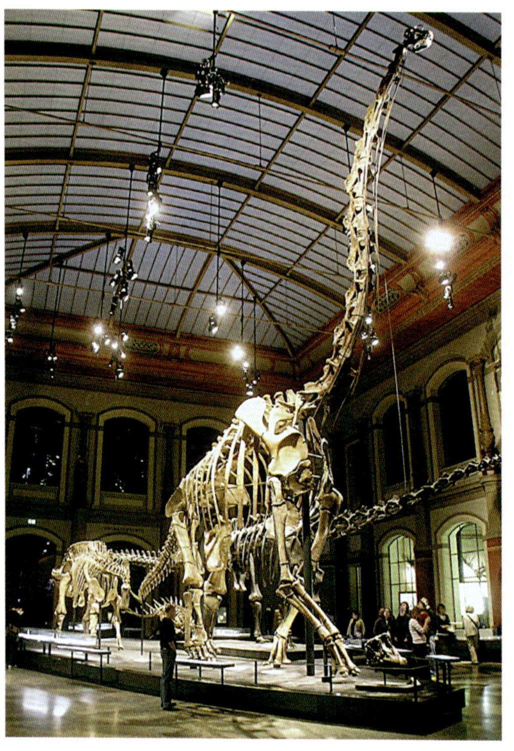

Abb. 2: *Im Sauriersaal des Museums für Naturkunde Berlin steht das größte, aus echten Knochen aufgebaute Dinosaurier-Skelett der Welt, der **Giraffatitan**.*

Im Unterschied zu legendären Drachen und anderen Monstern haben Saurier aber wirklich gelebt. Wenn ein Kind mit leuchtenden Augen und offenem Mund im Museum für Naturkunde in Berlin zu einem fast 13 Meter hohen *Giraffatitan* (früher *Brachiosaurus*) emporblickt, wird es nicht nur wegen seiner Größe staunen, sondern auch wegen des Wissens, dass dieses gewaltige Tier wirklich einmal über die Erde gewandert ist **(Abb. 2)**. Wir sind zwar durch die unvorstellbare Zeit von Millionen von Jahren voneinander getrennt, aber die versteinerten Überreste und Bilder von Sauriern können sie in unseren Köpfen wieder lebendig werden lassen.

Die liebe Verwandtschaft

Mit dem Begriff »Saurier« verbinden die meisten Menschen ausgestorbene Reptilien. Er leitet sich vom griechischen Wort »Sauros« ab und bedeutet so viel wie Echse oder Eidechse. Leider wurde der Begriff als Namensteil in der Vergangenheit auch für Tiere verwendet, die die Forscher damals noch für Reptilien hielten oder die einfach so ähnlich aussahen. So gibt es viele ausgestorbene Amphibien wie den kleinen, molchartigen *Branchiosaurus* (Kiemenechse) oder den bis zu fünf Meter langen *Mastodonsaurus* (Zitzenzahnechse) mit dieser Endung im Namen. Auch viele säugerähnliche Reptilien wie der Rückensegelträger *Edaphosaurus* (Pflasterechse) oder sogar Säugtiere wie der Urwal *Basilosaurus* (Königsechse), der zunächst für eine riesige Meeresechse gehalten wurde, erhielten die Endung »saurus« im Namen.

In der heutigen Wissenschaft umfasst die große Reptiliengruppe mit Namen »Sauria« alle heute lebenden Reptilien einschließlich der Schildkröten und Vögel. Die Vögel gehören dazu, weil sie die letzte überlebende Großgruppe der Dinosaurier sind. Von den ausgestorbenen Reptiliengruppen zählen noch die Flugsaurier und die Mosasaurier dazu. Wo die Fischsaurier und die Plesiosaurier innerhalb des Stammbaums hingehören, ist immer noch nicht abschließend geklärt. Diese Tiere sind wegen ihrer körperlichen Anpassungen an das Leben im Meer bisher nur schwer in die Verwandtschaft der anderen Reptilien einzuordnen **(Abb. 3)**.

Die oft als »Ursaurier« bezeichneten frühen Landwirbeltiere der Bromacker-Fundstelle bei Tambach-Dietharz (Thüringer Wald, Kapitel 10) liegen verwandtschaftlich allesamt außerhalb der modernen Gruppe der »Sauria«. Den Begriff »Ursaurier« hat sich einst der Entdecker der Fundstelle, Thomas Martens, für die Medien ausgedacht, weil er die Tierarten damit einfach und verständlich zusammenfassen konnte. Die am Bromacker gefundenen Tiere gehören eigentlich zu so unterschiedlichen Gruppen wie den echten Amphibien, reptiliomorphen Amphibien, Parareptilien, säugerähnlichen Reptilien und den echten Reptilien.

Eine kurze Zeitreise

Schon zu Beginn des 18. Jahrhunderts, zu Zeiten des Barock, wurden seltsame Versteinerungen in den Gruben des Kupferschiefer-Bergbaus in Thüringen gefunden. Der Schweizer Gelehrte Johann Jakob Scheuchzer (1672–1733) deutete diese Skelettreste als eine Art Krokodil, das bei der Sintflut umgekommen war. Erst 1832 bekamen diese Versteinerungen den heute gültigen Namen – *Protorosaurus* oder zu Deutsch

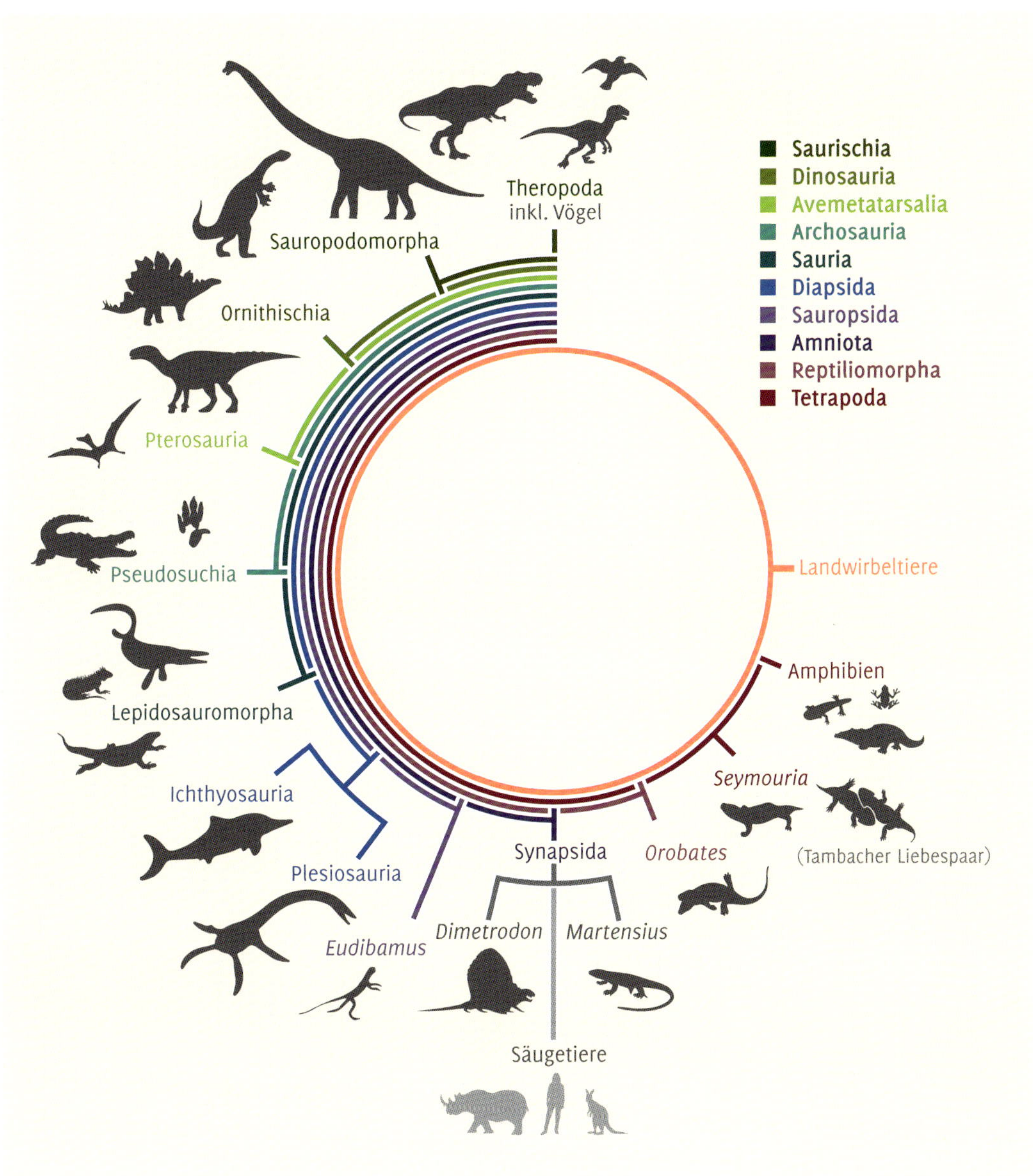

Abb. 3: *Ein vereinfachter Stammbaum der großen Gruppen von Sauriern.*

die »erste Echse«. In den Niederlanden wurde 1764 der erste Schädel eines Mosasauriers gefunden, der damals noch für einen Fisch gehalten wurde. Ein weiterer Fund aus dem Jahr 1778 wurde als Krokodil oder Wal eingestuft. Erst 1799 erkannte man, dass diese Schädel von einem mit heutigen Waranen verwandten Tier stammen müssen. Der berühmte französische Anatom George Cuvier (1769–1832), der als Gründer der Paläontologie gilt, bestätigte 1808 diese Vermutung. Aber erst 1822 bekam das Tier seinen heute gültigen Namen – *Mosasaurus*, die Echse von der Maas (einem niederländischen Fluss). Auch der erste Flugsaurier, der heute als *Pterodactylus* (Flügelfinger) bekannt ist, wurde in der zweiten Hälfte des 18. Jahrhunderts gefunden, diesmal im Altmühltal Bayerns. Zunächst für ein Säugetier gehalten, erkannte Cuvier 1800 auch bei diesem Tier seine Verwandtschaft zu den Reptilien. Die ersten vollständigen Skelette von Ichthyosauriern (Fischechsen) und Plesiosauriern (Fastechsen, oder nach ihrem Aussehen umgangssprachlich Paddelechsen genannt) wurden im frühen 19. Jahrhundert in England von der professionellen Sammlerin Mary Anning (1799–1847) geborgen und freigelegt (siehe Kapitel 2). Die Dinosaurier wurden erst 1841 vom englischen Anatomen Richard Owen (1804–1892) als Gruppe erfunden (siehe auch Kapitel 4). Die ersten beiden Arten wurden bereits 1824 (*Megalosaurus* – die großartige Echse) und 1825 (*Iguanodon* – der Leguanzahn) nach sehr lückenhaften Funden benannt.

Diese frühe Zeit der Entdeckungen fiel außerhalb der Kreise der Sammler und Gelehrten kaum jemandem auf. So schickte der Naturforscher Johann Hermann (1738–1800) seine Zeichnung eines Flugsauriers mit einem Brief an George Cuvier, in dem er den Anatomen auf das Fossil aufmerksam machte. Vor allem wollte er mit der Zeichnung demonstrieren, dass der verlängerte Finger der Hand des Tieres einst eine lederige Flughaut getragen haben musste (**Abb. 4**).

Als der englische Geologe Henry de la Beche (1796–1855) im Jahr 1830 seine Zeichnung »Duria Antiquior« anfertigte und Kopien davon europaweit verkaufen ließ, fand das auch außerhalb der Gelehrtenkreise Beachtung (siehe Kapitel 2). De la Beche zeigte hier nämlich viele der vorzeitlichen Tiere, deren Überreste an den Küsten Südenglands gefunden worden waren, nicht mehr nur als Skelettzeichnungen oder einfache Abbilder einer Theorie. Es war tatsächlich das erste Mal, dass solche Tiere als lebende Wesen in ihrer früheren Umwelt und in Beziehung zueinander dargestellt wurden. Mit dieser Zeichnung begann die Geschichte der heute als Paläokunst bekannten Kunstrichtung.

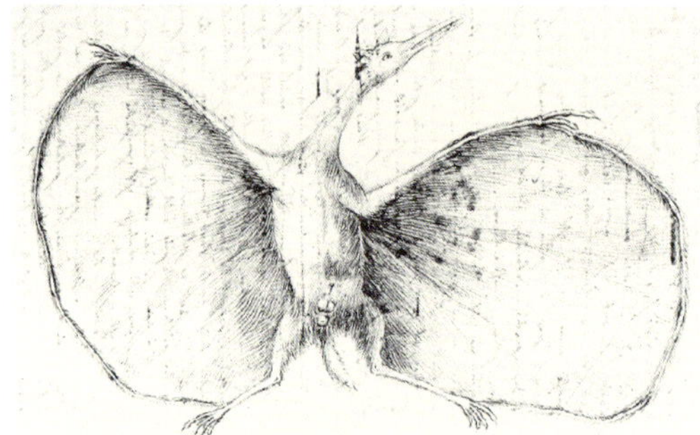

***Abb. 4**: Die erste bekannte Lebendrekonstruktion eines Flugsauriers, ein paar Jahre später benannt als **Pterodactylus**. Johann Hermann, der das Tier im Jahr 1800 auf die Rückseite seines Briefes an Georges Cuvier zeichnete, hielt es noch für eine Übergangsform zwischen vierfüßigen Säugetieren und Vögeln. Er stellte das Tier bereits mit einer feinen Behaarung dar, aber auch mit Geschlechtsteilen eines Säugetiers.*

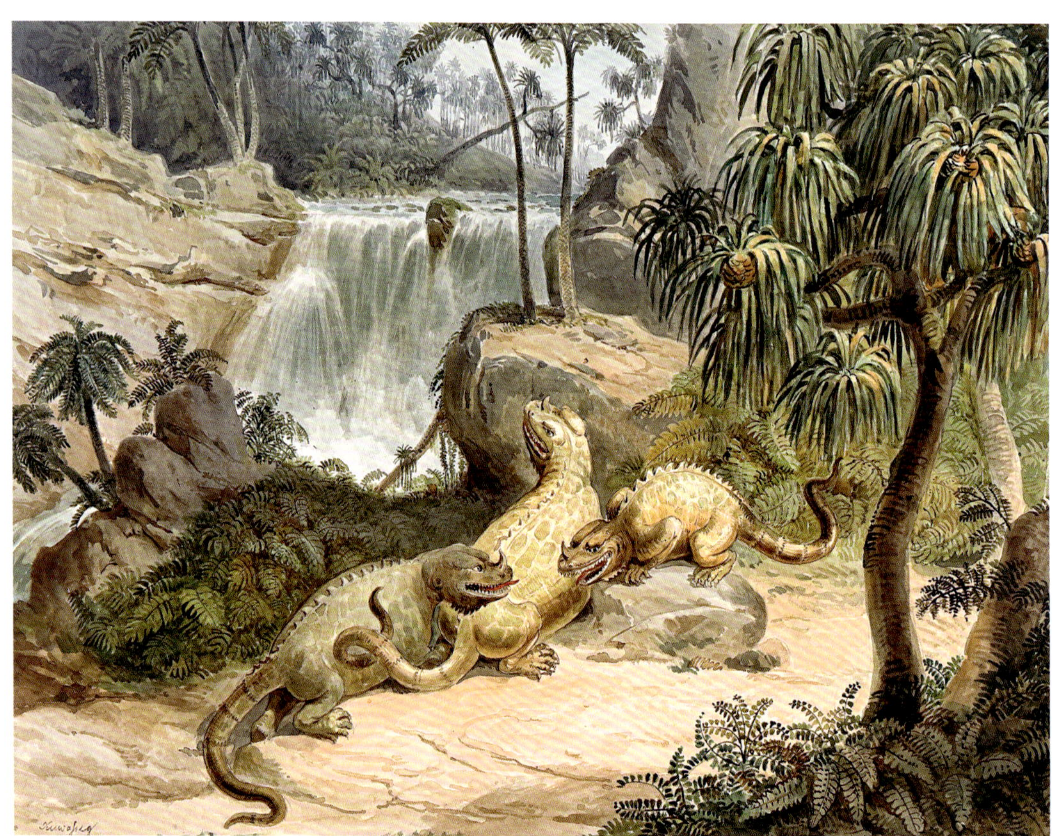

***Abb. 5**: »Wealden-Periode« von Josef Kuwasseg, um 1850. Mit Wealden ist eine Zeitspanne der Unteren Kreidezeit Europas gemeint. Neben den Leguan-artigen **Iguanodon** fallen die fein ausgearbeiteten Pflanzen auf. Hier wird deutlich, dass Kuwasseg von einem Paläobotaniker (Franz Unger) angeleitet wurde.*

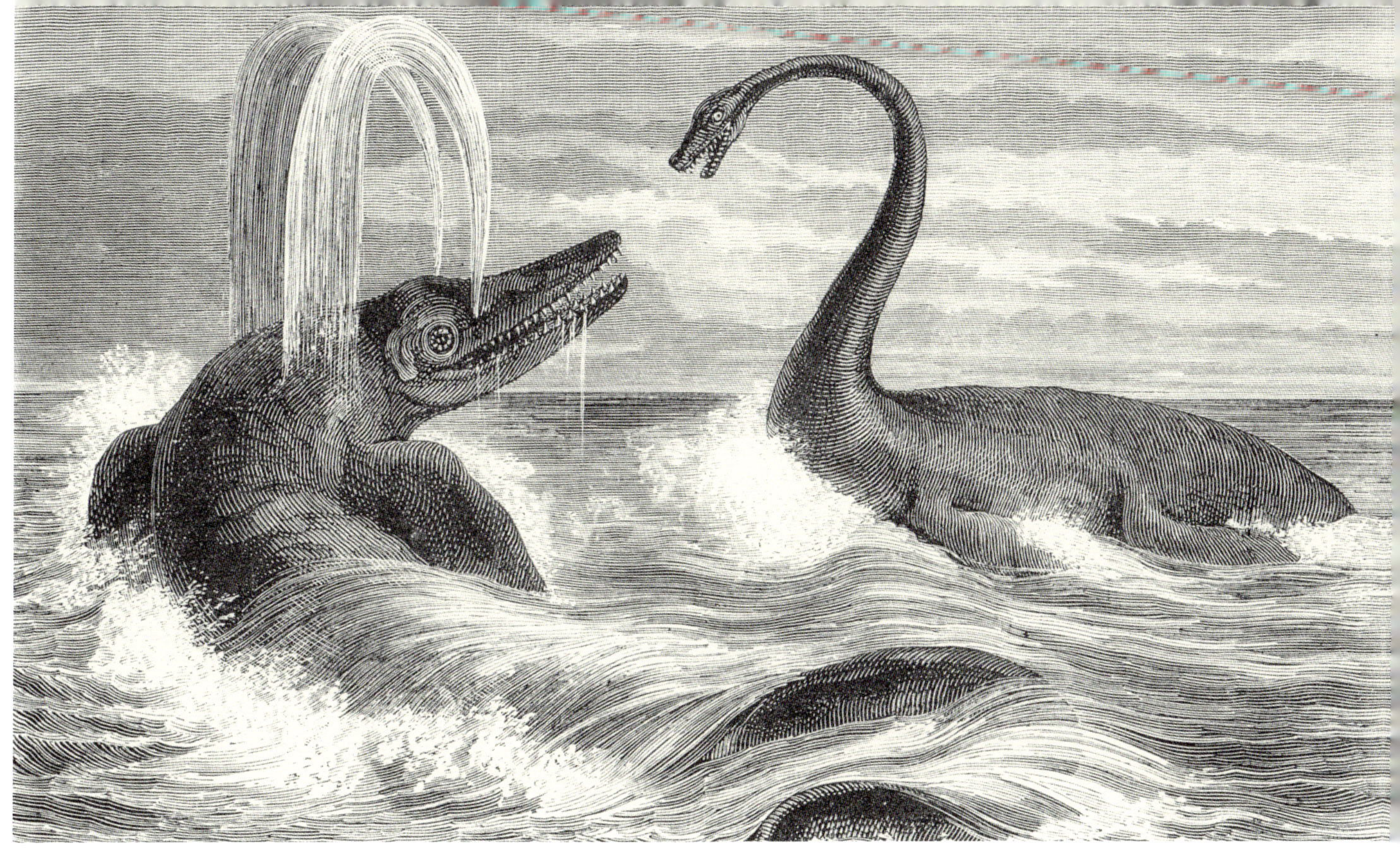

Abb. 6: *Der Fischsaurier und der Plesiosaurier, ein Holzstich von Édouard Riou, 1863. Das Bild wurde erstmals im Buch »La terre avant le deluge« (Die Erde vor der Sintflut) von L. Figuier gezeigt, fand sich 1864 als Illustration in Jules Verne's Roman »Reise zum Mittelpunkt der Erde« und auch 1866 in Oscar Fraas' populärwissenschaftlichem Buch »Vor der Sündfluth! Eine Geschichte der Urwelt« wieder.*

Zunächst noch selten, aber ab der Wende zum 20. Jahrhundert immer häufiger, fertigten künstlerisch begabte Wissenschaftler sowie Künstler, die von Wissenschaftlern beraten wurden, Bilder der Urzeit an. Die erste richtige Serie solcher Bilder stammt vom österreichischen Landschaftsmaler Josef Kuwasseg (1799–1859). Er schuf für den Paläobotaniker Franz Unger (1800–1870) nach dessen Vorgaben 18 Bilder aus verschiedenen Perioden der Urzeit, darunter auch einige, auf denen Saurier zu sehen sind (**Abb. 5**).

Zu verschiedenen Zeiten gab es unterschiedliche Stars in der Paläokunst. Im 19. Jahrhundert waren es eindeutig der *Ichthyosaurus* und der *Plesiosaurus*, die oftmals in tödlichem Kampf miteinander rangen. Eines dieser Bilder, 1863 von Edouard Riou (1833–1900) angefertigt, inspirierte den Science Fiction-Autor Jules Verne zu der berühmten Kampfszene dieser beiden Saurier, von der die Forschungsreisenden in seinem Roman »Die Reise zum Mittelpunkt der Erde« von 1864 Zeuge wurden (**Abb. 6**).

Der sogenannte Knochenkrieg in Nordamerika zwischen den amerikanischen Paläontologen Othniel Charles Marsh (1831–1899) und Edward Drinker Cope (1840–1897) um die besten und vor allem meisten neuen Entdeckungen brachte im späten 19. Jahrhundert zahlreiche neue Arten von oft sehr großen Dinosauriern ans Licht. Doch erst die unglaublichen Bilder des US-amerikanischen Künstlers Charles Knight (1874–1953, siehe Kapitel 5) machten die amerikanischen Dinosaurier wie *Stegosaurus* und *Brontosaurus*, den Flugsaurier *Pteranodon* oder den Rückensegel-tragenden *Dimetrodon* weltweit berühmt. Sein einflussreichstes Bild sollte aber eine Szene zwischen dem 1889 beschriebenen *Triceratops* und dem erst 1905 beschriebenen *Tyrannosaurus* werden, die beide am Ende der Kreidezeit in Nordamerika lebten. Mit diesem Bild begann nicht nur die Karriere des *Tyrannosaurus* als berühmtester Dinosaurier, sondern die beiden Tiere lösten auch den *Ichthyosaurus* und den *Plesiosaurus* als bekannteste Gegenspieler unter den Sauriern ab (**Abb. 7**).

Die Paläokunst, ob in Form von Bildern oder dreidimensionalen Modellen, spiegelt immer den Stand des Wissens wider, der zur Zeit ihrer Entstehung vorhanden war. Im frühen 19. Jahrhundert waren die meisten Sauriergruppen nur durch einzelne Knochen

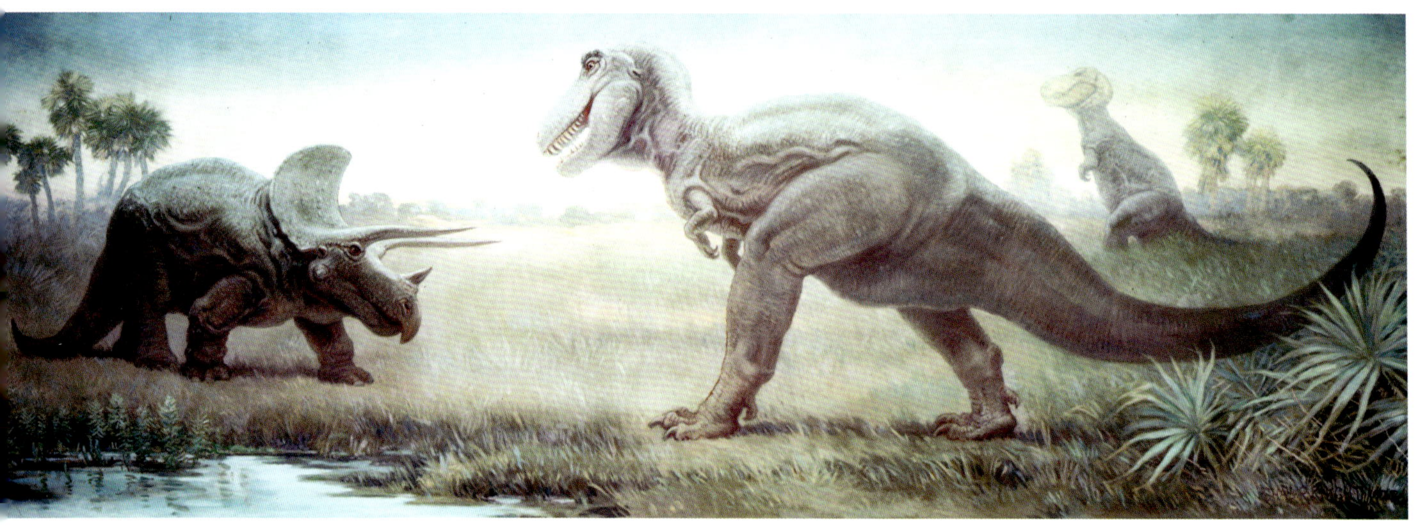

Abb. 7: *»***Tyrannosaurus** *und* **Triceratops***«, von Charles Knight, 1928. Dieses im Original über 7,5 m breite Bild malte Knight im Field Museum in Chicago direkt an eine Wand als Hintergrund für die Saurier-Ausstellung. Insgesamt malte er mehr als 20 Bilder für das Museum.*

oder Skelettteile bekannt und die Gelehrten konnten sich nur schwer eine Vorstellung von ihrem Aussehen machen. Daher orientierten sie sich an ihnen bekannten lebenden Tieren. So wurde beispielsweise der riesige, entfernt mit den heutigen Amphibien verwandte *Mastodonsaurus* wie eine Art Riesenfrosch dargestellt (**Abb. 8**). Heute gilt er dagegen als ein Lurch, der von der Körperform und der Lebensweise her eher einem Krokodil ähnlich war (**Abb. 9**). Doch selbst als nahezu komplette Skelette von Sauriern gefunden wurden, waren die Vorstellungen ihrer Körperhaltung und Lebensweise stark von den persönlichen Ansichten der Wissenschaftler geprägt. So wurden die riesigen Sauropoden oft an oder im Wasser dargestellt, weil man sich kaum vorstellen konnte, wie diese Giganten ihr Gewicht an Land hätten tragen sollen (**Abb. 10**). Heute dagegen weiß man durch ein besseres Verständnis ihres Körperbaus und anhand von zahlreichen versteinerten Fußabdrücken, dass Sauropoden wie heutige Tiere immer mal gern ins Wasser gingen, aber im Grunde perfekt angepasste Landbewohner waren (**Abb. 11**).

Seit den 1980iger Jahren veränderte sich das öffentliche Bild über die Saurier durch die sogenannte »Dinosaur Renaissance« (siehe Kapitel 8) enorm. Die Tiere wurden nun immer mehr wie moderne Tiere mit modernen Verhaltensweisen dargestellt. Durch

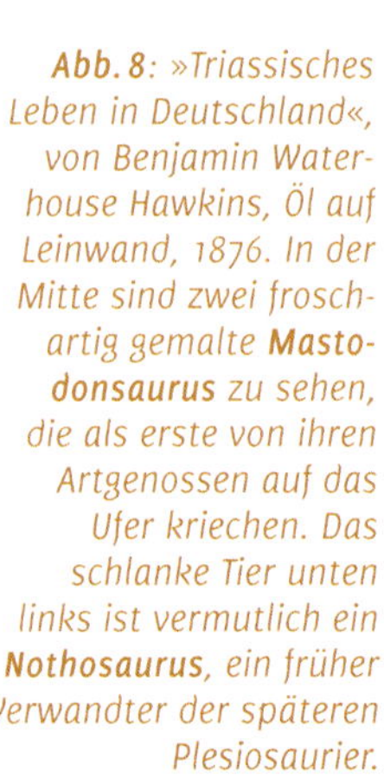

Abb. 8: *»Triassisches Leben in Deutschland«, von Benjamin Waterhouse Hawkins, Öl auf Leinwand, 1876. In der Mitte sind zwei froschartig gemalte* **Mastodonsaurus** *zu sehen, die als erste von ihren Artgenossen auf das Ufer kriechen. Das schlanke Tier unten links ist vermutlich ein* **Nothosaurus***, ein früher Verwandter der späteren Plesiosaurier.*

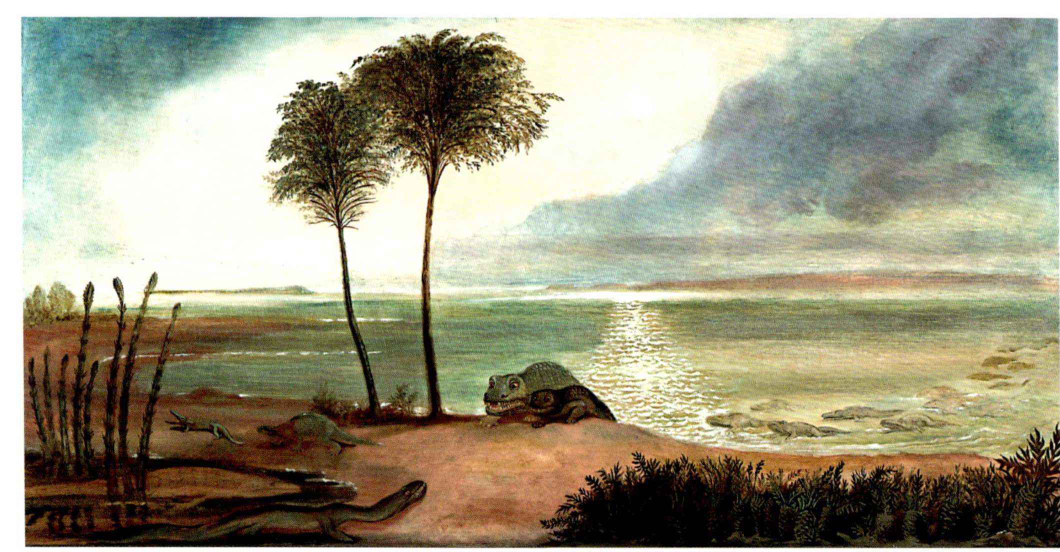

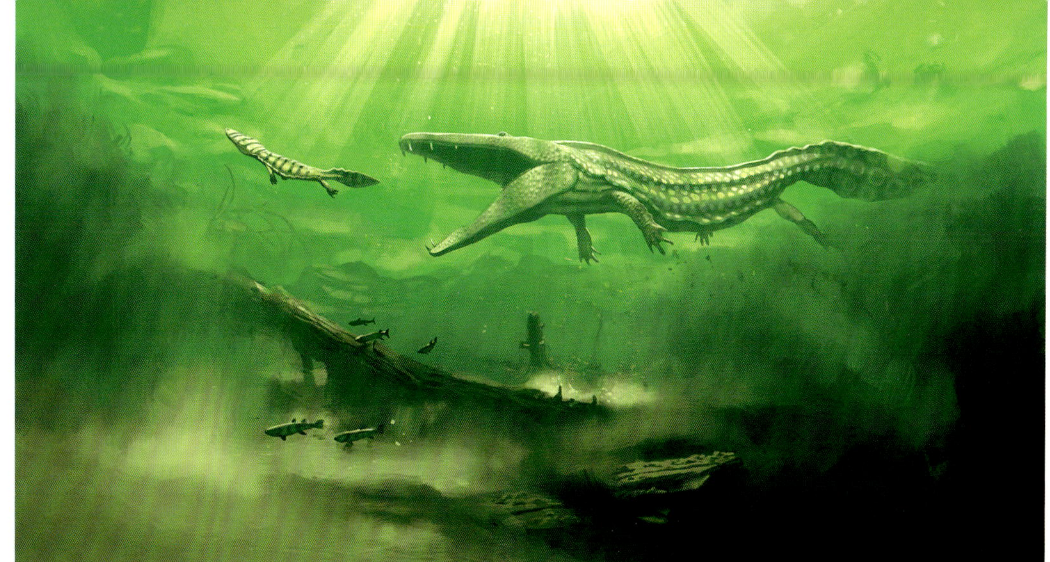

Abb. 9: »**Mastodonsaurus**« von Simon Stålenhag, 2014. Die heutige Sicht auf das zweitgrößte Amphibium der Erdgeschichte.

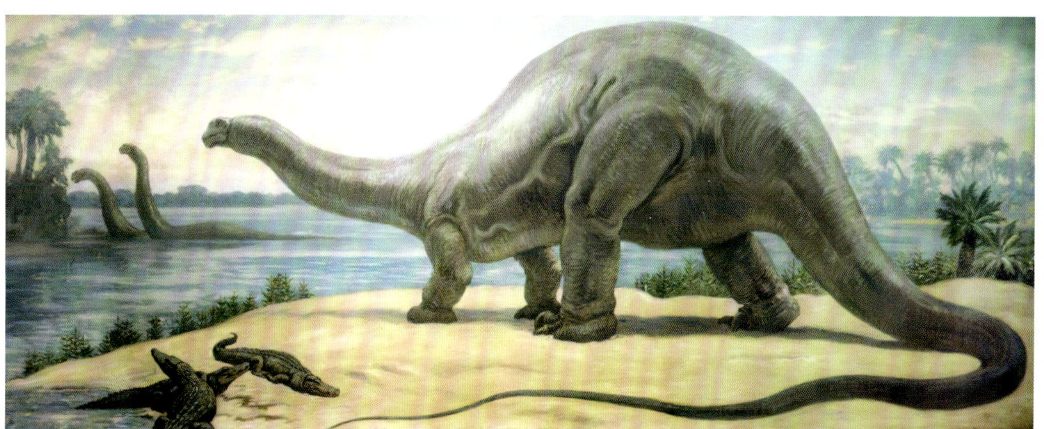

Abb. 10: »**Brontosaurus**« (**Apatosaurus**) von Charles Knight, 1928. Auf diesem Bild zieht der **Brontosaurus** schwerfällig seinen Schwanz hinter sich her, während seine Artgenossen vom Auftrieb des Wassers gestützt in Ruhe fressen.

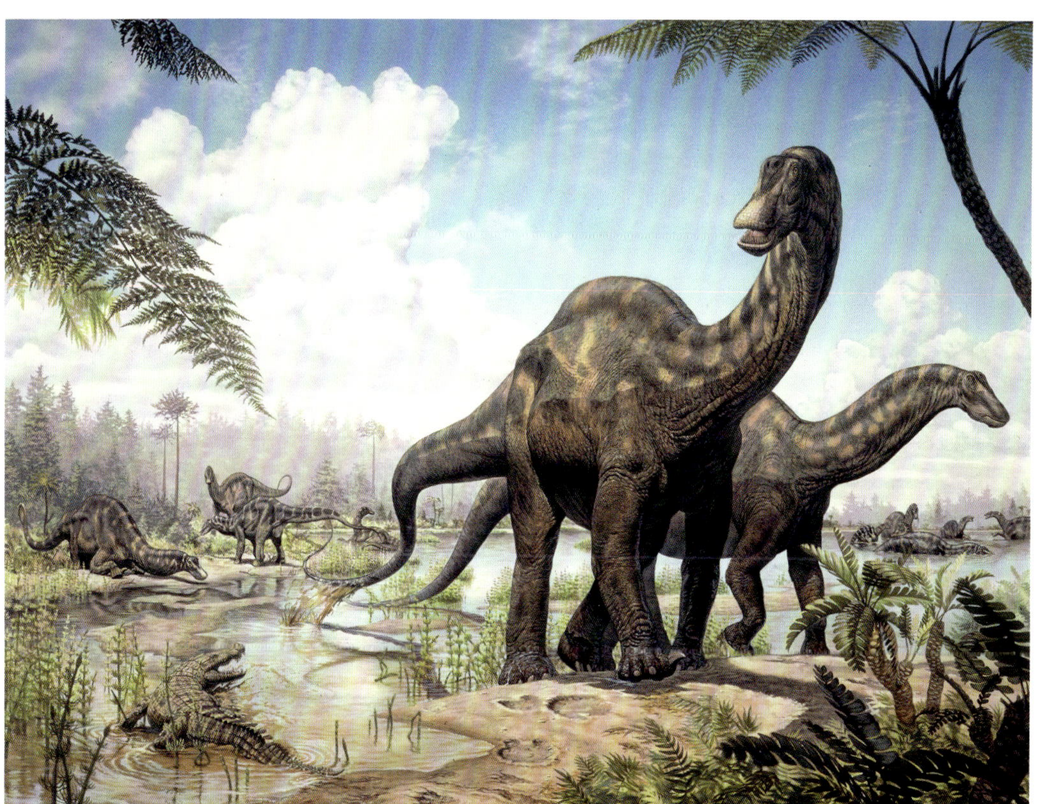

Abb. 11: »**Dicraeosaurus**« von Mark Hallett 1989. In dieser modernen Darstellung laufen die Sauropoden wie selbstverständlich und mit erhobenem Schwanz über festes Land. Wasserstellen sind aber natürlich, wie bei heutigen Tieren auch, das Zentrum des Lebens zum Treffen, Trinken und Baden.

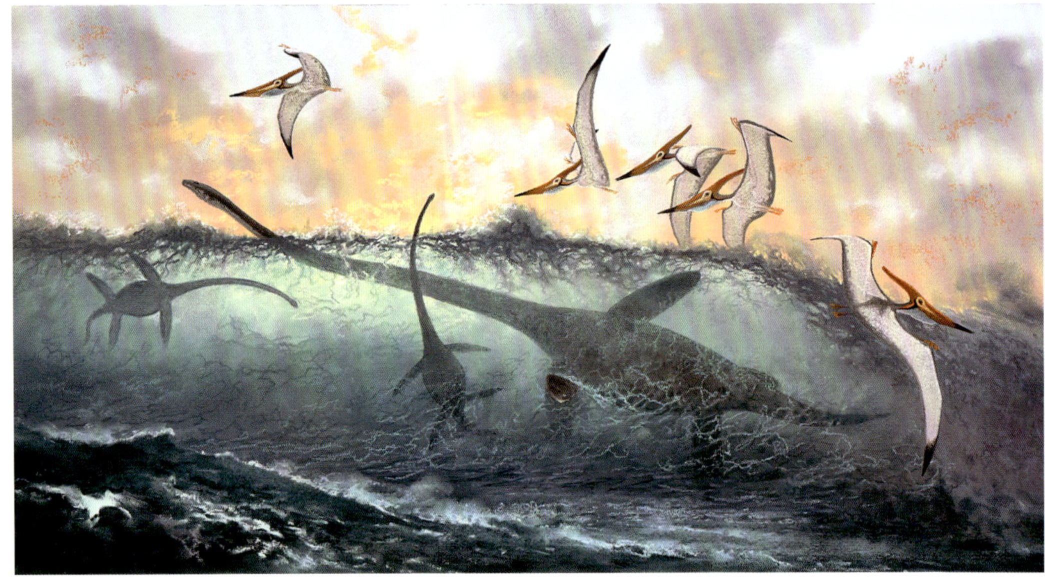

*Abb. 12: »**Elasmosaurus** und **Pteranodon**«, von Douglas Henderson, 2000, in einem zurückweichenden Binnenmeer der Späten Kreidezeit von Arkansas, oder einfach »Morning Sea«. Henderson ist bekannt dafür, dass seine Urzeitwesen nicht im Vordergrund stehen, sondern Teil der vorzeitlichen Landschaft sind. Hier wählte er den ungewöhnlichen Blickwinkel vor einer großen Welle auf See, um den bis zu 14 m langen Plesiosaurier **Elasmosaurus** neben den bis zu 7 m breiten Flugsauriern der Gattung **Pteranodon** abzubilden.*

das vom Film Jurassic Park 1993 entfachte Dinofieber (siehe Kapitel 13), und bald darauf auch das Internet, wuchs zudem die Zahl der Paläokünstler und der Saurier-Bilder in den letzten drei Jahrzehnten explosionsartig. Heutzutage wird die Entdeckung neuer Saurierarten in Windeseile online verbreitet. In vielen Fällen wird eine neue Art sogar gleich mit einer Lebendrekonstruktion veröffentlicht (siehe Kapitel 12). Neue Bilder und Modelle werden inzwischen gepostet, geteilt und natürlich auch kritisiert. Besonders spannend ist aber, dass in der Szene der Paläokunst inzwischen auch nicht mehr nur klassische Szenen, wie der epische Kampf zwischen zwei Sauriern, gezeigt werden, sondern auch neue, bei heute lebenden Tieren beobachtete Verhaltensweisen oder ungewöhnliche Perspektiven. Das täuscht aber nicht darüber hinweg, dass die Rolle der Paläokunst immer noch die gleiche ist wie vor fast 200 Jahren: die Darstellung nie gesehener Lebewesen nach aktuellen wissenschaftlichen Erkenntnissen und gestaltet durch die persönliche Sicht und den persönlichen Stil der beteiligten Wissenschaftler und Künstler. (**Abb. 12–17**)

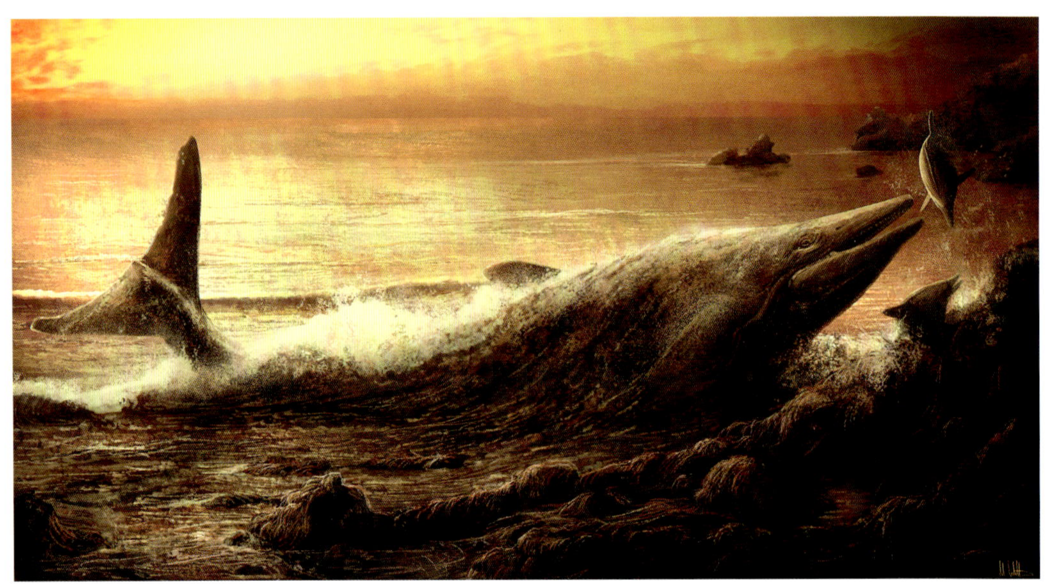

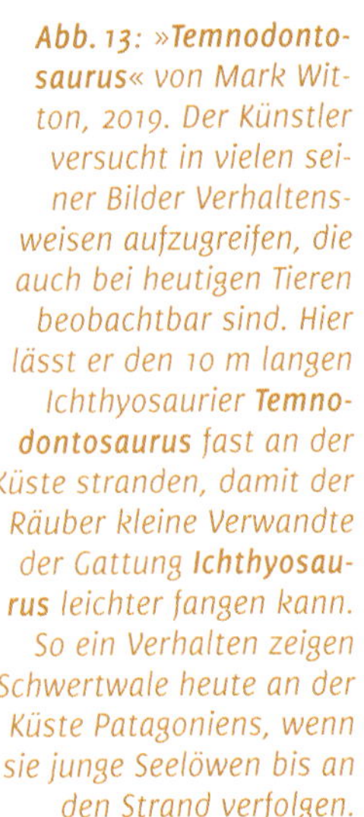

*Abb. 13: »**Temnodontosaurus**« von Mark Witton, 2019. Der Künstler versucht in vielen seiner Bilder Verhaltensweisen aufzugreifen, die auch bei heutigen Tieren beobachtbar sind. Hier lässt er den 10 m langen Ichthyosaurier **Temnodontosaurus** fast an der Küste stranden, damit der Räuber kleine Verwandte der Gattung **Ichthyosaurus** leichter fangen kann. So ein Verhalten zeigen Schwertwale heute an der Küste Patagoniens, wenn sie junge Seelöwen bis an den Strand verfolgen.*

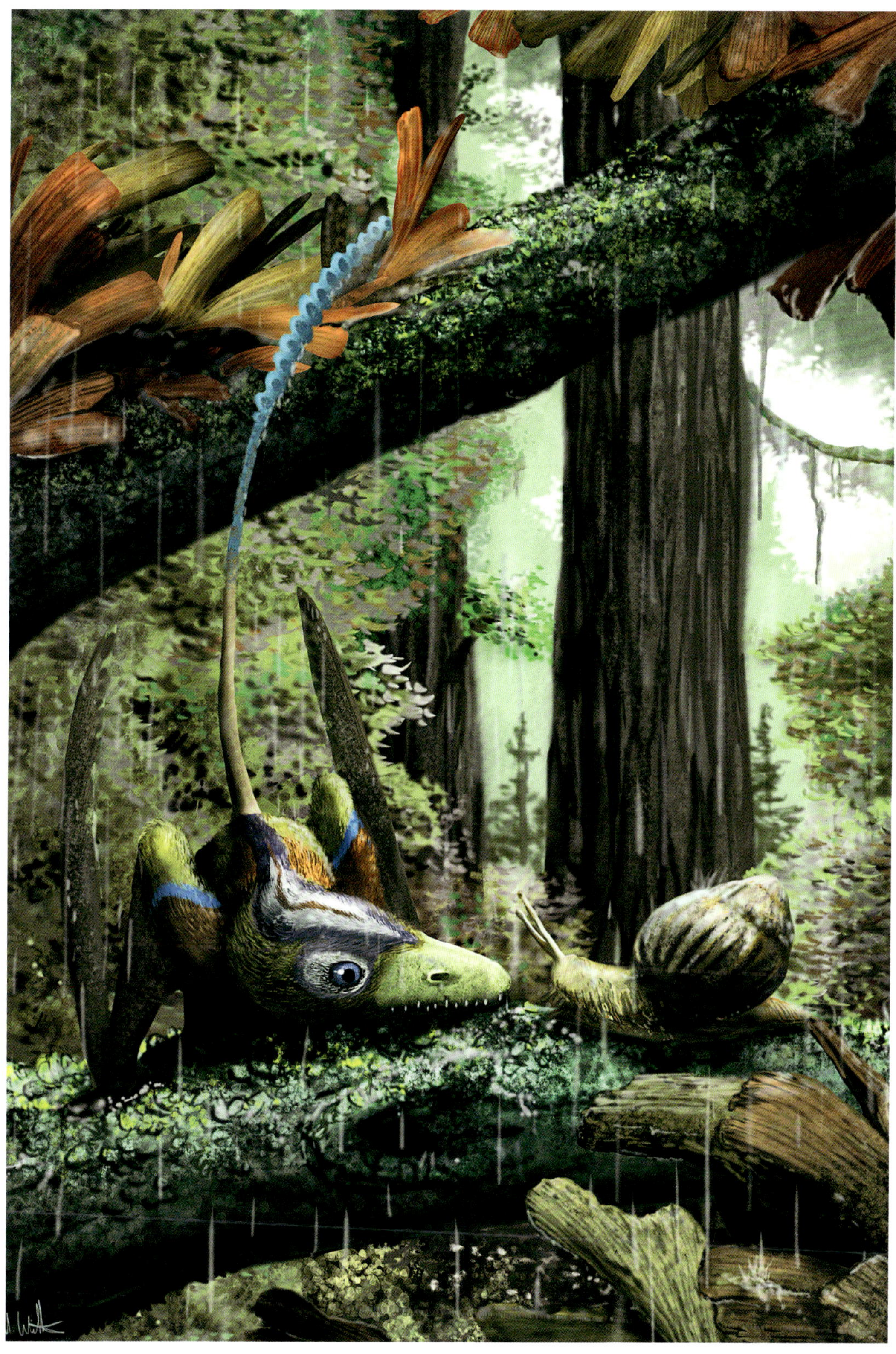

Abb. 14: »Sordes« von Mark Witton, 2015. Dies ist ein kleiner Langschwanz-Flugsaurier aus der Oberen Jura-Zeit von Kasachstan. Hier beäugt er gerade eine Schnecke, kurz bevor er sie frisst.

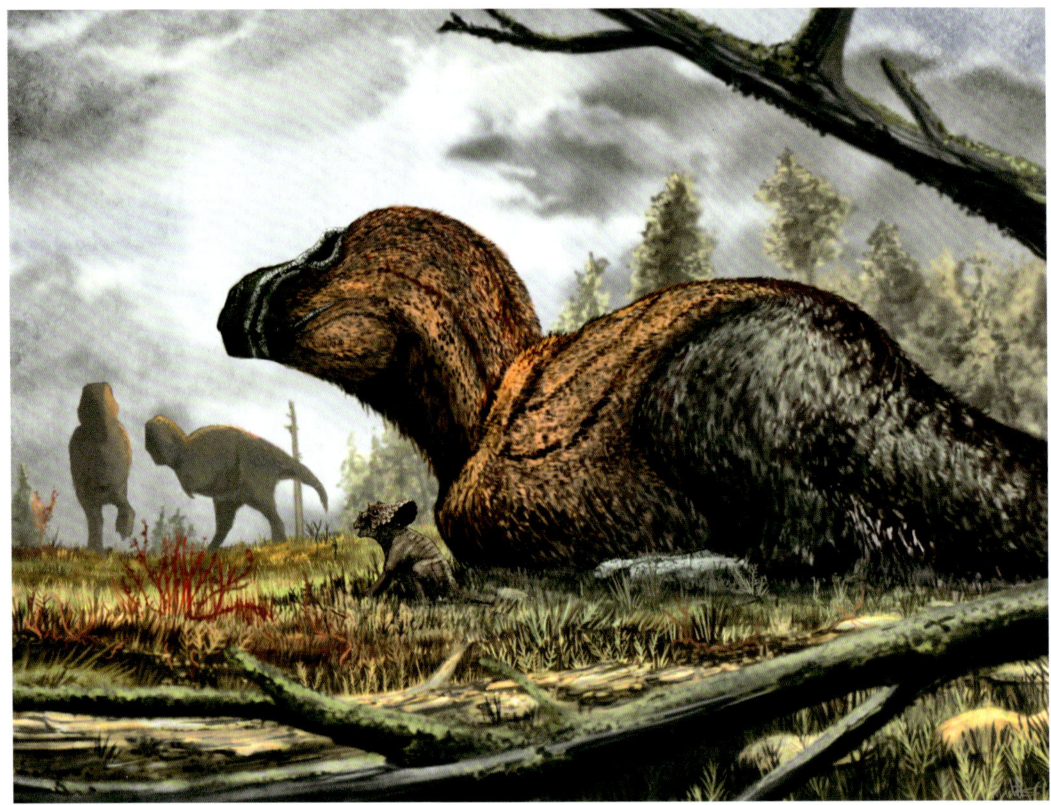

Abb. 15: »**Triceratops** *adoption« von Mark Witton, 2015. Diese voll befiederte Rekonstruktion von* **Tyrannosaurus** *wird wissenschaftlich inzwischen schon wieder bezweifelt. Vermutlich war* **Tyrannosaurus**, *zumindest als Erwachsener, eher beschuppt als gefiedert. Das zeigt, wie schnell sich auch heutzutage die Vorstellungen über diese Tiere verändern können. Dass ein* **Tyrannosaurus** *ein verirrtes* **Triceratops**-*Junges bei sich duldet, ist so übrigens schon bei Löwen beobachtet worden. Nach einer Panik der Herde verlor ein Gnu-Kalb zwischenzeitlich seine Mutter und suchte bei einer Löwin Schutz. Gefressen wurde es nicht!*

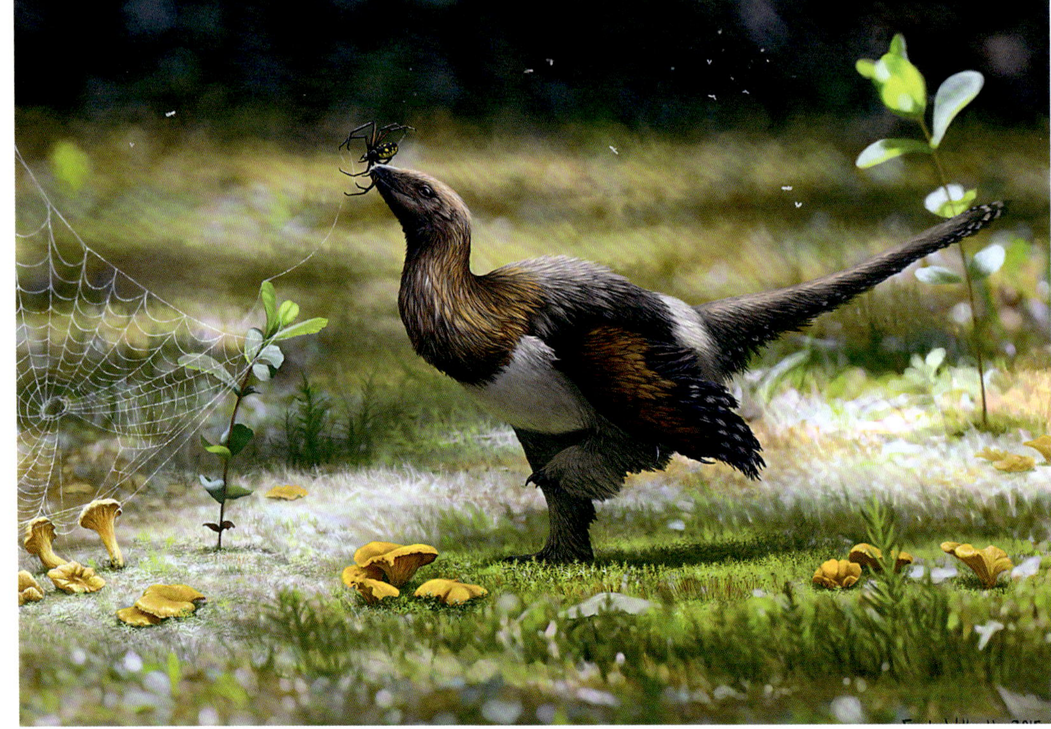

Abb. 16: *»Silky Serikornis« von Emily Willoughby, 2015. Dies ist einer der zahlreichen Raubdinosaurier aus China, deren Federkleid fossil erhalten geblieben ist. Der Name* **Serikornis** *bedeutet übersetzt Seidenvogel und bezieht sich auf feine, seidenartige Fiederchen an den Beinen, ähnlich wie bei Hühnerküken. Emily Willoughby ist eine Paläokünstlerin, die heutige Vögel genauso wie befiederte Dinosaurier illustriert und damit wie die Tiere die Grenze zwischen Vogel und Dinosaurier überschreitet.*

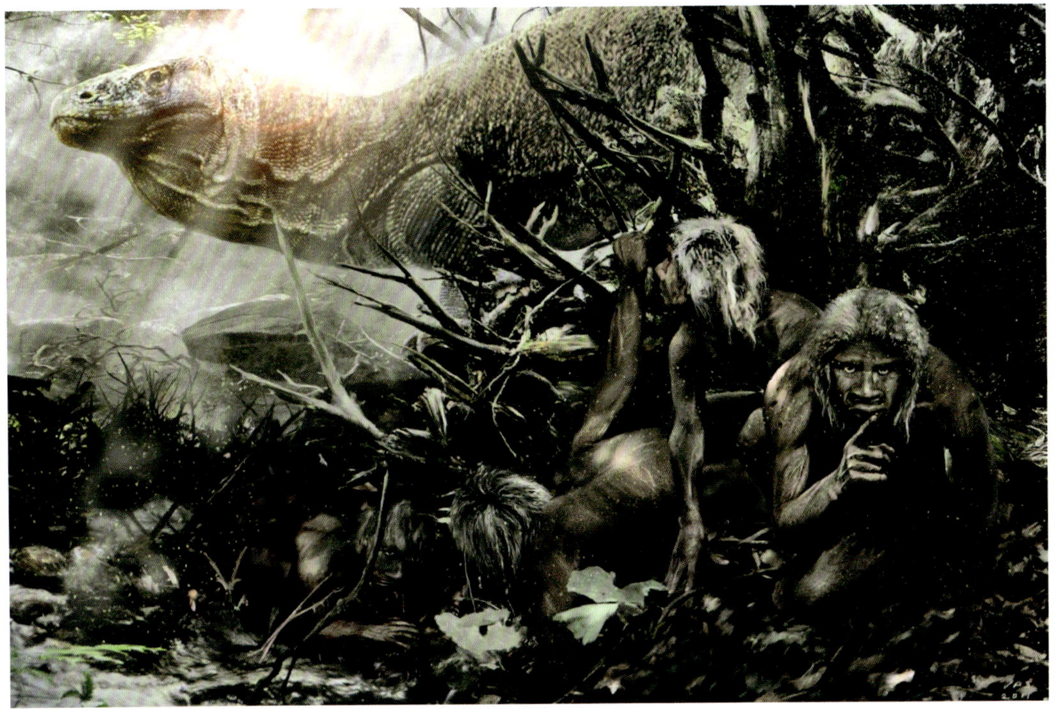

Abb. 17: »Hobbits« von Velizar Simeonovski, 2011. In einem fast fotorealistischen Stil zeigt sich hier eine Gruppe der vor über 60 000 Jahren auf der indonesischen Insel Flores lebenden Menschenart **Homo floresiensis**, wegen ihrer geringen Körpergröße auch »Hobbits« genannt. Sie verstecken sich vor einem bis zu 3 m langen Komodo-Waran, der bis heute noch auf wenigen Inseln der Region überlebt hat.

Iguanodon – ein Tier im Wandel

Iguanodon ist ein Ornithopode aus der Gruppe der Vogelbecken-Dinosaurier (Ornithischia) und gilt als eine Vorläuferform der späteren Entenschnabel-Dinosaurier (Hadrosauridae). Es lebte in Europa in der frühen Kreidezeit vor etwa 125 Millionen Jahren, war ein Pflanzenfresser und konnte bis zu zehn Meter lang werden. Ein besonderes Kennzeichen dieser Art ist der große Daumendorn am ersten Finger der Hand, der vermutlich als Verteidigungswaffe diente.

Iguanodon ist nicht nur, nach *Megalosaurus*, der zweite benannte Dinosaurier der Geschichte, sondern er zeigt wie kein zweiter Saurier, wie sehr sich die Sicht auf diese Tiere im Laufe von 200 Jahren verändert hat. Dabei hat *Iguanodon* einen teils erstaunlichen Formenwandel hinter sich. Begonnen hat alles mit dem englischen Landarzt, Naturforscher und Fossiliensammler Gideon Mantell (1790–1852). Seine Frau Mary und er fanden im Jahr 1822 einige seltsame versteinerte Zähne im Süden Englands. Seine Kollegen hielten die Zähne für die von Fischen oder sogar Nashörnern. Aber bestärkt durch das Urteil des berühmten George Cuvier ging Mantell davon aus, die Zähne eines riesigen, pflanzenfressenden Reptils entdeckt zu haben. Bei seiner Suche nach ähnlichen Zähnen heutiger Tiere fiel 1824 schließlich auf, dass die versteinerten Zähne und deren gezackte Ränder denen des Grünen Leguans ähnlichsehen. Daher veröffentlichte Mantell seine Entdeckung 1825 unter dem Namen *Iguanodon* – der Leguanzahn (**Abb. 18**). Nach dem Fund eines Teilskeletts 1834 versuchte sich Mantell an einer Skelettrekonstruktion, die im Körperbau natürlich einem Leguan sehr ähnlichsah (**Abb. 19**). Neben einigen anderen Fehlern setzte er dem Tier auch einen einzelnen, kegelförmigen Knochen als Horn auf die Nase. Der Kupferstecher Georg Scharf (1788–1860) fertigte nach Vorgaben von Mantell 1833 das erste Bild mit dargestellten Dinosauriern der Geschichte an – darauf prominent zu sehen ist auch das Leguan-artige *Iguanodon* (**Abb. 20**).

Die Gestalt des *Iguanodon* änderte sich erstmals 1854 als der berühmte Anatom Richard Owen seine Vorstellung von diesem Tier vom Bildhauer und Künstler Benjamin Waterhouse Hawkins (1807–1894) als lebensgroße Skulpturen in Beton und Ziegelsteinen

Abb. 18: *Diese Kupferstichtafel stammt aus Gideon Mantells erster Veröffentlichung zu* ***Iguanodon*** *von 1825 und zeigt die von ihm beschriebenen Zähne. Die drei Bilder in der untersten Reihe sind Beispiele von Zähnen und des Kiefers eines Grünen Leguans.*

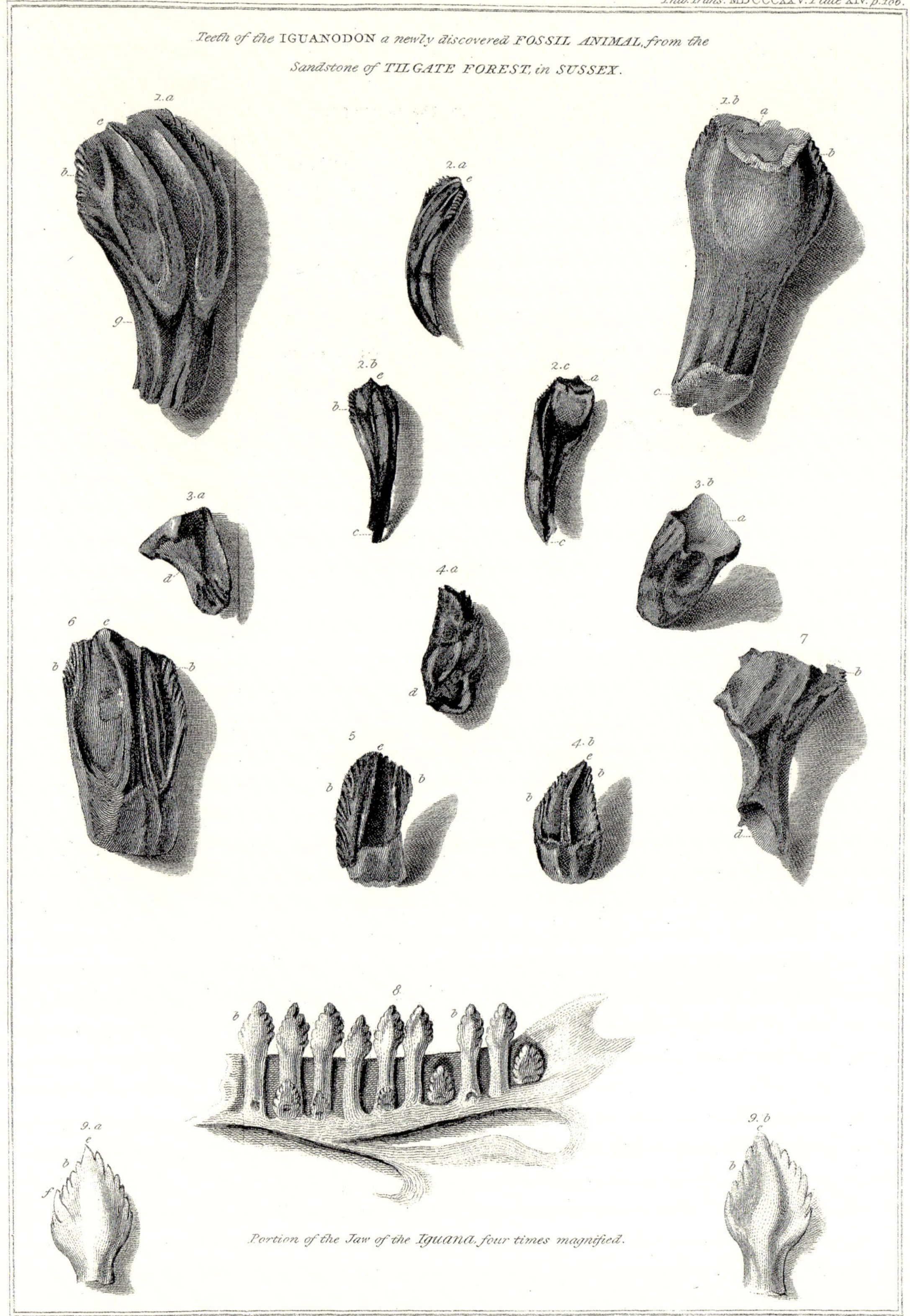

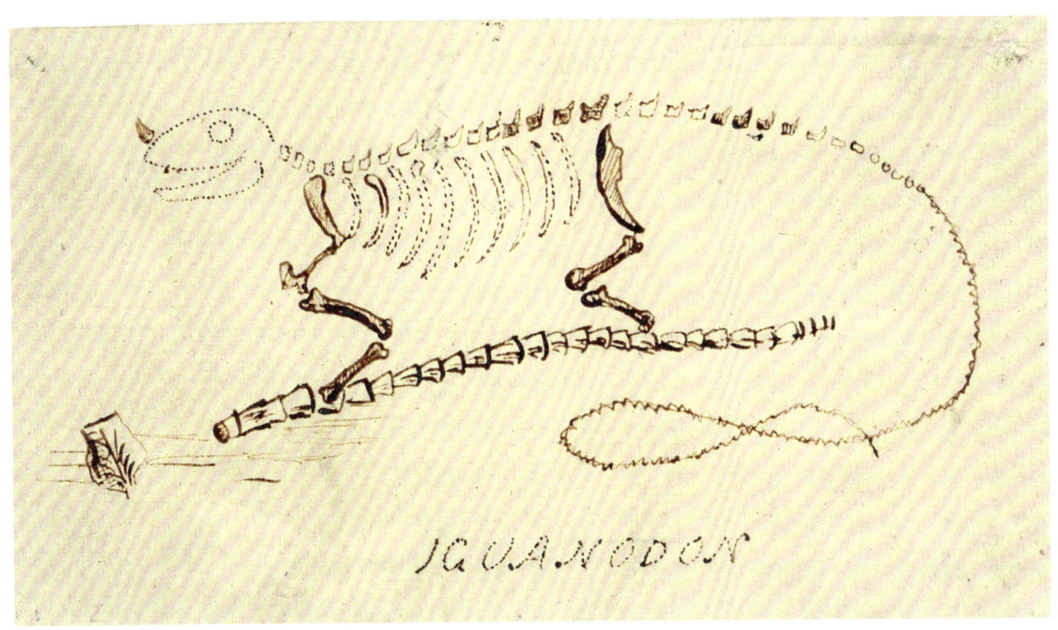

Abb. 19: *Diese unveröffentlichte Skizze von Gideon Mantell zeigt seine damalige Vorstellung von* ***Iguanodon*** *als riesenhafter Leguan.*

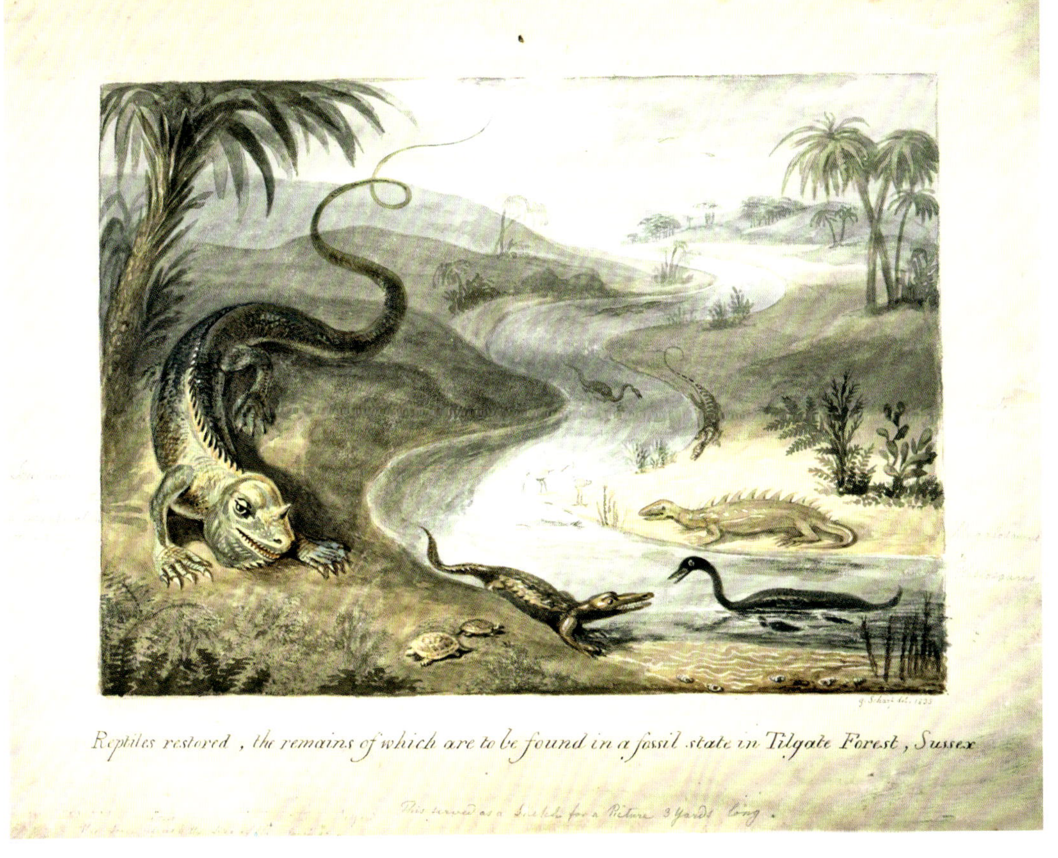

Abb. 20: *»Reptiles restored, the remains of which are to be found in a fossil state in Tilgate Forest, Sussex.« Auf diesem Aquarell von Georg Scharf von 1833 sind am Rand Notizen mit den Namen der gezeigten Tiere zu erkennen, deren Überreste damals aus der englischen Provinz Sussex bekannt waren, darunter auf der rechten Seite von oben nach unten »Monitor« (Waran), »Megalosaurus« und »Plesiosaurus«.*

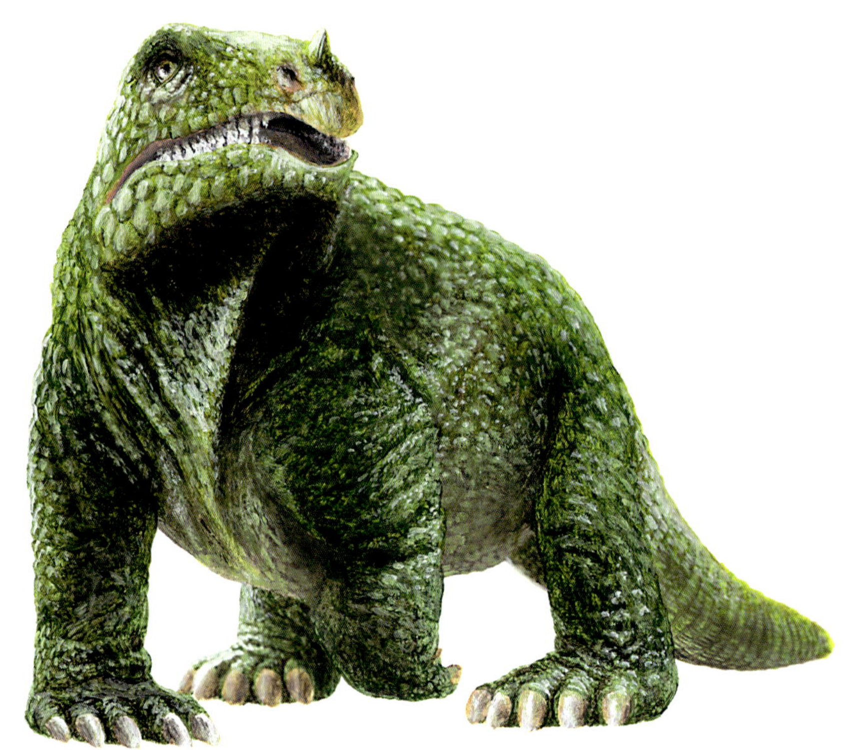

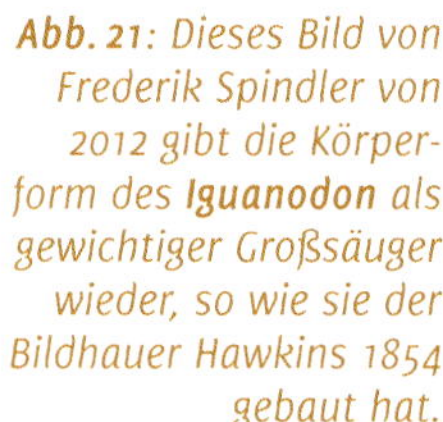

***Abb. 21**: Dieses Bild von Frederik Spindler von 2012 gibt die Körperform des **Iguanodon** als gewichtiger Großsäuger wieder, so wie sie der Bildhauer Hawkins 1854 gebaut hat.*

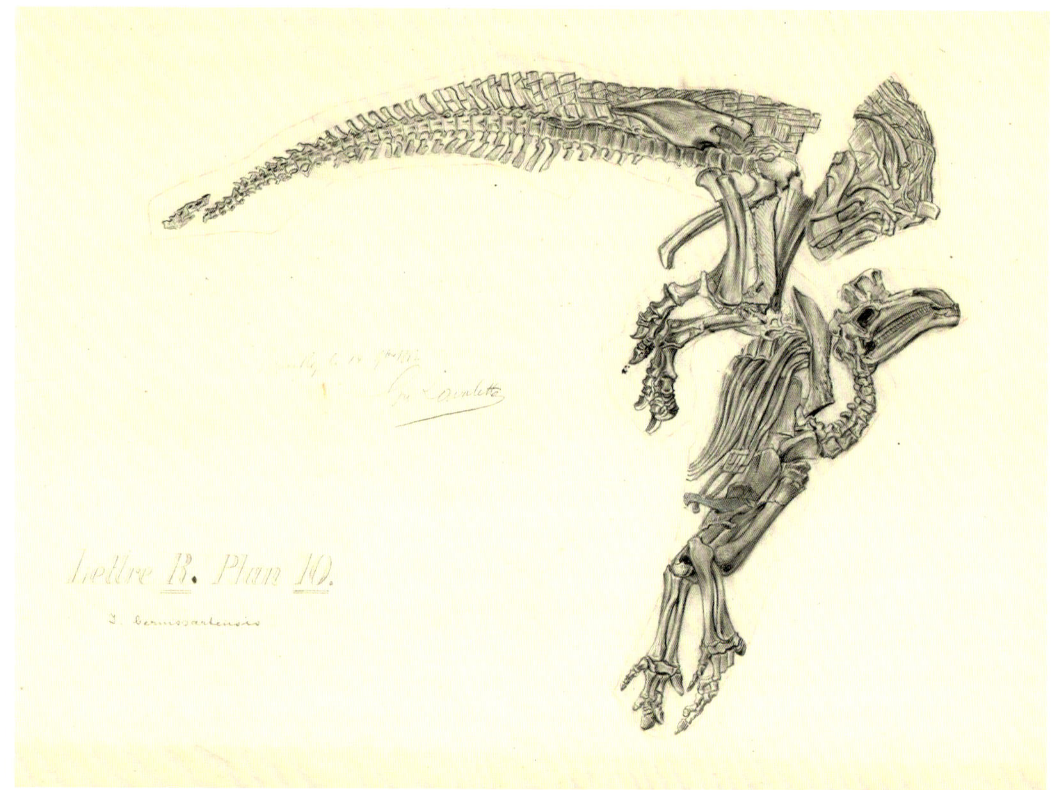

***Abb. 22**: Zeichnung eines der in der belgischen Kohlegrube entdeckten **Iguanodon**-Skelette von Gustave Lavalette, 1883. Ganz unten ist an der Hand der Daumendorn zu erkennen.*

formen ließ (siehe Kapitel 4). Owen sah in diesen Tieren die Krone der reptilischen Schöpfung Gottes. Durch Merkmale wie gerade und innen hohle Knochen stellte er sich *Iguanodon* als eine Art Riesenreptil vor, das mit landlebenden Großsäugern vergleichbar war. Das »Horn« verblieb weiterhin auf der Nase (**Abb. 21**).

Das änderte sich erst als 1878 in einer Kohlegrube im belgischen Bernissart bis zu 38 nahezu vollständige Skelette von *Iguanodon* gefunden wurden. Das »Horn« saß bei allen Skeletten eindeutig als Daumendorn an der Hand (**Abb. 22**). Nach dem Vorbild des ersten amerikanischen Dinosauriers mit einem gut erhaltenen Skelett, dem *Hadrosaurus* (massige

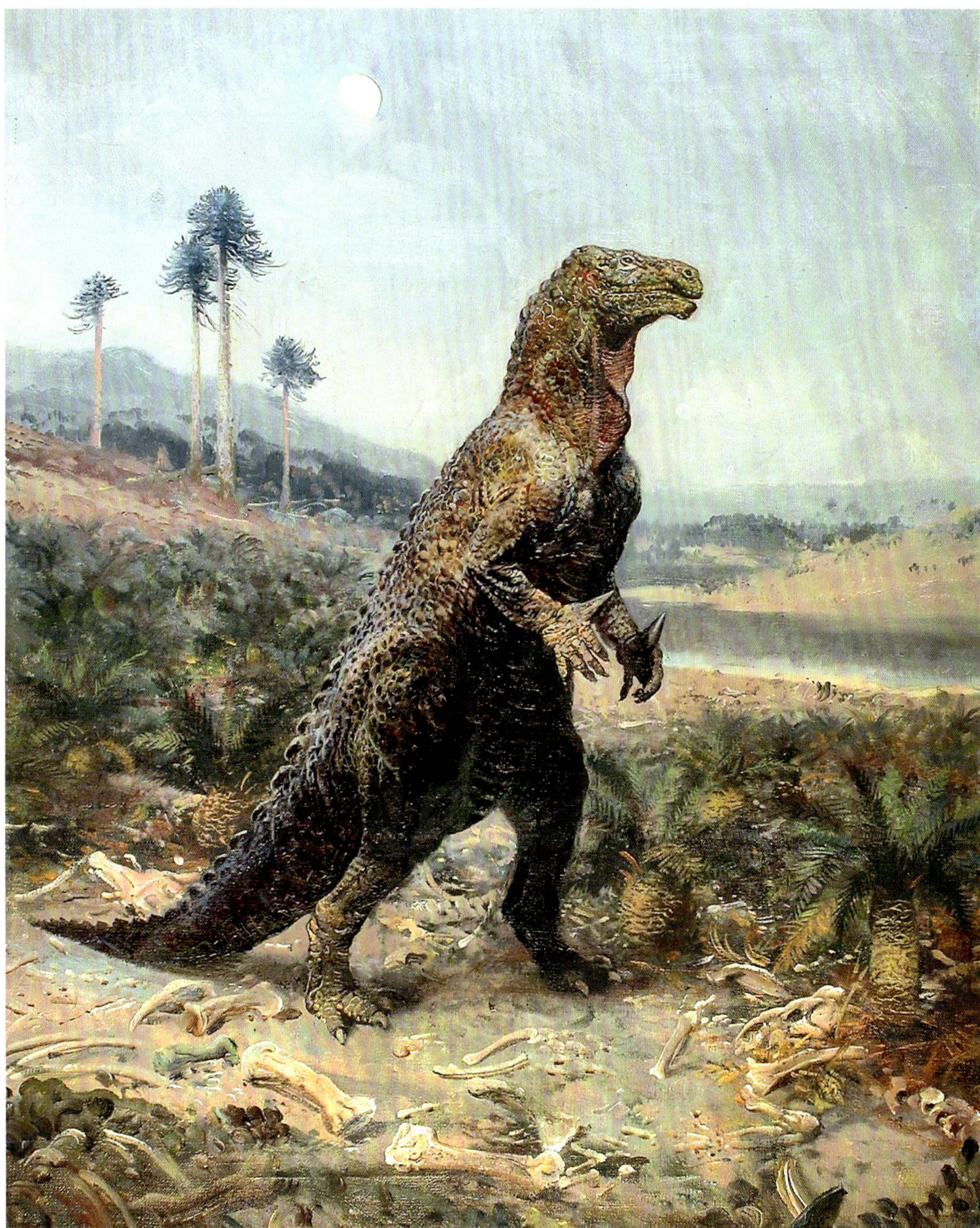

*Abb. 23: »**Iguanodon**«. Eine typische Abbildung des **Iguanodon** in Känguru-Haltung vom berühmten tschechischen Maler Zdeněk Burian, Öl auf Leinwand, 1950.*

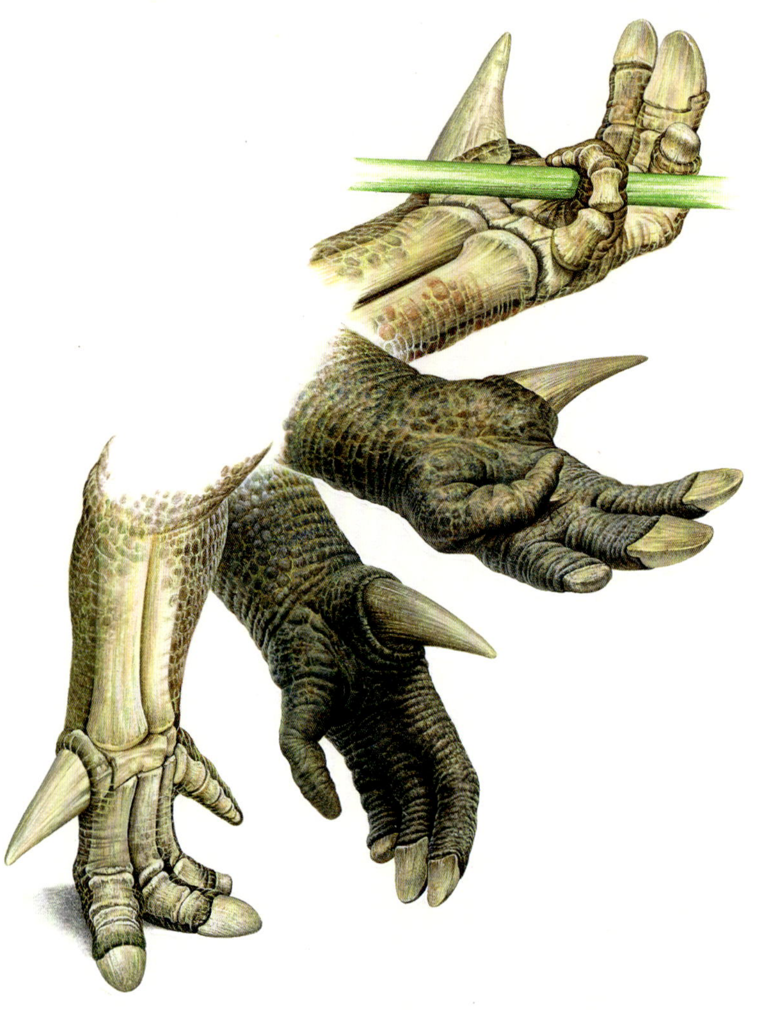

Abb. 24: *Der linke Unterarm mit Hand des* ***Iguanodon*** *in verschiedenen Haltungen, von John Sibbick, 1986.*

Echse), der bereits seit 1858 bekannt war, wurde nun auch das *Iguanodon* wegen seiner kürzeren Vorderbeine wie ein Känguru hoch aufgerichtet auf die Hinterbeine gestellt (**Abb. 23**). Diese Känguru-Haltung galt bis in das späte 20. Jahrhundert hinein als die richtige Darstellung des *Iguanodon* und vieler anderer auf den Hinterbeinen laufender Dinosaurier.

Der letzte große Gestaltwandel begann 1980 mit der Veröffentlichung der Arbeit des englischen Paläontologen David Norman. Ihm war aufgefallen, dass die Schwanzwirbelsäule bei den aufgebauten *Iguanodon*-Skeletten gebrochen worden war, damit der Schwanz die nötige Krümmung erhielt. Wurden die Wirbel dagegen in natürlicher Haltung angeordnet, wurde der Schwanz nahezu gerade. Damit der Schwanz überhaupt so gehalten werden konnte, musste das Tier notwendigerweise mit dem Vorderkörper nach unten kippen und die Hände auf den Boden setzen. Also schaute sich Norman auch die Arme und Hände des *Iguanodon* an. Die Länge und Stärke der Arme passten gut, aber die Hände stellten sich noch einmal als etwas ganz Besonderes heraus. Neben dem Daumendorn gab es die drei mittleren Finger, deren Nägel tatsächlich in abgeflachten Hufen endeten. Ihre Gelenke waren so beschaffen, dass sie beim Aufsetzen nach hinten knicken konnten. Der kleine fünfte Finger war extrem beweglich und diente vermutlich dem Ergreifen von Pflanzen (**Abb. 24**). Mit diesen Merkmalen rekonstruierte Norman das *Iguanodon* nun als einen Vierbeiner, der sich aber gelegentlich auf die Hinterbeine aufrichten konnte, sei es zum schnelleren Laufen, zur Verteidigung oder zum Fressen im Geäst der Bäume (**Abb. 25**). Diese Gestalt des *Iguanodon* wird bis heute als richtig angesehen.

Weiterführende Literatur

Dworsky, Alexis. 2011. Dinosaurier! Die Kulturgeschichte. Wilhelm Fink Verlag, München.

Lescaze, Zoë. 1990. Paläo-Art – Darstellungen der Urgeschichte. Taschen GmbH, Köln.

Norman, David. 1991. Dinosaurier. C. Bertelsmann Verlag GmbH, München.

Taquet, Philippe & Padian, Kevin. 2004. The earliest known restoration of a pterosaur and the philosophical origins of Cuvier's *Ossemens Fossiles*. Comptes Rendus Palevol 3: 157–175.

White, Steve. 2012. Dinosaur Art – The world's greatest paleoart. Titan Books, London.

White, Steve. 2017. Dinosaur Art II – The cutting edge of paleoart. Titan Books, London.

Witton, Mark. 2018. The Palaeoartists Handbook – Recreating prehistoric animals in art. The Crowood Press Ltd., Ramsbury.

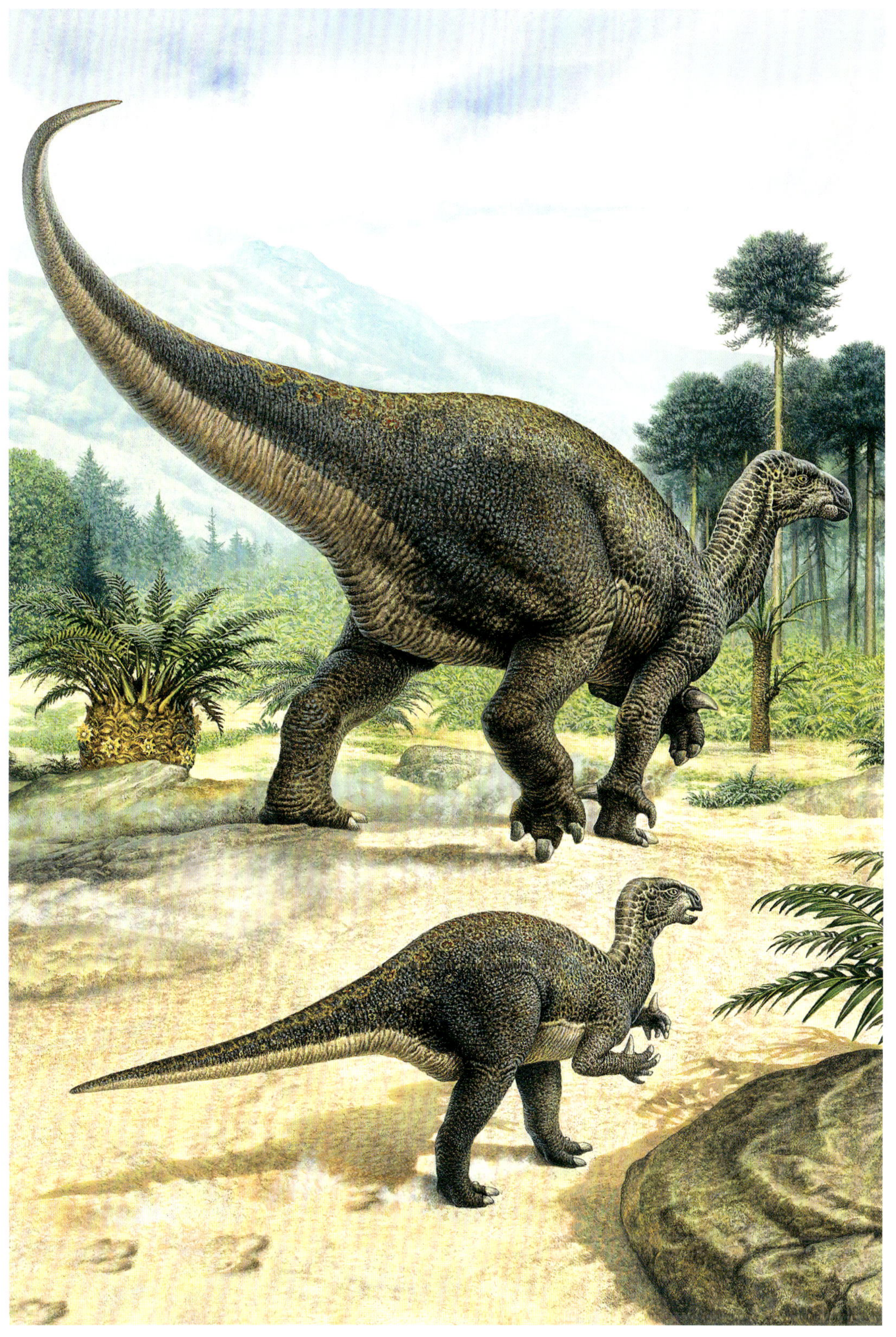

Abb. 25: *»Iguanodon walking with young« von John Sibbick, 1986. Aufgrund der relativ kürzeren Arme des Jungtiers im Vergleich zum Erwachsenen vermutet David Norman, dass die Jungtiere mehr auf den Hinterbeinen liefen und erst später mehr auf allen Vieren. Das hatte auch den Vorteil, dass die Jungtiere schneller flüchten konnten.*

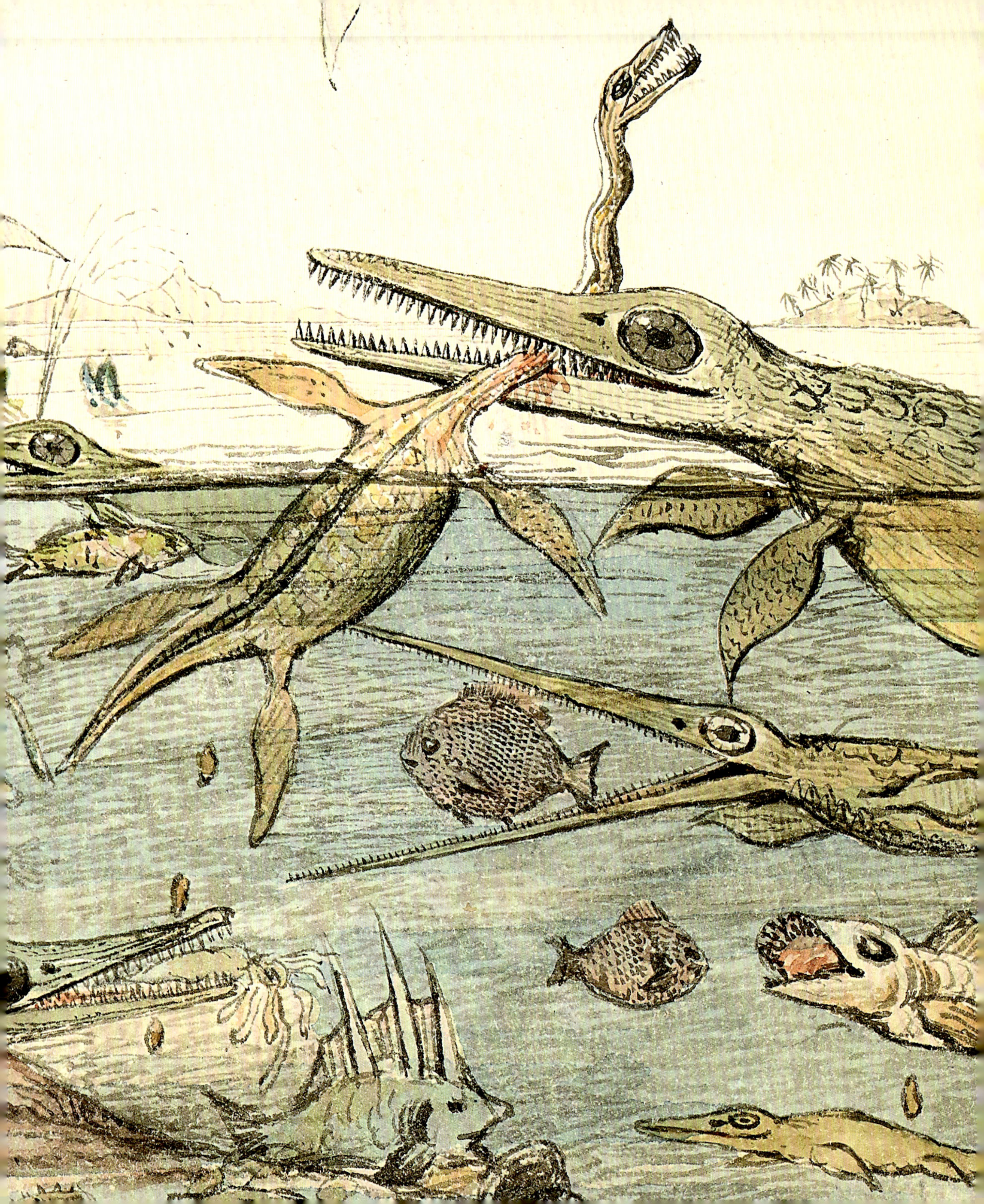

»Duria Antiquior« – Das Vorbild für die Vorwelt

2

BJÖRN KRÖGER

Die Welt, so wie sie uns heute erscheint, hat eine unvorstellbar lange Geschichte. Die Aufzeichnungen unserer Vorfahren, Bildnisse und Erzählungen der Menschen reichen kaum ein Augenzwinkern in diese Geschichte zurück.

Unser begrenzter Zeithorizont wird deutlich, wenn wir uns vorstellen, welch kurze Zeit die eigenen Erinnerungen in die Vergangenheit reichen, wie skizzenhaft die erlebten Geschichten unserer Eltern und Großeltern in uns weiterleben. Sie zeigt sich daran, wie klein die Zahl der verblichenen Fotografien in unseren Familienalben wird, je weiter wir in die Vergangenheit zurückgehen. Und sie wird uns bewusst, wenn wir versuchen, in der Zeit zurückzuschreiten und Bilder von der Straße oder der Ortschaft zu finden, in der wir lebten und aufgewachsen sind.

Die ältesten überlieferten Abbildungen sind wohl die wunderbaren Höhlenmalereien, Knochenritzungen und Plastiken aus der jüngeren Eiszeit. Ihr Alter zählt sich in Zehntausenden von Jahren. Die geologische Zeit der Landschaften, die Zeit der Meere und der Berge umspannt Hunderte von Millionen von Jahren. Unvorstellbar lang sind die Zeitspannen von vor 70 bis 80 Millionen Jahren, in denen sich der Thüringer Wald und der Harz erhoben.[1] Weit länger noch reicht die Zeit von vor ca. 255 Millionen Jahren zurück, in der sich auf diesem Land ein flaches warmes Meer erstreckte und unter dem sich dicke Schichten von Salz ablagerten.[2]

Wenn wir bildliche Rekonstruktionen von dieser geologischen Vorwelt betrachten, ist uns ganz selbstverständlich bewusst, dass es kein Bild von diesen vergangenen Zeiten gibt. Nie hat ein Mensch je diese Welt gesehen. Es gibt keine verblichene Fotografie und keine Ritzzeichnung, die uns als Vorbild dienen könnte. Die Dinosaurier-Illustrationen Zdeněk Burians (siehe Kapitel 7 & 9) und die Dinosaurier aus »Jurassic Park« (siehe Kapitel 13) oder »Ice Age« gehören für uns zurecht ins Reich der Fantasie.

Daraus ergibt sich ein Dilemma, denn die Absicht hinter vielen bildlichen Rekonstruktionen der Vorwelt, besonders der wissenschaftsgetreuen, ist es ja gerade, die geologische Geschichte erfahrbar zu machen und wie in einer Zeitmaschine tief in die Vergangenheit unserer Welt hineinzublicken.

Sollte es so etwas wie ein Vorbild für die Vorwelt geben, dann ist es eine Aquarellzeichnung mit dem Titel »Duria Antiquior«, gezeichnet im Jahr 1830 von dem englischen Geologen Henry Thomas de la Beche (1796–1855; **Abb. 1**). Die »Duria Antiquior« ist der älteste Versuch, die lebendige Welt der geologischen Vorzeit in Szene zu setzen.[3] Mit ihr hat sich zum ersten Mal ein Autor entschieden, ein Bild von einer Welt zu zeichnen, von dem es kein Bild gibt. (**Abb. 2 & 3**)

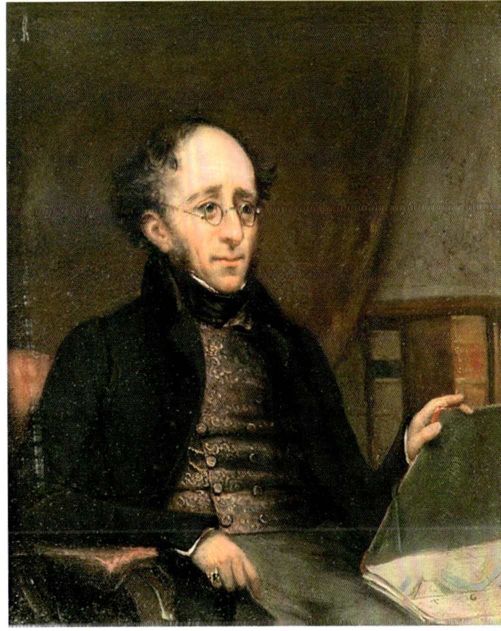

Abb. 1: *Henry Thomas de la Beche, portraitiert von Alexander Craig, Öl auf Holz, 1845.*

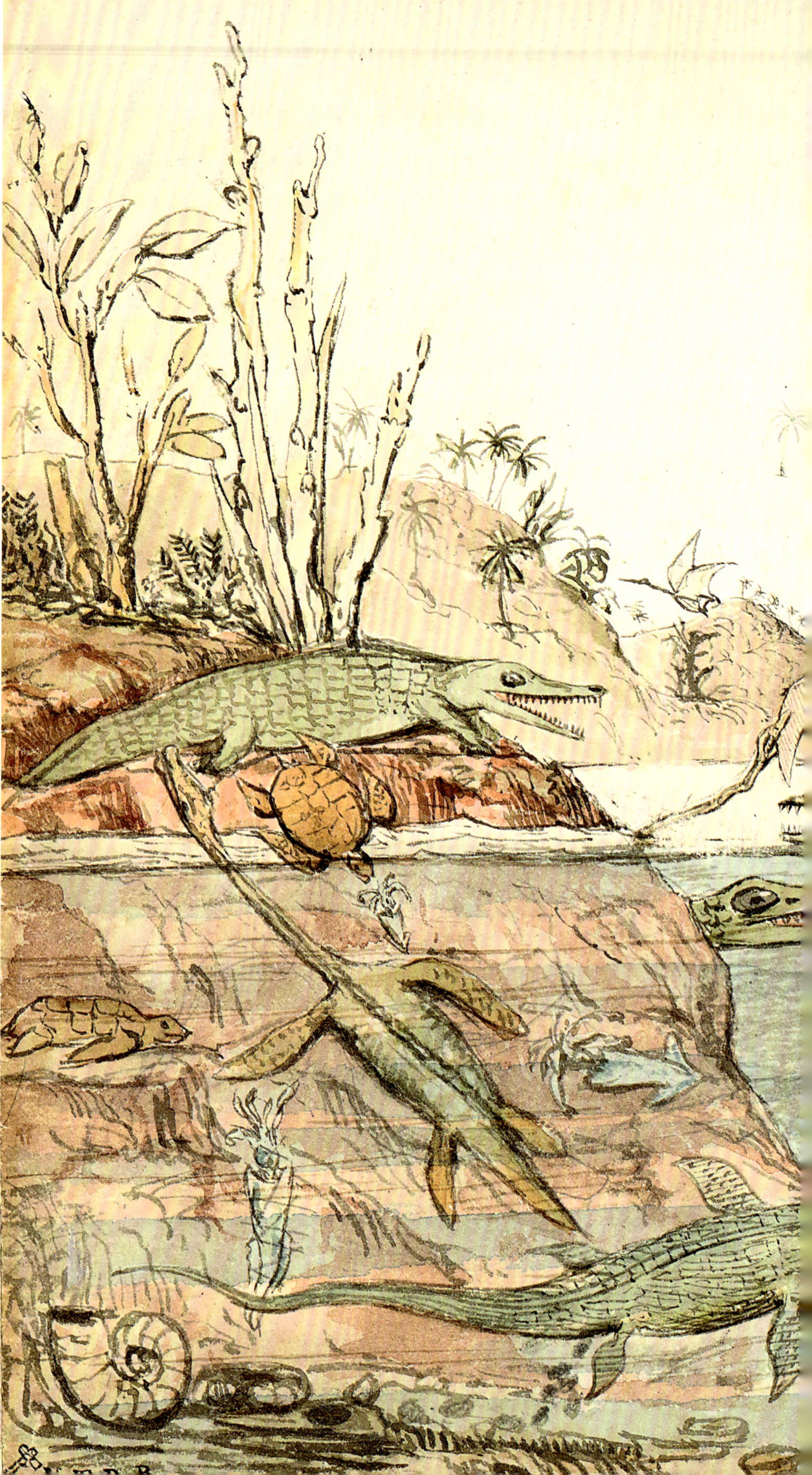

Abb. 2: *»Duria Antiquior« von Henry Thomas de la Beche, Aquarell, 1830.*

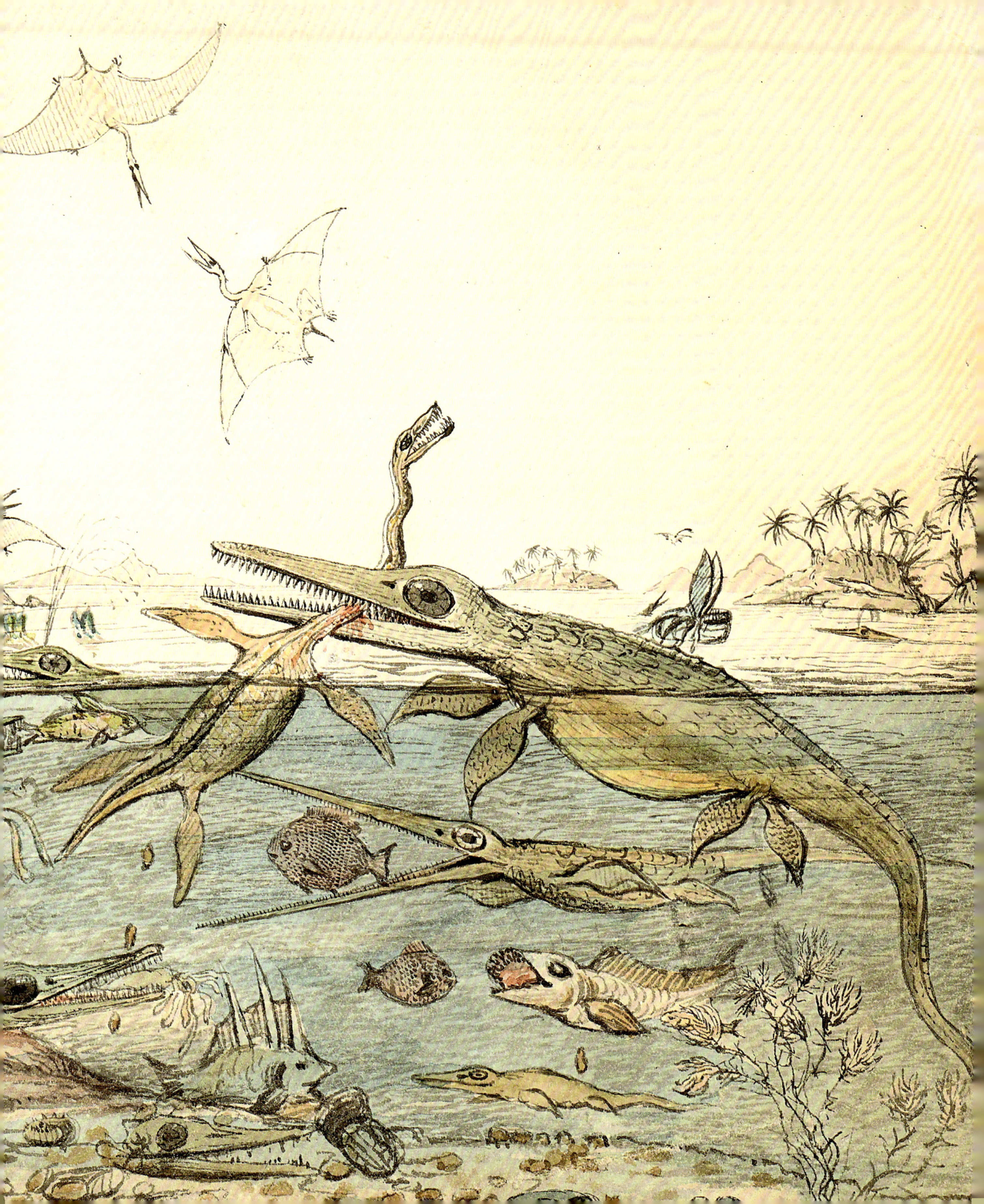

Die »Duria Antiquior«

Die »Duria Antiquior«, deren Titel aus dem Lateinischen als »Das ältere Dorset« übersetzt werden kann, zeigt eine Landschaft mit einem Meer voller seltsamer, heute ausgestorbener Tiere. Alle abgebildeten Tiere wurden zu de la Beches Zeiten als Fossilien in der Nähe von Dorset gefunden. Dorsetshire ist eine Gegend im Südwesten Englands mit einer felsigen Küste. Die dunklen Tongesteine der Liasformation (Unterer Jura), welche das Meer dort nach und nach freispült, sind extrem reich an Fossilien. Zu Beginn des 19. Jahrhunderts wurde in dieser Gegend das Fossiliensammeln populär und es entwickelte sich eine kleine Ökonomie um die Funde.

Lokale Sammlerinnen und Sammler verkauften ihre besten Exemplare zu gutem Preis an wohlhabende Käufer in London und anderswo. Die aufsehenerregendsten Stücke fanden ihren Weg schnell zu den Gelehrten der prestigeträchtigen Geological Society of London. Sie wurden von ihnen in wissenschaftlichen Arbeiten beschrieben, die heute zu den Klassikern der Paläontologie zählen. Darunter sind vor allem die detailreichen Beschreibungen der spektakulären Wirbeltierfossilien von Dorset. Veröffentlicht wurden sie in den 1820er Jahren unter anderem von de la Beche selbst und dem Geologen William Daniel Conybeare (1787–1857). In kurzer Abfolge erschienen von den beiden in dieser Zeit wichtige Arbeiten über die Fischsaurier und über den *Plesiosaurus*.[4,5,6] Die beschriebenen Fossilien stammen von Lebewesen, die unserer Welt in hohem Maße fremd sind. Die Fisch- oder Ichthyosaurier ähnelten Delphinen, besaßen aber riesige knochenumfasste Augenhöhlen und ein reptilienhaftes Skelett. Der *Plesiosaurus* scheint eine bizarre Chimäre aus Schildkrötenkörper, Schlangenhals und Krokodilskopf zu sein. De la Beche und Coneybeare haben das Reptil 1821 zuerst als eine Verbindung von Fischsaurier und Krokodil interpretiert. *Ichthyosaurus* und *Plesiosaurus* stehen im Zentrum der »Duria Antiquior«. Die beiden befinden sich im Kampf miteinander. Der größere *Ichthyosaurus* attackiert den langen Hals des *Plesiosaurus*. (**Abb. 2**)

Abb. 3: *Die Rückseite der »Duria Antiquior« zeigt die Skizzen eines Plesiosauriers, der einen Tintenfisch fängt (Mitte), und darunter einen* ***Hybodus*** *genannten Hai mit Flossenstacheln, dessen Kopf hier nach unten zeigt. Henry Thomas de la Beche, Bleistiftzeichnung, 1830.*

Aber auch die anderen Figuren in der Zeichnung wurden von de la Beche schon in den 1820er Jahren mit wissenschaftlicher Sorgfalt aufgelistet.[7] Eine wichtige Grundlage dafür waren Werke, wie die monumentale, wunderbar illustrierte »Mineral Conchology of Great Britain«, in denen zu Beginn des 19. Jahrhunderts erstmals Fossilien in größerem Umfang beschrieben wurden.[8] Zu den weniger zentralen Figuren in der Zeichnung gehören vor allem die Ammoniten, schalentragende, heute ausgestorbene und mit den Tintenfischen verwandte Kopffüßer. Mit ihren schneckenartig aufgerollten, gekammerten Gehäusen (**Abb. 4**) wurden sie von de la Beche auf eine Weise rekonstruiert, wie man sich die Lebensweise der Papierboote (*Argonauta*) seiner Zeit vorstellte. *Argonauta* sind in den heutigen Meeren lebende Tintenfische. Sie sind nahe verwandt mit den Kraken und ihre Weibchen bilden zur Eiablage ebenfalls ein feines schneckenartiges Gehäuse. Seit der Antike glaubte man, die seltsamen Tiere würden ihre ausgebreiteten Arme nutzen, um wie mit Segeln auf den Wellen zu treiben.

Im Himmel der »Duria Antiquior« fliegen gleich mehrere Flugsaurier. Ihre Präsenz im Bild haben sie dem Fund eines Flugsauriers in den Tongesteinen von Dorset im Jahr 1828 zu verdanken. Die Entdeckung

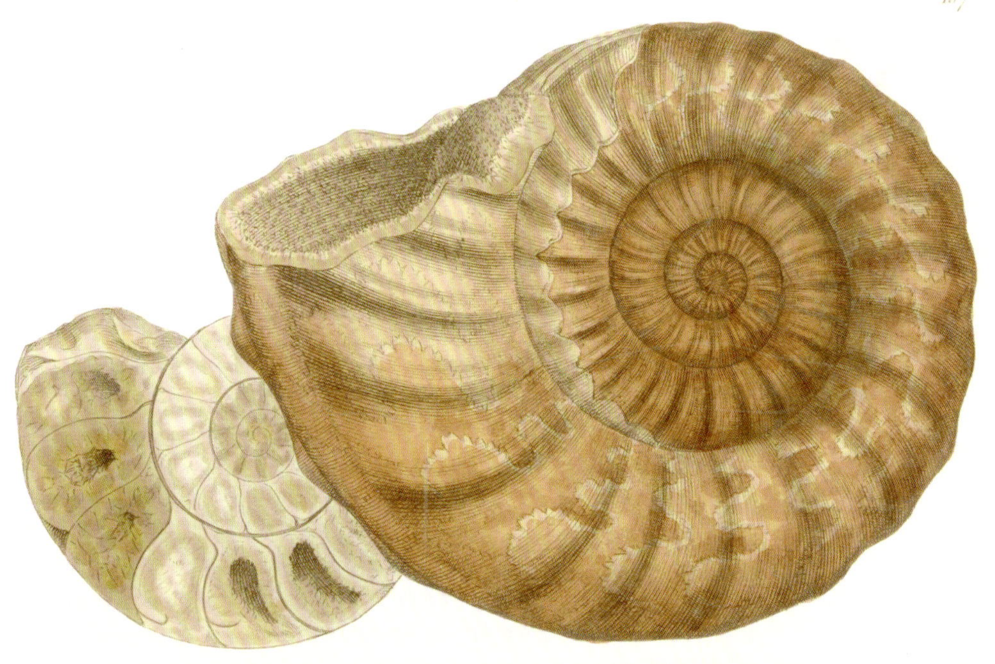

Abb. 4: *Kolorierter Kupferstich aus dem Werk »The Mineral Conchology of Great Britain«.[8] Zu sehen ist das Gehäuse eines Ammoniten mit äußerlich sichtbaren Lobenlinien (Grenzwände zwischen den inneren Kammern) sowie ein Beispiel für einen aufgeschnittenen und polierten Ammoniten, bei dem die inneren, teilweise mit Mineralien ausgefüllten Kammern gut zu sehen sind.*

war eine kleine Sensation und sie wurde umgehend durch den Oxforder Paläontologen William Buckland (1784–1856) in den Transactions der Geological Society bekannt gemacht.[9] Zuvor waren Flugsaurier nur von drei Exemplaren aus den Solnhofener Plattenkalken aus Deutschland bekannt.

Wie sehr sich die »Duria Antiquior« auf die seinerzeit aktuellen Entdeckungen bezog, wird zudem an einem Detail deutlich, das vielleicht erst auf den zweiten Blick auffällt: Der attackierte *Plesiosaurus* scheidet in seinem Todeskampf Kotballen aus. Die Exkremente des *Plesiosaurus* fallen eines nach dem anderen auf den Meeresgrund. Dort liegen schon allerlei Gehäuse von toten Schalentieren und die Skelette all derer, die weiter oben lebendig im Meer schwimmen. De la Beche zeigt hier die Überreste der Lebewesen die sich am Meeresgrund sammeln, um als Fossilien die Zeit zu überdauern. Und unter diesen Fossilien befinden sich kurioser Weise nicht nur Skelette und die Spuren der einstigen Lebewesen, sondern auch deren Exkremente, so wie es Buckland in einer 1829 erschienenen und weithin beachteten Arbeit kurz zuvor dargelegt hatte.[10] Die versteinerten Exkremente nannte er »Koprolithen« und ihr Inhalt, Fischschuppen und Skelette von Kopffüßern, gaben ihm wertvolle Hinweise auf die Nahrung von *Ichthyo-*, und *Plesiosaurus*. Auch dies wird in der »Duria Antiquior« dargestellt. Einer der Fischsaurier verschlingt gerade einen Fisch der Gattung *Dapedium*, ein anderer nimmt sich einen Kopffüßer vor.

Eine Zeichnung mit Zweck

Die »Duria Antiquior« hatte von Anfang an mehrere Zwecke zu erfüllen. Der ausschlaggebende Grund für die Zeichnung war wohl die enge Freundschaft, die de la Beche mit Mary Anning (1799–1847) verband. Mary Anning war eine der wichtigsten Fossiliensammlerinnen an Dorsets Küsten.[11] Sie lebte in Lyme Regis, einem Badeort nahe Dorset, und wuchs in einer Familie auf, die sich wie so viele andere in der Gegend mit dem Fossiliensammeln noch etwas dazu verdiente. Im Alter von 12 oder 13 Jahren entdeckte sie das Skelett eines außergewöhnlich gut erhaltenen Fischsauriers, der später Berühmtheit erlangte und bis heute das namengebende Exemplar für die Fischsaurier-Gattung *Temnodontosaurus* ist[4]. Nach dem frühen Tod des Vaters blieb das Fossiliensammeln die wichtigste Einnahmequelle für die Familie, und Mary Anning war im Auffinden der großen Funde am erfolgreichsten. Sie war es, die den *Plesiosaurus* entdeckte.[12] Sie fand auch das erste Exemplar eines Flugsauriers aus England.[13] Trotz der Berühmtheit, die Mary Anning mit ihren Funden erlangte, blieb das Fossiliensammeln ein schwerer und unsicherer Broterwerb, der die Familie oft in finanziellen Nöten ließ. De la Beche wusste um die prekäre Situation der Familie. Sein Aquarell war von ihm von Anfang an als cin Mittel gedacht, die Familie Anning finanziell zu unterstützen. Er übergab daher seine Zeichnung an einen Londoner Theatermaler, der daraus noch im selben Jahr eine etwa 33 x 43 cm große Lithographie (Steindruck) fertigte. Die Lithographie wurde für 2,20 Pfund pro Druck verkauft, einem Preis, der heute etwa 900 € entsprechen würde.[14] Der Erlös ging vollständig an Mary Anning.

Neben dieser unterstützenden Geste hatte de la Beche auch den Wunsch, die schiere Ansammlung von neuem Wissen aus den abstrakten wissenschaftlichen Arbeiten heraus in eine für jeden erfahrbare Form zu bringen. Mit der dichten Folge von spektakulären Funden, vor allem in den 1820er Jahren durch Mary Anning, ergab sich zum ersten Mal ein relativ vollständiges Bild von der Lebewelt einer längst vergangenen Zeitepoche. De la Beche, Conybeare und Buckland, die drei Gelehrten, die sich vornehmlich mit den Funden von Dorset befassten, schrieben nicht nur wissenschaftliche Abhandlungen über ihre Funde. Sie waren auch stark daran interessiert, die Tragweite dieser Entdeckungen bekannter und besser verständlich zu machen. Für Buckland war es zum Beispiel sehr wichtig, dass seine Vorlesungen an der Universität von Oxford für Studenten aller Studienrichtungen eine eigene Anziehungskraft und Unterhaltungswert besaßen. Denn die Naturkunde war ein freiwilliges Fach und es gab keine Prüfungen. Bildtafeln waren daher für Buckland ein wichtiges Mittel, den Studenten geologische und paläontologische Entdeckungen zu vermitteln.[14]

Der Verkauf der Lithografie wurde weit über die Grenzen des Königreichs hinaus ein großer Erfolg. Es ist nicht genau bekannt, wo überall auf der Welt die »Duria Antiquior« verkauft wurde und von wem die begehrte Anschaffung dann in gelehrten Gesellschaften, Bibliotheken, Schulen und Universitäten gezeigt und besprochen wurde. Einer der berühmtesten Käufer war der bedeutende Berliner Geologe Christian Leopold von Buch (1774–1853). Von ihm ist ein Vortrag erhalten in dem er die »Duria Antiquior« einer illustren Berliner Abendgesellschaft vorstellte. Dieser Vortrag gewährt einen seltenen Einblick in die öffentliche Wahrnehmung des Bildnisses.

Beachtenswert ist bereits der Anfang seines Vortrags, denn er begann mit der Ankündigung, dass sich nun in der Folge erlaubt wird, über Tiere zu sprechen, die uns so sehr abenteuerlich und fremdartig erscheinen, dass man meinen könne, »sie gehören nicht zu unßerer, sondern einer uns fremden unbekannten Welt«[15]. Und tatsächlich nahmen Erklärungen über die Anatomie, Verwandtschaftsverhältnisse und die Art und Weise des Beisammenseins der in der »Duria Antiquior« abgebildeten Tiere einen großen Platz in seinem Vortrag ein. Das wirklich Bemerkenswerte an diesem Vortrag aber ist, dass er eine Geschichte erzählte, eine Erdgeschichte.

Zeit im Bild

Die »Duria Antiquior« ist genau genommen ein Szenenbild, sie bildet den Raum einer Handlung ab. Das profane Fressen-und-Gefressen-Werden, oder in den Worten von Buchs, das tägliche »Beißammenleben« der Protagonisten im Bild steht im Rahmen einer größeren Handlung. Dieser Rahmen ist die lange Geschichte des Lebens auf der Erde.

Im englischsprachigen Raum hat sich für die langen erdgeschichtlichen Zeiträume der Begriff der »deep time«, der Tiefenzeit etabliert.[16] Der Begriff bezieht sich auf die geologischen Ablagerungsverhältnisse, bei denen die ältesten Schichten prinzipiell am tiefsten im Untergrund liegen. Es mag daher für den Erfolg der »Duria Antiquior« nicht unwesentlich gewesen sein, dass man bildhaft mit geheimnisvollen Abgründen spielen konnte, da ja der Großteil der abgebildeten Lebewesen Meerestiere sind.[17,18]

Wie kann nun Licht in diese Abgründe gelangen, so dass sie als Teil »unßerer Welt« gesehen werden? Leopold von Buch machte das wahrscheinlich einzig Mögliche. Er erzählte die Geschichte von ganz konkreten Akteuren. Er erzählte von den Sammlern in

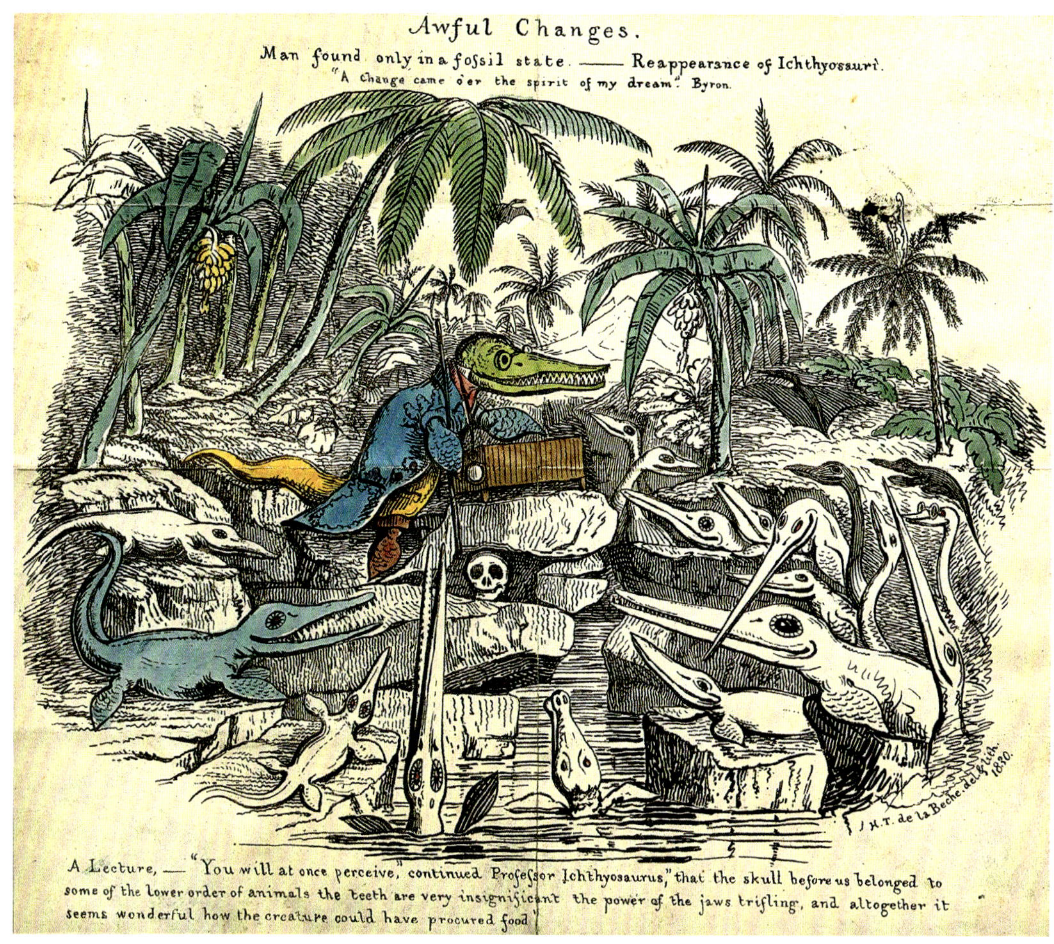

Abb. 5: *»Awful Changes«. Henry Thomas de la Beche, kolorierte Lithografie, 1830.*

London, die sich mit dem Kauf von kuriosen, aber überteuerten Fossilien an den Rand des Bankrotts manövrierten, vom Streit zwischen den Gelehrten bei der wissenschaftlichen Bearbeitung der neuesten Funde, von der erstaunlichen Beharrlichkeit der Sammlerin Mary Anning und auch davon, wie Buckland Anning den Auftrag gab, mehr der begehrten Koprolithen aufzusammeln. Das heißt, von Buch erzählte vom täglichen profanen Beisammensein der Protagonisten seiner Zeit.

Fossilien standen im Zentrum dieser Aktivitäten. Und es sind genau diese Dorsetshire-Fossilien, die nun als Überreste frisch verstorbener Tiere am Meeresgrund von de la Beches »Duria Antiquior« zu finden sind. Die Fossilien sind hier der Schlüssel für die erdgeschichtliche Szenerie. Eine unvorstellbar lange Zeit trennt das Treiben der Menschen der 1820er Jahre vom Treiben der Ichthyosaurier und Plesiosaurier. Von Buch machte in seinem Vortrag immer wieder deutlich, wie radikal sich die Welt in dieser Zeit wandelte. Es gibt in der Welt der Menschen weder Ammoniten, weder flossentragende, noch fliegende Reptilien. Dafür gibt es heute Delphine, Vögel und eine ungeheure Vielfalt von Vierbeinern. Die Erdgeschichte zeigt sich daher im Bild der »Duria Antiquior« als eine Geschichte radikaler Veränderungen. Nur die Fossilien bleiben.

Es liegt nahe, dem Bild der Vorwelt ein Bild der Nachwelt entgegenzustellen. Und tatsächlich versuchte auch von Buch in seinem Vortrag in einer Art Epilog, der langen Vorgeschichte eine lange Nachgeschichte hinzuzufügen. Vielleicht, so nahm er an, wird einst ein Geschlecht auf der Erde leben, das sich frei im »Aether« bewegen kann, wie die Vögel in der Luft und die Fische im Meer, und das »mitleidig auf die Armseligkeit des Menschen herabsieht«.

De la Beche hat mit seiner Karikatur »Awful Changes«, zu Deutsch »Schreckliche Veränderungen«, noch im Jahr 1830 seine eigene Version vom Bild einer Nachwelt entworfen (**Abb. 5**). In diesem Bild rätselt ein gelehrter *Ichthyosaurus* über die Anatomie der fossilen Überreste eines Menschen. Die Karikatur richtete sich an den britischen Geologen Charles Lyell (1797–1875), der in den Jahren 1830–1833 sein bahnbrechendes Werk »Principles of Geology« veröffentlichte (siehe Kapitel 4). Heute ist diese Arbeit vor allem wegen der darin vertretenen Auffassung bekannt, dass sich alle Begebenheiten der geologischen Vergangenheit aus Gesetzmäßigkeiten ableiten lassen, die noch heute wirken. Eine eher in Vergessenheit geratene These, der »Principles« besagte, dass alles einmal Vergangene in einer fernen Zukunft vielleicht auch einmal wiederkehren werde. Die Karikatur zeigt daher Lyell als einen Professor *Ichthyosaurus* der über die Knochen der Menschen referiert.[19] Wieder waren es hier die Fossilien die, weil sie die Zeiten überdauern, als wichtigste Zeugnisse der Geschichte dienten.

So gewöhnlich diese Feststellung vielleicht noch vor ein paar Jahrzehnten gewesen wäre, ist sie heute längst keine Selbstverständlichkeit mehr. In den Bildwelten von Sauriern und Mammuts waren wissenschaftlicher Anspruch und Popkultur von Anfang an untrennbar verwoben.[20,21] Im ständigen Flackern virtueller Bilder vermischt sich die Wirklichkeit der Vorgeschichte unserer Welt mehr und mehr mit der zunehmenden Präsenz solcher Illustrationen. Die wirklichen Fossilien spielen in diesen Bildern kaum mehr eine Rolle.

Die Fossilien, die in den ersten Jahrzehnten des 19. Jahrhunderts von den Sammelnden und Gelehrten zunehmend in die Gesellschaft eingebracht wurden, übten eine starke Faszination aus. Denn sie wurden als Überreste von Lebewesen erkannt, die nicht in irgendeiner vergangenen Welt an irgendeinem unbestimmten Ort im Meer umherschwammen oder durch die Lüfte segelten, sondern die tatsächlich an gerade jenem Ort lebten, an dem sie gefunden wurden. Es war das ältere Dorset, und nicht irgendeine Märchenwelt, in dem einst Fischsaurier Fische fraßen und Flugsaurier wie Drachen durch die Luft flogen. Die Fossilien sind die Ankerpunkte, an denen sich die unvorstellbar lange Zeit der Erdgeschichte festmacht. Deshalb war es de la Beche auch so wichtig, dass die Fossilien in seinem Bild erscheinen. Sie führen die Betrachtenden in die Welt der Vorzeit und verbinden sie mit dem Jetzt.

Zitierte Literatur

[1] Tanner, David C. & Krawczyk, Charlotte M. 2017. Restoration of the Cretaceous uplift of the Harz Mountains, North Germany: evidence for the geometry of a thick-skinned thrust. International Journal of Earth Sciences 106, no. 8, S. 2963–2972.

[2] Paul, Josef, Heggemann, Heiner, Dittrich, Doris, Hug-Diegel, Nicola, Huckriede, Hermann & Nitsch, Edgar. 2018. Erläuterungen zur Stratigraphischen Tabelle von Deutschland 2016: die Zechstein-Gruppe Comments to the Stratigraphic Chart of Germany 2016: the Zechstein Group. Zeitschrift der Deutschen Gesellschaft für Geowissenschaften 169, no. 2, S. 139–145.

[3] Rudwick, Martin JS. 2010. Worlds before Adam: the reconstruction of geohistory in the age of reform. University of Chicago Press.

[4] De la Beche, Henry T. & Conybeare, William D. 1821. XXX. – Notice of the discovery of a new Fossil Animal, forming a link between the *Ichthyosaurus* and Crocodile, together with general remarks on the Osteology of the *Ichthyosaurus*. Transactions of the Geological Society of London 1.1, S. 559–594.

[5] Conybeare, William D. 1822. IX. – Additional Notices on the Fossil Genera Ichthyosaurus and Plesiosaurus. Transactions of the Geological Society of London 2, no. 1, S. 103–123.

[6] Conybeare, William D. 1824. On the discovery of an almost perfect skeleton of the Plesiosaurus. Transactions of the Geological Society of London 2, no. 1, 1 (2), S. 381–389.

[7] De la Beche, Henry T. 1826. II. – On the Lias of the Coast, in the Vicinity of Lyme Regis, Dorset. Transactions of the Geological Society of London 2, no. 1, S. 21–30.

[8] Sowerby, James. 1812. The Mineral Conchology of Great Britain; or coloured figures and descriptions of those remains of testaceous animals or shells, which have been preserved at various times and depths in the earth (Vol. 1). Benjamin Meredith, Silver Street, Wood Street, Cheapside.

[9] Buckland, William. 1829a. XI. – On the Discovery of a New Species of Pterodactyle in the Lias at Lyme Regis. Transactions of the Geological Society of London, Series 2, Issue 3, S. 217–222, pl. 27. https://doi.org/10.1144/transgslb.3.1.217

[10] Buckland, William. 1829b. XII. – On the Discovery of Coprolites, or Fossil Fæces, in the Lias at Lyme Regis, and in other Formations. Transactions of the Geological Society of London 2, Issue 3 (1), S. 223–236.

[11] Torrens, Hugh. 1995. Mary Anning (1799–1847) of Lyme; ›the greatest fossilist the world ever knew‹. The British Journal for the History of Science 28.3, S. 257–284.

[12] Norman, David B. 2000, Henry De la Beche and the plesiosaur's neck. Archives of Natural History, 27(1), S. 137–148.

[13] Martill, David M. 2014. *Dimorphodon* and the Reverend George Howman's noctivagous flying dragon: the earliest restoration of a pterosaur in its natural habitat. Proceedings of the Geologists' Association, Volume 125, Issue 1, S. 120–130.

[14] O'Connor, Ralph. 2008. The Earth on Show: Fossils and the Poetics of Popular Science, 1802–1856. University of Chicago Press.

[15] Kröger, Björn. 2013. Remarks on a scene, depicting the primeval world. A talk given by Leopold von Buch in 1831, popularizing the Duria Antiquior. HiN-Alexander von Humboldt im Netz. Internationale Zeitschrift für Humboldt-Studien 14, no. 27, S. 7–35.

[16] Gould, Stephen Jay. 1987. Time's arrow, time's cycle: Myth and metaphor in the discovery of geological time. Vol. 2. Harvard University Press.

[17] Abberley, Will, ed. 2019. Underwater Worlds: Submerged Visions in Science and Culture. Cambridge Scholars Publishing.

[18] Sommer, Marianne. 2005. Die Höhle als Zeitkorridor: Das goldene Zeitalter der Geologie und die romantische Dichtung in England. In: Lebendige Zeit: Wissenskulturen im Werden, S. 17–39. Kadmos.

[19] Rudwick, Martin JS. 1992. Scenes from deep time: early pictorial representations of the prehistoric world. University of Chicago Press.

[20] Moore, Randy. 2014. Dinosaurs by the Decades: A Chronology of the Dinosaur in Science and Popular Culture. ABC-CLIO.

[21] Debus, Allen A. 2016. Dinosaurs Ever Evolving: The Changing Face of Prehistoric Animals in Popular Culture. McFarland.

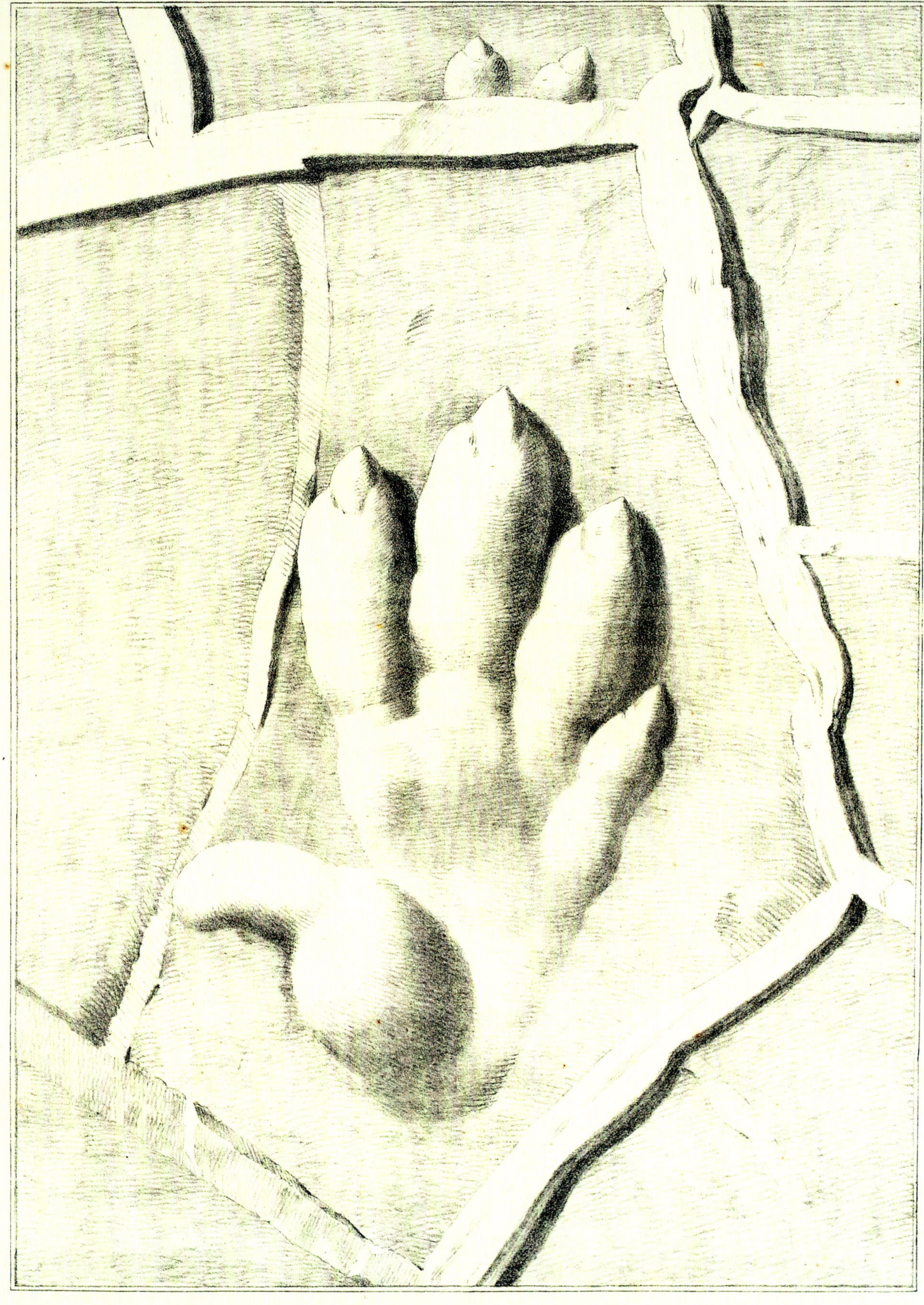

Spurensicherung oder das Phantom von Hildburghausen

3

CARSTEN ECKERT

In den geowissenschaftlichen Sammlungen der Stiftung Schloss Friedenstein Gotha befindet sich eine 165 cm lange, 60 cm breite und etwa 200 kg schwere, gelbliche Sandsteinplatte, die ein merkwürdiges Relief aufweist (**Abb. 1**). Verdeckt unter einem grobmaschigen Netz, glaubt man die Hände eines Wesens zu erkennen – ein Gruß aus einer längst vergangenen Zeit. Die Platte wurde als eine von vielen vor über 180 Jahren in einem Steinbruch in Südthüringen geborgen. Die Entdeckung dieser Spuren setzte eine ganze Lawine von Ereignissen in Gang und die Suche nach ihren Erzeugern sollte Generationen von Forschern beschäftigen. Es war die Suche nach einem Phantom.

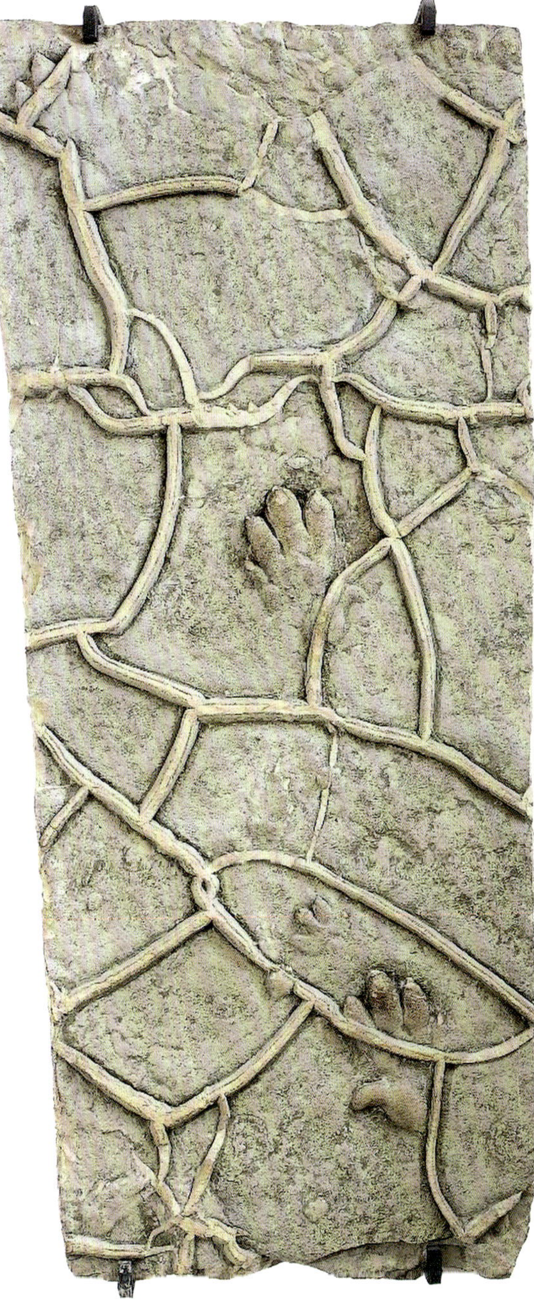

Abb. 1: Fossile Trockenrisse und Spuren des Handtieres ***Chirotherium*** *auf einer Sandsteinplatte, die Karl Ernst Adolf von Hoff im Jahr 1835 für das Herzogliche Naturalienkabinett Gotha erwarb. Sie ist Teil der ersten entdeckten Fährtenfläche aus dem Steinbruch Winzer bei Hildburghausen. 145 x 60 x 8 cm, Sandstein, SSFG, Inventar-Nr.: MNG14940.*

Linke Seite: Grüße aus der Urwelt – die Spur des Phantoms. Carl August Keßler, Lithografie, 1836.

Kleinstaat, Kleinstadt, kleine Zirkel

Wie erblickt ein Phantom das Licht der Welt und welche Rolle spielen dabei die Bewohner einer thüringischen Provinzstadt? In der Zeit um 1800 bestand der heutige Freistaat aus einem Flickenteppich von Klein- und Kleinststaaten. Untereinander in Konkurrenz stehend, verfügten besonders die Residenzstädte über ein geistig-kulturelles Potential, das u. a. exzellente Naturbeobachter hervorbrachte. Abseits ihres Brotberufes als Hofbeamte, Pfarrer, Ärzte, Lehrer oder Künstler betrieben sie naturkundliche Studien. Eine Basis für den Wissensaustausch boten die Städte Göttingen, Gotha, Erfurt, Weimar, Jena und Altenburg – alle an der Handelsstraße zwischen den Messe- und Buchstädten Leipzig und Frankfurt gelegen. Nach Norden wie nach Süden gab es Abzweigungen von dieser Route, und eine davon führte zu den Fürstensitzen in Südthüringen.

Um das Jahr 1800 war die Kleinstadt Hildburghausen Residenz des Herzogtums Sachsen-Hildburghausen (**Abb. 2**). Die Besatzung durch die Truppen Napoleons zwischen 1806 und 1814 beschleunigte,

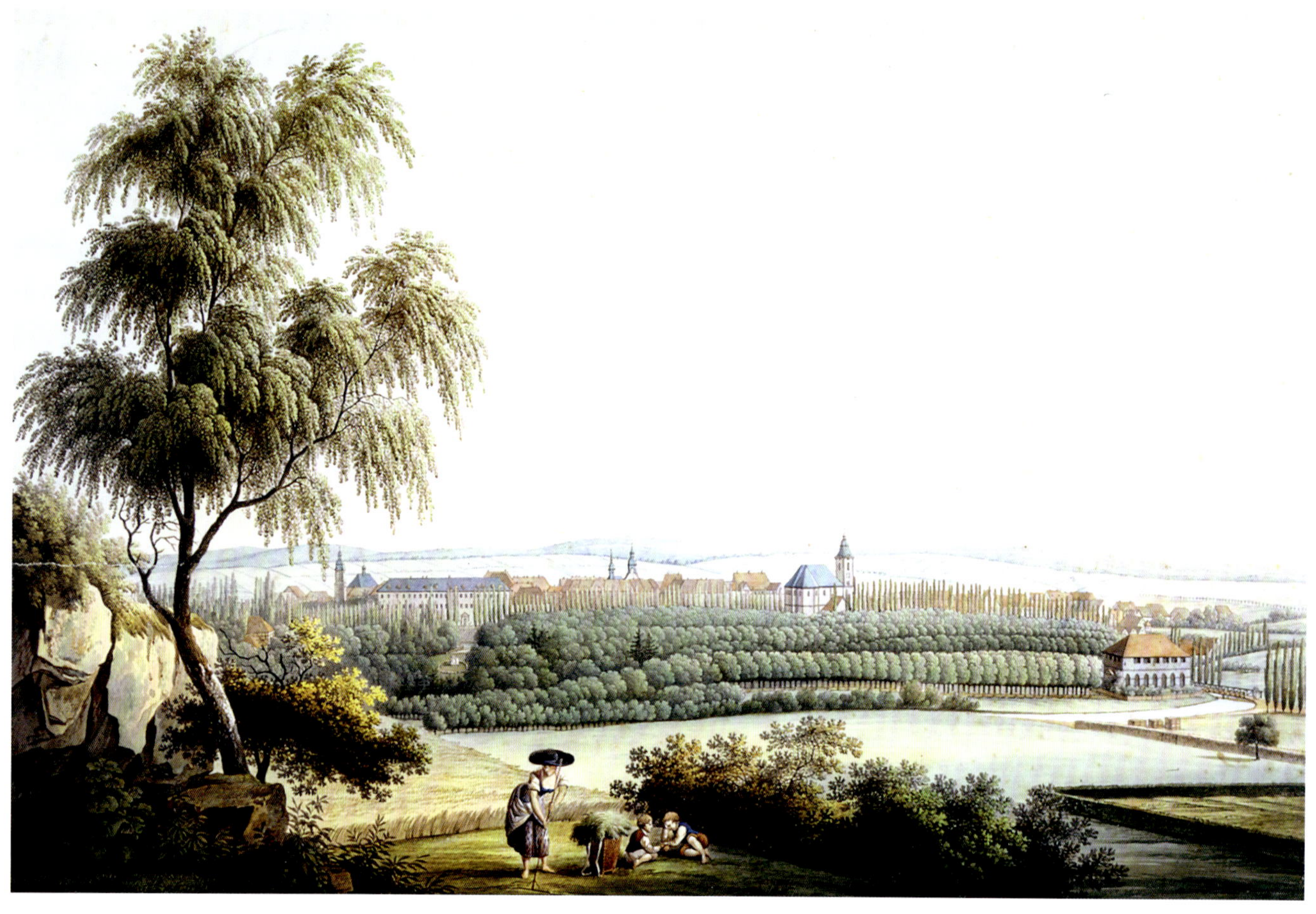

Abb. 2: Ansicht der Stadt Hildburghausen von Süden. Christian Gottlob Hammer, altkolorierte Radierung, um 1815.

Dorfzeitung.

Mittwoch, — Nr. 34. — 18. Februar 1835.

Urwelt-Händel.

Unser kleines Hildburghausen hat gegenwärtig in seiner Nähe eine naturhistorische Merkwürdigkeit aufzuweisen, die, wie mir scheint, zu den großen Seltenheiten gehört und ohne Zweifel die Aufmerksamkeit der Naturforscher in hohem Grade auf sich ziehen wird. Es ist daher billig, daß sie auch von der Dorfzeitung nicht ganz mit Stillschweigen übergangen werde.

In der Nähe des Dorfes Heßberg, eine gute halbe Stunde von Hildburghausen, finden sich nämlich in mehreren Sandsteinbrüchen die vertieften Eindrücke und Reliefs der Tazzen urweltlicher Thiere, wie sie bis jetzt unseres Wissens noch nie in der Art vorgekommen sind. Auf mehrere übereinander liegende Schichten von buntem Sandstein, Thon und Mergel folgt ½ Fuß dicker grauer Sandstein, welcher die erwähnten Reliefs,

ße, dann wieder eine kleine u. s. f. Daß diese in einer Linie liegenden Reliefs den Fährten eines Thieres angehören, muß daraus geschlossen werden, daß immer zwei Tazzen, eine größere und eine kleinere, den Daumen auf der rechten Seite haben, während die beiden folgenden ihn auf der linken haben. Das Thier setzte demnach immer den rechten Vorderfuß vor dem Hinterfuß derselben Seite, hierauf wieder den linken Hinterfuß und nach ihm den linken Vorderfuß u. s. f. Höchst merkwürdig bleibt es dabei, wie ein Thier, das, der Größe der Hinterfüße nach zu urtheilen, größer als ein starker Bär gewesen seyn muß, den kleinen Vorderfuß so nahe an den Hinterfuß gesetzt haben und dabei immer in gerader Linie fortschreiten konnte.

Am deutlichsten ausgeprägt sind die großen Tazzen. Eine jede derselben hat 4 Finger oder Zehen, mit ei-

Abb. 3: Schlagzeile vom »Urwelt-Händel« in der Hildburghäuser »Dorfzeitung« im Bericht von Carl Hohnbaum.

ungeachtet des Leides für die Bevölkerung, die Entwicklung der Kleinstaaten. Besonders Bildungs- und Medizinalwesen profitierten. In der Stadt entstanden eine Ausbildungsstätte für Lehrer und das »Gymnasium Georgianum«, dessen erster Direktor ab 1812 der Altertumsforscher Friedrich Sickler war. In dieser Zeit machte sich auch der Amtsarzt Carl Hohnbaum für die Stadt als Pionier der Pockenschutzimpfung und mit der Planung einer Einrichtung für psychisch Kranke verdient. Sickler und Hohnbaum waren beide naturkundlich interessiert und gehörten zum aufgeklärten Kreis der Einwohnerschaft, der ein einzigartiges Bürgerprojekt unterstützte.

Im Jahr 1818 nahm in diesem kleinstädtisch-intellektuellen Milieu die »Dorfzeitung« ihren Anfang. Trotz des provinziellen Namens entwickelte sich das Blatt zu einem liberalen und überregionalen Presseerzeugnis. Im Unterschied zu den Regierungsblättern, die Steuern, Pacht und Verordnungen verkündeten, gab es hier Berichte über Politik, Epidemien und Auswanderung oder über Naturphänomene und neueste Literatur. Die Rubrik »Welthändel« widmete sich dem Weltgeschehen, das auch den letzten thüringischen Bauernhof betraf. Im Februar 1835 sollte eine ungewöhnliche Schlagzeile die Aufmerksamkeit der Leser wecken – die »Urwelt-Händel« (**Abb. 3**).[1]

Hildburghausen verlor 1826 seinen Residenzstatus mit der letzten Erbteilung der Ernestiner. Das Land fiel an das Herzogtum Sachsen-Meiningen und wurde von dort aus regiert. Der größte Arbeitgeber der Stadt, der Hofstaat, wanderte ab. Zurück blieben die Untertanen, zwar mit neuer Herrschaft, doch fast beschäftigungslos. Vielen der über 4.000 Bewohner drohten wirtschaftlich harte Zeiten. Besserung versprach ein neues Unternehmen. 1828 zog Carl Joseph Meyer mit seinem »Bibliographischen Institut« aus Gotha nach Hildburghausen, dessen Kerngeschäft eine preiswerte Buchreihe deutscher Klassiker war. Neben der Literatur verlegte Meyer Bibeln und Atlanten sowie Stahlstiche von fernen und nahen Weltgegenden. Das heute noch bekannte »Conservations-Lexicon« entstand im Zenit seines Schaffens. Mit der Hoffnung auf Aufträge bei Meyer kehrte auch der in der Stadt aufgewachsene Kupferstecher Carl Barth in seine Heimat zurück (**Abb. 4**).[2]

Steine des Anstoßes

Das Phantom trat fast unbemerkt in das Leben der Stadt. Bei der Entdeckung seiner Spuren war eine ganze Gruppe von Personen beteiligt. Unstrittig ist, dass Carl Barth die Ereignisse in Bewegung setzte. Auf seine Mitteilsamkeit geht die erste Nachricht über einen merkwürdigen Fund im Buntsandstein vor den Toren der Stadt zurück. Sie stammt von Reinhard Bernhardi, Dozent an der Forstakademie Dreißigacker bei Meiningen. In einem Brief, datiert auf den 10. September 1834, an die Herausgeber des Fachjournals »Neues Jahrbuch für Mineralogie, Geognosie, Geologie und Petrefaktenkunde« berichtet er: »Seit Kurzem wurde in meiner Nachbarschaft eine geologische Erscheinung wahrgenommen [...]. Es finden sich nämlich auf der unteren Fläche einer Sandstein-Schicht, welche in mehreren Steinbrüchen bei Weikersrode unweit Hildburghausen ungefähr 15–18 Fuss unter Tage vorkommt, Erhabenheiten, die offenbar von Fährten sind und höchst wahrscheinlich Amphibien ihre Entstehung verdanken. Man unterscheidet deutlich Fährten von größern und kleinern Thieren, welche bald nebeneinander herlaufen, bald sich kreuzen; aber auch [...] Fussstapfen, welche fast wie bei unserem Fuchse in eine Reihe fallen – schnüren, nach der Jägersprache – [...] Die größten [...], haben auf den ersten Blick Ähnlichkeit mit

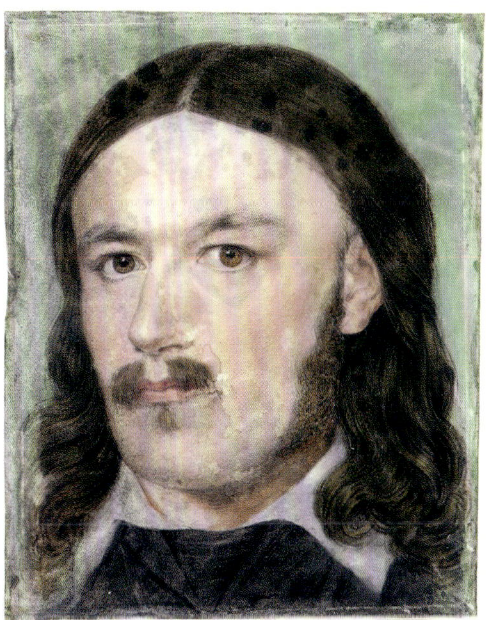

Abb. 4: Bildnis des Kupferstechers Carl Barth in altdeutscher Tracht. Carl Phillipp Fohr, Aquarell, 1818.

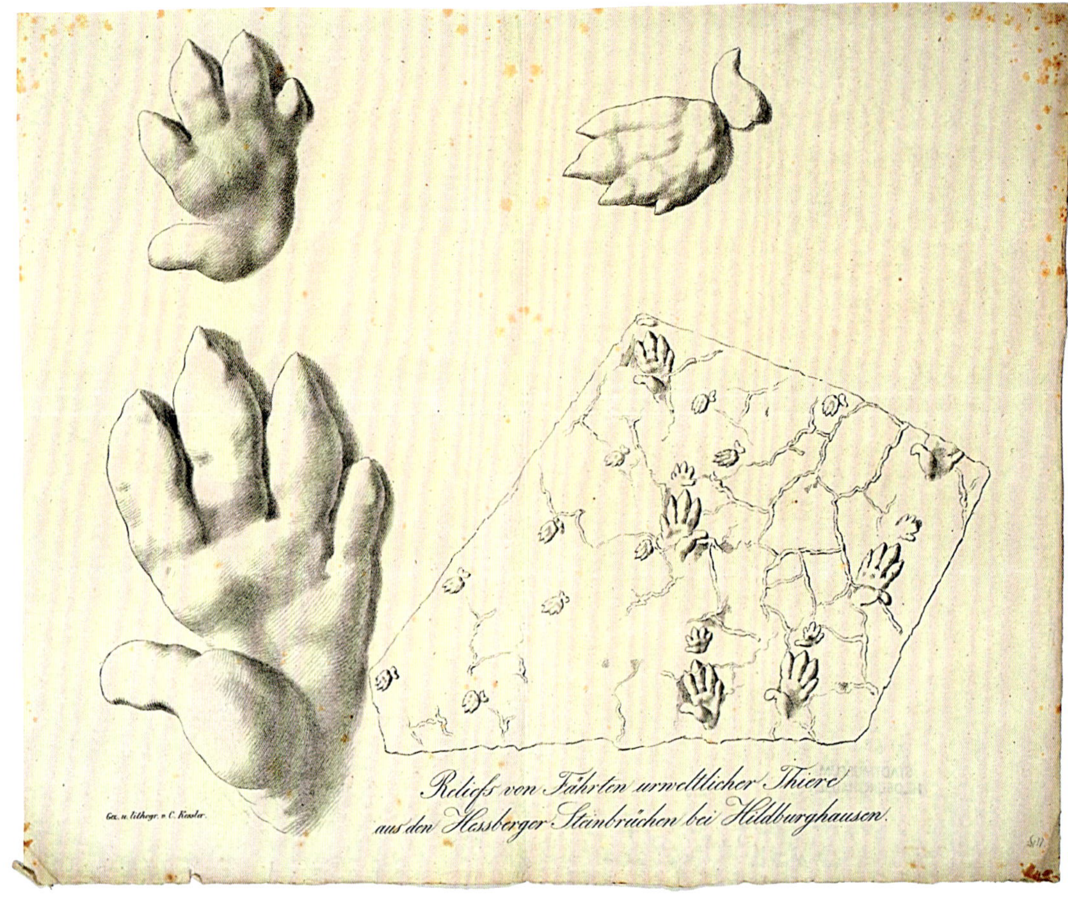

__Abb. 5__: Die Lithografie von Carl August Keßler, 1834, in Sicklers »Sendschreiben an Blumenbach« enthält die ersten Abbildungen der heute noch im Hildburghäuser Gymnasium aufgestellten Fährtenplatte. Darauf zu sehen sind zwei nach oben verlaufende Fährtenzüge der großen Art __Chirotherium barthii__ und zwei von rechts nach links verlaufende Fährtenzüge des kleinen __Chirotherium sickleri__.

einer Menschenhand, an welcher der Daumen etwas weit rückwärts steht. Ich bin jedoch geneigt anzunehmen, dass dies […] nicht von Eindrücken einer fünften Zehe, sondern von der Hand- und Fusswurzel etc. herrührt, und in diesem Falle würden jene Thiere vier Zehen an allen Füssen gehabt haben. […] Man sieht […] auch die untere Fläche dieser Sandstein-Schicht von erhabenen […] Leisten in den verschiedenen Richtungen fast Netz-förmig durchzogen, welche höchst wahrscheinlich ihre Entstehung den Rissen verdanken, die […] durch das Austrocknen entstanden. Wir verdanken die Entdeckung dieser geologischen Merkwürdigkeit Herrn C. Barth in Hildburghausen, der zuerst diese merkwürdig geformten Steine sorgfältiger beachtete, und der mir auch versprochen hat, sie durch Zeichnungen […] und Steindruck getreu darzustellen.«[3]

Man sollte meinen, dass diese Nachricht nur wenig beachtet wurde. Zumal es sich um keine Entdeckung einer neuen fossilen Tierart handelte, sondern nur um die Beschreibung von Spuren. So wird auch Bernhardis Rolle bei der Entdeckung des Phantoms oft übersehen, obwohl die Mitteilung alles Wesentliche enthielt. Ja sogar die Deutung der auffälligen Netzstruktur als Trockenrisse (**Abb. 1 & 5**). Das Einzige was darin fehlte war ein Name für den Spurenverursacher. Diesen konnte er nicht vergeben, denn dafür brauchte es Knochen, auf die sich die Methode des anatomischen Vergleichs anwenden ließ. George Cuvier begründete die Vergleichenden Anatomie, aus der später die Paläontologie hervorging. Das Prinzip war, aus Knochenmerkmalen von heute lebenden Tieren Rückschlüsse auf die ausgestorbenen zu ziehen. Erst ein so erkanntes Wesen erhielt seinen wissenschaftlichen Namen.

Die Antwort auf Bernhardis Notiz kam in Form eines offenen Briefes, gedruckt bei der Kesselringschen Hof-Buchhandlung und verfasst als ein »Sendschreiben an Seine Hochwohlgeboren Dr. J. F. Blumenbach« vom Gymnasialdirektor Friedrich Sickler.[4] Aufgeweckt durch Bernhardi, diesen jedoch mit keiner Silbe erwähnend, ging es um nichts weniger als die Ehre der Entdeckung. Der 16 Seiten starken Schrift war eine Steindrucktafel, ausgeführt von Carl August Keßler, beigefügt.[5] Darauf waren die »Reliefs von Fährten urweltlicher Thiere aus den Heßberger Steinbrüchen bei Hildburghausen« zu sehen – eine 15fach verkleinerte Fährtenplatte sowie drei einzelne Fährten in Originalgröße (**Abb. 5**).

Im Schreiben an seinen früheren Universitätslehrer Blumenbach erklärte Sickler seine Version der Entdeckung. So sah er schon im Frühjahr des Jahres 1833 die ersten sonderbaren Figuren auf Mauersteinen seines Gartenhauses. Es schienen fossile Abdrücke einst lebender Wesen zu sein, doch durch Beschädigungen beim Transport war nicht viel zu erkennen. Steinhauermeister Friedrich Winzer, ein Vetter von Carl Barth,[5] hatte ihm die Quader aus einem Sandsteinbruch bei Heßberg geliefert. Sickler bat die Arbeiter, beim Brechen der Steine künftig auf die »Gestalten« zu achten und ihm guterhaltene Stücke gegen eine Vergütung zu liefern. Der Abbau ruhte jedoch bis zum Sommer 1834 als Sickler sich zu einer Bäderreise nach Böhmen aufmachte. Zuvor weihte er seinen Arzt Hohnbaum sowie Barth in seine Beobachtung ein und bat sie, die Arbeiten im Steinbruch zu verfolgen. Kurz nach seiner Rückkehr bekam er neue Funde präsentiert, von denen jede »die in Relief ausgedrückte Gestalt einer Tazze, die der eines großen Quadrumanen glich«[4] zeigte. Es musste also ein »Vierhänder« gewesen sein, der die Spuren auf den Flächen hinterließ, die zudem »eine eigene Art von Gewächsen, sonderbaren Geflechten« gleich aufwies. Sie waren mit »kleinen Knäuel, die Blätter oder Knospen darzustellen«[4] schienen, geschmückt. Sickler sah also seine Quadrumanen, die einst »in bedeutender Masse« das Werratal bevölkerten, über blühende Pflanzenteppiche wandeln. Eine paradiesische Vorstellung, inspiriert von einem biblisch geprägten Bild der Vorzeit.

Das Phantom geht in die Welt

Die Aktivitäten im Steinbruch (**Abb. 6**) blieben nicht unbemerkt, so dass einige Neugierige das Terrain besuchten. Unter ihnen war auch der Direktor der Forstakademie Dreißigacker Dr. Bernhardi, den Carl Barth bereitwillig führte. So ist es zu erklären, dass die Entdeckung fast zeitgleich im letzten Viertel des Jahres 1834 öffentlich wurde – in kurzer, nüchterner Form durch Bernhardi und in epischer Breite durch Sickler. Für die Ausführung eines Abbildes der Fährten wählte letzterer nicht Barth, sondern seinen Mitarbeiter am Gymnasium, den Maler und Zeichenlehrer Carl August Keßler. Deutlich wurde Sickler am Ende seines Schreibens. Das von der Natur aufgegebene Rätsel konnte nur von den »Priestern der Wissenschaft«[4], wie er sie nannte, entschlüsselt werden. Er wusste, dass dies, wie die Entzifferung der ägyptischen Hieroglyphen, eine Aufgabe für die größten Denker der Zeit war. Wer ist da schon ein Bernhardi aus dem benachbarten Dreißigacker? Sein bescheidener Wunsch war, dass »diese Mitteilung einen unserer jetzt lebenden Geognosten, einem Hausmann, von Humboldt, von Leonhard, von Buch, Nöggerath u. A. aufrufen möge, unserem kleinen Werrathale, […] eine persönlich nähere Untersuchung zu schenken.«[4] Wenn auch keiner von den Genannten nach Hildburghausen kam, blieb die ersehnte Aufmerksamkeit nicht aus. Auf Sicklers Schreiben nahm Carl Hohnbaum in einem Zeitungsbeitrag über die »Urwelt-Händel« Bezug (**Abb. 3**). Dieser erschien am 18. Februar 1835 in der »Dorfzeitung« und kurbelte die mediale PR-Maschine für die Spurenfunde an.[1]

Daraufhin schrieb die Berliner »Spenersche Zeitung« über die Fährten in einem satirischen Ton, der unschwer den anonymen Autor verriet.[6] Freiherr Leopold von Buch, der damals prominenteste Geognost Preußens und Berater Alexander von Humboldts, äußerte sich gern und oft abfällig über die zunehmenden Spekulationen in seinem Fach (siehe Kapitel 2). Andere Kollegen nahmen die Entdeckung ernster. Ihre internationale Aufnahme war u. a. durch Alexander von Humboldt garantiert, denn alles Neue auf dem Gebiet der Naturkunde speiste er in sein legendäres Netzwerk ein. In diesem Fall ging ein Bericht mit Zeichnungen im August 1835 an die Pariser Akademie der Wissenschaften.[7] Besonders die erste von Keßlers Lithografien wurde häufig verviel-

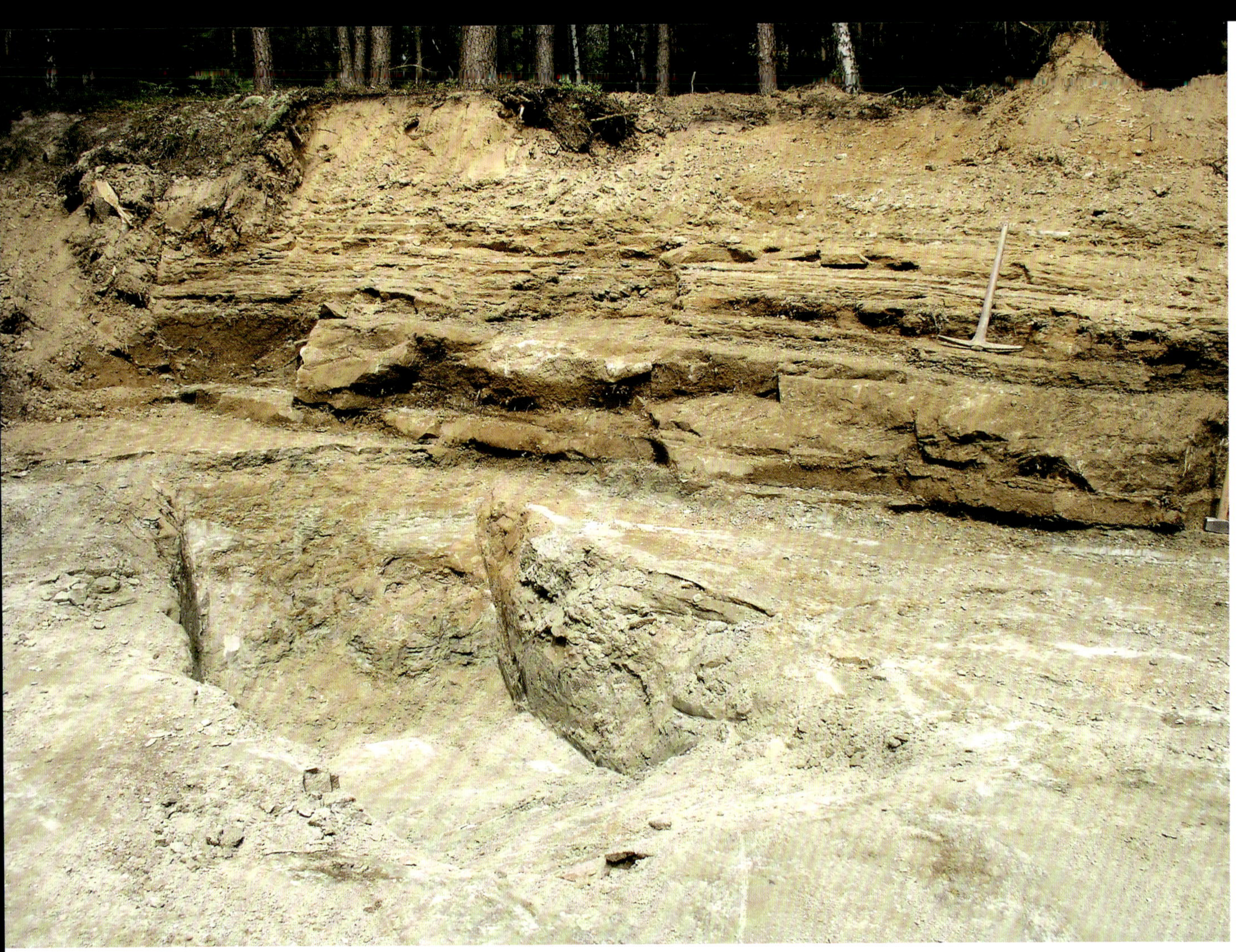

Abb. 6: Aufschluss im ehemaligen Steinbruch Winzer bei Heßberg im Sommer 2006. Die 247 Millionen Jahre alten Schichten des Thüringer Chirotherien-Sandsteins sind Teil der Solling-Formation im Mittleren Buntsandstein.

fältigt und schaffte es sogar in einen Band der »Bridgewater Treatises«. Der erdgeschichtliche Teil der naturtheologischen Reihe aus dem viktorianischen England wurde 1836 von William Buckland verfasst und erreichte, übersetzt in mehrere Sprachen, weite Verbreitung.

In Erinnerung blieb Humboldts Interpretation der Fährten als denen eines großen Beuteltiers, wobei er gleichzeitig einen Affen als Verursacher nicht ausschloss.[7] Der Naturforscher Johann Jacob Kaup wagte 1835 die Benennung des Unbenennbaren. Carl Barth vermittelte ihm eine Fährtenplatte nach Darmstadt. Sie ließ zwei in Größe und Gestalt voneinander abweichende Spuren erkennen. Kaup sagte: »Da das Thier bis jetzt noch neu ist, so habe ich es *Chirotherium Barthii* genannt und behalte mir vor, wenn es ein Amphibium wäre, [...], den Namen in *Chirosaurus* umzuwandeln.«[8]. Im gleichen Jahr gab er der kleineren Fährte auf der Platte den Namen *Chirotherium sickleri*. Ob die Reihenfolge der Benennung den Entdeckeranteil der damit Geehrten widerspiegeln sollte? Fakt ist, dass Kaup erstmals bloße Lebensspuren nach dem noch heute gültigen Linnéschen Ordnungssystem benannte, ohne die dazugehörigen Knochen zu kennen. Die sogenannte Ichnotaxonomie, die wissenschaftliche Benennung von Spurenfossilien, war mit diesem mutigen Schritt aus der Taufe gehoben (siehe Kapitel 10).[9]

Die Hildburghäuser Freunde der Naturkunde gründeten in der Folgezeit einen Ausgrabungsfond. Ein willkommenes Zubrot für Steinhauermeister Friedrich Winzer und seine Arbeiter. Wie eine Skizze von seiner Hand zeigt, ließ er die Fährtenfläche von Heßberg systematisch abbauen und bot sie naturkundlichen Sammlungen zum Kauf an. Ein Brief des Steinmetzes an Karl Ernst Adolf von Hoff, dem Direktor der herzoglichen Kunst- und Naturaliensammlungen in Gotha, zeugt davon (**Abb. 7**). Ob der dafür geforderte hohe Preis von 60 preußischen Talern gezahlt wurde, ist nicht bekannt. Doch schon im Jahr 1835 besaß die Sammlung, und damit als eine der ersten Deutschlands, eine Platte mit den Spuren des Phantoms (**Abb. 1**). Heute finden sich in über 30 europäischen Museen Teile der Abbaufläche, so in Paris, Haarlem, London, Wien, Graz, Prag, St. Petersburg, Stockholm, Liverpool und Strasbourg.[9]

Schrittweise Wiederbelebung

August Hellmann, ein Nachfolger Hoffs in Gotha, vollendete im Jahr 1862 »Die Petrefacten Thüringens« – eine Übersicht der in der herzoglichen Sammlung enthaltenen Fossilien. Im letzten Abschnitt über die Trias-Periode vermerkte er lakonisch »mehrere Platten dieses Sandsteins mit Fährten, die man einem Thiere zuschreibt, welches den Namen *Chirotherium Barthi* erhalten hat, dass man aber selbst nicht kennt.« Auch nach über 30 Jahren seit seiner Entdeckung und 150 Publikationen, in denen es Erwähnung fand, konnten nur die üblichen Verdächtigen als potentielle Kandidaten genannt werden – Affe, Beuteltier, Lurch oder Reptil. Einst hatte der scharfsinnige Anonymus in der »Spenerschen Zeitung« ironisch geschrieben: »Es stände übel um die Naturforscher, wenn sie nicht aus einem Tatzen-Eindruck Form des Kopfes, die Knochen des Rumpfes, ja sogar Haut und Haar bestimmen, abbilden und an ihren gehörigen Ort ansetzen könnten.«[6]

Den ersten Versuch dazu unternahm der Anatom Richard Owen, der noch ganz andere Kaliber von Urweltgeschöpfen auferstehen ließ (siehe Kapitel 4). Seinem Kollegen Charles Lyell überreichte er eine Zeichnung, die dieser im »Manual of Elementary Geology« im Jahr 1851 veröffentlichte (**Abb. 8**). Owen glaubte, das Rätsel mit den Skelettresten eines *Labyrinthodon pachygnathus* gelöst zu haben, einem auch als *Mastodonsaurus* bekannten Riesenlurch. Seine Rekonstruktion fand noch im selben Jahr durch den Botaniker Franz Unger und den Maler Josef Kuwasseg in den Bildern aus »Der Urwelt« Beachtung (**Abb. 9**). Die wahren Fährtenerzeuger sollten noch bis ins 20. Jahrhundert hinein nicht gefunden werden. Die Säugetierhypothese schied schon früh aus und der Riesenlurch sollte fast noch ein halbes Jahrhundert in den Sümpfen der Trias quaken (**Abb. 10**). Nüchtern betrachtet blieb das unbekannte Wesen wie bisher – ein Phantom, dessen Gestalt sich menschlicher Vorstellung hartnäckig entzog.

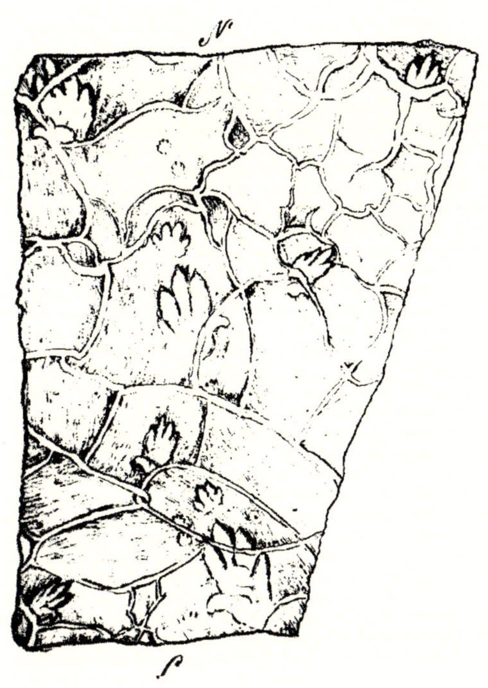

Abb. 7: *Zeichnung von Friedrich Winzer als Anlage zu dem Angebotsbrief für die Herzogliche Sammlung Gotha vom 26. Juni 1835. Der Empfänger notierte auf dem Brief: »Sogleich beantwortet, und die Platte bestellt«. Die obere rechte Ecke wurde später abgesägt, weshalb die heutige Platte etwa rechteckig ist (Abb. 1).*

Im Jahr 1917 erkannten die Hallenser Geologen Johannes Walther und Karl Willruth, dass *Chirotherium* kein Amphib sein konnte, sondern nach Art der primitiven Dinosaurier gestaltet war. Für ihre Argumentation bauten sie ein Modell mit beweglichen Gliedmaßen, die so gesetzt waren, dass sie die Spuren erzeugten.[10] Ein richtungsweisendes Vorgehen, dem auch heutige Modellbauer folgen. Doch erst 1925 veröffentlichte der Paläontologe Wolfgang Soergel eine

Abb. 8: *Die erste Rekonstruktion des* ***Chirotherium*** *anhand von Knochenfunden von* ***Mastodonsaurus*** *durch Richard Owen 1851. Leider hätte das Tier zur Erzeugung der Spuren über Kreuz gehen müssen.*

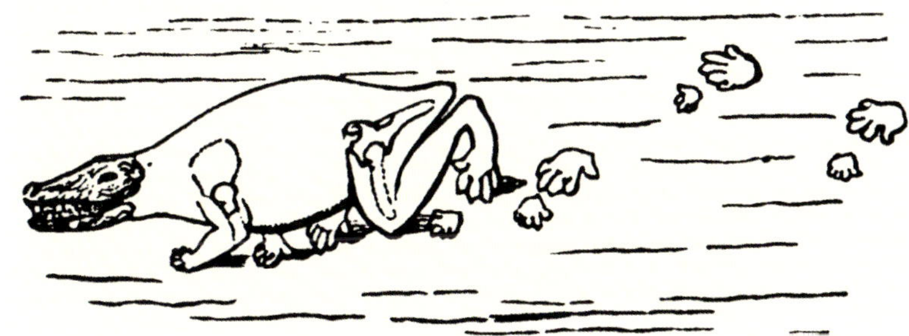

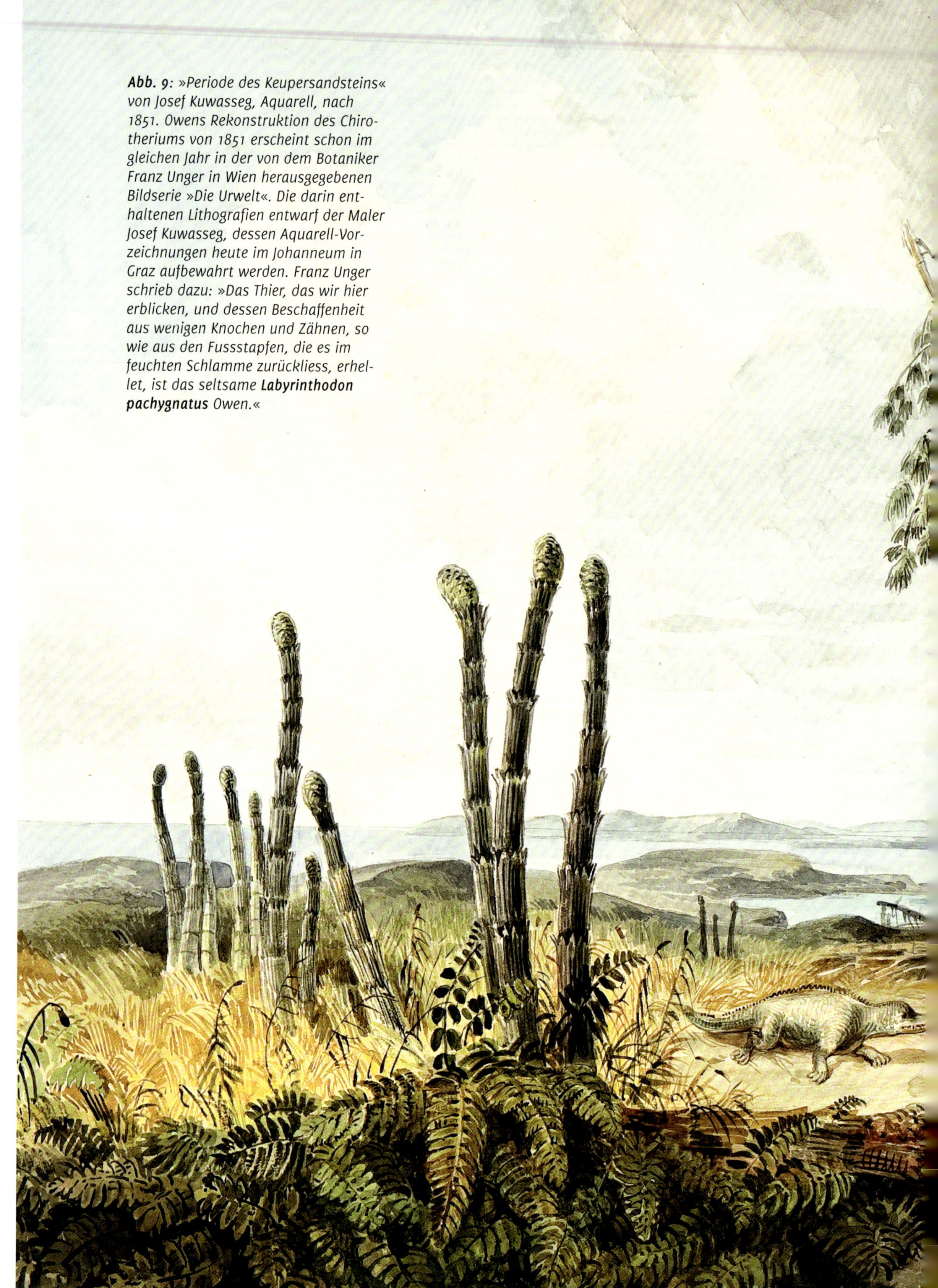

Abb. 9: *»Periode des Keupersandsteins« von Josef Kuwasseg, Aquarell, nach 1851. Owens Rekonstruktion des Chirotheriums von 1851 erscheint schon im gleichen Jahr in der von dem Botaniker Franz Unger in Wien herausgegebenen Bildserie »Die Urwelt«. Die darin enthaltenen Lithografien entwarf der Maler Josef Kuwasseg, dessen Aquarell-Vorzeichnungen heute im Johanneum in Graz aufbewahrt werden. Franz Unger schrieb dazu: »Das Thier, das wir hier erblicken, und dessen Beschaffenheit aus wenigen Knochen und Zähnen, so wie aus den Fussstapfen, die es im feuchten Schlamme zurückliess, erhellet, ist das seltsame* ***Labyrinthodon pachygnatus*** *Owen.«*

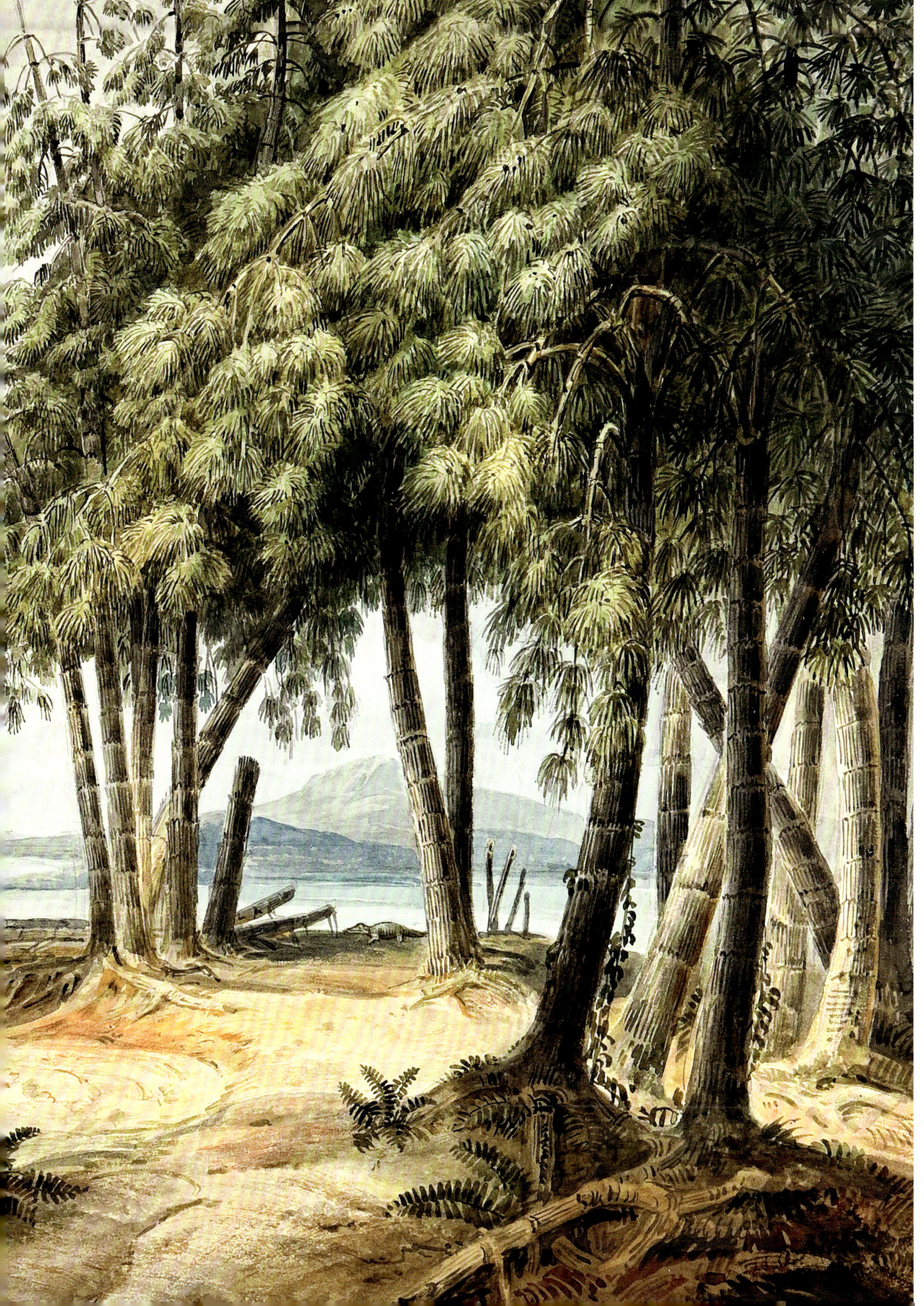

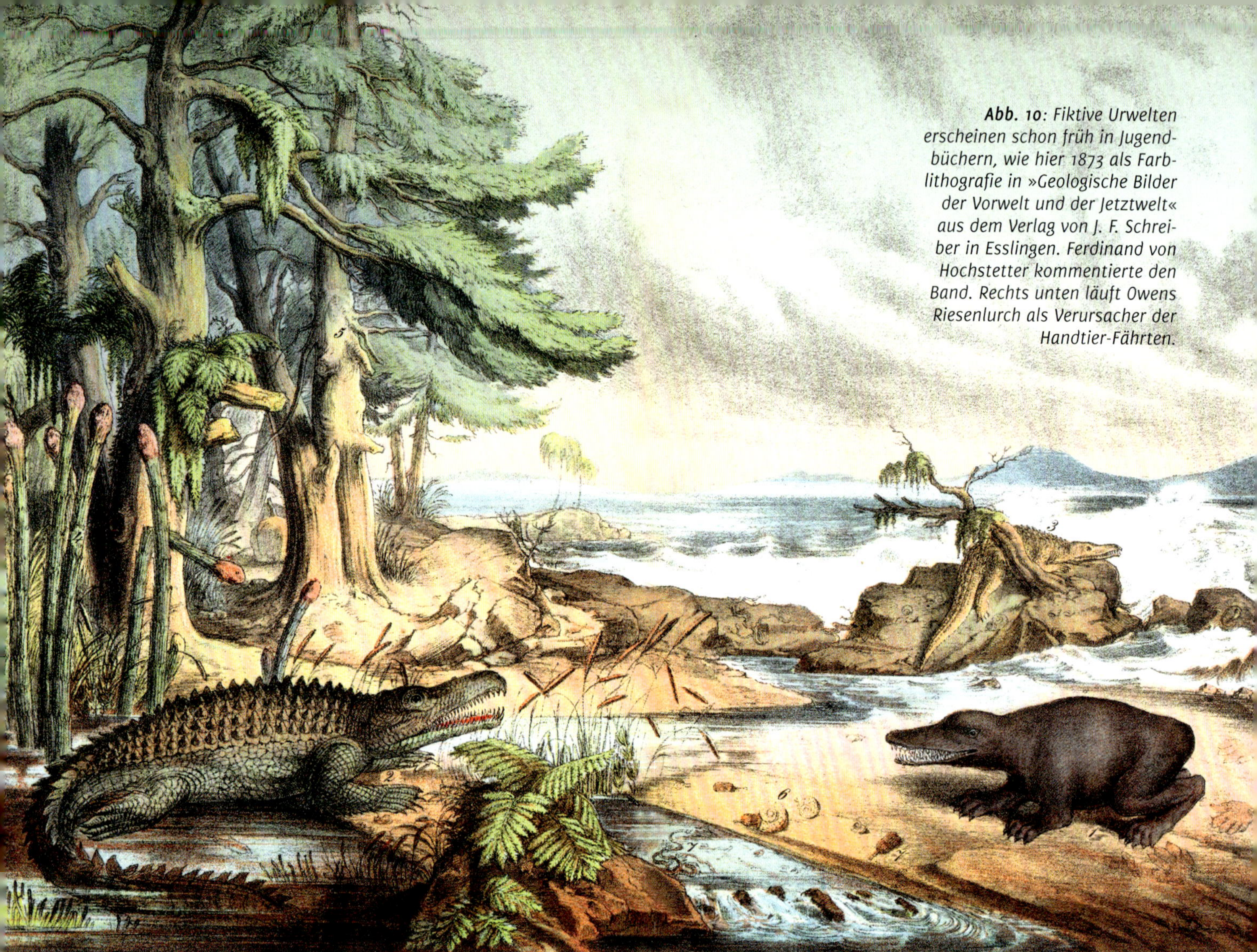

Abb. 10: *Fiktive Urwelten erscheinen schon früh in Jugendbüchern, wie hier 1873 als Farblithografie in »Geologische Bilder der Vorwelt und der Jetztwelt« aus dem Verlag von J. F. Schreiber in Esslingen. Ferdinand von Hochstetter kommentierte den Band. Rechts unten läuft Owens Riesenlurch als Verursacher der Handtier-Fährten.*

Analyse aller bekannten *Chirotherium*-Fährten.[11] Er wagte eine neue Rekonstruktion, die auf erst seit wenigen Jahren bekannten frühen Archosauriern basierte. In den Fußskeletten dieser Vorfahren von Dinosauriern und Krokodilen fand er die größte Übereinstimmung zu *Chirotherium*. Leider ist sein plastisches Modell nur als Foto und nicht als Objekt überliefert (**Abb. 11**). Soergels Tiere sind hochbeinige, schlanke Reptilien mit kurzen Vorder- und wesentlich kräftigeren, längeren Hinterbeinen. Im schnellen Lauf erlauben sie einen halbaufgerichteten Gang. Der Körper wird dabei durch einen kräftigen Schwanz in Balance gehalten. Nach Soergels Schätzung existierten mindestens zehn verschiedene Arten, die eine Länge von bis zu acht Metern erreichten. Letztlich stellte er die Tiere zur Ordnung der Pseudosuchia, der Scheinkrokodile, die er als ursprünglich baumbewohnende Reptilien ansah.

Jahrzehnte später sollte Soergels Hypothese durch neue Fossilfunde unterstützt werden. Am Monte San Giorgio im schweizerischen Tessin fand sich in Ablagerungen der Mittleren Trias das hervorragend erhaltene Skelett eines großen Pseudosuchiers. Bernard Krebs beschrieb ihn 1965 unter dem Namen *Ticinosuchus ferox* (**Abb. 12**). Dieser Archosaurier wird heute als ein möglicher Erzeuger von *Chirotherium* betrachtet.[12] Durch diesen Fund wandelte sich die etwas behäbig wirkende Haltung von Soergels Phantom zu einem leichtfüßigen Räuber, der in zwei Versionen einer plastischen Rekonstruktion im Naturhistorischen Museum Schloss Bertholdsburg

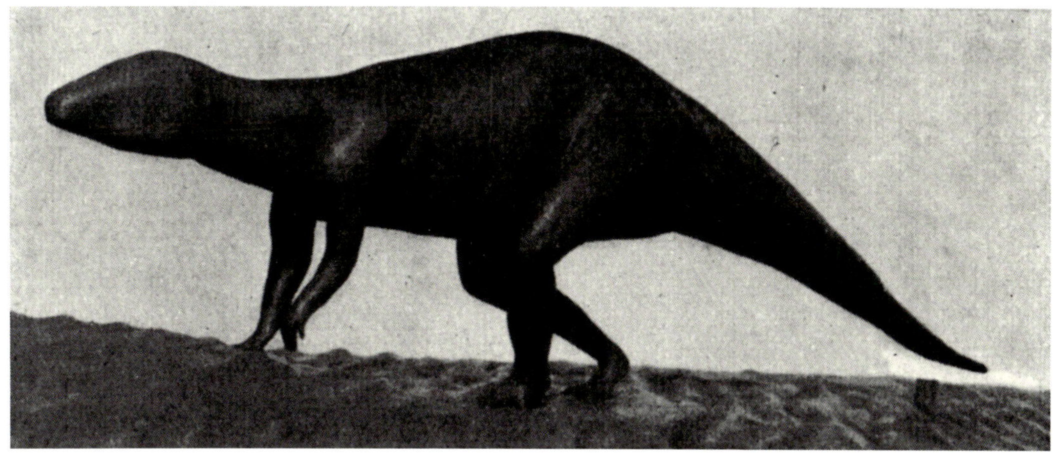

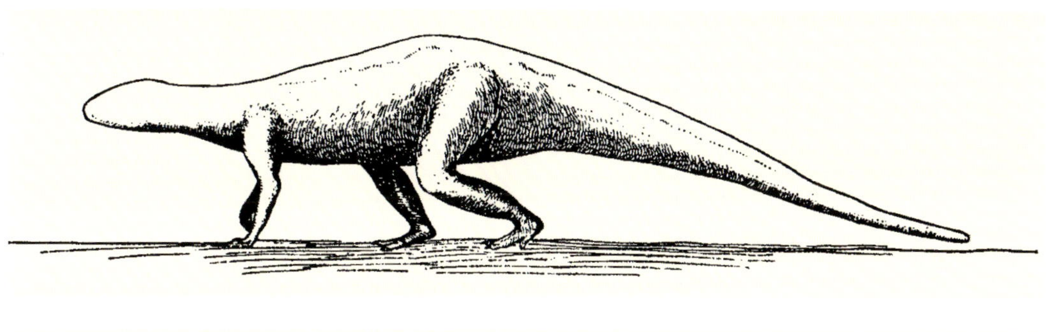

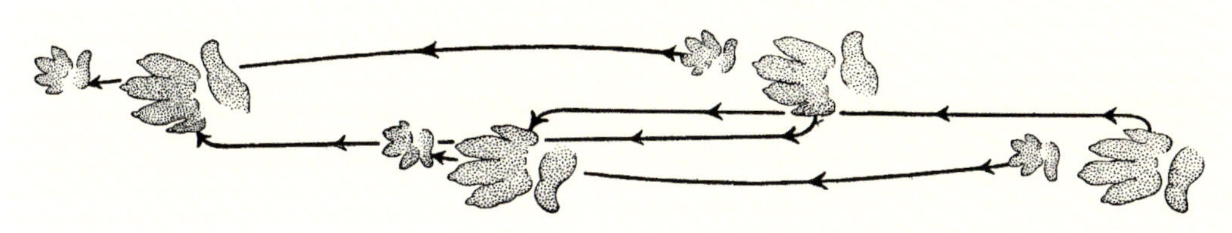

Abb. 11: Rekonstruktion des Phantoms von Wolfgang Soergel 1925 anhand von dessen Schrittfolge. Neben einer Federzeichnung (Mitte) entstand auch ein heute verschollenes Modell (Foto oben).

zu sehen ist (**Abb. 13**). Eine neue Interpretation der *Chirotherium*-Fährten zeigt der Paläontologe Frederik Spindler mit einem Model für die Stiftung Schloss Friedenstein Gotha (siehe Kapitel 12).

Bald wurden Handtierspuren auch aus anderen Gegenden in Thüringen, Hessen und Franken bekannt, so dass heute der Chirotherien-Sandstein eine eigene stratigrafische Einheit im Oberen Buntsandstein ist. Auch bei Hildburghausen gab es neue Funde. So barg im Mai 1933 der Arzt und Paläontologe Hugo Rühle von Lilienstern in einer Baugrube für das Stadtbad eine 14 m^2 große Fährtenplatte, die fast 200 Trittsiegel enthielt.[13] Im Laufe der Jahre geriet jedoch der ursprüngliche erste Fundort bei Heßberg in Vergessenheit. Anlässlich des 170. Jubiläums der Entdeckung im Jahr 2003 bemühte sich der Lokalhistoriker Karl Dransfeld um das Wiederauffinden der Winzerschen Steinbrüche – mit Erfolg. Am 20. September 2006 wurde die freigelegte Wand des ehemaligen Steinbruchs als Geotop eingeweiht (**Abb. 6**). Ein etwas größeres Ereignis fand zuvor im Spätsommer 2004 am Hildburghäuser Marktplatz statt: die Enthüllung des vom Fährtenforscher Hartmut Haubold und vom Präparator Martin H. Kroniger entworfenen *Chirotherium*-Monuments (**Abb. 14**).[9] Es zeigt einen Teil der durch Abgüsse wiederhergestellten ersten Fährtenfläche und die Rekonstruktion des Phantoms als lebensgroße Bronzefigur.

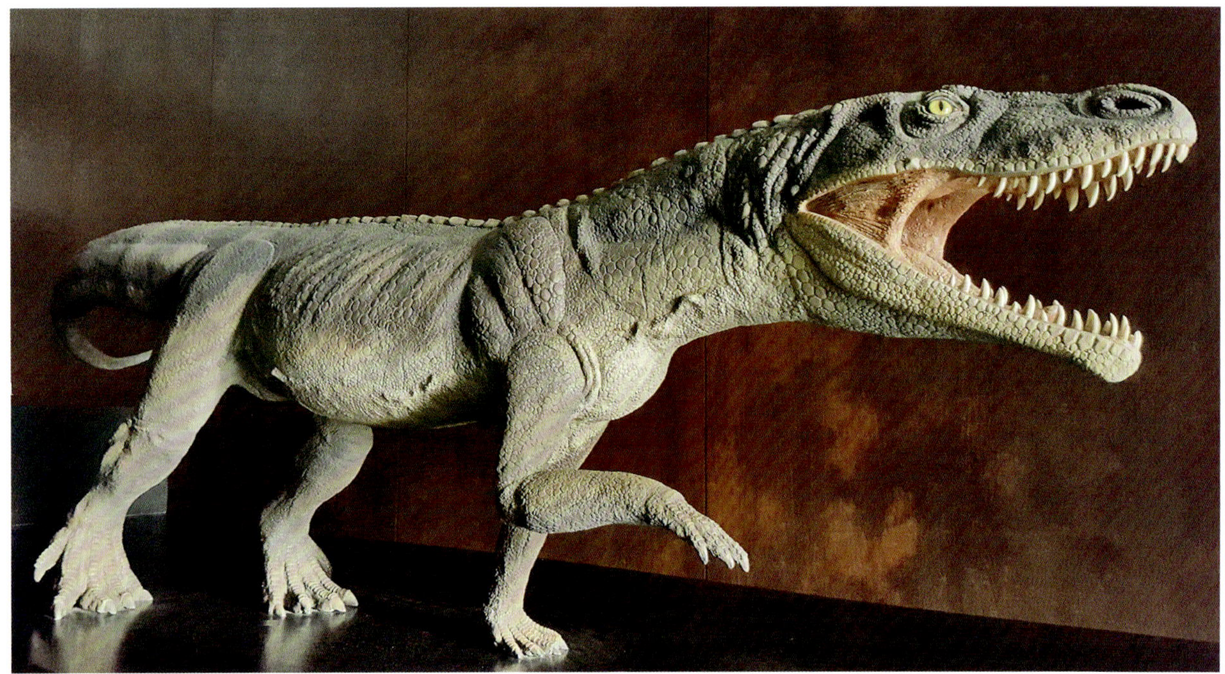

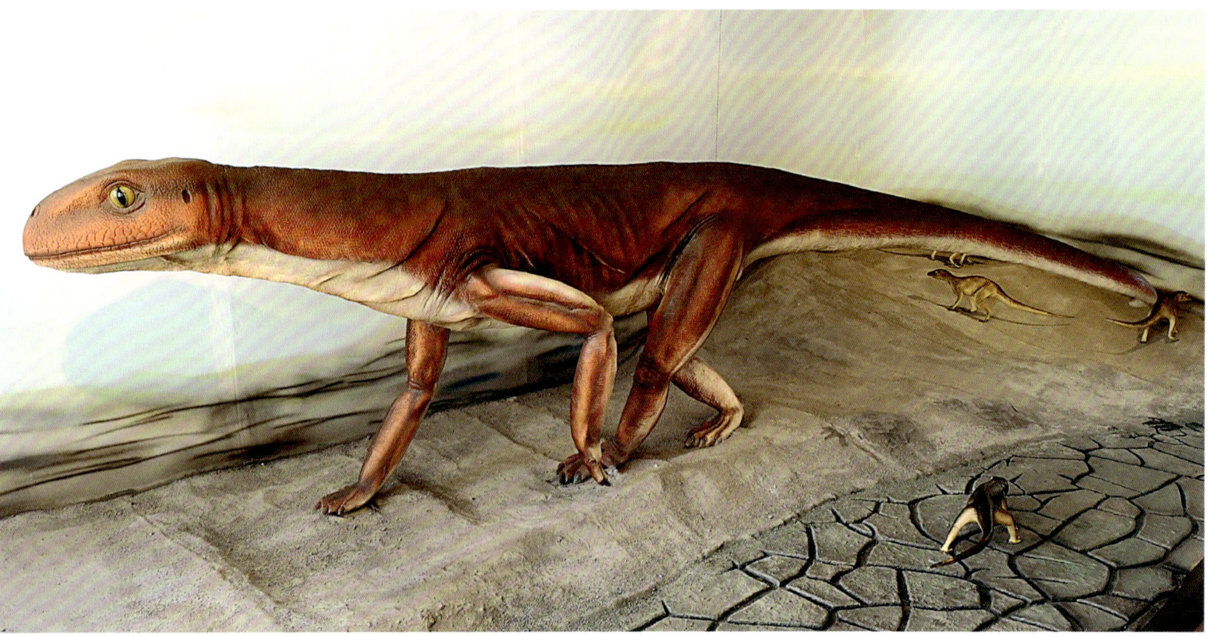

***Abb. 12:** Rekonstruktion des Pseudosuchiers **Ticinosuchus ferox** von Beat Scheffold, 2015, im Museo dei fossili del Monte San Giorgio, Meride, Tessin, Schweiz.*

***Abb. 13:** Das Handtier **Chirotherium barthii** als ca. vier Meter langer Pseudosuchier in einer Rekonstruktion von M. Weisser (Themar) von 1994. Das Diorama befindet sich im Naturhistorischen Museum Schloss Bertholdsburg in Schleusingen, wo weitere Originale und Modelle zur Lebewelt des Buntsandsteins zu sehen sind.*

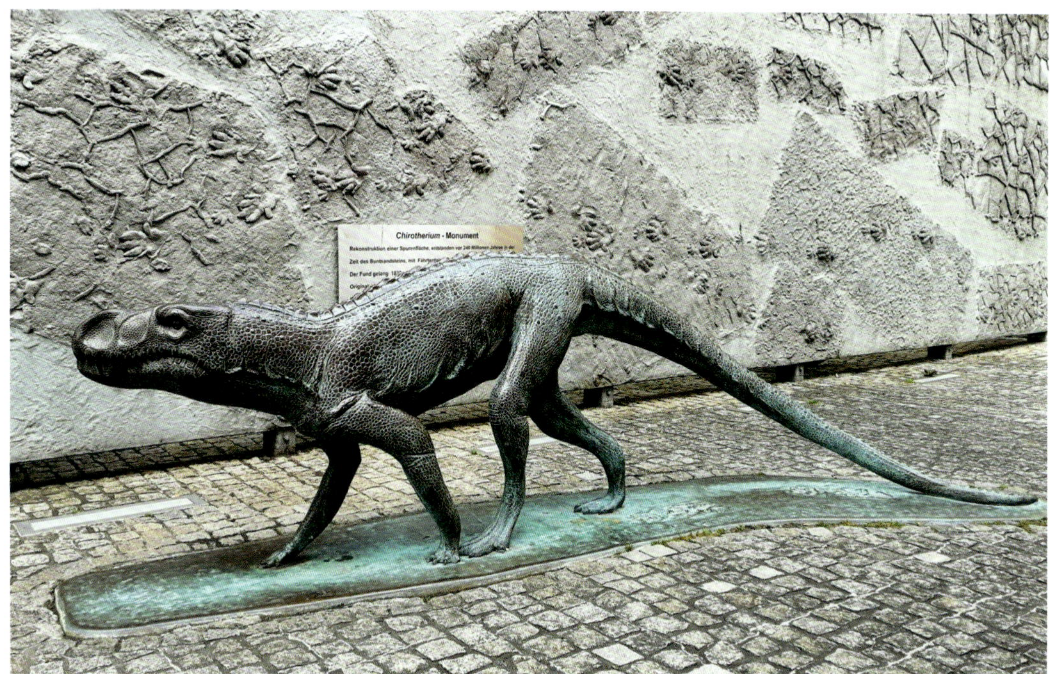

Abb. 14: *Das* ***Chirotherium****-Monument am Hildburghäuser Rathaus. Die Bronzeplastik von Martin H. Kroniger, 2004, ist die einzige in dieser Materialausführung in Europa.*

Zitierte Literatur

[1] Hohnbaum, C. 1835. Urwelt-Händel, Dorfzeitung 34: 133–135.

[2] Koutuc, F. & Römhild, M. 2003. Carl Barth 1787–1853 – »weil ich nun einmal ein Kupferstecher bin!«. Sonderveröffentl. des Stadtmuseums Hildburghausen Nr. 1.

[3] Bernhardi, R. 1834. Thier-Fährten auf Flächen des bunten Sandsteins bei Hildburghausen, Neues Jahrbuch für Mineralogie, Geognosie, Geologie und Petrefaktenkunde 2: 641–642.

[4] Sickler, F.K.L. 1834: Sendschreiben an Se. Hochwohlgeboren den Königl. Grossbrit. Hanöver. Geheimen Hofrath und Ritter Dr. J. F. Blumenbach über die höchst merkwürdigen, vor einigen Monaten erst entdeckten Reliefs der Fährten urweltlicher, grosser und unbekannter Thiere in den Hessberger Sandsteinbrüchen bei der Stadt Hildburghausen. Kesselringsche Hofbuchhandlung, Hildburghausen, 16 S., 1 Taf.

[5] Römhild, M. & Jaenicke, O. 2013. »Der Herr Hofmaler ...« – Carl August Keßler (1788–1862). Sonderveröffentl. des Stadtmuseums Hildburghausen Nr. 4.

[6] Anonymus 1835. Chirotherium. Berlinische Nachrichten von Staats- und gelehrten Sachen [Spenersche Zeitung, Spiker, S. H. (Hrsg.)] 96: 6–7.

[7] Knoll, F. 2009: Alexander von Humboldt and the hand-beast: A contribution to palaeontology from the last universal scholar. Comptes Rendus Palevol 8: 427–436.

[8] Kaup, J. J. 1835: Thier-Fährten von Hildburghausen, Chirotherium oder Chirosaurus, Neues Jahrbuch für Mineralogie, Geognosie, Geologie und Petrefaktenkunde 3: 327–328.

[9] Haubold, H. 2006: Die Saurierfährten *Chirotherium barthii* Kaup, 1835 – das Typusmaterial aus dem Buntsandsandstein bei Hildburghausen/Thüringen und das »Chirotherium-Monument«. Veröffentl. Naturhist. Museum Schloss Bertholdsburg Schleusingen Band 21: 3–31.

[10] Steiner, G. 1985. Die Sphinx von Hildburghausen – Friedrich Sickler, ein schöpferischer Geist der Goethezeit. Böhlau, Weimar.

[11] Soergel, W. 1925. Die Fährten der Chirotheria. Eine paläontologische Studie. Fischer, Jena.

[12] Krebs, B. 1965. *Ticinosuchus ferox* nov. gen. nov. sp. Ein neuer Pseudosuchier aus der Trias des Monte San Giorgio. Schweizer. Paläontol. Abhandl. 81: 1–140.

[13] Rühle von Lilienstern, H. 1939. Fährten und Spuren im Chirotheriumsandstein von Südthüringen. Fortschr. Geol. Paläontol. Bd. XII, Heft 40.

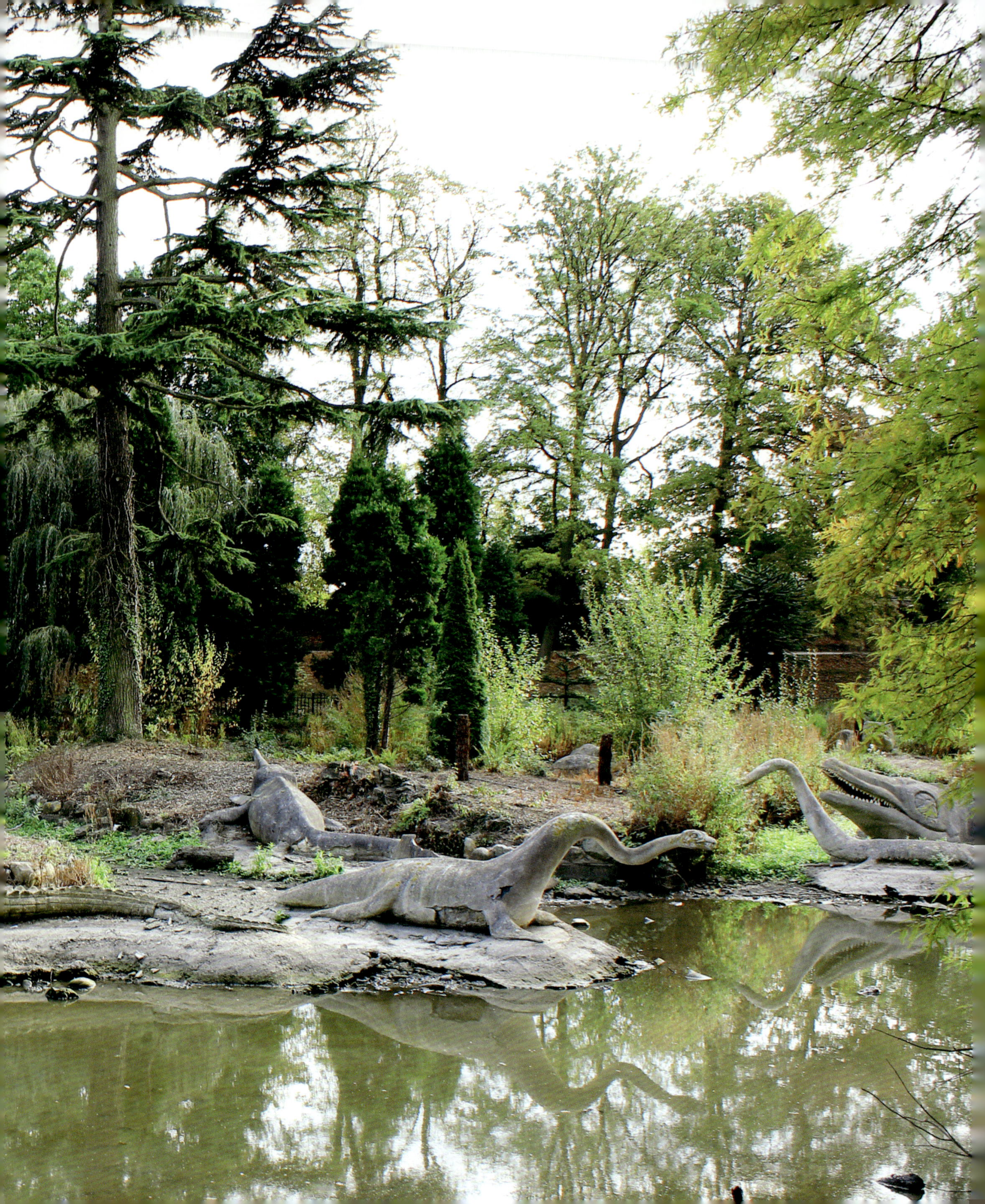

Die Crystal Palace-Dinosaurier im prähistorischen Park von Sydenham (London)

4

ECKHARD MÖNNIG

Einleitung

Nach dem unerwarteten großen Erfolg der Londoner Industrieausstellung von 1851, der ersten Weltausstellung, wurde beschlossen, im Süden von London das Ausstellungsgebäude neu aufzubauen. Unterhalb dieses aus Glas und Stahl bestehenden »Crystal Palace« gestaltete man einen Landschaftspark, dessen Attraktion 33 Skulpturen von prähistorischen Tieren und Pflanzen waren (**Abb. 1**). Die Modelle fertigte der Bildhauer und Illustrator Benjamin Waterhouse Hawkins (1807–1894) unter der wissenschaftlichen Anleitung des Paläontologen Richard Owen (1804–1892). Nach zweijähriger Bauzeit wurde der Park 1854 von Königin Victoria vor 40.000 Besuchern eröffnet. Schon damals war man sich darüber im Klaren, dass diese phantasiereichen Rekonstruktionen nicht frei von Irrtümern sein konnten. Aber sie waren so spektakulär und neuartig, dass sie für Generationen ein nachhaltiges Bild der Vorzeit hinterließen (**Abb. 2**)

Vorgeschichte: Prinz Albert und die Geologie

Prinz Albert von Sachsen-Coburg und Gotha (1819–1861) interessierte sich seit seiner Jugend für Geologie und begründete mit seinem Bruder Ernst das Herzogliche Naturalienkabinett in Coburg. Im Februar 1840 heiratete ihn seine Cousine Victoria, Königin von Großbritannien und Irland. In den ersten Ehejahren war Albert kaum in die Regierungsgeschäfte eingebunden. So hatte er Zeit für andere Dinge und kam in Kontakt mit den wichtigsten Geologen Englands. Dazu gehörte Charles Lyell (1797–1875), ein Spezialist für die Schichtenkunde. Als dieser durch Frankreich und Italien reiste, fiel ihm auf, dass sich die Gesteinsschichten des Tertiär (vor 66 bis 2,5 Millionen Jahren) mithilfe von Fossilien in drei Abschnitte gliedern ließen, Pliozän, Miozän und Eozän (Paläozän und Oligozän kamen erst später dazu). In seinem Hauptwerk »Principles of Geology« (1830–1833) entwickelte er das Prinzip des Aktualismus. Mit dieser grundlegenden wissenschaftlichen Methode überträgt man heutige geologische Vorgänge auf die erdgeschichtliche Vergangenheit und erklärt den Bau der Erdkruste in großen Zeiträumen. Als Lyell 1847 Prinz Albert die siebte Ausgabe der »Principles of Geology« schickte, lud ihn dieser in den Buckingham Palace ein. Lyell, damals Anfang fünfzig, hatte den jungen Prinzen schon einige Jahre zuvor kennengelernt und beide hatten ein gemeinsames Anliegen: die Universitätsreform. Lyell hatte auf seiner zweiten Reise im Juni 1846 in Nordamerika die Vorzüge der »weltlichen« Universitäten kennengelernt, während Albert, seit 1847 Kanzler der Universität Cambridge, feststellen musste, dass immer noch Theologie und Mathematik als die einzig wichtigen Fächer galten. Also drängten beide darauf, die Universitäten an den industriellen Bedarf an Wissenschaftlern in Natur und Technik anzupassen. Für Lyell und den Prinzen war die Einigung auf dieses wichtige Thema der Beginn einer guten Beziehung und Albert wollte unbedingt, dass Lyell der Kommission für die Planung der »Great Exhibition«, der großen Weltausstellung, beitrat. Andererseits sorgte Charles Lyell dafür, dass Albert 1849 in die ehrwürdige Geological Society of London aufgenommen wurde.

Ein anderer Geologe in Alberts Umfeld war Henry Thomas de la Beche (1796–1855), der Gründer und erste Direktor des Geological Survey. Bekannt geworden ist er durch sein 1830 gemaltes Aquarell »Duria Antiquior – a more Ancient Dorset« (siehe Kapitel 2). Die geologische Sammlung von Henry de la Beche bildete den Grundstock für das Museum of Practical

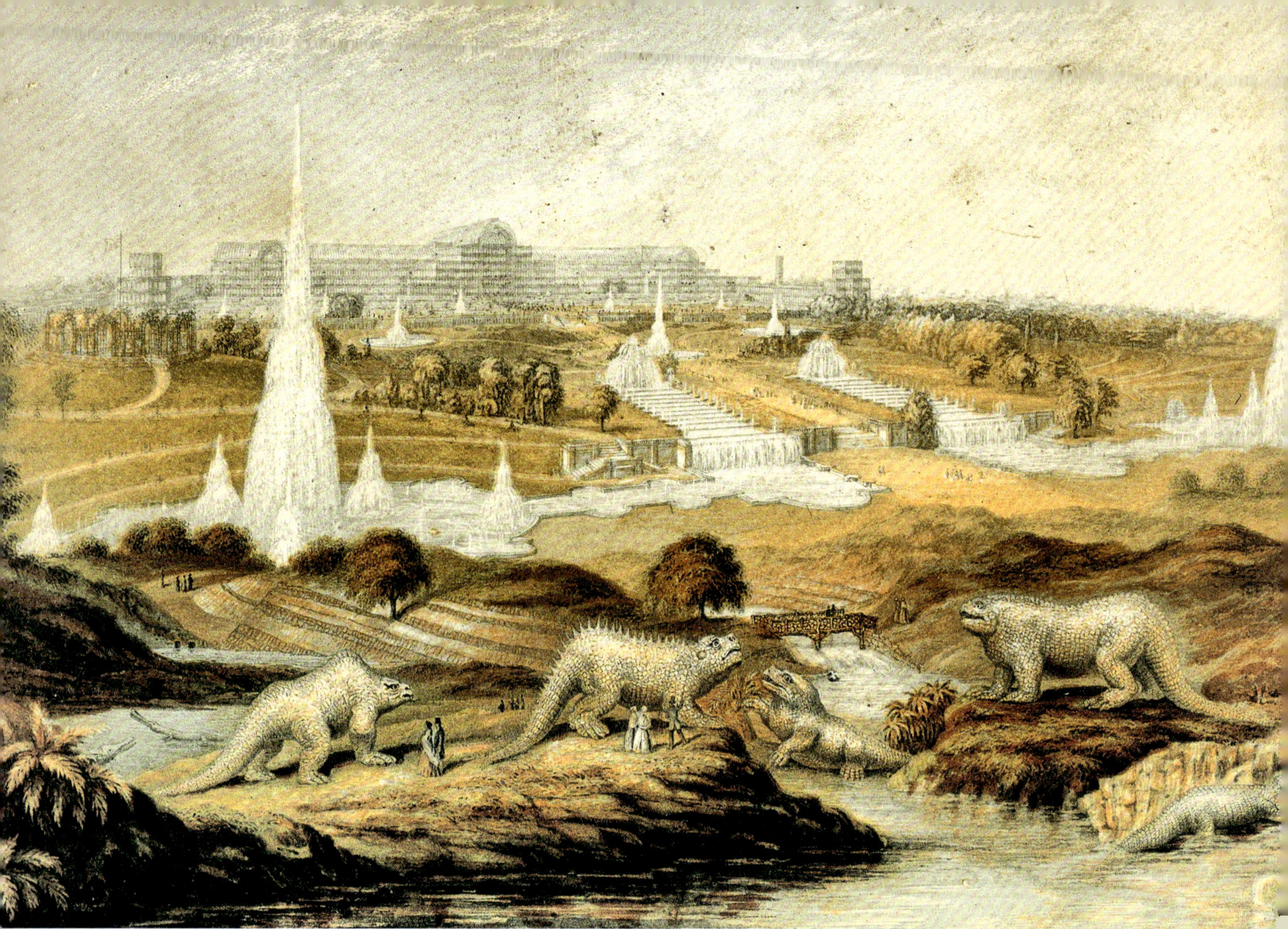

Abb. 1: *Das Bild »The Crystal Palace« von George Baxter von 1854 zeigt im Hintergrund den Crystal Palace und im Vordergrund den* **Megalosaurus** *(links), den* **Hylaeosaurus** *(Mitte) und die beiden* **Iguanodon** *kurz vor der Eröffnung des Parks.*

Geology, dass er zusammen mit Edward Forbes gründete und das von Prinz Albert im Mai 1851 persönlich eröffnet wurde. Das Museum schloss sich mit dem College of Science zusammen und bot Platz für abendliche Vorlesungen, die auch Albert und seine Tochter Vicky besuchten.

Die Dinosaurier erschienen in der Wissenschaft ab 1822, als William Buckland (1784–1856) und Gideon Mantell (siehe Kapitel 1) fossile Knochen von enormer Größe entdeckten und die Tiere später *Megalosaurus* (**Abb. 3**), *Iguanodon* und *Hylaeosaurus* nannten. Der Anatom Richard Owen erkannte, dass die Knochen viele gemeinsame Merkmale aufwiesen, und führte für diese Tiere die neue Sub-Ordnung »Dinosauria« ein. Die »Schrecklichen Echsen« belebten im viktorianischen England schnell die Fantasie der Menschen und jedermann bewunderte die ersten Rekonstruktionen der riesigen Urmonster. Auch Prinz Albert war ein früher Fan der Dinosaurier. Er besuchte die Vorlesungen von Owen und begeisterte sich für seine Bücher.

Im Jahr 1849 entwickelte die Royal Society of Arts unter ihrem Präsidenten Prinz Albert die Idee einer Weltausstellung. Dafür benötigte man im Hyde Park ein großes Ausstellungsgebäude, mit dessen Konstruktion der Gartenbauingenieur Joseph Paxton beauftragt wurde. Es wurde in nur sechs Monaten fertiggestellt und erhielt wegen seiner Glasstruktur den Namen Crystal Palace (Kristallpalast). Das transparente Bauwerk wurde zum Symbol der geistigen Revolution, die im konservativen Königreich längst überfällig war. Am 1. Mai 1851 wurde die »Great Exhibition of the Works of Industry of All Nations« durch Queen Victoria und Prinz Albert glanzvoll eröffnet.

Die Crystal Palace-Dinosaurier im prähistorischen Park von Sydenham (London)

4

ECKHARD MÖNNIG

Einleitung

Nach dem unerwarteten großen Erfolg der Londoner Industrieausstellung von 1851, der ersten Weltausstellung, wurde beschlossen, im Süden von London das Ausstellungsgebäude neu aufzubauen. Unterhalb dieses aus Glas und Stahl bestehenden »Crystal Palace« gestaltete man einen Landschaftspark, dessen Attraktion 33 Skulpturen von prähistorischen Tieren und Pflanzen waren (**Abb. 1**). Die Modelle fertigte der Bildhauer und Illustrator Benjamin Waterhouse Hawkins (1807–1894) unter der wissenschaftlichen Anleitung des Paläontologen Richard Owen (1804–1892). Nach zweijähriger Bauzeit wurde der Park 1854 von Königin Victoria vor 40.000 Besuchern eröffnet. Schon damals war man sich darüber im Klaren, dass diese phantasiereichen Rekonstruktionen nicht frei von Irrtümern sein konnten. Aber sie waren so spektakulär und neuartig, dass sie für Generationen ein nachhaltiges Bild der Vorzeit hinterließen (**Abb. 2**)

Vorgeschichte: Prinz Albert und die Geologie

Prinz Albert von Sachsen-Coburg und Gotha (1819–1861) interessierte sich seit seiner Jugend für Geologie und begründete mit seinem Bruder Ernst das Herzogliche Naturalienkabinett in Coburg. Im Februar 1840 heiratete ihn seine Cousine Victoria, Königin von Großbritannien und Irland. In den ersten Ehejahren war Albert kaum in die Regierungsgeschäfte eingebunden. So hatte er Zeit für andere Dinge und kam in Kontakt mit den wichtigsten Geologen Englands. Dazu gehörte Charles Lyell (1797–1875), ein Spezialist für die Schichtenkunde. Als dieser durch Frankreich und Italien reiste, fiel ihm auf, dass sich die Gesteinsschichten des Tertiär (vor 66 bis 2,5 Millionen Jahren) mithilfe von Fossilien in drei Abschnitte gliedern ließen, Pliozän, Miozän und Eozän (Paläozän und Oligozän kamen erst später dazu). In seinem Hauptwerk »Principles of Geology« (1830–1833) entwickelte er das Prinzip des Aktualismus. Mit dieser grundlegenden wissenschaftlichen Methode überträgt man heutige geologische Vorgänge auf die erdgeschichtliche Vergangenheit und erklärt den Bau der Erdkruste in großen Zeiträumen. Als Lyell 1847 Prinz Albert die siebte Ausgabe der »Principles of Geology« schickte, lud ihn dieser in den Buckingham Palace ein. Lyell, damals Anfang fünfzig, hatte den jungen Prinzen schon einige Jahre zuvor kennengelernt und beide hatten ein gemeinsames Anliegen: die Universitätsreform. Lyell hatte auf seiner zweiten Reise im Juni 1846 in Nordamerika die Vorzüge der »weltlichen« Universitäten kennengelernt, während Albert, seit 1847 Kanzler der Universität Cambridge, feststellen musste, dass immer noch Theologie und Mathematik als die einzig wichtigen Fächer galten. Also drängten beide darauf, die Universitäten an den industriellen Bedarf an Wissenschaftlern in Natur und Technik anzupassen. Für Lyell und den Prinzen war die Einigung auf dieses wichtige Thema der Beginn einer guten Beziehung und Albert wollte unbedingt, dass Lyell der Kommission für die Planung der »Great Exhibition«, der großen Weltausstellung, beitrat. Andererseits sorgte Charles Lyell dafür, dass Albert 1849 in die ehrwürdige Geological Society of London aufgenommen wurde.

Ein anderer Geologe in Alberts Umfeld war Henry Thomas de la Beche (1796–1855), der Gründer und erste Direktor des Geological Survey. Bekannt geworden ist er durch sein 1830 gemaltes Aquarell »Duria Antiquior – a more Ancient Dorset« (siehe Kapitel 2). Die geologische Sammlung von Henry de la Beche bildete den Grundstock für das Museum of Practical

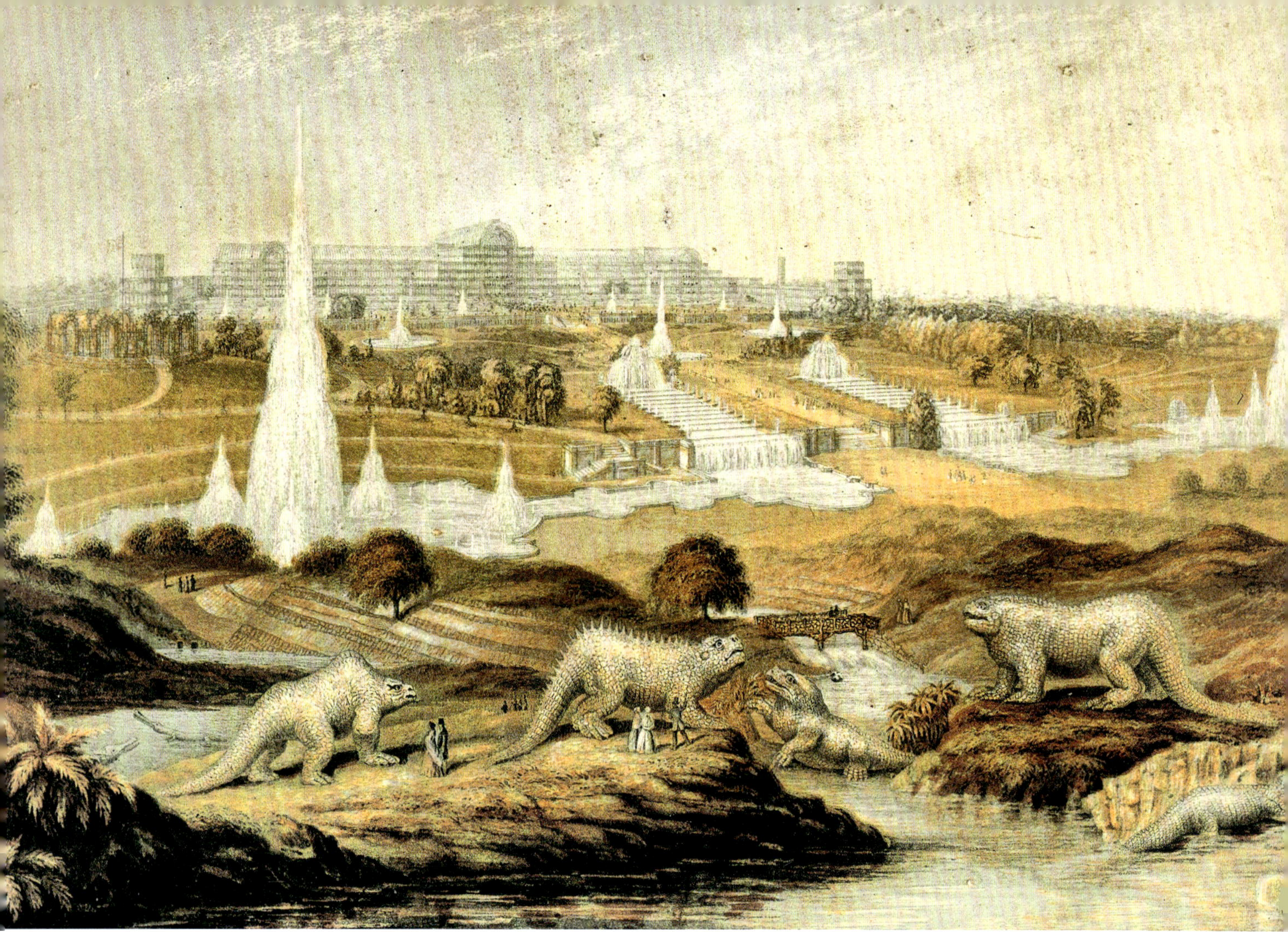

Abb. 1: *Das Bild »The Crystal Palace« von George Baxter von 1854 zeigt im Hintergrund den Crystal Palace und im Vordergrund den* ***Megalosaurus*** *(links), den* ***Hylaeosaurus*** *(Mitte) und die beiden* ***Iguanodon*** *kurz vor der Eröffnung des Parks.*

Geology, dass er zusammen mit Edward Forbes gründete und das von Prinz Albert im Mai 1851 persönlich eröffnet wurde. Das Museum schloss sich mit dem College of Science zusammen und bot Platz für abendliche Vorlesungen, die auch Albert und seine Tochter Vicky besuchten.

Die Dinosaurier erschienen in der Wissenschaft ab 1822, als William Buckland (1784–1856) und Gideon Mantell (siehe Kapitel 1) fossile Knochen von enormer Größe entdeckten und die Tiere später *Megalosaurus* (**Abb. 3**), *Iguanodon* und *Hylaeosaurus* nannten. Der Anatom Richard Owen erkannte, dass die Knochen viele gemeinsame Merkmale aufwiesen, und führte für diese Tiere die neue Sub-Ordnung »Dinosauria« ein. Die »Schrecklichen Echsen« belebten im viktorianischen England schnell die Fantasie der Menschen und jedermann bewunderte die ersten Rekonstruktionen der riesigen Urmonster. Auch Prinz Albert war ein früher Fan der Dinosaurier. Er besuchte die Vorlesungen von Owen und begeisterte sich für seine Bücher.

Im Jahr 1849 entwickelte die Royal Society of Arts unter ihrem Präsidenten Prinz Albert die Idee einer Weltausstellung. Dafür benötigte man im Hyde Park ein großes Ausstellungsgebäude, mit dessen Konstruktion der Gartenbauingenieur Joseph Paxton beauftragt wurde. Es wurde in nur sechs Monaten fertiggestellt und erhielt wegen seiner Glasstruktur den Namen Crystal Palace (Kristallpalast). Das transparente Bauwerk wurde zum Symbol der geistigen Revolution, die im konservativen Königreich längst überfällig war. Am 1. Mai 1851 wurde die »Great Exhibition of the Works of Industry of All Nations« durch Queen Victoria und Prinz Albert glanzvoll eröffnet.

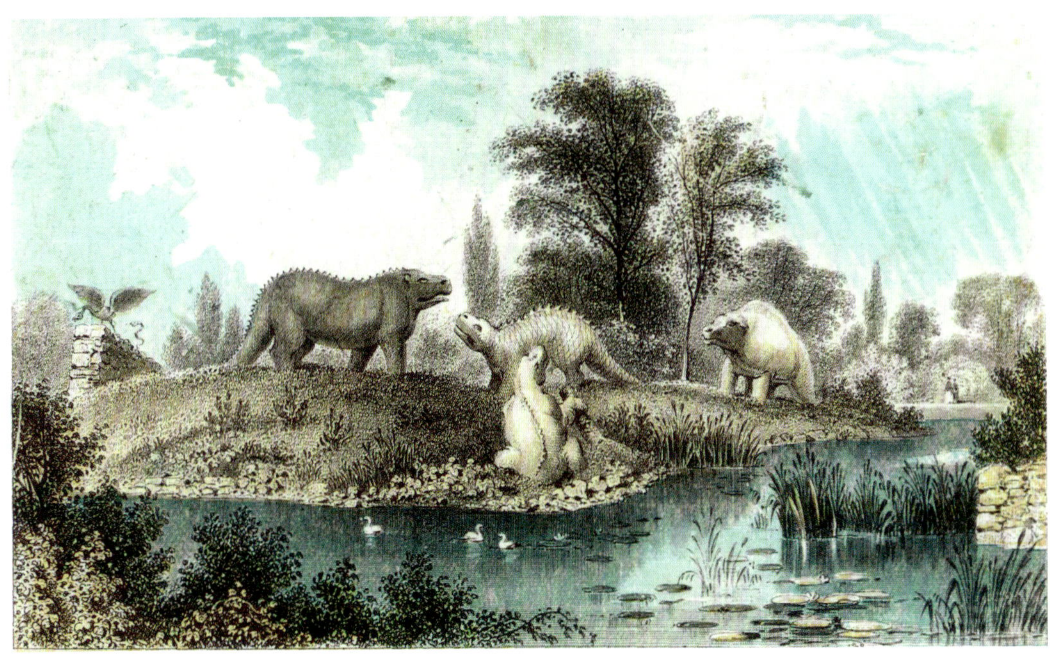

Abb. 2: *Die Jurainsel im Crystal Palace Park mit den Dinosauriern* **Iguanodon, Hylaeosaurus** *und* **Megalosaurus**. *Kolorierter Kupferstich. Titelblatt zum Parkführer von Richard Owen aus dem Jahr 1854.*

Die Erschaffung der Crystal Palace-Dinosaurier

Als nach sechs Monaten die Weltausstellung zu Ende ging, setzten sich die Bauherren des Kristallpalastes erfolglos für einen Verbleib im Hyde Park ein. Um ihn trotzdem zu erhalten, erwarb die neu gegründete Crystal Palace Company im Süden Londons ein geeignetes Grundstück und baute das Gebäude auf dem Sydenham Hill in etwas abgeänderter Form wieder auf. Es ist nicht ganz sicher, ob es Alberts Idee war, in dem neu angelegten Park unterhalb des Crystal Palace lebensgroße Modelle aller damals bekannten prähistorischen Tiere auszustellen. Jedenfalls beauftragte man Richard Owen mit der wissenschaftlichen Konzeption, der die praktische Umsetzung wiederum auf den Bildhauer Benjamin Waterhouse Hawkins übertrug. Hawkins, den Owen als Commissioner von der Great Exhibition her kannte, war ein hervorragender und vielbeschäftigter Künstler, sei es als Illustrator für wissenschaftliche Bücher oder als Verfasser für Lehrbücher zum Zeichnen von Tieren.

Anfangs hatte Hawkins vorgehabt, nur Skulpturen von großen Säugetieren wie dem *Mastodon* zu produzieren. Bei seinen Recherchen sah er aber Owens Veröffentlichungen über ausgestorbene Reptilien und beschloss, diese ebenfalls aufzunehmen, obwohl es für eine vernünftige Rekonstruktion der Tiere eigentlich zu wenige Knochen gab. Für die Durchführung erhielt der Bildhauer in Sydenham ein großes, geräumiges Atelier, das auf einem Holzstich in den Illustrated London News vom 31. Dezember 1853 zu sehen ist (**Abb. 4**). Man sieht fünf der insgesamt 33 Rekonstruktionen. In der Mitte nimmt ein Arbeiter gerade den Dinsaurier *Iguanodon* aus seiner Form, rechts davon geben zwei andere dem Panzer-Dinosaurier *Hylaeosaurus* den letzten Schliff. Andere Modelle sind schon fertig, so das säugerähnliche Reptil *Dicynodon* mit den zwei Hauern im Maul, der Labyrinthodontier (= Urlurch *Mastodon-*

Abb. 3: *Rekonstrution des* **Megalosaurus** *von Richard Owen, aus dem Parkführer zum Crystal Palace Park von 1854.*

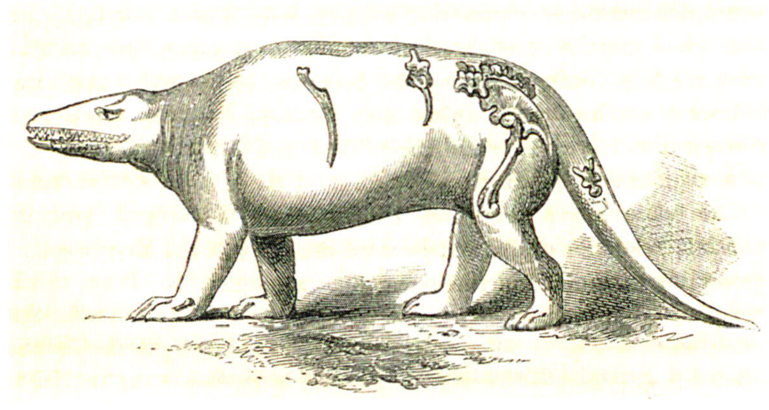

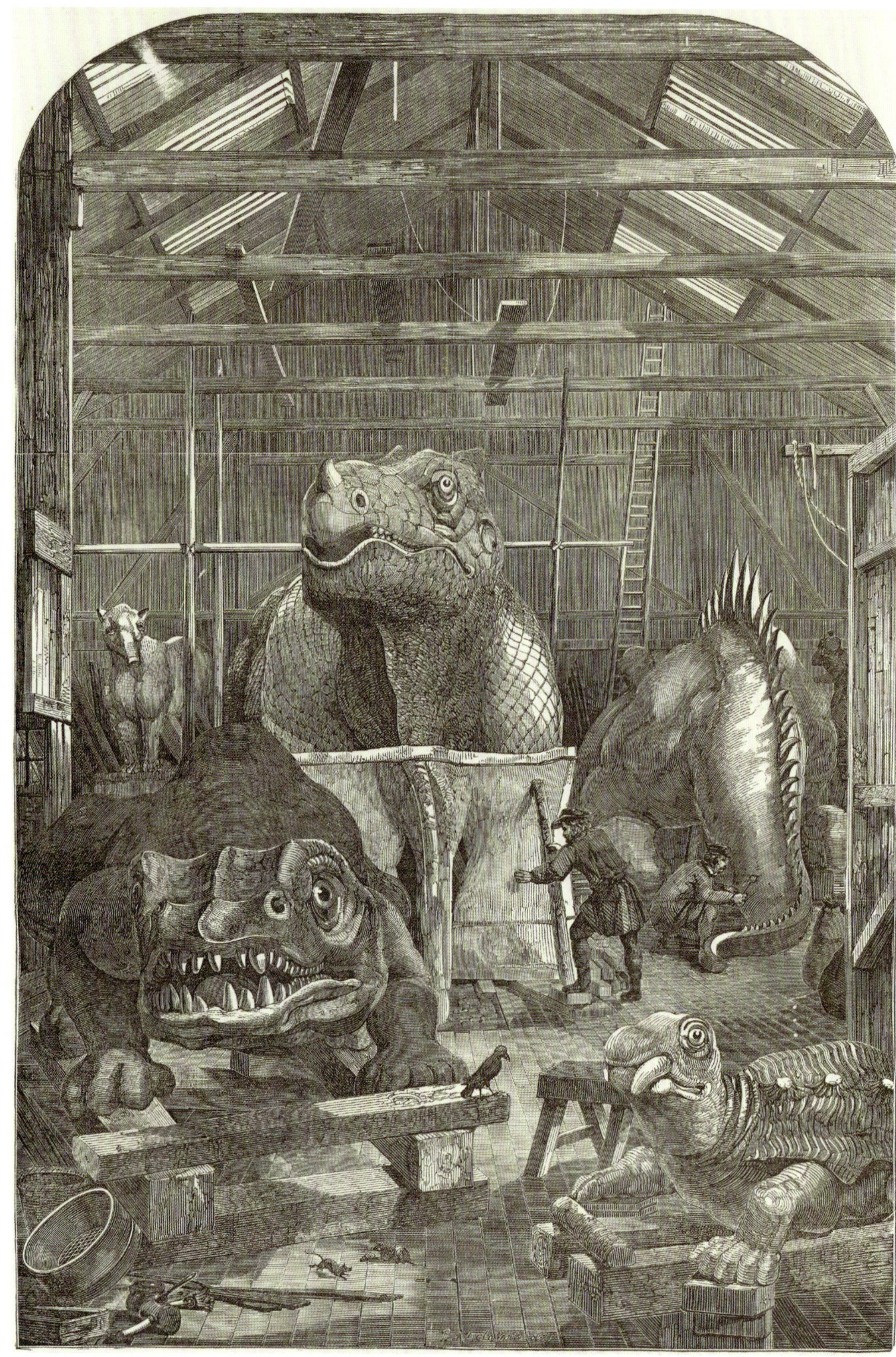

Abb. 4: *Innenansicht des Ateliers von Benjamin Waterhouse Hawkins, abgedruckt in der Ausgabe der Illustrated London News vom 31. Dezember 1853 als »The Extinct Animals Model-Room, at the Crystal Palace, Sydenham«. Philip Henry Delamotte, Holzstich, 1853.*

saurus) und das Tapir-ähnliche *Palaeotherium* stehen auf der linken Seite. Die Modelle wurden zuerst in voller Größe aus Ton geformt und dann mithilfe einer Abgussform in Zement gegossen. Die größeren Skulpturen mauerte man aus Ziegelsteinen mit Stützen aus Stahl im inneren Hohlraum. Allein für den *Iguanodon* verbaute man vier große Eisenstangen, 600 Ziegelsteine, 1550 Dachziegel, 38 Ladungen Zement, 90 Ladungen von Bruchsteinen, 33 Meter Eisenarmierung und zahlreiche Pflastersteine.

Im prähistorischen Park von Sydenham, den die urzeitlichen Tiere beziehen sollten, baute Hawkins auch felsenartige Schichtmodelle aus Originalgesteinen der entsprechenden Zeitalter. Das hatte folgenden Hintergrund: Eine der größten Leistungen der naturgeschichtlichen Wissenschaft ist die Entwicklung einer globalen Chronologie der Erdgeschichte auf der Grundlage einer sich ändernden Lebewelt. Bis 1800 hatte man die Urzeit nur als diffuse Vergangenheit mit der Sintflut als einzigem Aussterbe-Ereignis wahrgenommen. Doch nun erkannte man eine Abfolge unterschiedlicher Erdzeitalter. Ihre Namen entstammen den zugehörigen Gesteinsformationen. So bezog sich der Namensgeber der Zeit des Jura, Alexandre Brongniart, auf die 1795 von Alexander von Humboldt als Jurakalk bezeichneten Gesteine des Schweizer Juragebirges. Seitdem besteht bei der geologischen Zeitskala ein Dualismus von Zeit und Gestein.

Schon 1760 gliederte der italienische Bergbauspezialist Giovanni Arduino die Gesteinsschichten in Primär, Sekundär und Tertiär, 1829 kam noch das Quar-

Abb. 5: *Übersichtskarte des prähistorischen Parks in Sydenham von Richard Owen aus dem Jahr 1854. Es fehlen die Säugetiere des »Tertiary Island«. Wahrscheinlich waren sie noch nicht fertig als Owen den Parkführer geschrieben hat.*

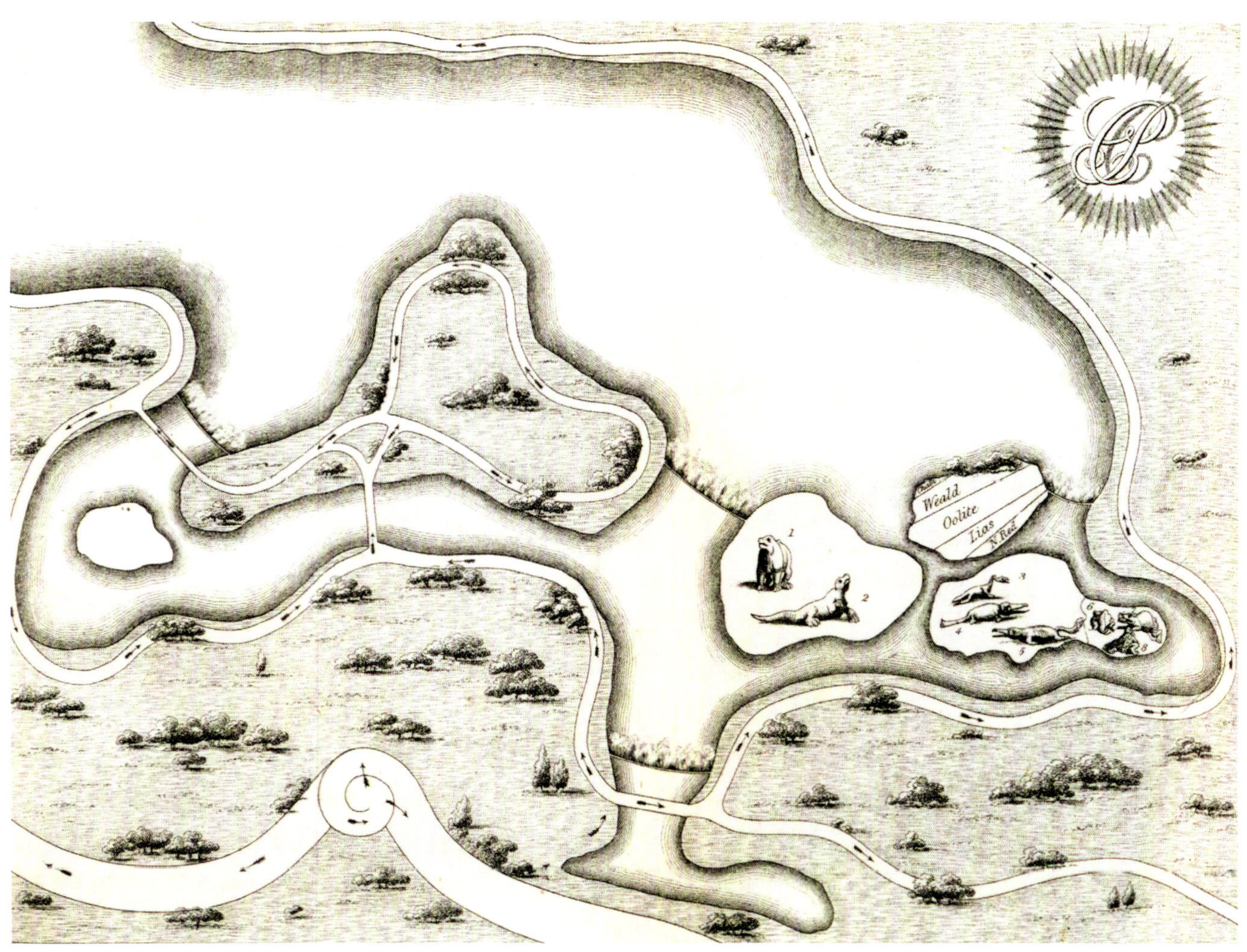

tär dazu. Nach diesem Prinzip gliederten Owen und Hawkins auch den prähistorischen Park in Sydenham, in dem sie die Inseln entsprechend benannten (**Abb. 5**)

Das »Primary Island«, also die Insel des Primär, bewohnen die Amphibien und säugetierähnlichen Reptilien der Perm- und Triaszeit. Da Hawkins und Owen von diesen nur die Schädel kannten, brauchten sie viel Fantasie und Erfindungsgabe, um den restlichen Körper zu rekonstruieren, und orientierten sich an heutigen Tieren. Da also das *Dicynodon* (Doppelstoßzähner) aus Südafrika einen hornigen Schnabel trug, modellierte Hawkins eine Riesenschildkröte mit Stoßzähnen. Von den drei Labyrinthodontiern, den Riesenlurchen der Trias, ist heute bekannt, dass sie heutigen Krokodilen ähnlich waren. Da es aber Amphibien sind, stellte Hawkins den »*Labyrinthodon salamandroides*« (heute *Mastodonsaurus jaegeri*) als glatthäutigen Frosch dar, während die beiden »*Labyrinthodon pachygnathus*« (heute unbestimmte große Amphibien) eher gigantischen Kröten ähneln. Owen glaubte, dass die berühmten *Chirotherium*-Fußabdrücke von Hildburghausen (siehe Kapitel 3) auch von diesen Tieren stammten. Deshalb wurden sie um die Modelle herum in den Boden eingearbeitet (**Abb. 6**).

Das »Secondary Island« war die spektakuläre Jurainsel mit Bucklands *Megalosaurus* und Mantells *Iguanodon* und dem geologischen Schichten-Modell, das aus originalen Jura- und Kreidefelsen bestand. Gideon Mantell und viele seiner Zeitgenossen skizzierten das *Iguanodon* ursprünglich als schlanke Echse mit langem Schwanz, aber Owen hatte die Morphologie eines Nashorns vor Augen (**Abb. 7**). Da den originalen Knochen ein Schädel fehlte, vermutete man auch, dass der Daumen ein Nasenhorn war (siehe Kapitel 1). Aber bereits in seinem Führer von 1854 bemerkte Owen, dass »das Horn mehr als zweifelhaft ist«. Wegen seiner beeindruckenden Größe und der exponierten Stellung wurde der *Megalosaurus* zum meistfotografierten Modell des Parks (**Abb. 8**).

Damals kannte man von dem jurassischen Dinosaurier, außer Bucklands Unterkieferfragment, nur ein paar Wirbel, Rippen, Hüft- und Oberschenkelknochen und Owen vermutete, dass das Tier vierbeinig war. Heute ist bekannt, dass es wie der verwandte *Allosaurus* auf zwei Beinen lief. Seltsamerweise ist es der *Hylaeosaurus*, nicht *Iguanodon*, der dem riesigen Leguan-Stereotyp der frühen Vorstellung von Dinosauriern am ähnlichsten ist. Der *Hylaeosaurus* aus der Kreide Englands ist ein Ankylosaurier, ein kleiner vierfüßiger Pflanzenfresser mit gepanzertem Rücken und seitlichen Stacheln. Die Flugsaurier (*Pterodactylus*) aus dem Jura Deutschlands tragen Schuppen, wahrscheinlich hatten sie aber einen dünnen Pelz. Die beiden erhaltenen Modelle stehen auf einem Felsvorsprung, als ob sie die ganze Szenerie überwachen (**Abb. 9**); ursprünglich gab es noch zwei weitere.

Die im Jurameer lebenden Reptilien *Ichthyosaurus*, *Plesiosaurus* und *Teleosaurus* »schwammen« vor der »Secondary Island« in einem kleinen Teich, der das Jurameer darstellen sollte (**Abb. 10**). Diesen Modellen sollte mehr Realität verliehen werden, indem der Wasserstand tidenartig gehoben und gesenkt werden sollte, was aber nicht gelang. Obwohl die Ichthyosaurier ausschließlich im Wasser lebten, sonnen sie sich wie heutige Robben am Strand. Owen vermutete, dass sie Krokodilen oder Plesiosauriern ähnelten, aber die später gemachten Funde von Holzmaden in Süddeutschland gleichen mit Rückenflosse und fischartigem Schwanz mehr den Haien oder Delfinen. Als Hawkins diese Modelle baute, entdeckte man in Kreideschichten der Niederlande den riesigen Schädel eines meeresbewohnenden *Mosasaurus*. Da man den Rest des Tieres nicht kannte, baute Haw-

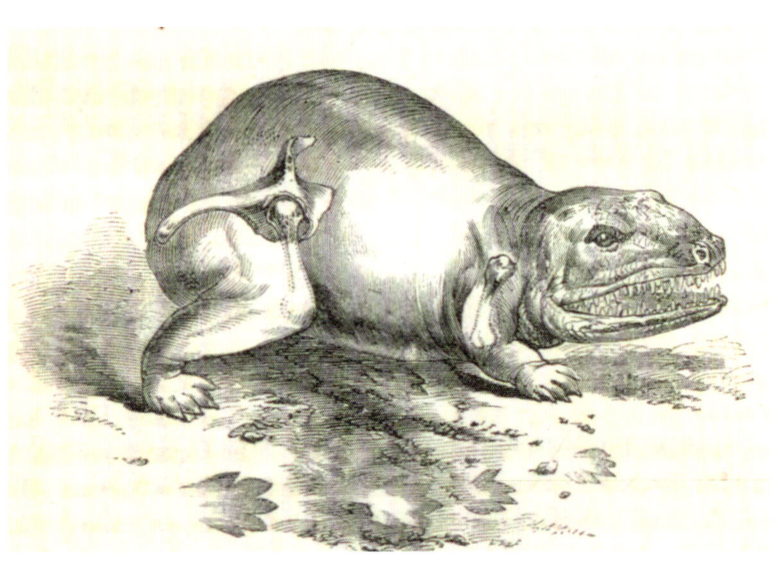

Abb. 6: Rekonstruktion des Urlurchs ***»Labyrinthodon pachygnathus«*** *von Richard Owen aus dem Jahr 1854. Die Knochen dieses Lurchs stammen aus der Trias von England und Baden-Württemberg und sind heute unter dem Namen* ***Mastodonsaurus*** *(siehe Kapitel 1) bekannt. Davor sieht man die Saurierfährte* ***Chirotherium****, dessen Erzeuger aber große, krokodilartige Raubsaurier waren (siehe Kapitel 3).*

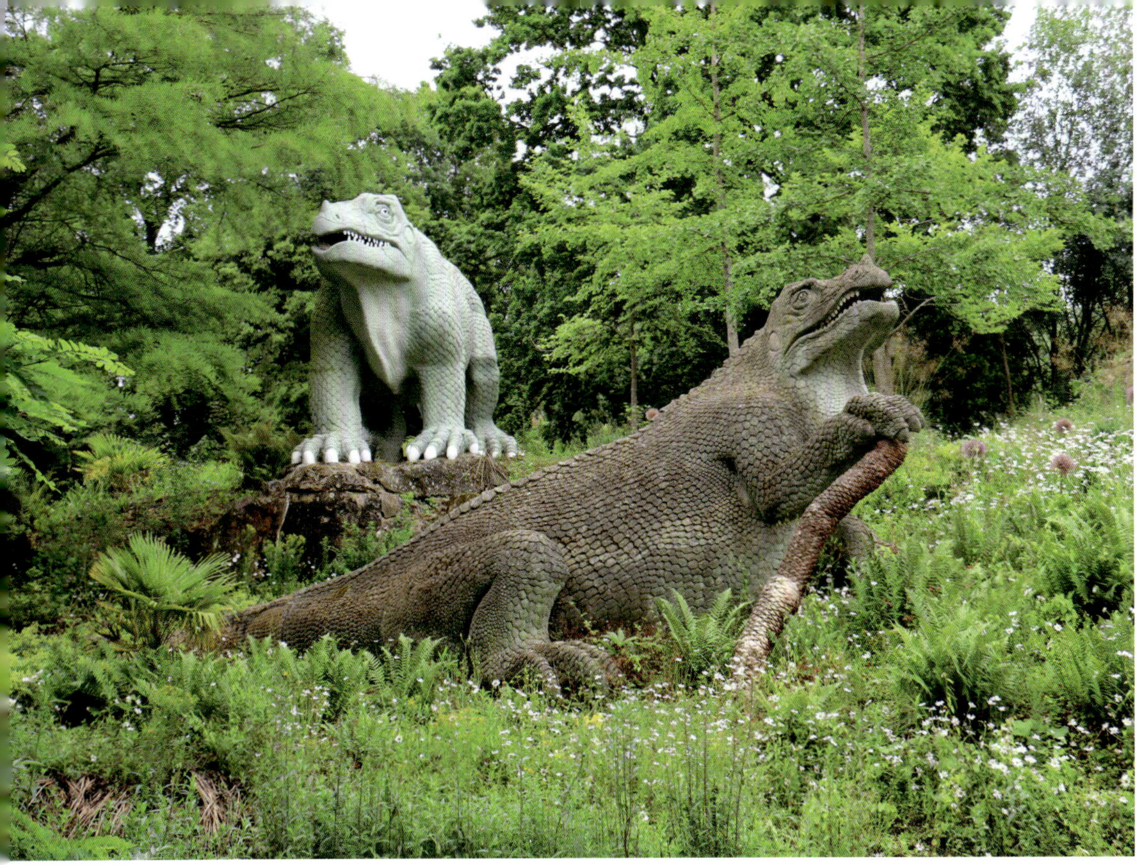

Abb. 7: *Die beiden Modelle des Dinosauriers* ***Iguanodon*** *von Benjamin Waterhouse Hawkins, 1854, im Crystal Palace Park.*

Abb. 8: *Der* ***Megalosaurus*** *von Benjamin Waterhouse Hawkins, 1854, im Crystal Palace Park.*

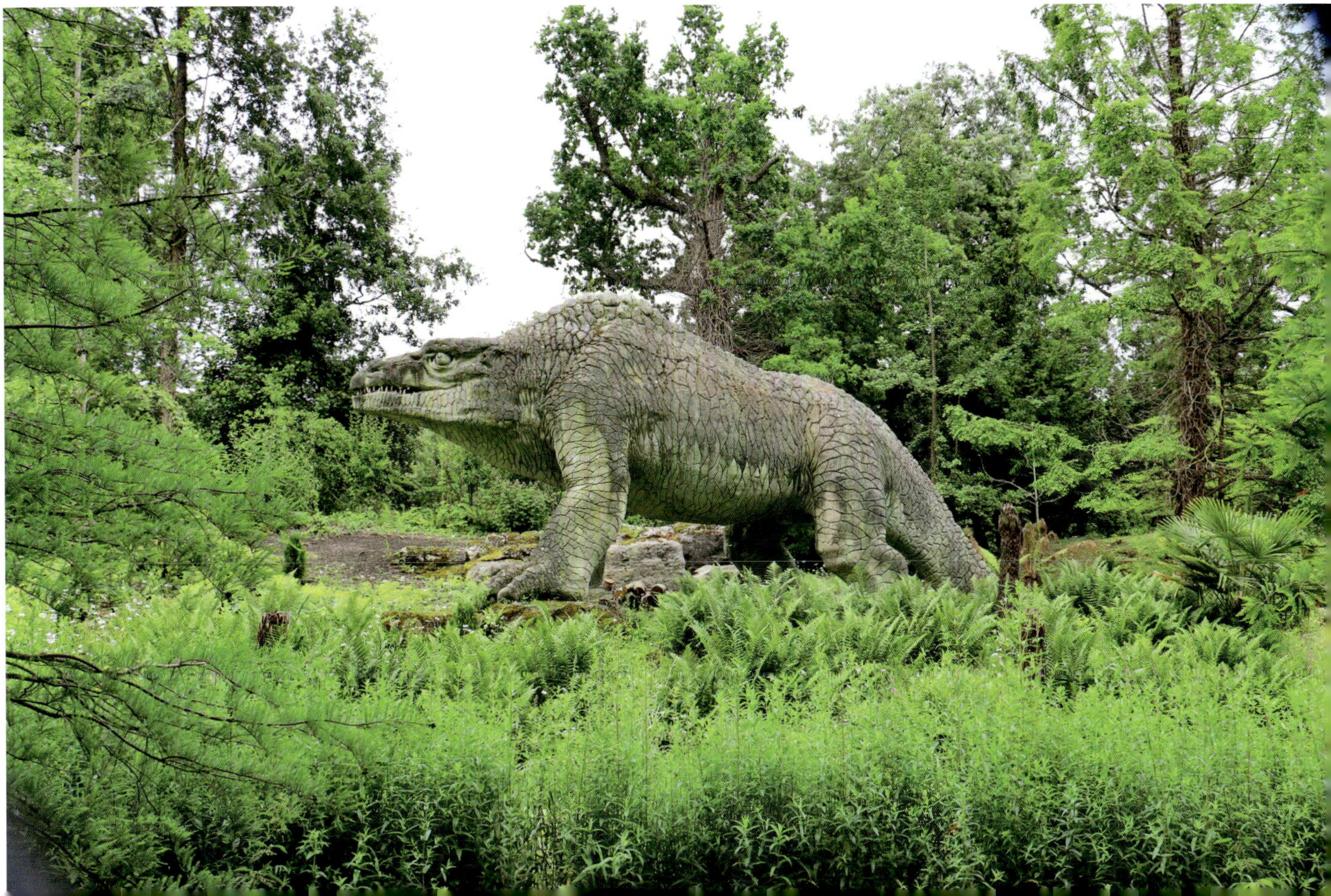

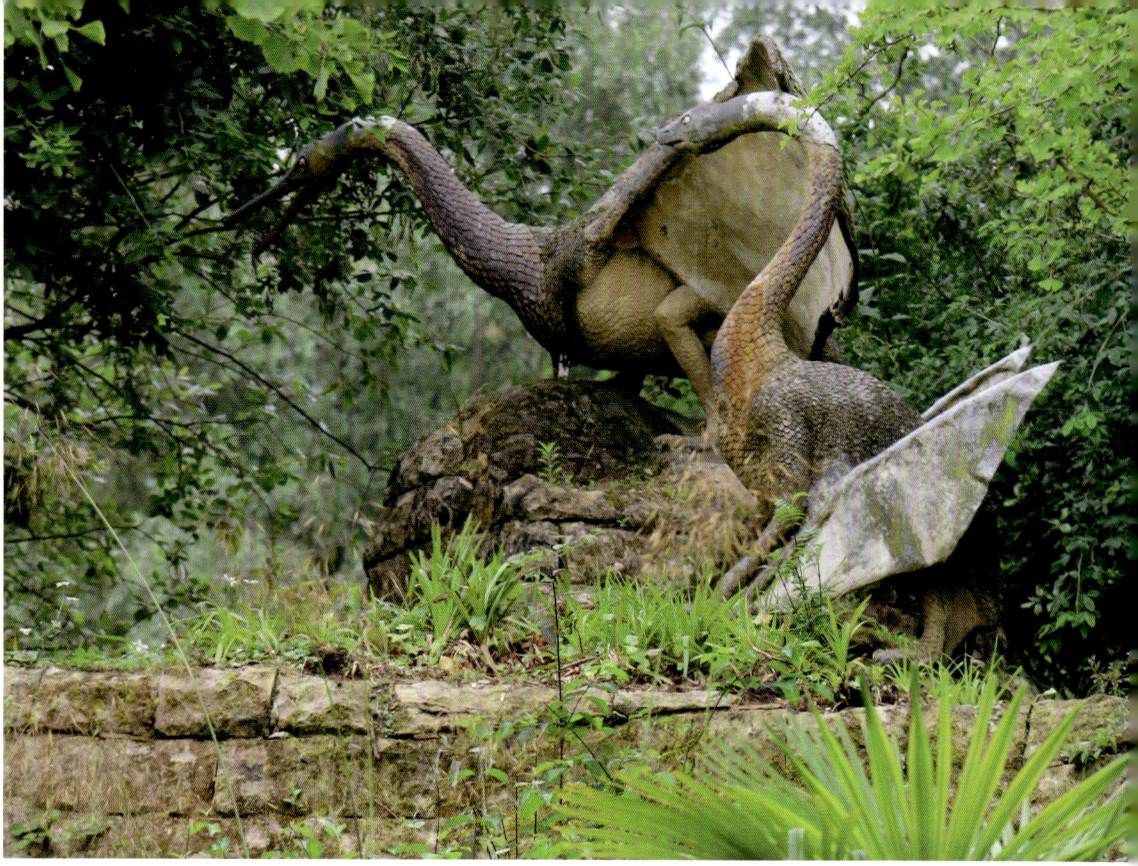

Abb. 9: *Zwei Flugsaurier (**Pterodactylus**), die auf Gesteinen des Oberjura sitzen. Rekonstruktion von Benjamin Waterhouse Hawkins, 1854, im Crystal Palace Park.*

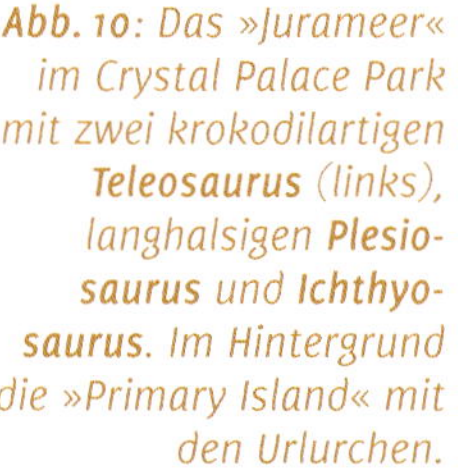

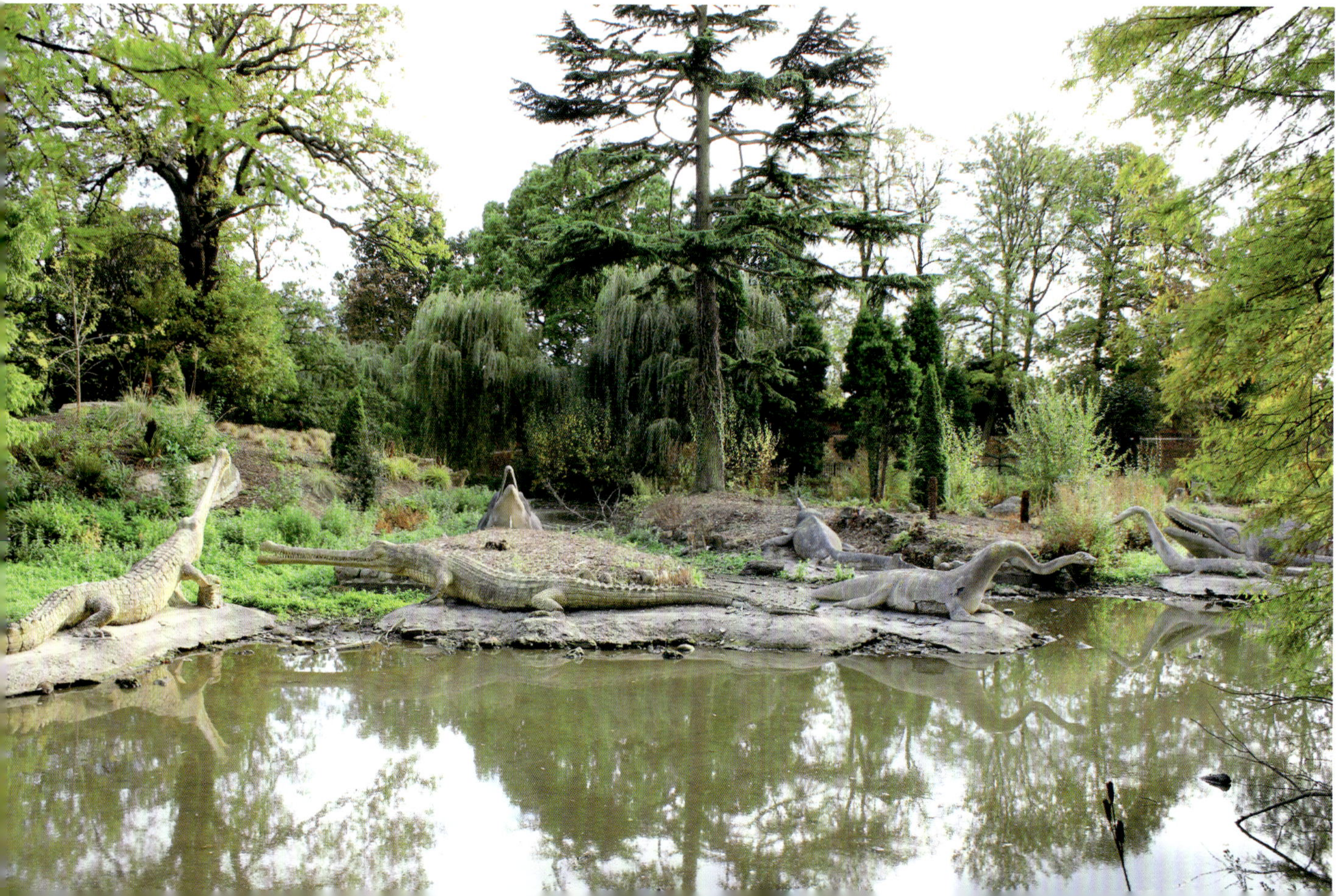

Abb. 10: *Das »Jurameer« im Crystal Palace Park mit zwei krokodilartigen **Teleosaurus** (links), langhalsigen **Plesiosaurus** und **Ichthyosaurus**. Im Hintergrund die »Primary Island« mit den Urlurchen.*

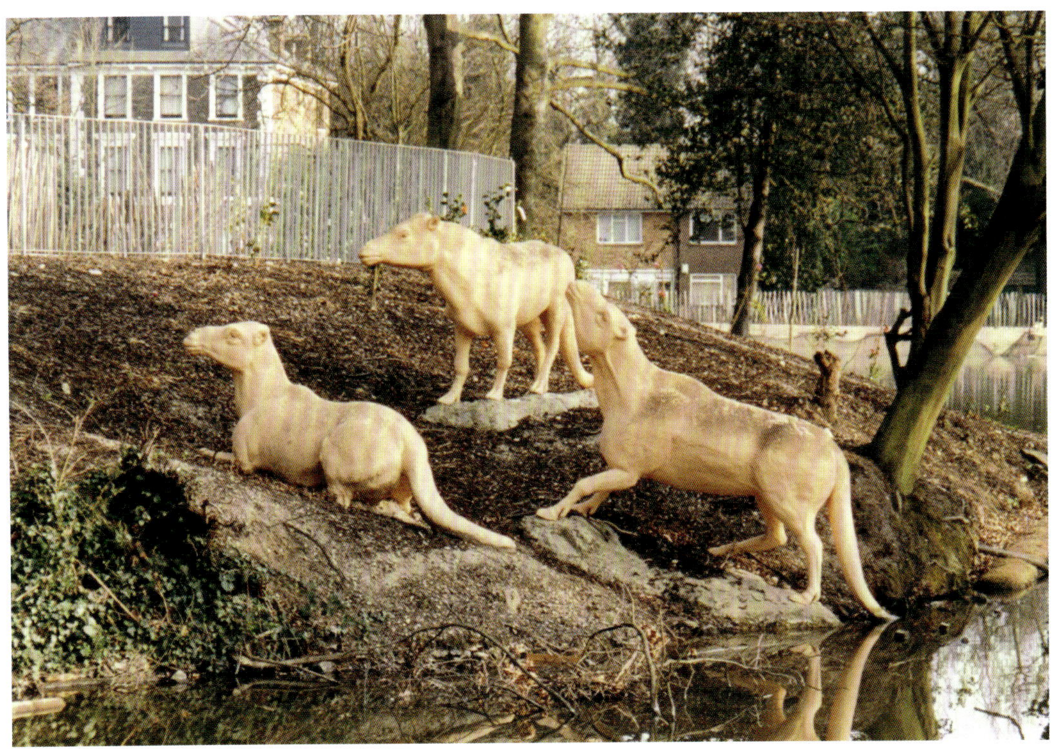

Abb. 11: *Die Säugetiere* ***Anoplotherium*** *auf dem »Tertiary Island«, kurz nach der Renovierung der Anlage im Jahr 2002. Im Hintergrund sieht man den Zaun, den man zum Schutz der Modelle kurzfristig aufstellen musste.*

kins nur den Kopf und tauchte das restliche Modell unsichtbar in den See, versteckt am schlecht einsehbaren hinteren Ufer der Jurainsel, wo ursprünglich ein Wasserfall war. Die drei Plesiosaurier-Modelle repräsentieren drei Arten von Meeresreptilien aus dem Jura von England: *Plesiosaurus macrocephalus, P. dolichodeirus und P. hawkinsii*. Zwei von ihnen haben unglaublich dünne und flexible Hälse. Owen identifizierte den *Teleosaurus* korrekt als schlankes Jurakrokodil mit sehr langen, dünnen Kiefern und kleinen Augen, womit es dem heutigen Ganges-Gavial ähnelt.

Am Ende der Inselkette liegt das »Tertiary Island« mit *Anoplotherium* und *Palaeotherium*. *Anoplotherium* ist ein ausgestorbener Paarhufer aus den Gipssteinbrüchen von Montmartre (Paris) und lebte vor 35 Millionen Jahren. Hawkins' Modelle haben eher ein kamelartiges Aussehen (**Abb. 11**). Das *Palaeotherium* ist ein ausgestorbenes Säugetier aus den gleichen Schichten, das Georges Cuvier richtigerweise als Tapir-artig ansah.

Die aus heutiger Sicht genauesten Modelle sind die vom *Megaloceros* oder Irish Elk, ein vor 8000 Jahren ausgestorbener eiszeitlicher Riesenhirsch. Hawkins baute eine Familie aus Männchen, Weibchen und Kalb (**Abb. 12**).

Das riesige Bodenfaultier *Megatherium* stammt aus dem Pliozän und Pleistozän von Südamerika, wo Charles Darwin (1809–1882) im Jahr 1835 einige Fossilien ausgegraben hatte. Das Modell des Riesenfaultiers stand angelehnt an einen Baum. Als dieser mit den Jahren immer größer wurde, brachen die Arme des Tieres, die dann mit Glasfaser-Repliken ersetzt wurden. Vor 25 Jahren starb dann auch der Baum, so dass heute nur noch einige vertrocknete Äste zu sehen sind.

Legendär ist das Dinner, das im Inneren des halbfertigen *Iguandon* am Silvesterabend 1853 stattfand. Hawkins hatte eine Gesellschaft von 21 Gästen eingeladen. Owen saß im Kopf des Dinosauriers und dirigierte um Mitternacht ein von Edward Forbes für diesen Anlass komponiertes Lied: »The jolly old beast – Is not deceased – There's life in him again.« Im Jahr 1854 übergaben Königin Victoria und Prinz Albert den Park unter dem Beifall von 40.000 Besuchern der Öffentlichkeit. Das Publikum eines von

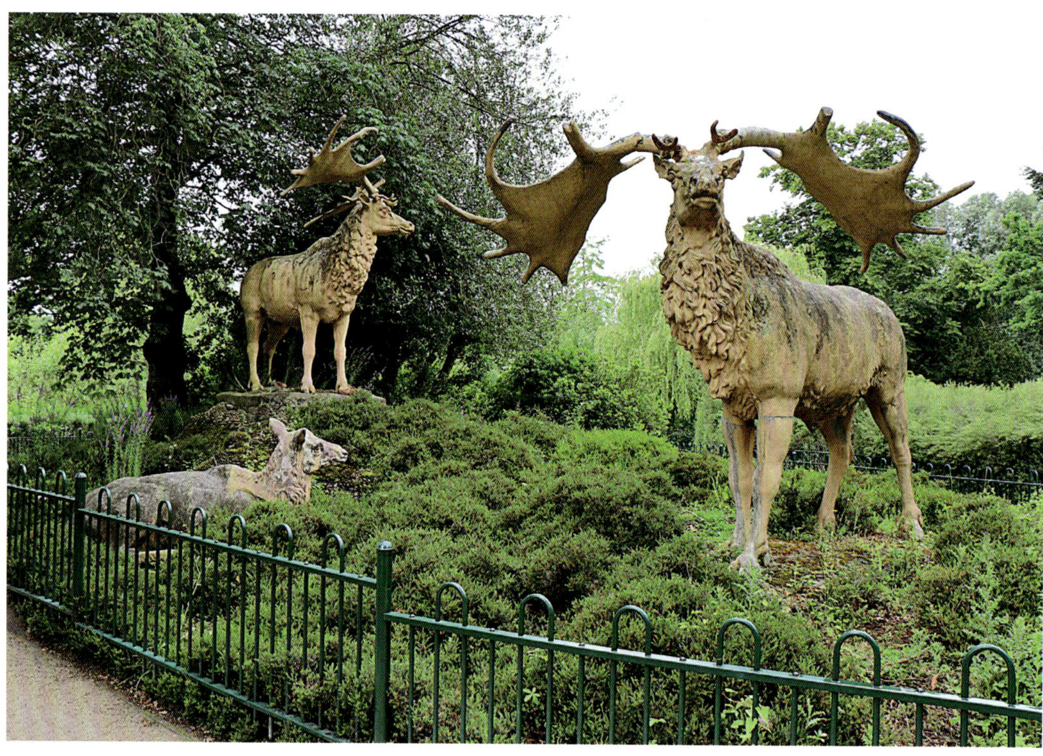

Abb. 12: *Der eiszeitliche Riesenhirsch* ***Megaloceros****. Rekonstruktion von Benjamin Waterhouse Hawkins, 1854, im Crystal Palace Park.*

Fortschrittsdenken und Technikbegeisterung geprägten Zeitalters liebte es, in Millionen Jahre alte Epochen zurückzublicken und im Angesicht der vorsintflutlichen Ungeheuer zu erschauern.

Das weitere Schicksal der Crystal Palace-Saurier

Hawkins profitierte von diesem öffentlichen Interesse und verkaufte für Unterrichtszwecke kleinere Versionen der Dinosauriermodelle zum Preis von 30 Pfund. Der Bau der großen Modelle wurde aber zu kostspielig (insgesamt 13.729 Pfund) und 1855 stoppte die Crystal Palace Company die weitere Finanzierung. Mehrere geplante Modelle wie der Riesenvogel *Dinornis*, ein *Mastodon* und das Riesengürteltier *Glyptodon* wurden nie fertiggestellt. Mit fortschreitenden Kenntnissen in der Paläontologie verloren die Crystal Palace-Saurier an Ruf und Fachleute wie der amerikanische Fossilienjäger Othniel Charles Marsh äußerten sich abfällig. So verfielen sie im Laufe der Jahre und verschwanden im wuchernden Gebüsch, vor allem, nachdem 1936 ein verheerendes Feuer den Kristallpalast zerstörte. Bei einer Restaurierung im Jahr 1952 durch Victor H. C. Martin wurden die Säugetiere des Tertiärs etwa 50 Meter vom ursprünglichen Standort versetzt, wo sie dem Vandalismus ausgesetzt waren. Erst 1973 wurde der Crystal Palace Park unter Denkmalschutz gestellt und im Jahr 2002 wurde der prähistorische Park komplett renoviert. Die 1960 gesprengte Kalksteinklippe wurde durch 130 Blöcke aus Derbyshire-Kalkstein vollständig ersetzt. Fehlende Skulpturen wurden mit Glasfaser angefertigt und stark beschädigte Teile neu gegossen. Obwohl die viktorianischen Dinosaurier 2007 auf die Denkmalschutz-Stufe I gebracht wurden, gab es kein Geld für ihre Erhaltung, so dass die ganze Anlage buchstäblich im »Urzeitwald« versank (**Abb. 13**). Deshalb startete 2018 die Gruppe »Freunde der Kristallpalast-Dinosaurier« eine Crowdfunding-Kampagne, um die Skulpturen zu erhalten.

Schlussfolgerungen

Die Errichtung der dreidimensionalen Saurier-Modelle in Sydenham ist ein Meilenstein bei der künstlerischen Rekonstruktion der erdgeschichtlichen Vergangenheit. Die enge Zusammenarbeit von

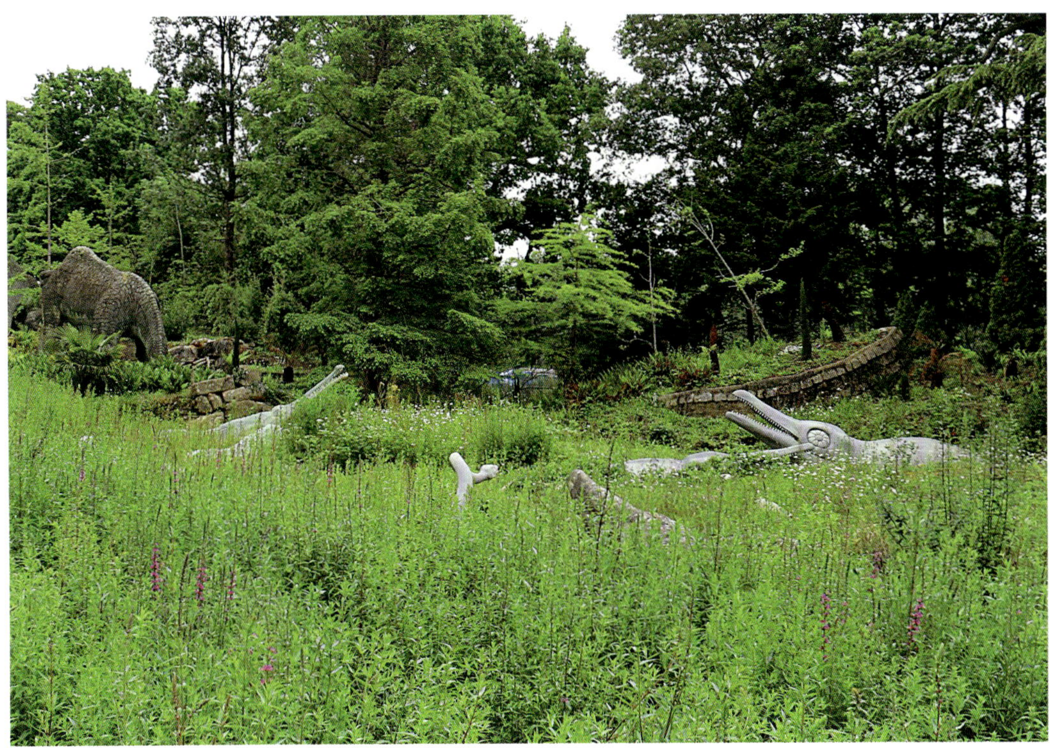

Abb. 13: *Das »Jurameer« im Jahr 2019. Wie man sieht, ist die Anlage völlig verwachsen. Von den Fischsauriern blicken nur noch die Köpfe heraus, die Urlurche auf der »Primary Island« sind gar nicht mehr zu sehen.*

Owen und Hawkins, bei der bildende Kunst und Wissenschaft Hand in Hand gingen, prägte einen Arbeitsstil, der viele Nachfolger fand, zum Beispiel Charles Knight mit Henry Fairfield Osborn (siehe Kapitel 5) oder Zdeněk Burian mit Josef Augusta (siehe Kapitel 7).

Man darf die viktorianischen Dinosaurier nicht nach heutigem paläontologischen Wissen beurteilen, sondern als wissenschaftshistorische Denkmäler. Wie alle alten Publikationen, Zeichnungen oder Modelle spiegeln sie einen temporären Kenntnisstand wider. Aber auch der damalige Zeitgeist, der Stil und das soziale Umfeld in der ersten Hälfte des 19. Jahrhunderts mit seinen großen gesellschaftlichen Umbrüchen flossen mit ein. Die Darstellung der prähistorischen Lebenswelt war in jedem Fall grundlegend für die Vermittlung erdgeschichtlichen Wissens und sie förderte nachhaltig die Popularität der geologischen Wissenschaften. Nur wenige Jahre nach Eröffnung des Urzeit-Parks hob die Entdeckung der Evolution durch Charles Darwin alle kirchlichen Welt- und Menschenbilder früherer Epochen aus den Angeln.

Weiterführende Literatur

Maddox, Brenda. 2017. Reading the Rocks: How Victorian Geologists Discovered the Secret of Life. Bloomsbury Publishing, London u. a.

McCarthy, Steve & Gilbert, Mick. 1994. The Crystal Palace Dinosaurs. The Story of the World's First Prehistoric Sculptures. The Crystal Palace Foundation.

Mönnig, Eckhard. 2011. Prinz Albert und die Naturkunde. In: Albert, Prinz aus Coburg. Hg. WiFö Stadt Coburg. Integriertes Stadtmarketing Publ., Coburg.

Owen, Richard. 1854. Geology and Inhabitants of ancient world. The animals constructed by B. W. Hawkins. In: The Palace and Park, Part 4, Crystal Palace Library. Bradbury & Evans, London.

Desmond, Adrian. 1978. Das Rätsel der Dinosaurier. Verlag Kiepenheuer & Witsch, Köln.

Wendt, Herbert. 1971. Ehe die Sintflut kam. Forscher entdecken die Urwelt. List Verlag München.

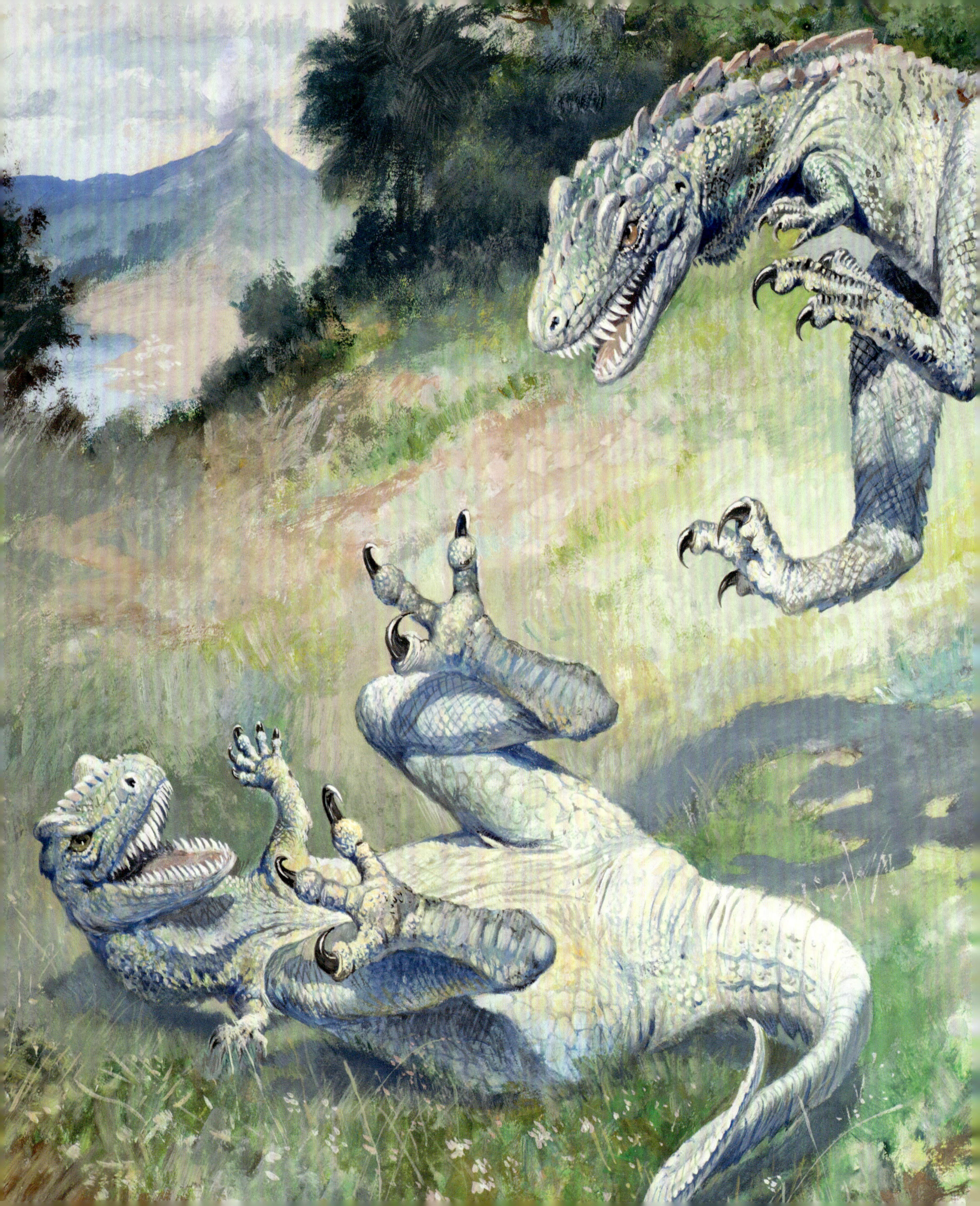

»Leaping Laelaps« – Bilder und Modelle von Dinosauriern zwischen Paläontologie, Kunst und Vermittlung

5

LISA JANKE

Als 1896 der Maler und Bildhauer Charles R. Knight (1874–1953) in das von Fossilien überquellende Büro des Paläontologen Edward D. Cope (1840–1897) in Philadelphia eingeladen wurde, lag dessen Entdeckung des Raubdinosauriers *Laelaps aquilunguis* (seit 1877 umbenannt in *Dryptosaurus*) bereits über 30 Jahre zurück. Doch nun sollten in einem Magazinartikel einige Dinosaurierarten vorgestellt werden, an denen der seinerzeit überaus prominente Paläontologe forschte. Der damalige Leiter der Wirbeltier-Paläontologie am American Museum of Natural History in New York, Henry F. Osborn (1857–1935), hatte Knight als Illustrator des Artikels vorgeschlagen. Dieser hatte sich erst kurze Zeit zuvor auf die Darstellung prähistorischer Tiere spezialisiert. Nun erläuterte der Wissenschaftler Cope dem Künstler Knight detailliert seine Forschung an *Laelaps aquilunguis*. Im angeregten Gespräch ließ er den Saurier in ihrer beider Vorstellung wieder lebendig werden.[1] Vor ihrem inneren Auge richtete sich der Saurier auf seine kräftigen Hinterbeine auf, durchquerte mit weiten Sprüngen eine kreidezeitliche Küstenlandschaft auf der Jagd nach Beute und geriet in einen Kampf mit einem Artgenossen. Eine solche spektakuläre Szene wurde das Motiv der Illustration mit dem Titel »Leaping Laelaps« **(Abb. 1)** und ließ die Leserschaft des Magazins geradezu in die Vergangenheit eintauchen. Doch wie genau ist das Bild entstanden? Die Herstellung und der Umgang mit »Leaping Laelaps« erzählen beispielhaft von einer großen Herausforderung: der Zusammenarbeit zwischen Paläontologie, Kunst und Vermittlung.

Fossilien und Vorstellungskraft

Das Bild »Leaping Laelaps« zeigt zwei *Laelaps*, die mit aufgerissenen Mäulern übereinander herfallen. Einer befindet sich dabei mitten im Sprung und stürzt mit den kräftigen Hinterbeinen voraus auf seinen Gegner zu. Dieser liegt auf dem Rücken und hat seine Füße mit spitzen Krallen zur Verteidigung vor den Bauch gezogen. Eine solche große Kralle, Fragmente vom Ober- und Unterkiefer, mehrere Steakmesser-artige Zähne mit feiner Sägekante, einige Schwanzwirbel, zwei Oberarmknochen, einige Handknochen sowie mehrere Knochen des linken Hinterbeins hatte Cope 1866 nahe Philadelphia aus einer Schicht der späten Kreidezeit geborgen. Von dem einst etwa 7,5 Meter langen Tier hatten sich also nur wenige Knochen erhalten. Doch Cope machte sich daran, die bruchstückhaften Informationen aus den versteinerten Überresten und Spuren zusammenzusetzen, um den Körper, die Fortbewegung und sogar die Lebensweise des Dinosauriers zu rekonstruieren. Dazu verglich er die erhaltenen Skelettteile mit denen anderer Saurierarten sowie mit denen heute lebender Tiere. Auffällig war für Cope besonders der enorme Größenunterschied zwischen den langen Hinterbeinknochen und den kurzen Vorderbeinknochen, aus dem er folgerte, dass sich die neu entdeckte Art aufrecht auf zwei Beinen fortbewegt haben musste. Bei der Untersuchung der Fragmente stellte er außerdem Ähnlichkeiten zu Vögeln und Kängurus fest.[2] Cope vermutete, der Dinosaurier habe sich wie ein Känguru springend fortbewegt und Beutetiere mit seinen muskulösen Hinterbeinen erlegt.[3] Für die Magazin-Illustration wurde deshalb eine spannungsreiche Momentaufnahme eines Kampfes gewählt, die die mutmaßlich eindrucksvolle Sprungkraft der Saurier in Szene setzte. Mittels der unterschiedlichen Körperhaltungen der beiden Tiere zeigt das Bild alle typischen Merkmale des *Laelaps*. Am springenden Dinosaurier lässt sich die Form des langen, kräftigen Hinterbeines ablesen. Dagegen sind beim liegenden Artgenossen die Fußsohlen zu sehen, um deren Ähnlichkeit zu heute lebenden Vögeln sichtbar zu machen. Seine paläontologische Arbeit verlangte von Cope neben fachwissenschaftlichem Verstand auch eine gehörige Portion an Vorstellungskraft, um sich *Laelaps* als lebendes Tier vorstellen zu können.[4] Je weiter er dabei die wenigen Fossilien zu einem vollständigen Skelett oder gar zu einem Körper samt Fleisch und Haut ergänzte, desto unsicherer wurde dieses Bild. »Leaping Laelaps« blieb darum immer die Darstellung einer begründeten Annahme, einer Hypothese.[5]

Skizzieren und Modellieren

Während Knight Copes Ausführungen über *Laelaps aquilunguis* und andere Saurierarten lauschte, skizzierte er die Tiere. Zwischendurch ließ er seine Skizzen vom Paläontologen überprüfen. Gleichzeitig fertigte auch Cope einige Zeichnungen als Vorlagen für Knight an. Leider sind heute keine dieser Vorzeichnungen des springenden Fleischfressers von Cope aus dem gemeinsamen Treffen erhalten. Doch sie könnten der Illustration ähnlichgesehen haben, die Cope für einen seiner paläontologischen Artikel im Jahr 1869 selbst angefertigt hatte. Darin steht *Laelaps* auf einer Steinplatte, die vom dicht bevölkerten kreidezeitlichen Meer umspült wird (**Abb. 2**).

Die Art und Weise der Zusammenarbeit zwischen Cope und Knight orientierte sich an einem hierarchischen Ideal, dass seit der Zeit der Aufklärung galt.

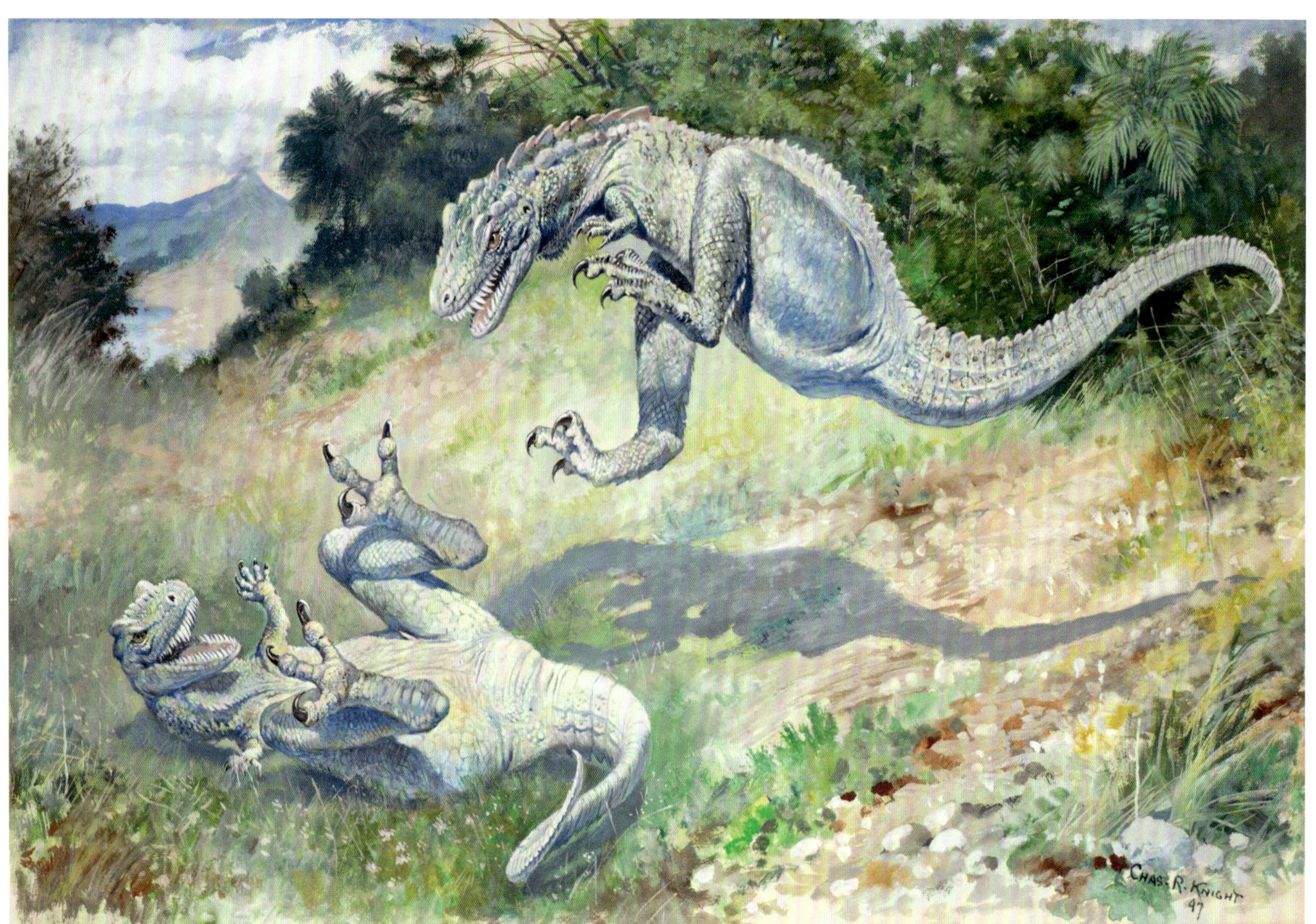

Abb. 1*: Charles R. Knights Gouache auf Papier, bekannt unter dem Titel »Leaping Laelaps« (1897) setzt die Sprungkraft der Art* ***Laelaps aquilunguis*** *in einem spektakulären Kampf zweier Saurier in Szene.*

Demnach fertigten Kunstschaffende wissenschaftliche Illustrationen unter penibler Aufsicht: Immer war ihre »Hand« der Kenntnis der Forschenden untergeordnet. In der Idealvorstellung war die Kooperation so ausgefeilt, dass die Forschenden mittels der Hand der Illustrierenden »zeichneten«, während diese wiederum mit den Augen der Forschenden »sahen«.[6] Diese Rollen waren zwischen Cope und Knight tatsächlich jedoch weniger stark abgegrenzt: In die Rekonstruktion des *Laelaps* floss nicht allein Copes Fachwissen ein, sondern auch Knights umfassende Kenntnis der tierischen Anatomie. Diese war eine

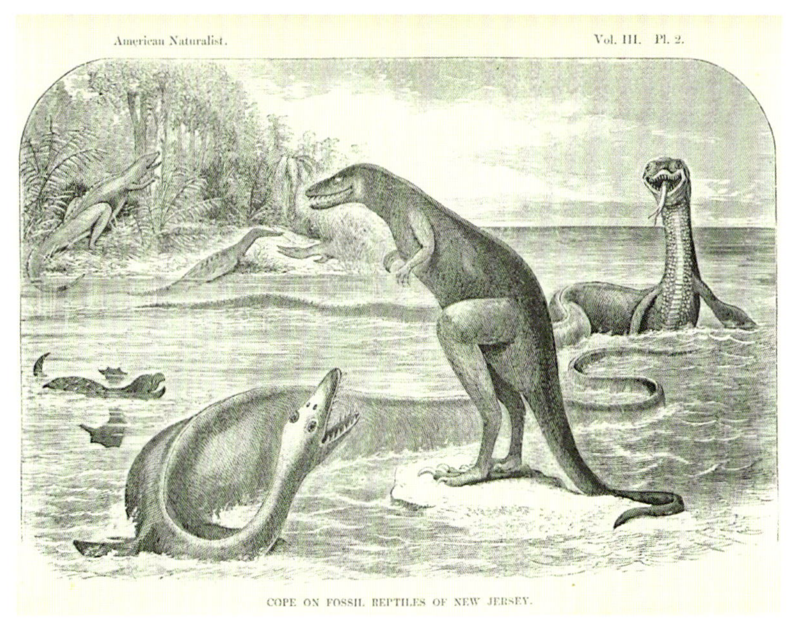

*Abb. 2: Diese Druckgrafik zeigt verschiedene Dinosaurierarten der kreidezeitlichen Küste. Sie illustrierte 1869 Edward D. Copes Artikel »The Fossil Reptiles of New Jersey« im Magazin »American Naturalist«. Im Vordergrund steht **Laelaps aquilunguis** in Känguruähnlicher Körperhaltung auf einer Steinplatte.*

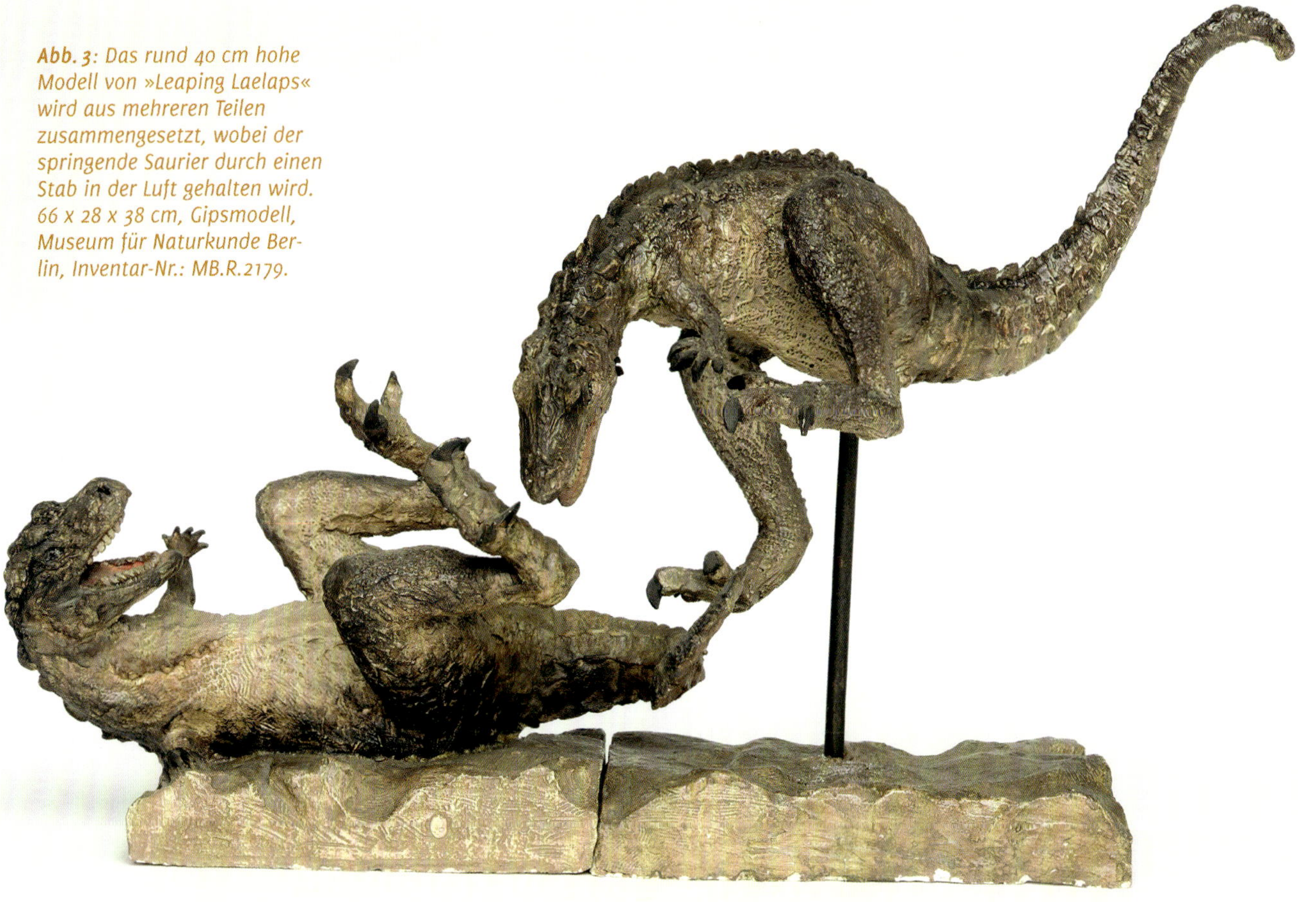

Abb. 3: Das rund 40 cm hohe Modell von »Leaping Laelaps« wird aus mehreren Teilen zusammengesetzt, wobei der springende Saurier durch einen Stab in der Luft gehalten wird. 66 x 28 x 38 cm, Gipsmodell, Museum für Naturkunde Berlin, Inventar-Nr.: MB.R.2179.

darüber hinaus in Braun- und Grautönen bemalt. Die Farbe ist auf der erhabenen Struktur der Oberfläche wieder abgerieben, so dass der helle Gips hervorleuchtet und die lebendige Wirkung der Reptilienhaut steigert. An einem solchen Modell beobachtete Knight nun – ähnlich wie er es an lebenden Tieren gewohnt war – Licht und Schatten auf der Körperoberfläche. Zudem testete er daran verschiedene Perspektiven, die er anschließend in Aquarell- und Gouache-Malereien übersetzte.[7]

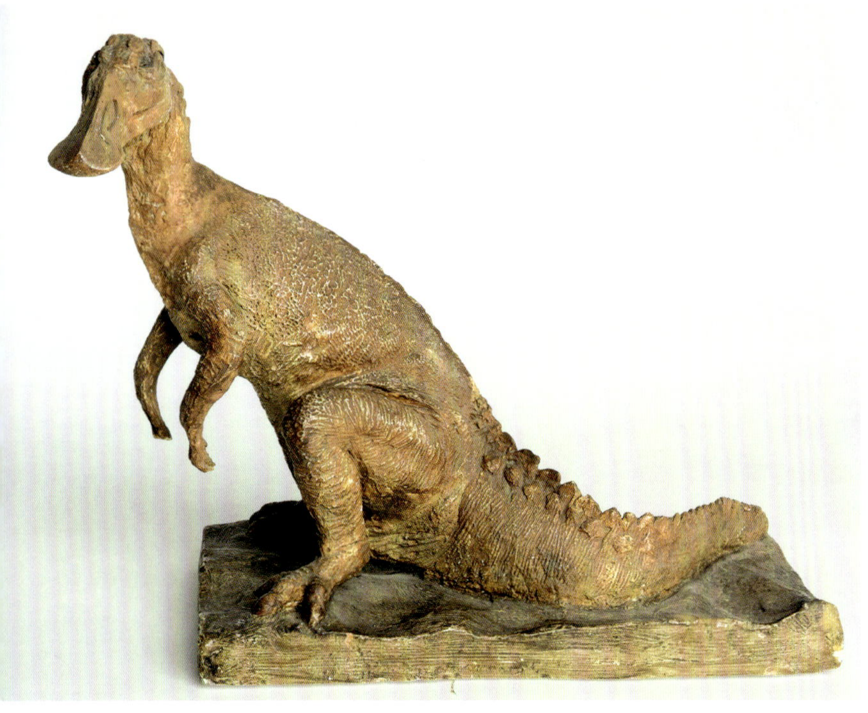

*Abb. 4: Die Rekonstruktion des Pflanzenfressers **Hadrosaurus** war im Laufe seiner paläontologischen Erforschung einem starken Wandel unterworfen. Zur Entstehungszeit dieses Modells galt die Art als amphibisches Tier, das mit einem Schnabel, ähnlich einer Ente, nach weichen Wasserpflanzen stöberte. 38 x 20 x 30cm, Gipsmodell, Museum für Naturkunde Berlin, Inventar-Nr.: MB.R.2178.*

wichtige Voraussetzung, um die bruchstückhaften Informationen und knappen Skizzen zu glaubhaften Tierkörpern zu ergänzen. Sein Expertenwissen hatte sich Knight durch regelmäßige Zoobesuche erarbeitet, bei denen er Tiere in unterschiedlichen Körperhaltungen im Gang, im Ruhen oder beim Fressen skizzierte. Darüber hinaus hatte er seine anatomischen Studien der Muskeln und Skelette in den Werkstätten des New Yorker Museum of Natural History vertieft, in denen Tiere seziert und präpariert wurden.

Mithilfe seiner Skizzen formte Knight im folgenden Schritt ein Ton- oder Wachsmodell der Dinosaurier an. Ein Gipsabguss des Modells von »Leaping Laelaps« befindet sich heute im Museum für Naturkunde in Berlin (**Abb. 3**). Auch hier liegt einer der Saurier auf dem Rücken auf einer flachen Sockelplatte, der andere befindet sich im Sprung und wird von einem schwarzen Stab über seinem Artgenossen in der Luft gehalten. Bemerkenswert ist die ausdrucksstarke Behandlung der Oberfläche des Modells: Knight ließ die teils groben Spuren der unterschiedlichen Modellierwerkzeuge oder gar seine eigenen Fingerabdrücke sichtbar bleiben und imitierte damit Hornschuppen und Rückenstacheln. Das Berliner Gipsmodell ist

Tiere in der nordamerikanischen Kunst um 1900

Ein näherer Blick auf das Bild »Leaping Laelaps« (**Abb. 1**) verdeutlicht Knights künstlerisches Können: Feine Schraffuren und wohlplatzierte Schatten formen die muskulösen Tierkörper. Flüchtige Farbtupfer aus Deckweiß und feine, dunkle Pinselspuren, die auf grünen, gelben und blauen, zart transparenten Farbfeldern liegen, verbinden sich zu einer detailreichen Schuppenhaut. Der eher zeichnerische Stil hebt die Dinosaurier von der umgebenden Landschaft ab. Die Pflanzenwelt ist sehr viel malerischer ins Bild gesetzt und besteht aus groben Tupfen, rauschigen Pinselspuren und langgezogenen Farbspritzern, die an einigen Stellen im rechten Vordergrund sogar den hellbeigen Papiergrund durchblitzen lassen.

Damit war »Leaping Laelaps« zwar eine wissenschaftliche Illustration, aber gleichzeitig auch ein zeitgenössisches Kunstwerk, denn sowohl das Bildthema als auch die Ästhetik entsprechen den konservativen Strömungen der nordamerikanischen Kunst zu seiner Entstehungszeit. Das Zusammenspiel der Stilmittel und auch das Motiv an sich – wilde Tiere in einer lichtdurchfluteten, unberührten Natur – waren charakteristisch für die Gemälde von Knights Kollegen, wie beispielsweise die vom Impressionismus beeinflussten Maler Frederic Remington (1861–1909) oder Charles M. Russell (1864–1926). Nur zeigten deren Bilder reitende Cowboys, Bisonjagden und dramatische Begegnungen zwischen Menschen und Grizzlybären und konstruierten dabei die Idee des »Wilden Westens«.[8] Knights Sauriermodelle reihten sich dagegen in die zeitgenössische Bildhauerei ein, denn Tierskulpturen in kleinem Format entwickelten sich in den Vereinigten Staaten zu einer Mode, die gerade in den letzten Jahrzehnten des 19. Jahrhunderts ihren Höhepunkt erreichte. Die Mitglieder dieser Strömung, die »animaliers«, schufen vornehmlich Skulpturen von Panthern, Bären und Bisons. Wie auch in der Malerei wurden die Wildtiere als Kräfte der unzivilisierten Natur inszeniert.[9]

Auch wenn Knight seine Dinosaurierdarstellungen unter der Aufsicht von Paläontologen gestaltete, war er stets fest verankert in der Kunstszene seiner Zeit und schuf sich auch innerhalb der Vorgaben seiner Arbeitsaufträge Räume für die eigene künstlerische Freiheit.[10] Insbesondere »Leaping Laelaps« mit seiner aufgeladenen Kampfdarstellung ist ein besonders deutliches Beispiel dafür, wie weit seine Arbeit über eine bloße Rekonstruktion eines fossilen Lebewesens hinausging. Auch seine vielen weiteren Modelle und Bilder sind ausdrucksstark, eigenwillig und ästhetisch anspruchsvoll. Sie sind keine neutralen Ansichten eines Organismus, sondern dynamische und spannungsreiche Tierdarstellungen. Die Saurier schreiten mächtigen Schrittes voran, neigen ihre langen Hälse elegant oder wenden die Köpfe aufmerksam zurück (**Abb. 4**).

Wissenschaftsvermittlung mit Bildern und Modellen

»Leaping Laelaps« verband die überzeugende Rekonstruktion prähistorischer Arten mit einer anregenden und zeitgenössischen Ästhetik. Für den Museumsleiter Osborn, der Knight für die Illustration ausgewählt hatte, besaßen solche Darstellungen großes Potential für die Vermittlung paläontologischen Wissens. Das betraf nicht nur die Leserschaft populärwissenschaftlicher Artikel, sondern auch das Publikum seines American Museum of Natural History, in welchem er seit den 1890er Jahren Knights Bilder und Modelle ausstellte.

In dieser Zeit entwickelten sich die Naturkundemuseen verstärkt von einem nicht-öffentlichen Archiv, an dem Fossilien von Fachleuten gesammelt und geordnet wurden, zu einer Bühne, auf der wissenschaftliche Erkenntnisse für die Öffentlichkeit zugänglich gemacht wurden.[11] Dafür mussten Sammlungsobjekte, die für die Besuchenden keineswegs selbsterklärend waren, anschaulich aufbereitet werden, etwa mithilfe neuartigen Skelettaufstellungen mit dynamischen, lebendig wirkenden Posen. In direkter Nähe dazu wurden Knights Bilder und Modelle präsentiert, die die Körperhaltung der Skelette wiederholten und den Betrachtenden eine Vorstellung vom lebenden Tier vermittelten.[12] Im Zusammenspiel dieser unterschiedlichen Medien führte die Ausstellung die Entwicklungsgeschichte der Lebewesen vor Augen.

Osborn war so überzeugt vom lehrhaften Nutzen der Dinosaurierdarstellungen, dass er Knights Modellen 1898 einen ganzen Artikel im Science-Magazin widmete. Durch hochwertige Abbildungen betrieb Osborn darin regelrechtes Marketing: Eine Fotografie zeigt den strahlend hellen Gipsabguss des Modells von »Leaping Laelaps« freigestellt vor schwarzem Hintergrund (**Abb. 5**). Die Stange, die den springenden Dinosaurier in der Luft hält, ist durch eine Retusche nicht zu sehen. Bald darauf, ab 1903, bot das American Museum of Natural History vergrößerte fotografische Abzüge von Knights Bildern sowie Gipsabgüsse der Modelle zum Verkauf an.[13] Auf diese Weise wurden sie international in naturkundlichen Sammlungen verbreitet und gelangten zum Beispiel auch nach Berlin.

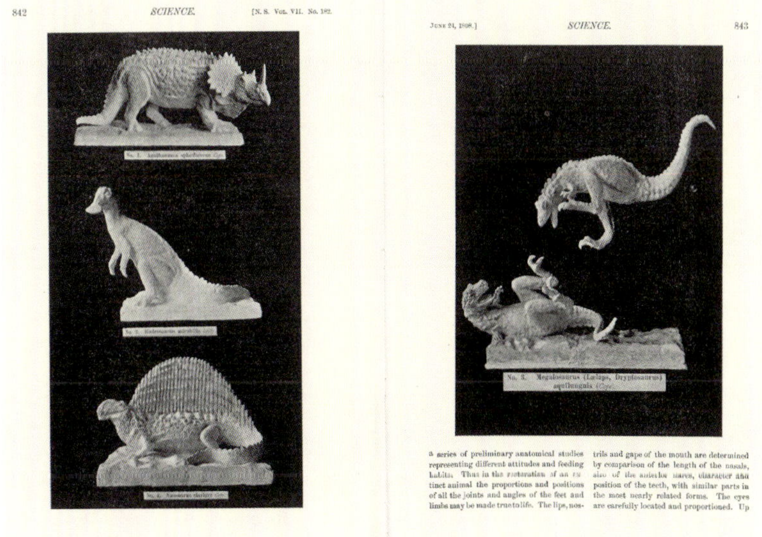
842 SCIENCE. [N. S. Vol. VII. No. 182.

June 24, 1898.] SCIENCE. 843

a series of preliminary anatomical studies representing different attitudes and feeding habits. Thus in the restoration of an extinct animal the proportions and positions of all the joints and angles of the feet and limbs may be made true to life. The lips, nostrils and gape of the mouth are determined by comparison of the length of the nasals, also of the anterior nares, character and position of the teeth, with similar parts in the most nearly related forms. The eyes are carefully located and proportioned. Up

***Abb. 5:** Die Dinosaurier-Modelle waren anfänglich lediglich Vorstudien in Knights Herstellungsprozess einer Dinosaurierdarstellung, bis Osborn ihren Wert als Medien der Wissenschaftsvermittlung erkannte und kurz darauf den internationalen Vertrieb aufnahm. 1898 präsentierte er die Gipsabgüsse auf einer Doppelseite seines Artikels »Models of Extinct Vertebrates« im Science Magazin.*

Präsentation mit gebotener Vorsicht

Die Bilder und Modelle wirkten auf das Publikum anziehend und faszinierend, doch es war nicht unproblematisch, sie in Naturkundemuseen zu präsentieren. »Leaping Laelaps« beispielsweise bezeichnete Osborn in einem seiner Aufsätze selbst als ein Beispiel für eine höchst mutmaßliche Rekonstruktion eines Sauriers.[14] Er betonte, dass solche Darstellungen die Arbeitshypothesen der Paläontologie seien und den gegenwärtigen Wissensstand ausdrückten. Sie seien durch zukünftige Entdeckungen veränderbar und einem ständigen Wandel unterworfen.[15]

Dies war ein Kritikpunkt der Stimmen aus der Paläontologie, die dem Einsatz von Bildern und Modellen »lebender Dinosaurier« skeptisch gegenüberstanden. Ihnen behagte nicht, dass sich vorläufige und unbeständige Rekonstruktionen in das Gedächtnis des Publikums eingraben könnten, wenn sie in Museen präsentiert würden.[16] Damals wie heute bestand ein grundlegendes Problem: Im Gegensatz zu Texten ist aus Bildern und Modellen nicht zu erkennen, ob sie einen Fakt oder eine Hypothese darstellen.[17] Verschärft wurde die Kritik durch eine Neubewertung der Vorstellungskraft. Sie war zuvor ein selbstverständlicher Teil der Wissenschaft gewesen, doch seit der Mitte des 19. Jahrhunderts wurde sie mehr und mehr als unwissenschaftlich und der Kunst zugehörig verstanden.[18]

Um diesen Bedenken entgegenzuwirken, rechtfertigte Osborn den Einsatz der Rekonstruktionen so: Einerseits waren die Bilder und Modelle im Vergleich geradezu winzig und dadurch den monumentalen Skeletten, die als Naturobjekte wahrgenommen wurden, untergeordnet. (Tatsächlich waren auch die Dinosaurierskelette nach paläontologischen Annahmen zusammengesetzt und bestanden neben gefundenen Fossilien auch aus gänzlich in der Präparationswerkstatt nachgeformten Knochen.) Andererseits wurden die Bilder und Modelle von Knight in den Ausstellungsführern kommentiert. Im Text wurde die Vorläufigkeit der Darstellungen betont und auf ihren Entstehungsprozess hingewiesen. Im Falle von »Leaping Laelaps« wurde von der engen Zusammenarbeit zwischen Knight und Cope berichtet. Zwar wurde stets hervorgehoben, dass die Ausstellungsobjekte unter der peniblen Aufsicht eines Paläontologen gestaltet wurden, doch die Autorenschaft blieb ganz klar bei Knight, der immerzu namentlich genannt und als Künstler und Bildhauer bezeichnet wurde.[19]

Zwischen den Disziplinen

»Leaping Laelaps« ist heute überaus berühmt, denn Kopien und Abgüsse verbreiteten das Bild und das Modell nicht nur in paläontologischen Publikationen und Naturkundemuseen. Nach ihrem Vorbild entstanden in den folgenden Jahren weltweit Dinosaurierdarstellungen durch spezialisierte Kunstschaffende und Unternehmen. Das Motiv der springenden Saurier selbst wurde auch in der Populärkultur – mal mehr und mal weniger abgewandelt – vervielfältigt. So hüpfte *Laelaps aquilunguis* im 20. Jahrhundert durch die urzeitlichen Landschaften auf Sammelkarten von Schokoladenherstellern oder durch zahlreiche Bildbände zur Erdgeschichte (**Abb. 6**).

Damals wie heute sind Darstellungen von lebenden Dinosauriern Gratwanderer zwischen den Disziplinen. Ihr Entstehungsprozess und ihre Gestaltung sind geprägt vom Spannungsverhältnis zwischen Paläontologie, Kunst und Vermittlung, deren Ansprüchen und Zielen sie gleichermaßen gerecht werden müssen. »Leaping Laelaps« ist ein Paradebeispiel für das Zusammenspiel dieser Ansprüche, den historischen Rahmenbedingungen und dem Fachwissen und Können der beteiligten Personen, die den springenden Fleischfresser aus seinen fossilen Überresten in Bild und Modell wieder auferstehen ließen.

Zitierte Literatur

[1] Knight, Charles Robert, editiert von Jim Ottaviani. 2005. Autobiography of an Artist. G.T. Labs, Ann Arbor.

[2] Cope, Edward Drinker. 1866. Remarks on the Remains of a Gigantic Extinct Dinosaur from the Cretaceous Green Sand of New Jersey. In: Proceedings of the Academy of Natural Sciences of Philadelphia, Vol. 18. Academy of Natural Sciences, Philadelphia.

[3] Cope, Edward Drinker. 1867. The Fossil Reptiles of New Jersey. In: The American Naturalist, Vol. 1, No. 1.

[4] Osborn, Henry Fairfield. 1897. A Great Naturalist – Edward Drinker Cope. In: The Century Magazine, Vol. 55, No. 1. The Century Company, New York.

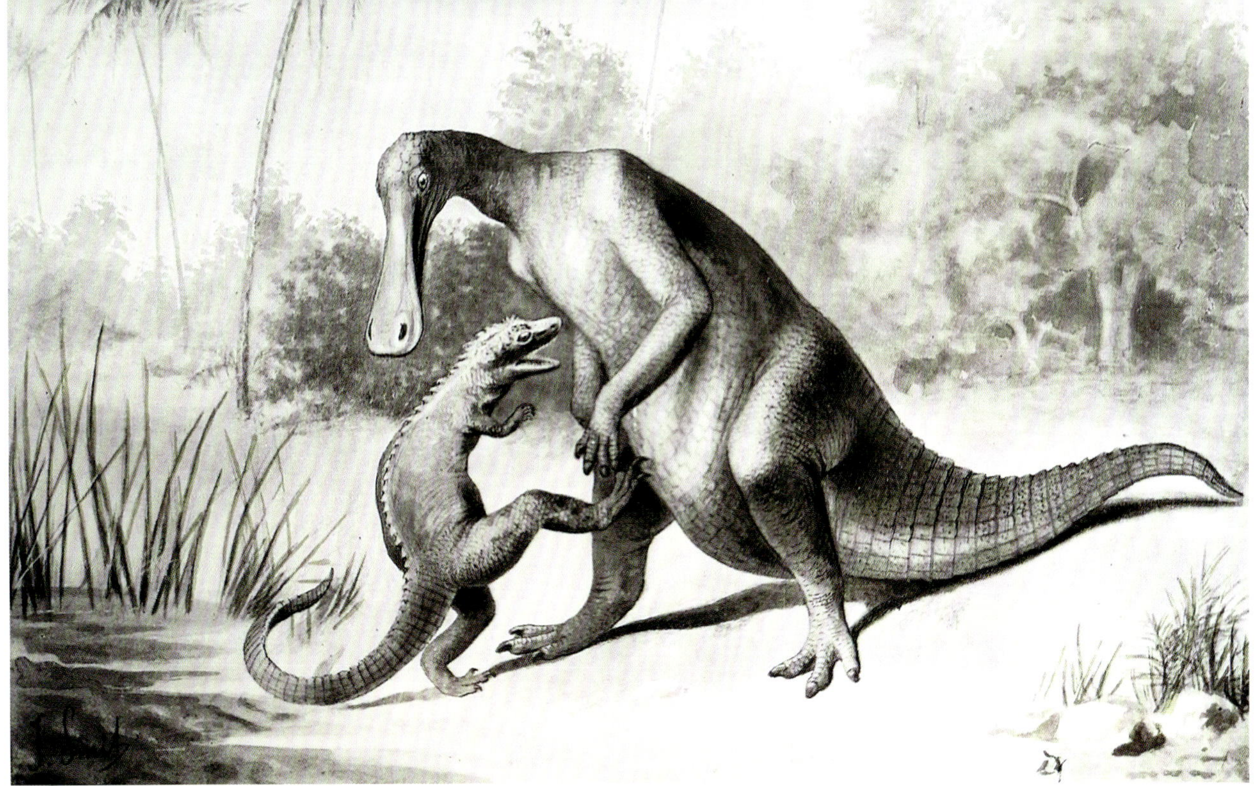

[5] Cohen, Claudine. 2012. Die anatomische Rekonstruktion in der Paläontologie – Prinzipien, Modelle, Bilder. In: Nachleben und Rekonstruktion – Vergangenheit im Bild. Hg. Peter Geimer und Michael Hagner. Wilhelm Fink Verlag, München.

[6] Daston, Lorraine & Galison, Peter. 2007. Sehen mit vier Augen. In: Objektivität. Hg. Lorraine Daston und Peter Galison. Suhrkamp, Frankfurt am Main. S. 88-103.

[7] Milner, Richard. 2012. Charles R. Knight – The Artist Who Saw Through Time, Abrams Books, New York.

[8] Lescaze, Zoë. 2017. Paläo-Art – Darstellungen der Urgeschichte 1830–1980. Taschen, Köln.

[9] Mackay, James Alexander. 1793. The Animaliers – The Animal Sculptors of the 19th and 20th Centuries. Ward Lock & Co., London.

[10] Sommer, Marianne. 2011. Serielle Inszenierung – Die Osborn-Knight Restaurationen der Evolutionsgeschichte. In: Inszenierte Wissenschaft. Zur Popularisierung von Wissen im 19. Jahrhundert. Hg. Stefanie Samida. Transcript, Bielefeld.

[11] Macdonald, Sharon. 1998. Exhibitions of Power and Powers of Exhibition – An Introduction to the Politics of Display. In: The Politics of Display – Museums, Science, Culture. Hg. Sharon Mcdonald. Routledge, London.

[12] Rieppel, Lukas. 2012. Bringing Dinosaurs Back to Life – Exhibiting Prehistory at the American Museum of Natural History. In: Isis, Vol. 103, No. 3.

[13] American Museum of Natural History. 1903. Revised List of Casts, Models, and Photographs of Fossil Vertebrates. In: Fossil Vertebrates at the American Museum of Natural History, Vol. 2. American Museum of Natural History, New York.

[14] Osborn, Henry Fairfield. 1899. Models of Extinct Vertebrates. In: Science, Vol. 7, Issue 182. 5 Seiten.

[15] Osborn, Henry Fairfield. 1904. Fossil Wonders of the West – The Dinosaurs of the Bone-Cabin Quarry. In: The Century Magazine, Vol. 68, No. 5.

[16] Schuchert, Charles & Levene, Clara M. 1940. O. C. Marsh – Pioneer in Paleontology. Yale University Press, New Haven.

[17] Buchholz, Amrei & Stahl, Lina Maria. 2014. Epistemologie – Bilder als Wissen. In: Handbuch Bild. Hg. Stephan Günzel und Dieter Mersch. J.B. Metzler, Stuttgart.

[18] Daston, Lorraine. 2001. Angst und Abscheu vor der Einbildungskraft in der Wissenschaft. In: Wunder, Beweise und Tatsachen – Zur Geschichte der Rationalität. Hg. Lorrain Deston. S. Fischer Verlag, Frankfurt am Main.

[19] American Museum of Natural History, 1903, Fossil Vertebrates at the American Museum of Natural History, Vol. 2, S. 44.

Abb. 6: *In »Nebula to Man« erzählt Henry R. Knipe 1905 die Geschichte des Lebens auf der Erde in Reimen. Joseph Smit illustrierte darin den Angriff eines* ***Laelaps aquilunguis*** *auf einen* ***Hadrosaurus****: »See Laelaps here, dashing like a kangaroo at Hadrosaurus, tall, and massive too…«*

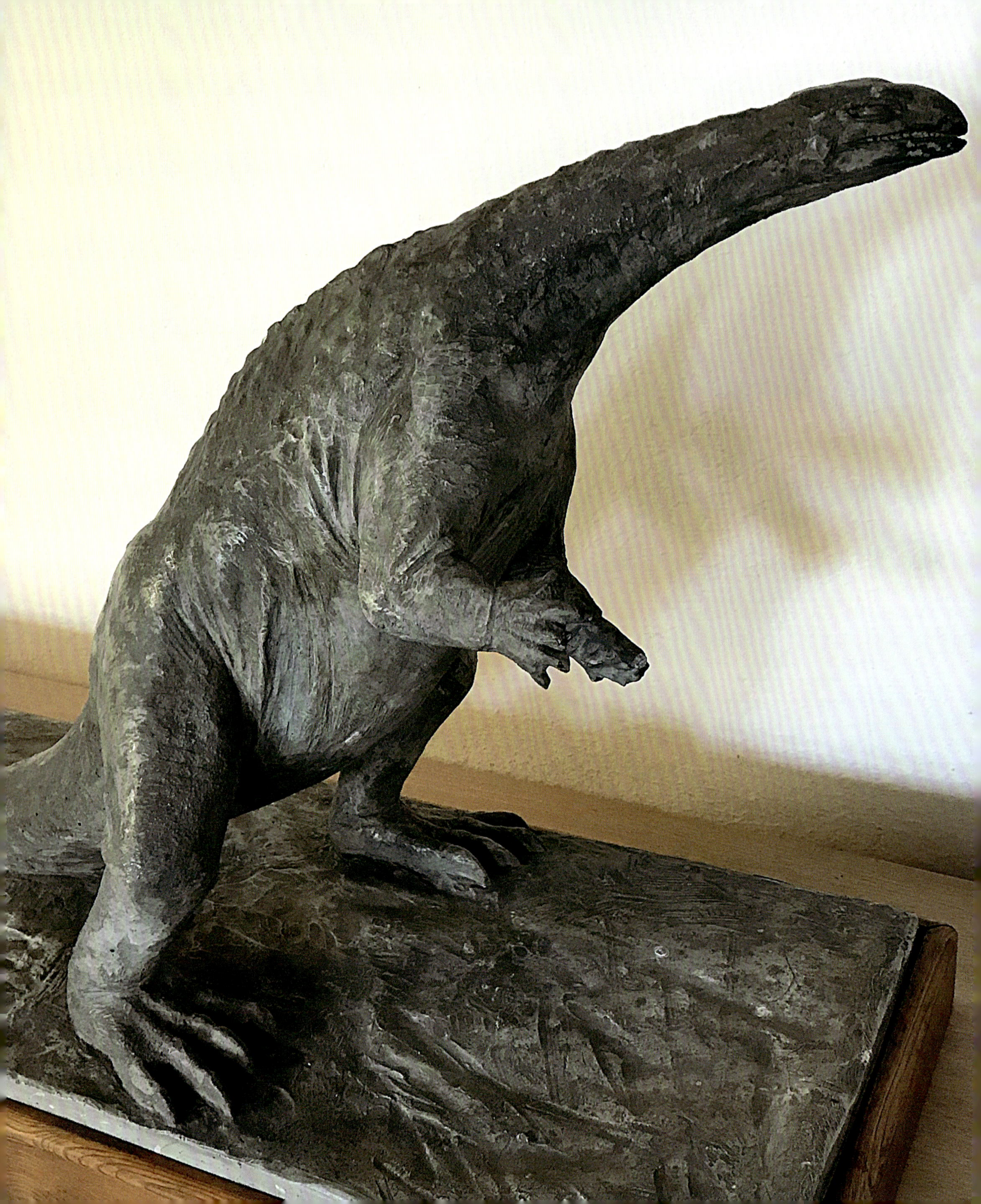

Ein Saurier für den Kaiser – Wie der »Deutsche Lindwurm« ein Gesicht bekam

6

ILJA NIEUWLAND

In den frühen Jahren des 20. Jahrhunderts ereignete sich ein fast unglaublicher Zufall. An gleich zwei verschiedenen Orten in Deutschland wurden Überreste derselben Dinosaurierart entdeckt, der schnell zu einem nationalen Symbol wurde: *Plateosaurus* – der »Deutsche Lindwurm«.

Das deutsche Publikum hatte sich bereits an die imposanten Skelette der Dinosaurier in ihren Museen gewöhnt. Im Oktober 1907 erhielt das Frankfurter Senckenberg Museum vom American Museum of Natural History in New York die Spende eines Teilskeletts des sauropoden Dinosauriers *Diplodocus longus* als Geschenk für sein neues Gebäude. Es war kein besonders beeindruckendes Objekt: im Grunde eine Sammlung von Knochen in Kisten, die im IKEA-Stil gestapelt waren. Weitaus imposanter war ein persönliches Geschenk des amerikanischen Stahlmagnaten Andrew Carnegie an den deutschen Kaiser Wilhelm II – ein 28 Meter langer Skelettabguss von *Diplodocus carnegii*. Dieser wurde im Berliner Museum für Naturkunde aufgestellt, aber nicht bevor eine Handvoll Walskelette aus dem Weg geräumt waren, um Platz für das riesige Ungeheuer zu schaffen.

Der Berliner *Diplodocus* wurde bald Gegenstand heftiger Diskussionen zwischen Wissenschaftlern. Sie stritten sich darüber, wie das Tier gelebt hatte und wie es gebaut war. Es war teilweise ein Kampf um wissenschaftliche Autorität zwischen den USA und Deutschland, aber auch ein Kampf zwischen Paläontologie (damals mehr oder weniger eine Hilfswissenschaft der Geologie) und Biologie.

An sich waren ‚deutsche' Dinosaurier nichts Neues. Bis zu diesem Zeitpunkt waren ihre Überreste jedoch größtenteils eher unscheinbar gewesen: ein paar Zähne und (Teile von) Knochen hier und da. Jedenfalls nicht so beeindruckend wie die Überreste aus den Vereinigten Staaten oder die mehr als 30 *Iguanodons*, die in den 1870er in Belgien gefunden wurden (siehe Kapitel 1).

Plateosaurus

Ab 1904 erreichten Berichte über große Knochenfunde von angeblichen Dinosauriern in Trossingen (Württemberg) die nahegelegene Universität Tübingen. Aber erst im Jahr 1910, nach der Entdeckung der ersten kompletten Knochen, zeigt man sich dort interessiert. Das lag vermutlich auch daran, dass im Jahr 1907 sehr große Dinosaurierreste am Tendaguru-Hügel in der damaligen Kolonie Deutsch-Ostafrika (heute Tansania) für großes Aufsehen sorgten und sogar eine öffentlich finanzierte Expedition im Gange war, um die Funde für das »Vaterland« zu bergen.

Ein Fossil aus der deutschen Kolonie war damals jedoch nicht dasselbe wie eines aus dem eigenen Land. Daher änderte sich auch die Einstellung zu den Fossilien in Trossingen. Der Stuttgarter Paläontologe Eberhard Fraas (1862–1915), der ebenfalls an den Tendaguru-Funden beteiligt war, übernahm die Organisation der Ausgrabung in den Jahren 1911 und 1912. Fraas hatte amerikanische Ausgrabungen von Dinosauriern besucht, und die Trossinger Ausgrabung wurde in ähnlicher professioneller Weise organisiert. Er stellte fest, dass die Knochen zu einem *Plateosaurus* gehörten, einem großen triassischen Prosauropoden **(Abb. 1)**, und einer der Vorfahren großer pflanzenfressender Dinosaurier wie *Diplodocus*. In den kommenden Jahrzehnten sollten die Ausgrabungen in Trossingen immer mehr Skelette dieses »Schwäbischen Lindwurms«, wie er bald genannt wurde, hervorbringen.

Trossingen war jedoch nicht der einzige Ort, an dem Plateosaurier gefunden wurden. Nur ein wenig später fand man in einer Tongrube in der Nähe von

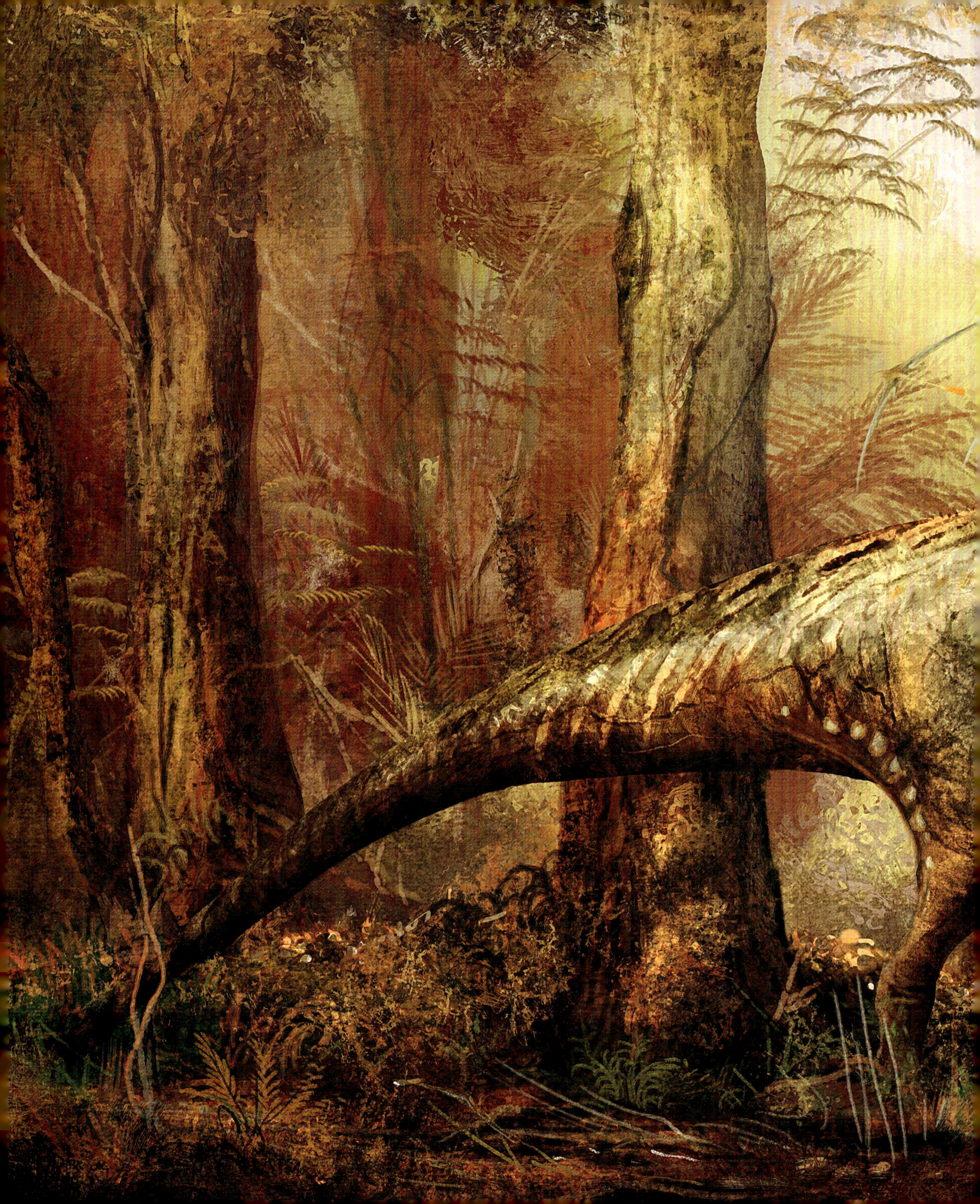

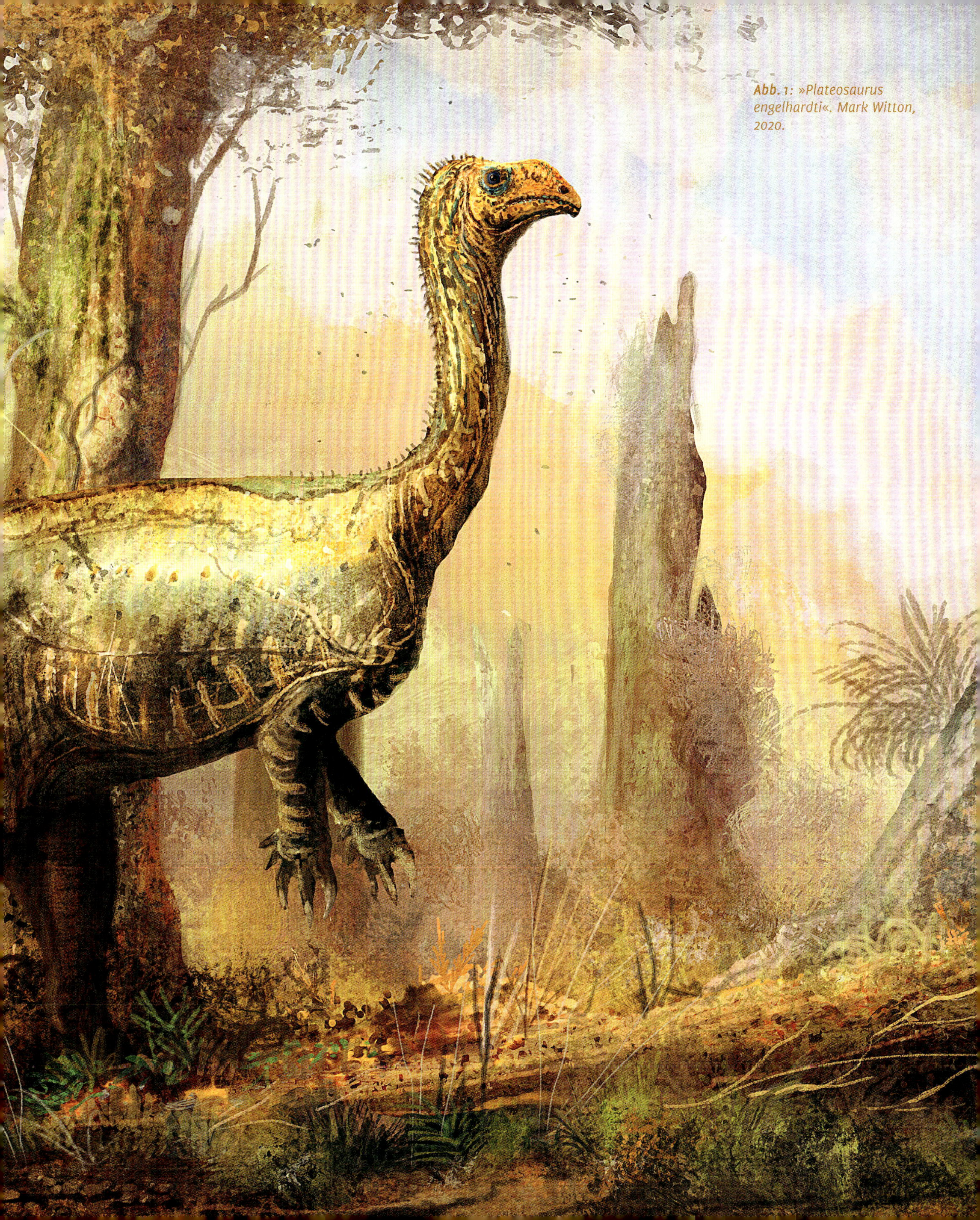

Abb. 1: *»Plateosaurus engelhardti«*. Mark Witton, 2020.

Halberstadt in Sachsen-Anhalt große Knochen. Die erste Ahnung, um was es sich hier handelte, kam als Arbeiter Dynamit verwendeten und Knochenfragmente fanden (wahrscheinlich sind so etliche Skelette verlorengegangen). Der Besitzer der Tongrube beschloss daraufhin, keine Sprengungen mehr vorzunehmen. Ursprünglich wurde die Ausgrabung von lokalen Amateuren durchgeführt, aber die Größe und Menge der Knochen veranlasste sie, professionelle Hilfe zu suchen. Ein Brief wurde an Otto Jaekel (1863–1929) geschickt, dem wichtigsten deutschen Spezialisten für fossile Reptilien **(Abb. 2)**. Er erkannte schnell, dass es sich um Dinosaurierreste handelte - und zwar um ziemlich beeindruckende.

Otto Jaekel

Otto Max Johannes Jaekel wurde 1863 in Neusalz an der Oder in Schlesien (heute Nowa Sól) als siebtes und jüngstes Kind eines Baumeisters geboren. Schon früh sammelte er begeistert Fossilien. Er studierte beim Altmeister der deutschen Paläontologie, Karl von Zittel (1839–1904), in München und erwies sich als talentierter Student. Kurz nach der Verteidigung seiner Dissertation erhielt er ein Angebot von der Friedrich-Wilhelms-Universität in Berlin und dem Paläontologischen Museum der Universität, das gerade in das neue Museum für Naturkunde in der Invalidenstraße umzog. Etwa zur gleichen Zeit schloss er eine Freundschaft mit Alfred Krupp, dem wichtigsten Waffenhersteller des Deutschen Reiches, der seine Fossiliensammlung erweitern wollte.

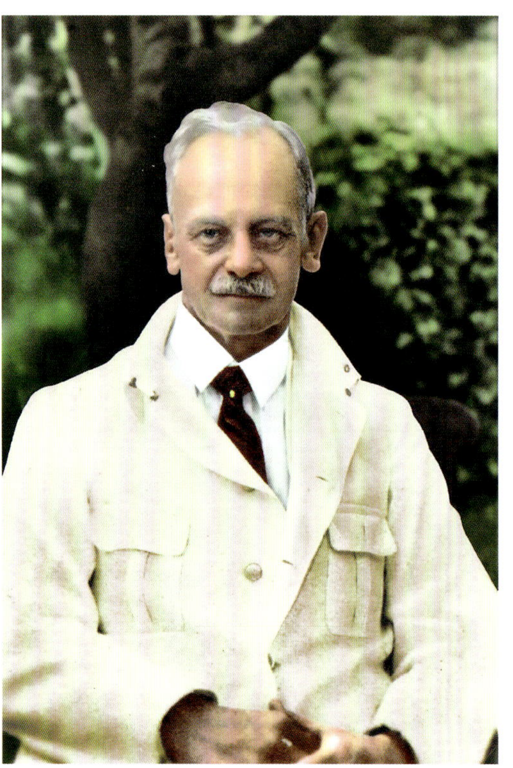

Abb. 2: *Otto Jaekel, 1929, koloriert durch Olga Shirnina.*

Kurz darauf begannen die Dinge in Jaekels vielversprechender Karriere jedoch eine ungünstige Wendung zu nehmen. Zunächst kam es zu einem Konflikt mit dem Direktor des Berliner Museums, Wilhelm Dames. Obwohl die beiden ursprünglich herzlich miteinander umgegangen waren, reagierte Dames negativ auf Jaekels manchmal kriegslustigen Charakter und dessen allgemeinen Mangel an Respekt. Nach Dames' Tod und teilweise durch Jaekels Vermittlung wurde der Geologe Wilhelm von Branca 1899 zum Nachfolger ernannt. Doch auch die berufliche und persönliche Beziehung zwischen dem gebieterischen Branca und Jaekel ließ bald zu wünschen übrig.

1906 erhielt er ein Angebot, Professor an der Universität Greifswald zu werden. Anfangs war Jaekel nicht allzu begeistert von dem Angebot: Greifswald war sehr weit weg und ein bisschen rückständig. Das Gehalt war niedriger als im Berliner Museum und die meiste Zeit verbrachte er mit dem Unterrichten von Geologie-Studenten. Der Druck des preußischen Kulturministeriums und aufgrund des Versprechens, dass dies nur eine vorübergehende Situation sei, überzeugten ihn, die Professur zu übernehmen. In dieser Zeit unternahm er auch erste Schritte zur Gründung der Kaiser-Wilhelm-Gesellschaft (heutige Max-Planck-Gesellschaft). Später sollte er jedoch, wahrscheinlich durch den Einfluss von Brancas, von der Gesellschaft ausgeschlossen werden.

Seine kämpferische Natur manifestierte sich auch in Greifswald und die Ergebnisse waren ebenso enttäuschend wie in Berlin. Versuche, das geologische Institut von der Philosophischen Fakultät zu trennen, scheiterten. Lehraufgaben überforderten ihn völlig und persönliche Tragödien machten sein Leben nicht einfacher. Das Versprechen der preußischen Behörden wurde nie erfüllt: Er blieb bis zu seiner Emeritierung 1928 in Greifswald. Danach übernahm er sofort

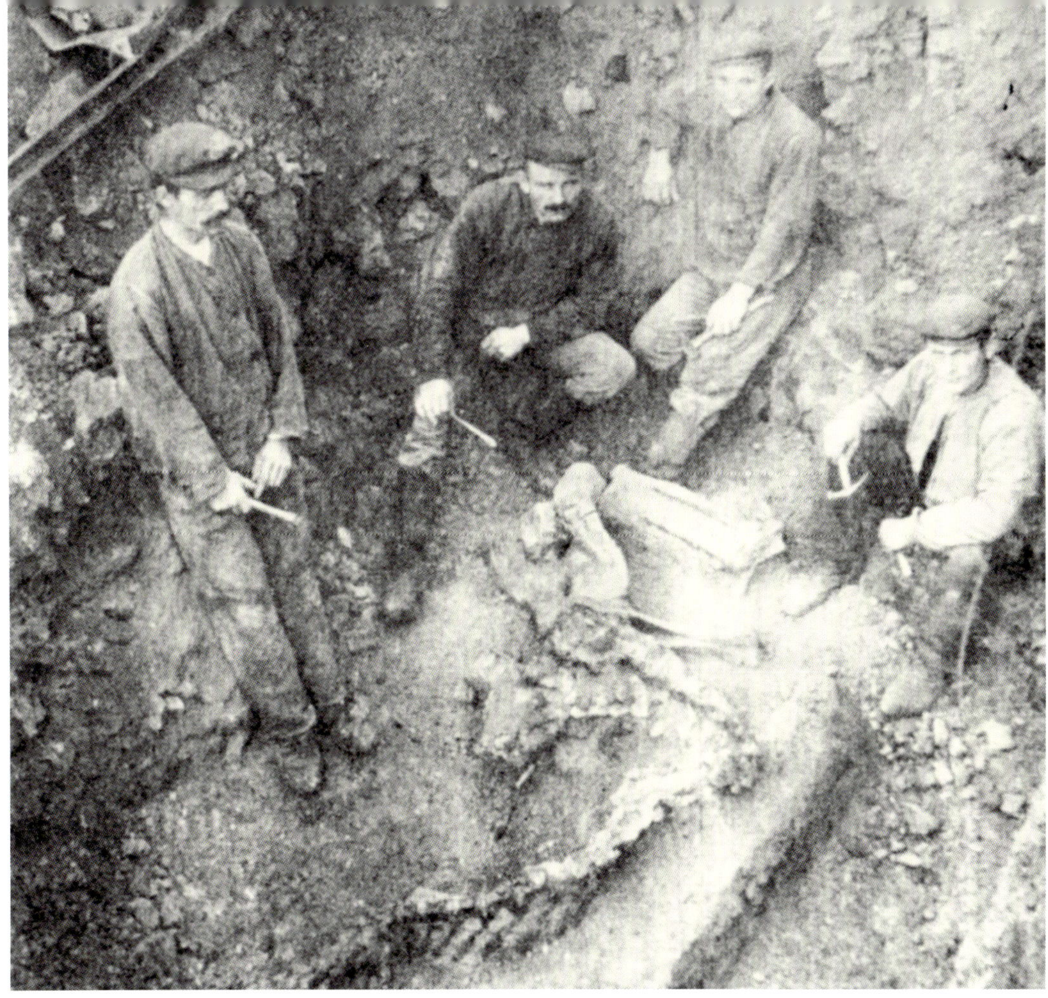

Abb. 3: *Arbeiter, die in Halberstadt ein* ***Plateosaurus****-Skelett ausgraben.*

eine Position in China, wo er allerdings nach kurzer Krankheit im Jahre 1929 verstarb.

Wenn das Leben ihm Gelegenheiten bot, der pommerschen Küste zu entkommen, nutzte Jaekel sie. Aus diesem Grund erregten die Knochenfunde aus Halberstadt sofort seine Aufmerksamkeit. Mit großer Energie machte er sich an die Arbeit, um sowohl die Behörden als auch die wissenschaftliche Gemeinschaft zu mobilisieren und seine Bemühungen zur Ausgrabung der Dinosaurier aus der Tongrube zu unterstützen – jetzt nicht mehr der »Schwäbische«, sondern auch der »Deutsche« Lindwurm. Es stellte sich als entmutigende Aufgabe heraus. Jaekel musste zum Beispiel die Interessen der Beteiligten in Einklang bringen, die um Skelette wetteiferten. Die Ausgrabungen fingen im Oktober 1909 an; jedoch wurde nicht vor Dezember 1910 ein Vertrag zwischen dem preußischen Staat und dem Tongrubenbesitzer Baereke vereinbart, wobei dem Staat das Recht auf Ausgrabungen zugesichert wurde. Baereke hatte gut verhandelt: Er erhielt 5000 Mark pauschal für die Ausgrabungen und 3000 Mark für jedes komplette Skelett. Der (gesetzliche) Nachteil der staatlichen Unterstützung war, dass zuerst das Berliner Museum die Halberstädter Skelette auswählen dürfte. Der Rest würde in ganz Deutschland verteilt und dem örtlichen Halberstädter Museum wurde zumindest ein vollständiger Abguss zugesichert. Kaiser Wilhelm II schenkte persönlich 15.000 Mark für die Aufgrabungsarbeiten.

Was ein »vollständiges« Skelett darstellte, blieb jedoch unklar, was zu langwierigen Gerichtsverfahren führte. Darüber hinaus erwies sich das Ministerium als eine wenig vertrauenswürdige Finanzierungsquelle, und wenn Jaekel nicht den lokalen Industriellen Klamroth überzeugt hätte, finanzielle Unterstützung zu leisten, wäre das gesamte Projekt wohl frühzeitig gescheitert. Am Ende konnten 1911 dann doch zwei fast vollständige Skelette ausgegraben werden (**Abb. 3**).

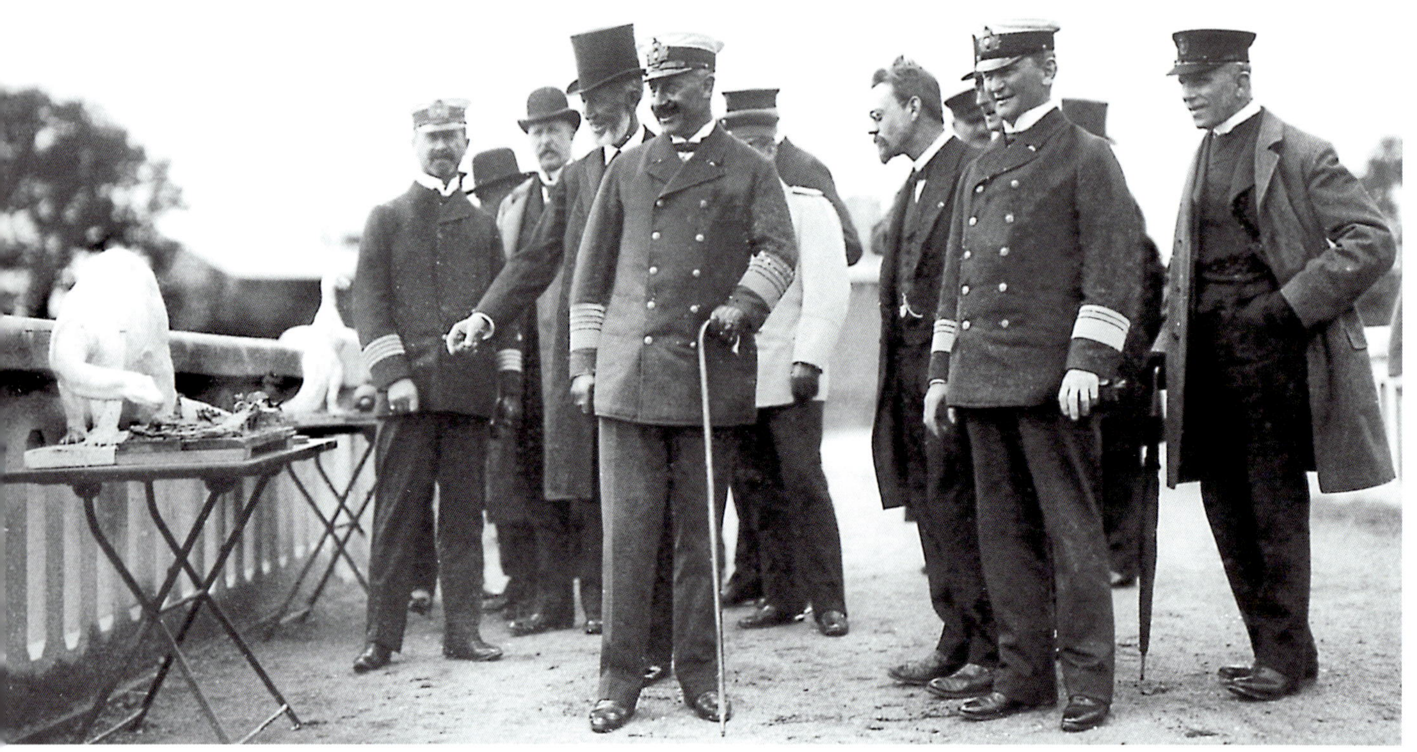

Abb. 4: *Wilhelm II. (Mitte, mit Gehstock) und seinem Gefolge wird 1909 in Hagenbecks Zoo ein Modell von* ***Diplodocus carnegii*** *gezeigt.*

Die Arbeiten im Steinbruch wurden in den 1910er und 1920er Jahren fortgesetzt, manchmal unter schwierigen Umständen. Freiwillige arbeiteten gemeinsam mit Steinbruchwerkern und nicht immer mit positiven Folgen. Jaekel musste ständig als Vermittler auftreten: zwischen den Arbeitern, zwischen Halberstädter Behörden und dem preußischen Staat, aber auch zwischen Museen und dem Tongrubenbesitzer. Ein Versuch, Geld für die Ausgrabungen durch den Verkauf eines Skeletts an das Londoner Naturkundemuseum zu erhalten, scheiterte am Preis und an der Gegenwehr der Museumsbehörden. Diebstahl kam auf der Ausgrabungsstelle regelmäßig vor, und im Chaos nach dem Ersten Weltkrieg versuchte ein Steinbrucharbeiter sogar, ein Skelett illegal an ein amerikanisches Museum in Pittsburgh zu verkaufen. Es ist eigentlich ein Wunder, dass die Halberstädter Tongrube noch so viele Skelette – fast zwanzig – geliefert hat.

Ein Streit zwischen Jaekel und dem Besitzer der Tongrube führte 1922 zur Kündigung des Vertrages und 1940 wurde die Tongrube vollständig geschlossen. Heute steht auf diesem Platz eine Wohnsiedlung.

Ein Kaiser, ein Skelett und ein Modell

Im März 1912 stolzierte der deutsche Kaiser Wilhelm II (1859–1941) durch das Berliner Museum für Naturkunde. Wilhelms Interesse an der praktischen Seite der Wissenschaft war nie sehr bedeutend gewesen (mit der möglichen Ausnahme der Archäologie) und die Paläontologie stand auf der Liste der Freizeitbeschäftigungen des Kaisers sicherlich nicht ganz oben. Trotzdem war er davon überzeugt, dass die Wissenschaft eine entscheidende Rolle für den politischen und wirtschaftlichen Aufstieg des deutschen Kaiserreichs spielte **(Abb. 4)**.

Der preußische Staat teilte diese Begeisterung nicht immer. Er hatte keinen Grund gesehen, die Tendaguru-Expedition zu unterstützen, und viele misstrauten der kaiserlichen Überzeugung, dass die Gesamtwirtschaft davon profitieren könnte. 1912 gab der Staat zwar noch einmal 45.000 Mark, aber Anfang 1913 musste die große Tendaguru-Expedition endgültig beendet werden, weil die Mittel erschöpft waren. Das Berliner Museum wollte eine neue Expedition und es wollte seinen *Diplodocus* auf deutsche Art und Weise neugestalten. Da das Tier Wilhelm II persönlich angeboten und in einem staatlichen Museum errichtet worden war, wurde die Erlaubnis des Kaisers als erforderlich angesehen, um etwas an der Ausstellung zu ändern. Aus diesen Gründen wurde seine Majestät eingeladen, letztendlich persönlich das Museum zu besuchen.

Etwa zur gleichen Zeit hatte Jaekel den ersten Aufbau eines *Plateosaurus*-Skeletts in Greifswald beendet und hart gearbeitet, um rechtzeitig für den Besuch des Kaisers fertig zu sein. Die weitere kaiserliche Unterstützung der Ausgrabungen in Halberstadt würde die Finanzierung und die politische Unterstützung in den kommenden Jahren sicherstellen.

Die Montage des *Plateosaurus* war keine leichte Aufgabe gewesen. Obwohl Jaekel ein komplettes Skelett besaß, war ein Großteil seiner Rekonstruktion Pionierarbeit, da Prosauropoden wie *Plateosaurus* keine sehr bekannte Gruppe waren. Die Fossilien aus Halberstadt waren sehr weich und erforderten die Stabilisierung mit »russischem Leim« (eine Erfindung Jaekels) und Schellack, um sie ausreichend hart zu machen. Bei seiner Arbeit wurde er vom Künstler und Bildhauer Adolph Ernst (»Eto«) von Zschock (1877–1955) unterstützt. Von Zschock war in der Lage, das Skelett so zu montieren, dass es realistisch aussah und sein Stützgerüst so wenig wie möglich zu sehen war.

Dass Jaekel einen Künstler wählte, um ihm zu helfen, anstatt einen Museumspräparator, ist bezeichnend. Er war selbst ein leidenschaftlicher Maler und zeichnete seine wissenschaftlichen Illustrationen normalerweise auch selbst. In Von Zschock fand er einen Geistesverwandten: Er war wie er Sohn eines Architekten und interessierte sich sowohl für westliche als auch für orientalische Kunst. Von Zschock begeisterte sich beim Aufbau des Skeletts und des Modells immer mehr für Dinosaurier und begleitete Jaekel schließlich auch zu den Ausgrabungen nach Halberstadt.

Die Montage des *Plateosaurus* nahm die ersten Monate des Jahres 1912 in Beschlag (**Abb. 5**) und die Qualität dieser ersten Montage ist ein Beweis für Jaekels Fähigkeit als Paläontologe. Obwohl er manchmal oberflächlich und ungeduldig sein konnte, konnte ihn nichts aufhalten, wenn er sich wirklich engagierte. Zusätzlich zum Skelett bereiteten Von Zschock und Jaekel eine Miniatur-Lebendrekonstruktion von *Plateosaurus* vor, die in der Nähe des Skeletts platziert werden sollte (**Abb. 6 & 7**). Skelett und Modell wurden gleichzeitig erstellt und sie wurden gegenseitig als Referenz verwendet. Auf diese Weise half Von Zschocks Modell Jaekel bei seiner Skelettrekonstruktion und umgekehrt.

Beide wurden in Berlin in derselben Halle aufgestellt, in der Carnegies *Diplodocus* untergebracht war. In der Hoffnung, dem Kaiser seinen Fund im Februar 1912 zeigen zu können, hatte Jaekel mit charakteristischem Eifer, und ganz unabhängig vom Museum, sich auch bemüht, den Kaiser zum Museumsbesuch einzuladen. Da die Mitarbeiter des Berliner Museums für Naturkunde befürchteten, die Aufmerksamkeit des Kaisers für Jaekel (der schließlich dort nicht mehr arbeitete) und seine Funde würde auf Kosten

Abb. 5: Otto Jaekel (links) und Adolph von Zschock arbeiten am ***Plateosaurus****-Skelett, Februar 1912.*

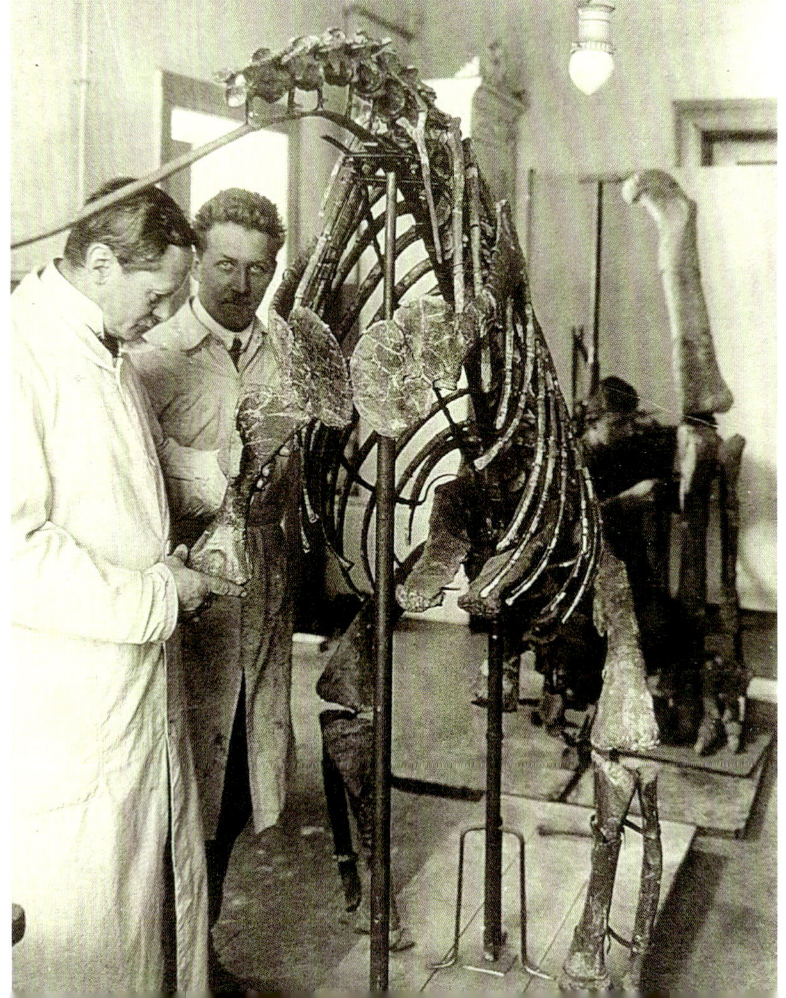

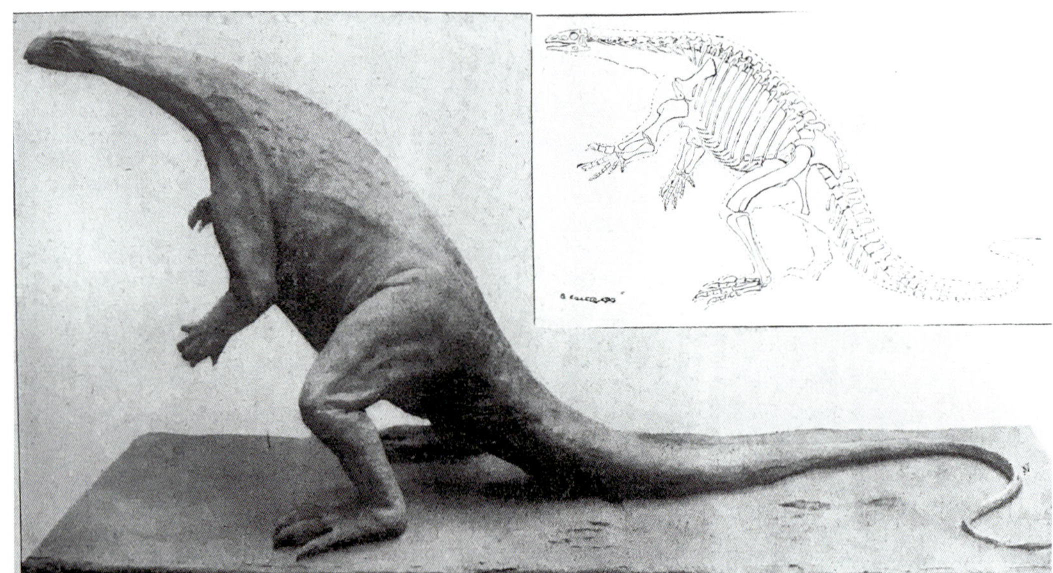

Abb. 6: *Skelettrekonstruktion und Modell des* **Plateosaurus**, *1912.*

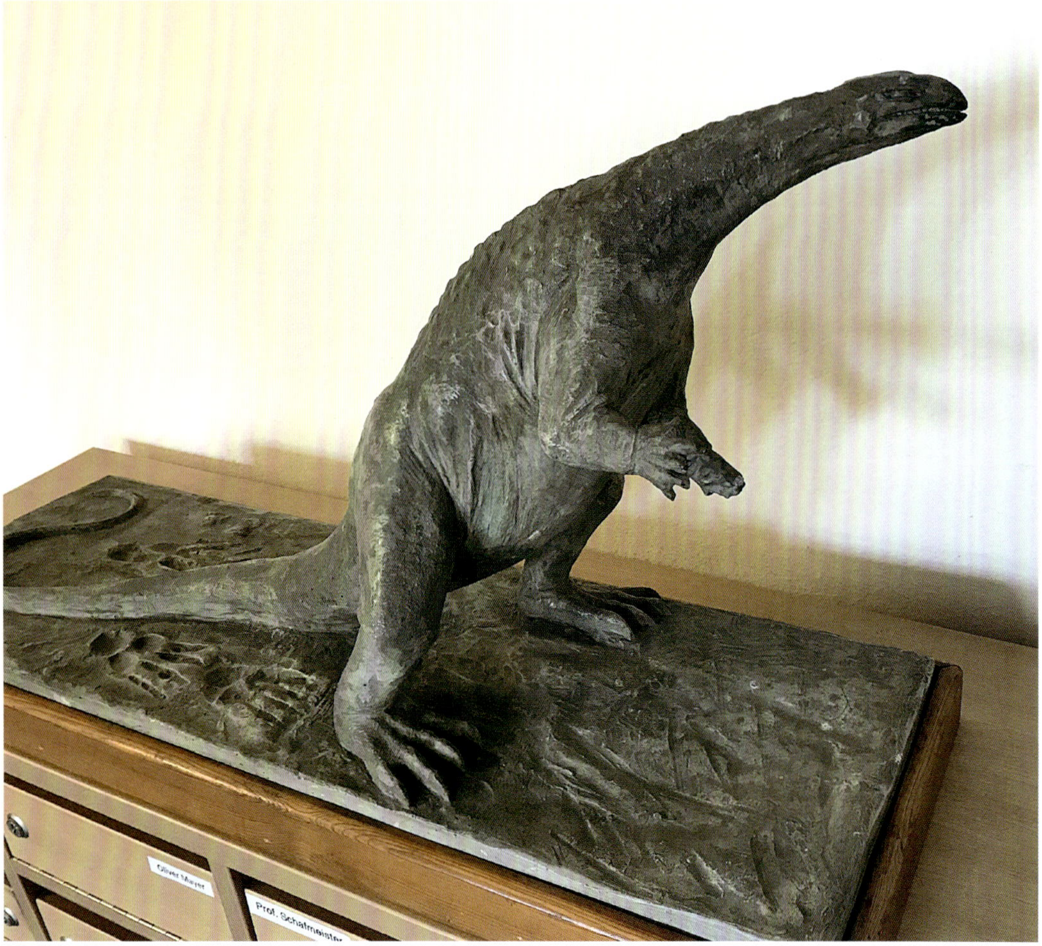

Abb. 7: *Das* **Plateosaurus**-*Modell von Adolph Ernst von Zschock und Otto Jaekel, 1912, heute. 87 x 32 x 45cm, Gipsmodell, Universität Greifswald, Geographisch-Geologische Fakultät, Inventar-Nr.: GG 494*

des *Diplodocus* und der Knochenfunde vom Tendaguru gehen, beschlossen sie nach einigen Überlegungen, eine erneute Einladung an seine Majestät mit allen drei Höhepunkten zu senden.

Der Kaiser betrat das Museum am Mittwoch, den 14. März 1912, in Begleitung von General Gustav von Kessel und dem Regierungspräsidenten Rudolf von Valentini. Nach kurzen Einführungen erteilte der Kaiser sowohl der geplanten Neumontage von *Diplodocus* als auch weiteren Ausgrabungen in Halberstadt seinen kaiserlichen Segen. Presseberichte über den Besuch betonten des Kaisers Zufriedenheit mit den Entdeckungen in Tendaguru und Halberstadt. Während es für Außenstehende seltsam erscheinen mag, war Wilhelms persönliches Engagement in Angelegenheiten des Museums sicherlich nicht neuartig in der Berliner Museumswelt. Der Hauptzweck solcher Bitten war offensichtlich nicht so sehr das Interesse an Wilhelms Ansichten zur Museumsgestaltung, sondern vielmehr die politische und finanzielle Unterstützung.

Die *Plateosaurus*-Aufstellung beeindruckte Wilhelm so sehr, dass er eine weitere Finanzierung der Halberstädter Ausgrabungen zusicherte. Jaekel erzählte seinen Kindern später Geschichten über den Besuch des Kaisers. Laut Familienüberlieferung sprach der Kaiser mit starkem Berliner Akzent: »Na Juste, war meenste, wenn Dir so eener in der Beene beißen tut?« – zur leichten Verlegenheit seiner Gefolgschaft.

Nach dem kaiserlichen Besuch kam es zu einem Streit mit Jaekels ehemaligem Chef und Antagonisten im Museum für Naturkunde, Wilhelm von Branca. Jaekel war über die mangelnde Zusammenarbeit mit dem Museum frustriert. Auch war er nicht zufrieden mit der Art und Weise, wie sein *Plateosaurus*-Skelett im Lichthof des Museums »versteckt« wurde: vollständig dominiert von *Diplodocus* und den verbleibenden Walskeletten. Er konnte zwar nicht verhindern, dass weitere Skelette von Halberstadt nach Berlin geschickt wurden, aber es gelang ihm zumindest, das kleine Modell des *Plateosaurus* mit nach Greifswald zu nehmen, wo es bis heute in der Sammlung verwahrt wird.

Da *Plateosaurus* an mehreren Orten im ganzen Land gefunden wurde, wurde er zu einem wahrhaft nationalen Dinosaurier, dem »Deutschen Lindwurm«. Obwohl das Tier später etwas von sensationelleren Funden überschattet wurde, war dies in dem jungen Land, das Deutschland zu dieser Zeit war, wichtig und erklärt etwas von dem Interesse, das der Staat und der Kaiser an den Ausgrabungen hatten.

Weiterführende Literatur

Böhme, Gottfried. 1989. Otto Jaekel und Das Museum für Naturkunde der Berliner Universität. Wissenschaftliche Zeitschrift der Ernst-Moritz-Arndt-Universität Greifswald, Mathematisch-Naturwissenschaftliche Reihe 38, no. 1–2, S. 18–21.

Heumann, Ina, Stoecker, Holger, Tamborini, Marco & Vennen, Mareike. 2018. Dinosaurierfragmente. Zur Geschichte der Tendaguru-Expedition und ihrer Objekte, 1906-2018. Göttingen: Wallstein Verlag.

Jaekel, Otto. 2012. Eine neue Fundgrube der deutschen Wissenschaft. Die Woche.

Jaekel, Otto. 1914. Über die Wirbeltierfunde in der oberen Trias von Halberstadt. Paläontologische Zeitschrift 1, no. 1, S. 155–215.

Jaekel, Otto. 1916. Über Die Wirbeltierfunde in der oberen Trias von Halberstadt (Fortsetzung). Mit Tafel II–VII Und 50 Textfiguren. Paläontologische Zeitschrift 2, S. 113–214.

Mallison, Heinrich. 2010. The Digital Plateosaurus II: An Assessment of the Range of Motion of the Limbs and Vertebral Column and of Previous Reconstructions Using a Digital Skeletal Mount. Acta Palaeontologica Polonica 55, S. 433–58. https://doi.org/10.4202/app.2009.0075.

Moser, Markus. 2003. Plateosaurus Engelhardti Meyer, 1937 (Dinosauria: Sauropodomorpha) aus dem Feuerletten (Mittelkeuper; Obertrias) von Bayern. Zitteliana Reihe B, 2, S. 1–188.

Mudroch, Alexander, Richter, Ute & Reich, Mike. 2006. The Dinosaur Digs in the Keuper of Halberstadt – a 2nd Reconnaisance, Ninth International Symposium on Mesozoic Terrestrial Ecosystems and Biota, Abstracts and Proceedings, S. 93–95. Natural History Museum.

Nieuwland, Ilja. 2019. American Dinosaur Abroad. A Cultural History of Carnegie's Plaster Diplodocus. Pittsburgh: Pittsburgh University Press.

Probst, Ernst & Windolf, Raymund. 2010. Dinosaurier in Deutschland: Von Compsognathus bis zu Stenopelix. München: Bertelsmann Verlag.

Sander, P. Martin. 1992. The Norian Plateosaurus Bonebeds of Central Europe and Their Taphonomy. Palaeogeography, Palaeoclimatology, Palaeoecology 93, no. 3–4, S. 255–99.

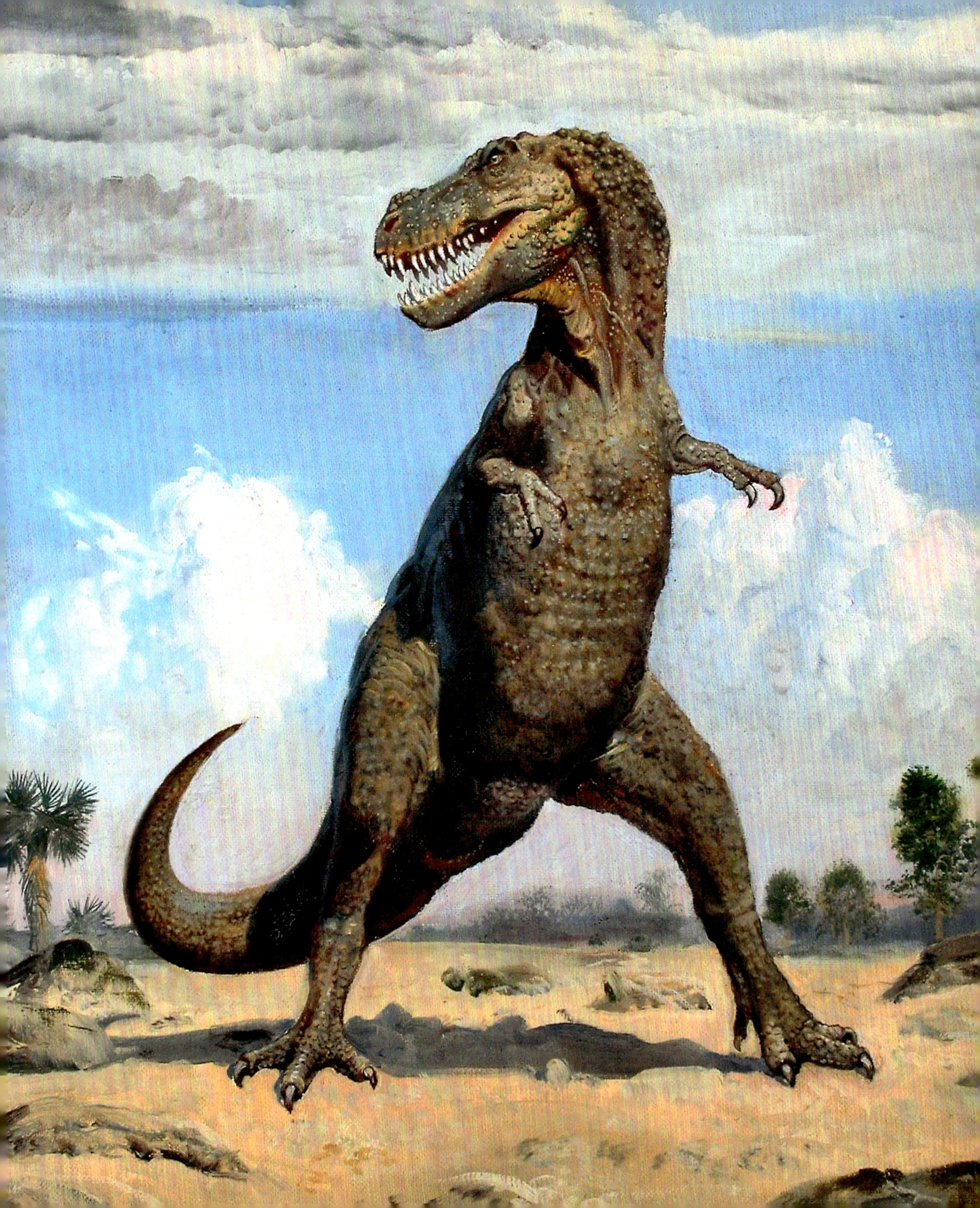

Die wilden, fernen Welten des Zdeněk Burian

7

CARSTEN ECKERT

Weltall, Erde, Mensch

Am 9. November 1966 teilte die »Berliner Zeitung« ihren Lesern mit: »Zu einer Reise in ferne Epochen der Saurier und der Urmenschen laden das Museum für Naturkunde und das Haus der Tschechoslowakischen Kultur die Berliner ein. Am Dienstag eröffneten sie in den Räumlichkeiten des Museums eine Ausstellung des Prager Nachgestalters prähistorischen Geschehens Zdeněk Burian. Manche der hier ausgestellten 87 Originalöl- und Temperawerke Burians sind bereits aus den bisher in 16 Sprachen übersetzten Kunstbänden des Prager Paläontologen Prof. Josef Augusta bekannt, der den Künstler zu diesen Arbeiten inspirierte. Die Ausstellung, die vor allem auch für die Schuljugend gedacht ist, ist bis zum 31. Dezember geöffnet.«[1]

Knapp zwei Monate galt diese Einladung zur Zeitreise, wenn auch den meisten Berlinern andere Reisen, wie die nach dem Westteil der Stadt, verwehrt blieben. Nur einen Steinwurf vom Museum entfernt, am oberen Ende der Invalidenstraße, stand seit fünf Jahren »die Mauer« als sichtbare Trennlinie zweier gesellschaftlicher Systeme, die sich zu dieser Zeit unvereinbar gegenüberstanden. Zdeněk Burian und seine unpolitische Kunst war auf beiden Seiten bekannt. Er war der unbestrittene »Star der Paläoart-Szene«, auch wenn dieser Begriff damals noch nicht im Gebrauch war. Kaum einer der Besucher ahnte, dass der Ehrengast der Eröffnung das erste Mal Berlin und das Museum besuchte, wo viele seiner Bildmotive bis heute zu bewundern sind. So steht dort die weltweit größte Skelettrekonstruktion eines Dinosauriers (**Abb. 1**), der zu dieser Zeit noch den Namen *Brachiosaurus brancai* trug, oder das wohl schönste Exemplar des berühmten Urvogels *Archaeopteryx lithographica* (**Abb. 2**). Die Ausstellung entstand in nur 14 Tagen, da das Museum für Naturkunde als Ausstellungsort kurzfristig eingesprungen war.[2] Sie wurde dennoch ein Erfolg. Im Original sollten Burians Bilder nur noch einmal in der DDR gezeigt werden – im März 1981 im Kulturzentrum der ČSSR in Ost-Berlin.

Trotz dieser geringen Zahl von Ausstellungen im Ausland waren besonders seine Urzeit-Bilder allgegenwärtig, obwohl sie nur einen Bruchteil seines Schaffens ausmachen. Burian war ein Meister der Buchillustration und er hinterließ unzählige Federzeichnungen und Gouachen sowie hunderte von Ölgemälden. Grob geschätzt zählt sein Gesamtwerk an die 15.000 Einzelmotive. Es wird derzeit in Tschechien wissenschaftlich erschlossen.[3, 4]

Linke Seite: ***»Tarbosaurus bataar«*** *von Zdeněk Burian, Öl auf Leinwand, 1970. Mit diesem Bild gelang Burian noch in seiner späten Schaffensperiode eine nahezu symbolische Darstellung der »schrecklichen Echsen«.*

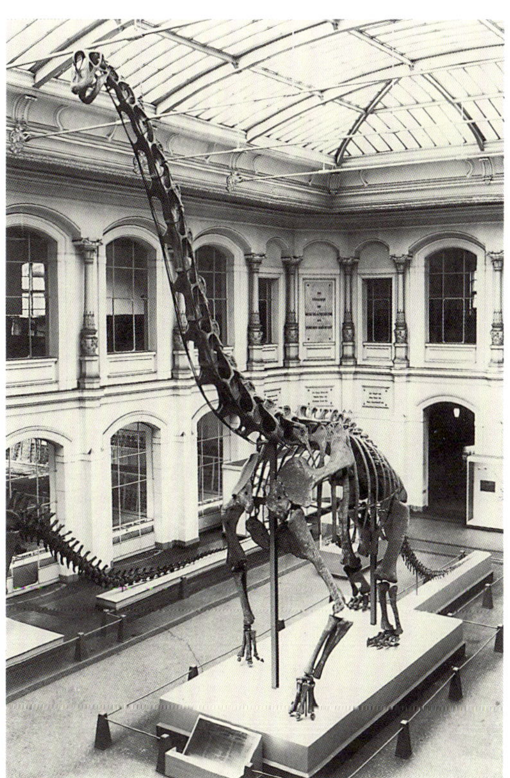

Abb. 1: Brachiosaurus brancai *in seiner historischen Aufstellung im Kuppelsaal des Museums für Naturkunde Berlin.*

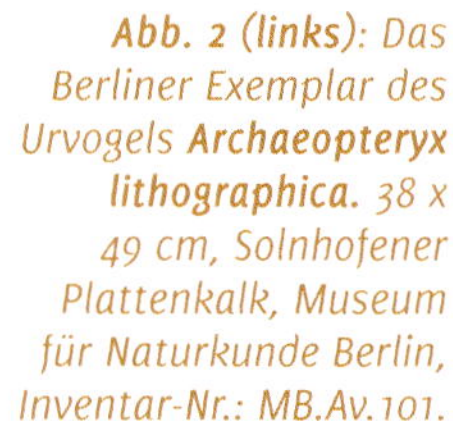

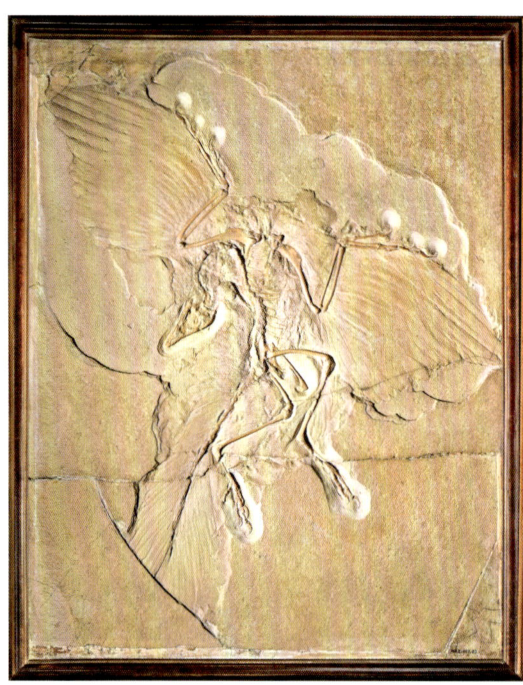

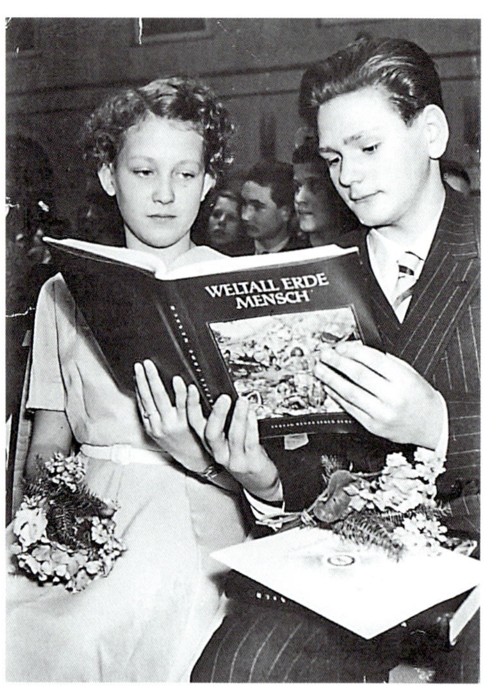

Abb. 2 (links): *Das Berliner Exemplar des Urvogels* ***Archaeopteryx lithographica.*** *38 x 49 cm, Solnhofener Plattenkalk, Museum für Naturkunde Berlin, Inventar-Nr.: MB.Av.101.*

Abb. 3 (rechts): *Dresdner Jugendliche erhalten zur Jugendweihe im Jahr 1956 »Weltall, Erde, Mensch« als Buchgeschenk.*

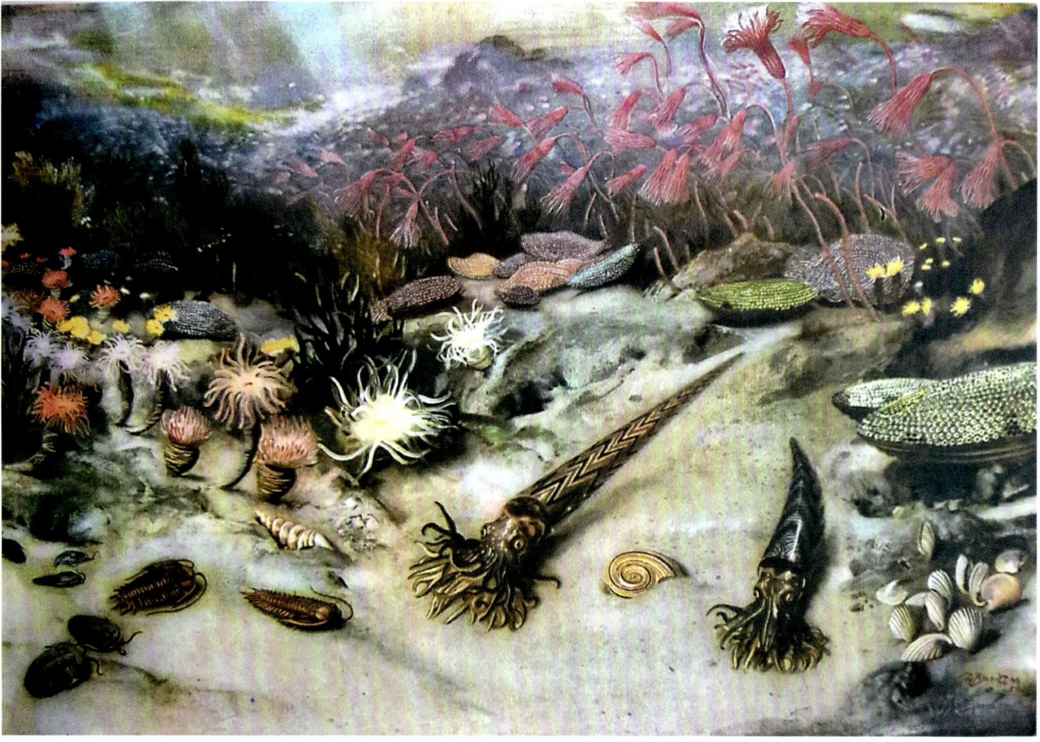

Abb. 4: *»Silurmeer« von Zdeněk Burian, Öl auf Leinwand, 1951.*

Seit 1954, als seine Bilder zum ersten Mal dem deutschsprachigen Publikum bekannt wurden, blieb ihre Beliebtheit ungebrochen (siehe Kapitel 9 und 13). Besonders einem Buch ist das zu verdanken: »Weltall, Erde, Mensch« erschien innerhalb von 20 Jahren in einer Auflage von über vier Millionen Exemplaren.[5] Es waren weniger der teils ideologisch gefärbte Inhalt als vielmehr die zwölf ausfaltbaren Farbtafeln mit Szenen aus der Erdgeschichte, die die Aufmerksamkeit der meist jungen Leser fesselten. Das Buch war ein Geschenk vom Staat für die Heranwachsenden zur sozialistischen Jugendweihe **(Abb. 3)**. Fragt man heute Ostdeutsche, die in dieser Zeit aufwuchsen, so erinnern sich viele an Burians Bilder, zum Beispiel ein lichtdurchflutetes Riff des Silur-Meeres, in dem zwischen fluoreszierenden Korallen und Seelilien die Augen von *Orthoceras* und *Cyrthoceras* hervorstechen – fremdartige Kopffüßer in buntgezackten konischen Gehäusen **(Abb. 4)**. Weitere eindrucksvolle Motive sind der kolossale *Brontosaurus* (siehe Kapitel 9, Abb. 1), eine Begegnung bunter Urvögel mit einem *Compsognathus*, der Kampf zwischen *Allosaurus* und *Stegosaurus*, eine Säbelzahntigerfamilie in der Savanne, eine Mammutherde im Schnee und nicht zuletzt die Horden vorzeitlicher Menschen. Doch wer war der Künstler, der solche Urzeit-Welten erschaffen konnte?

Ein Wunderkind

Über Zdeněk Burian ist viel geschrieben worden, das Meiste in tschechischer Sprache.[6, 7] Eine erste umfassende Biografie kam allerdings zuerst auf Deutsch heraus. Der Zeichner und Publizist Petr Milos Sadecký verfasste sie kurz nach Burians Tod.[8] Er kannte den Meister persönlich und arbeitete in den 1960er Jahren mit ihm zusammen. Autorisiert war dieses im Jahr 1982 erschienene Buch nicht. Sadecký emigrierte schon 1967 in die BRD, wo er selbst versuchte, als Illustrator Fuß zu fassen. Mit im Gepäck hatte er eine größere Anzahl von Zeichnungen Burians und anderer Künstlerkollegen. Mit dem gelegentlichen Verkauf der Originale versuchte er sich über Wasser zu halten. Die Daten aus Burians Leben sind bei Sadecký oft unsicher, denn er benutzte zahllose aufgezeichnete Gespräche als Quelle. Aus diesen Gedachtnisprotokollen zeichnete er ein Bild des Künstlers, das besonders in seinen Anfangsjahren von Unstetigkeit und Armut, aber auch von großem Talent geprägt war. Fakt ist, dass über Burians Jugendjahre schon früh Legenden entstanden, die er selbst pflegte und stellenweise fantasievoll ausschmückte.

Zdeněk Michael František Burian **(Abb. 5)** wurde am 11. Februar 1905 in Kopřivnice in Mähren geboren. Sein Vater, ein gelernter Maurer und späterer Stadtbaumeister, fand kurz darauf eine Anstellung in der Kleinstadt Štramberk, wo Zdeněk und sein Bruder ihre Kindheit verbrachten. Die Umgebung der Stadt und das Vorgebirge der Beskiden boten den Jungen Platz für Abenteuer in den nahegelegenen »Hundekirchlein«. So wurden im Volksmund die Höhlen genannt, die einst Wohnstätten frühzeitlicher Menschen waren. Später sollte aus diesem Thema ein eigener Kosmos in Burians Schaffen entstehen. Das künstlerische Talent des Jungen war schon früh zu erkennen. Zdeněk malte und zeichnete, wo er sich auch befand. Die bildliche Äußerung war innerer Drang und Ventil zugleich. Während des Ersten Welt-

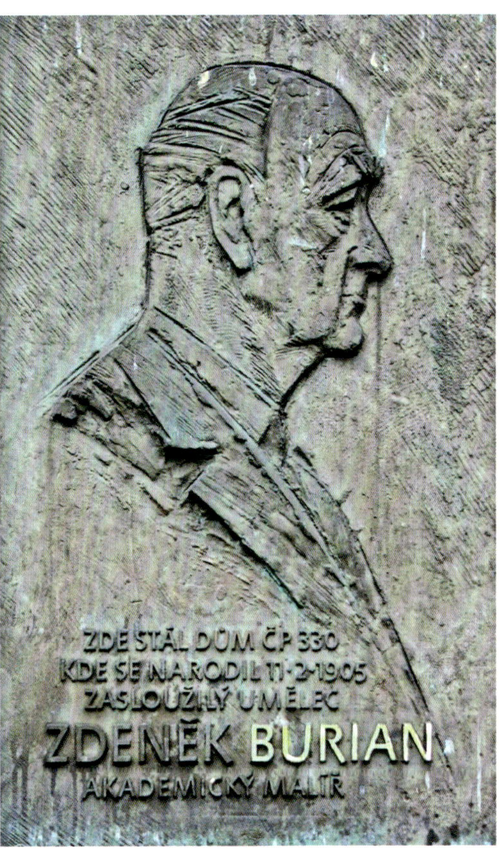

Abb. 5: Gedenktafel für Zdeněk Burian in seinem mährischen Geburtsort Kopřivnice.

kriegs lebte die Familie in Brno, wo er die Realschule besuchte. Spät, zum Ende des Weltkriegs, wurde der Vater zur Armee eingezogen. Die Restfamilie konnte sich das Stadtleben nicht mehr leisten und kehrte nach Kopřivnice zurück. Auch die Rückkehr des Vaters aus dem Krieg verbesserte die prekäre Lage nicht. Beide Söhne studieren zu lassen, war unmöglich. Zuspruch erhielt Zdeněk vom früheren Zeichenlehrer, der in ihm das Genie des »Wunderkindes« sah und die Eltern dazu anhielt, den Vierzehnjährigen nach Prag auf die Akademie der Künste zu schicken.

Kampf ums Überleben oder »Der Seewolf«

Nach den Sommerferien 1919 fuhr Hermine Burianová mit ihrem Sohn und einer kleinen Geldsumme im Gepäck nach Prag. Die Akademieprüfung bestand Zdeněk mit Bravour, obwohl das Aufnahmealter für Kunststudenten bei 18 Jahren lag. Zudem schlugen die Prüfer vor, dass er zwei Studienjahre überspringen sollte. Einer von ihnen begründete dies mit den Worten: »Das ist ein fertiger Künstler, er braucht nur noch etwas Schliff«.[8] Zdeněks Kommilitonen waren junge Männer, fünf Jahre älter als er. Der Junge vom Land mit dem Provinz-Dialekt, seine Bevorzugung durch die Dozenten, aber auch sein erkennbarer Ehrgeiz, ließen ihn mit den Interessen der Anderen nicht Schritt halten. Er sparte für Leinwand und Farben. Um sie sich leisten zu können, übernachtete er in Wanderarbeiter-Heimen, im Betsaal der Heilsarmee oder im Keller der Akademie. Als er dort entdeckt wurde, heuerte er auf dem Bau an. Die halbfertigen Häuser einer geplanten Studentenkolonie boten ihm Unterschlupf. In den Ferien kehrte er zu seinen Eltern zurück. Vielleicht ahnten sie etwas von der schwierigen Situation des Sohnes, doch als er nach dem ersten Studienjahr die Akademie resigniert verließ, strich ihm der Vater auch die letzte Unterstützung. Zurückgekehrt nach Prag und ganz auf sich allein gestellt, kämpfte er um Aufträge, die er von kleinen Verlagen und Agenturen erhielt. Er verdingte sich als Gepäckträger am Bahnhof und teilte seine wechselnden Wohnorte mit Kleinkriminellen, die tagsüber sein Bett nutzten. Burian führte das Leben eines Stadtstreichers und echten Tramps. Allerdings nicht als blinder Passagier im Radkasten eines Union Pacific Railroad-Waggons, sondern als geschickter Schwarzfahrer mit der Prager Straßenbahn. Vielleicht führte Burian tatsächlich das Leben einer Romanfigur von Jack London. Erst später, im Jahr 1937, sollte er die Gelegenheit bekommen, dessen bekanntestes Buch »Der Seewolf« mit bildstarken Charakteren zu bevölkern.

Den Wehrdienst konnte Burian dennoch nicht umgehen. Er erhielt seine Einberufung im August 1924 und konnte auch dort künstlerisch tätig werden, indem er Verpflichtungen aus Prag erfüllte. Dahin zurückgekehrt, nahmen die Aufträge für Illustrationen in Abenteuerheften an Menge und Güte zu, so dass er im nächsten Jahrzehnt gut davon leben und eine Familie gründen konnte. Die wenig bekannten Erzählungen tschechischer Jugendbuchautoren hießen »Für einen Schluck Wasser«, »Gorillajagd«, »Bei den Papuas«, »Wallfahrt nach Mekka« oder »Tiger am Ussuri«. Doch auch Klassiker, wie Werke von Jules Verne, Rudyard Kipling oder Ernest Shackleton, waren darunter. Burian begann im Jahr 1930 mit der Illustration von »Winnetou« für den Verlag von Jan Toužimský in einer Reihe von Karl May-Übersetzungen. Allein über 30 Bände dieses Autors sollte er mit seinen Bildern bereichern.[9]

Im Jahr 1933 konnte er sich einen lang gehegten Wunsch erfüllen. Einmal im Leben das Meer sehen! Mit Frau und Tochter reiste er über die österreichischen Alpen nach Norditalien bis an die Adria. Neben den zwei eingangs erwähnten Berlin-Besuchen sollte dies die einzige längere Auslandsreise bleiben. Mit dem Reiseziel verfolgte er einen insgeheimen Plan, den er Jahre später seinem Biografen Sadecký offenbarte. Er wollte ein Gewitter auf dem Meer erleben, um »endlich einmal die Gefühle eines Gestrandeten zu spüren, die er im Kampf mit den Elementen hat und jene, wenn er das rettende Ufer erreicht.« Nach einem Monat Wartens auf den Sturm setzte er sich dem unkalkulierbaren Risiko aus und entkam ihm nur knapp mit dem Leben.

Anfang der 1930er Jahre illustrierte Burian die Texte des Ur- und Frühhistorikers Eduard Štorch, die als kleine Serie jungen Lesern das Leben von Mammut- und Rentierjägern nahebrachte. Erinnerungen an seine früheren Abenteuer in den Höhlen bei

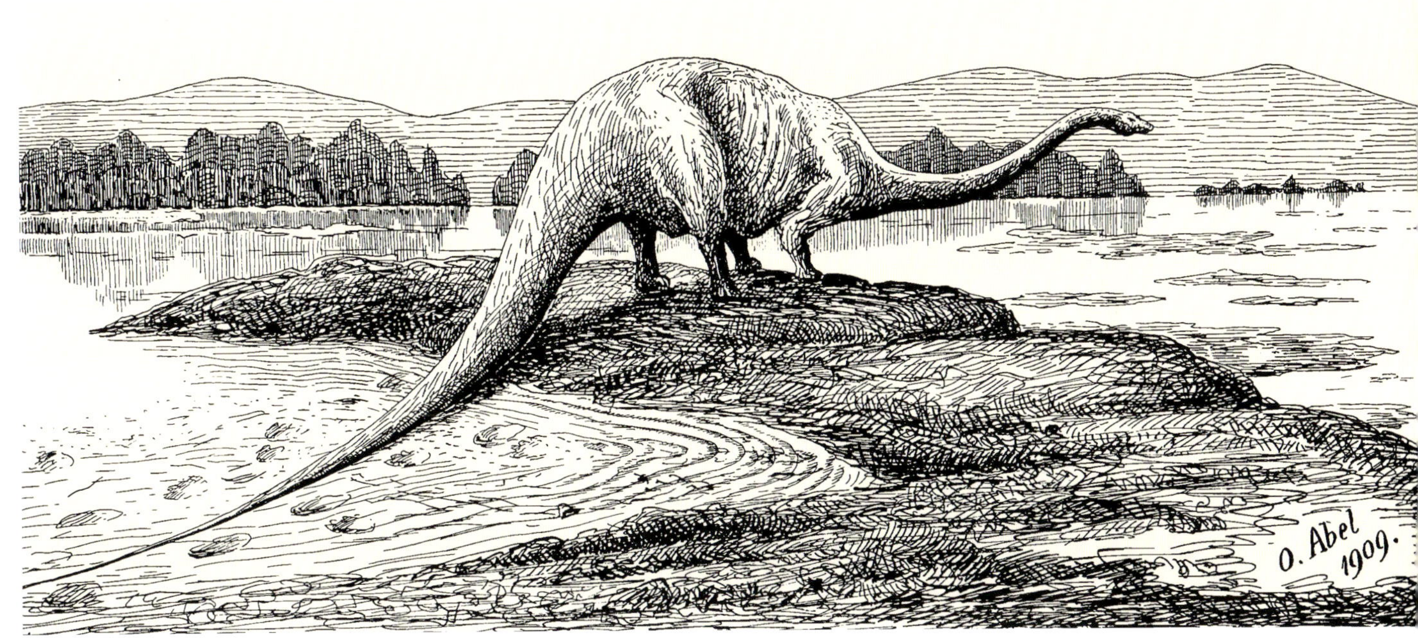

Abb. 6: *Rekonstruktion des Lebensbildes von **Diplodocus carnegii** von Othenio Abel, Federzeichnung, 1909.*

Štramberk wurden wach. Für seinen Auftraggeber Toužimský illustrierte er 1936 noch ein ganzes Buch Štorchs mit Federzeichnungen – »Die Mammutjäger«.[10] Mit der Besprechung dieses Buches durch einen jungen Wissenschaftler, der sein Fach populär machen wollte, kommt er an den folgenreichsten Auftrag seines Lebens.

Zeichnen Sie mir den *Diplodocus*!

So oder so ähnlich muss es der Dozent der Prager Karls-Universität Josef Augusta zu Burian gesagt haben, als sie gemeinsam Bilder des langhalsigen Urzeit-Giganten *Diplodocus* betrachteten. Augustas Fachgebiet war eigentlich die Paläobotanik. Gerade zum außerordentlichen Professor am paläontologischen Institut ernannt, stand er am Anfang seiner Universitätskarriere. Er war davon überzeugt, die Erdgeschichte in Wort und Bild wieder zum Leben erwecken zu können. Der österreichische Paläontologe Othenio Abel lieferte dafür die Anregung. In einem 1925 erschienenen und reich illustrierten Lehrbuch widmete er dem *Diplodocus* ein ganzes Kapitel und fügte über ein Dutzend Abbildungen an, darunter eine aus dem Jahr 1909 **(Abb. 6)**.[11] Abels Federzeichnung diente als Vorlage für Burians viel lebendigere Rekonstruktion, die er angeblich bei seiner ersten Begegnung mit Augusta in 30 Minuten fertigstellte (siehe Kapitel 9, Abb. 8). Abels Buch mit seiner Vielzahl von Fallbeispielen wurde zu einer wichtigen Inspirationsquelle für Augusta und Burian.

Ein Grund mehr, dass beide sich auf Anhieb gut verstanden, war ihre Herkunft. Auch Augusta wuchs in der mährischen Provinz auf. Er genoss eine humanistische Ausbildung, studierte und promovierte in Brno und erhielt 1931 eine Assistentenstelle im Paläontologischen Institut der Karls-Universität Prag. Anfang der 1930er Jahre absolvierte er Forschungsaufenthalte im benachbarten Deutschland, u.a. bei Friedrich von Huene in Tübingen, dem damals bekanntesten Saurierexperten Europas. Doch die gesellschaftlichen und politischen Strömungen der Zeit waren von Nationalismen geprägt. Mit dem Münchener Abkommen und der im Oktober 1938 erfolgten Eingliederung des Sudetenlandes in das Deutsche Reich war für Hitler der Weg frei, auch den Rest der Tschechoslowakei zu besetzen. Nach dem deutschen Einmarsch in Prag wurde die Universität geschlossen und Augusta verlor seinen Arbeitsplatz. Dennoch arrangierte er sich mit der neuen Situation. An Widerstand war nicht zu denken, es galt zu überleben. Die schriftstellerischen Ambitionen auf einem Gebiet, das im wahrsten Sinne fern der Gegenwart lag, halfen dabei.

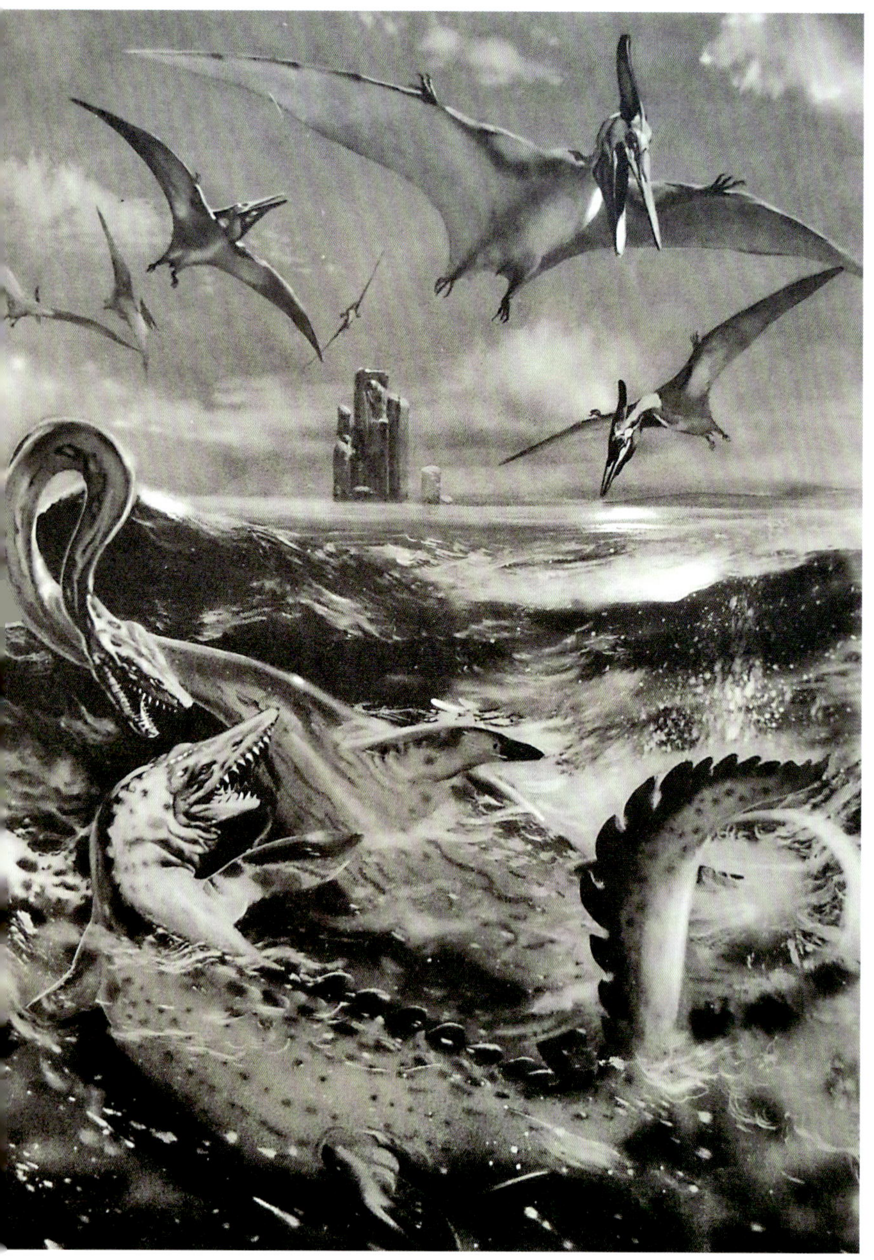

Abb. 7: *»Kampf* ***Elasmosaurus*** *und* ***Mosasaurus****« von Zdeněk Burian, Grisaille-Gouache, 1941. In dieser Bildkomposition greift Burian auf klassische Stereotypen zurück. In diesem Fall auf Édouard Rious Darstellung von 1863 (siehe Kapitel 1, Abb. 6).*

Innerhalb von fünf Jahren nach dem ersten Treffen mit Burian entstanden in dessen bescheidenem Atelier zahlreiche Rekonstruktionen der urzeitlichen Lebewelt. Besonders oft nutzte er die Technik der Grisaille-Gouache, die durch die Verwendung von Weiß-, Grau-, und Schwarztönen oder einer Palette von Sepiatönen auf Schatteneffekte setzt. Hier erreichte Burian Lebendigkeit und Naturalismus wie kein anderer **(Abb. 7)**.

Durchbruch und Anerkennung

1941 war es soweit. Im Verlag Pavlik erschien das erste gemeinsame Buch »Zavátý život«, zu Deutsch »Verwehtes Leben« **(Abb. 8 & 9)**. Kurz darauf, im Jahr 1942, nahmen die Verleger Toužimský & Moravec, für die Burian schon die Karl May-Ausgaben illustrierte, das Buch »Divy prasvěta«, zu Deutsch »Wunder der Urwelt«, ins Programm. Damit gelang der Durchbruch. Der Titel, der auch in Einzelheften vertrieben wurde, erreichte hohe Popularität und Nachauflagen. Inmitten von Fremdherrschaft und Krieg konnten sich die Leser aus ihrem bedrückenden Alltag in fantastische Welten flüchten.

Schon im Jahr 1938 entstand ein beeindruckendes Ölbild. Eine Szene aus der Oberen Kreide Nordamerikas mit dem Titel »*Trachodon* und *Tyrannosaurus*« **(Abb. 10)**. Die dramatische Begegnung von Räuber und Gejagten spielt sich in einer lichtdurchfluteten, offenen Landschaft ab. Das gleißende Sonnenlicht lässt den Betrachter die Hitze des Tages förmlich auf der Haut spüren. Dieses Licht sollte in vielen von Burians Bildern zum gestalterischen Mittel werden. Ganz anders, nahezu friedlich, wirkt eine Szene aus dem Oberen Jura des heutigen Tendaguru-Berglands in Tansania **(Abb. 11)**. Hier wurden während der deutschen Kolonialzeit die Knochen von gewaltigen, pflanzenfressenden Dinosauriern entdeckt und ausgegraben. Der Paläontologe Werner Janensch beschrieb einige davon als *Brachiosaurus brancai* [heute *Giraffatitan*] (siehe Kapitel 1, Abb. 2). Erst 1937 wurden die Knochen im Kuppelsaal des Berliner Museums für Naturkunde montiert und gelten seither als größtes aufgebautes Dinosaurierskelett der Welt. Die Körperhaltung, die die Präparatoren des Museums dem Tier gaben **(Abb. 2)**, spiegelt sich in Burians Bildrekonstruktion eins zu eins wider. Ungewöhnlich ist jedoch die Perspektive, die der Maler auf die abendliche Szenerie bietet. In einem Cañon-artigen Gewässer sind drei friedliche Kolosse zu erkennen. Zwei von ihnen ragen mit ihren Köpfen über die spiegelglatte Wasseroberfläche. Das dritte Tier ist untergetaucht und weidet die Wasserpflanzen ab. Zu sehen ist es dennoch, denn Burian lässt den Betrachter wie in ein Aquarium blicken. Das kristallklare Wasser wird dabei nur am Grund durch den aufgewirbelten Sand getrübt.

Die tschechischen Ausgaben sollten zwei Jahrzehnte später auch in deutscher Sprache erscheinen. Im Vorwort zu seinem Buch »Versteinerte Welt«, das 1962 im Urania-Verlag herauskam, lädt Augusta die Leser auf eine Reise ein – wie er schreibt in »verlorene Welten, Gegenden von zauberhafter Schönheit und hoffnungsloser Öde, jauchzendem Leben und grabestiefer Stille, [um zu erblicken], was noch keines Menschen Auge sah.«[12] Dennoch kommen uns heute die im Text beschriebenen Szenen seltsam vertraut vor.

Augustas Schilderungen lesen sich gleichsam wie Drehbücher für Naturfilme. Die Illustrationen darin könnten auch als Filmstandbilder gedeutet werden. Es ist schwer zu sagen, was zuerst da war. Das »Storyboard« von Burian oder Augustas Text. Eine typische Passage für dessen Erzählweise ist die Beschreibung der Lebewelt aus dem Oberen Jura des Solnhofener Plattenkalks, einer Gesteinsformation in der Fränkischen Alb in Süddeutschland und Fundort des Urvogels *Archaeopteryx* (**Abb. 12**, siehe Doppelseite S. 92/93). Diese taubengroßen Tiere beschäftig-

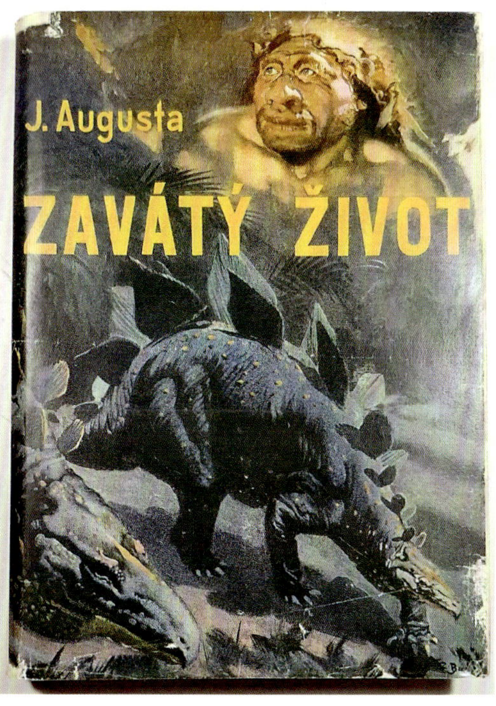

Abb. 8: *Umschlagillustration von Zdeněk Burian für »Zavátý život« (1941), zu Deutsch »Verwehtes Leben«. Mit diesem Buch begann seine Karriere als Paläokünstler.*

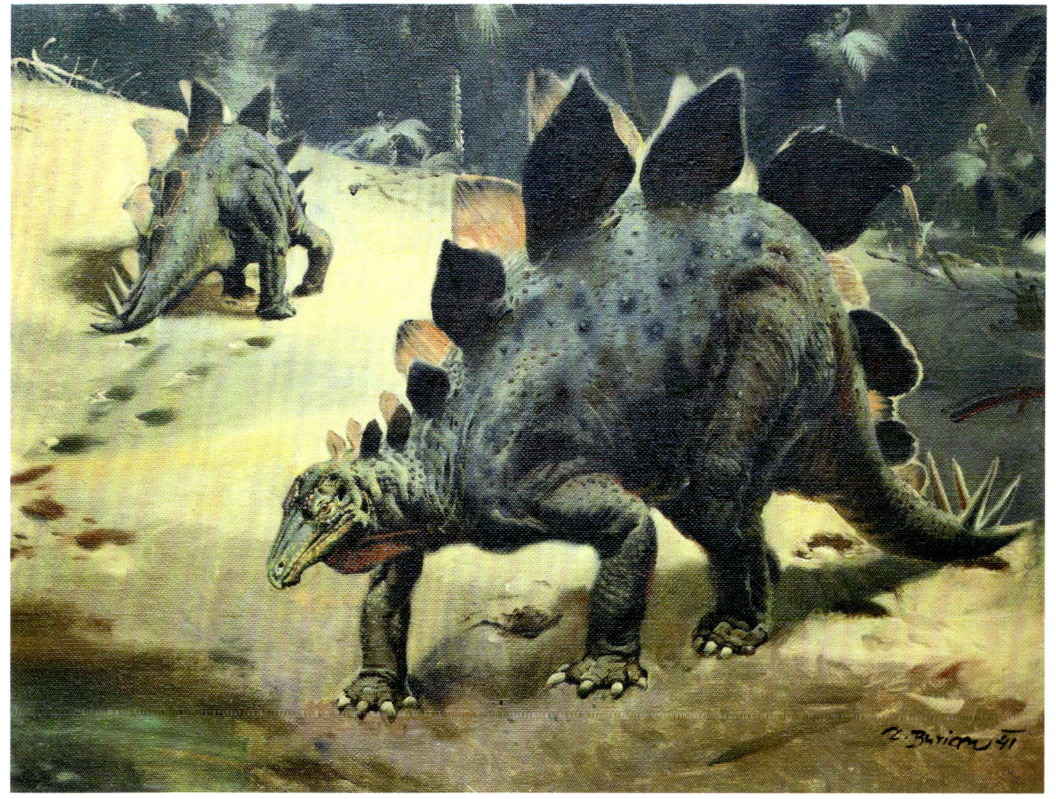

Abb. 9: ***»Stegosaurus«*** *von Zdeněk Burian, Öl auf Faserplatte, 1941.*

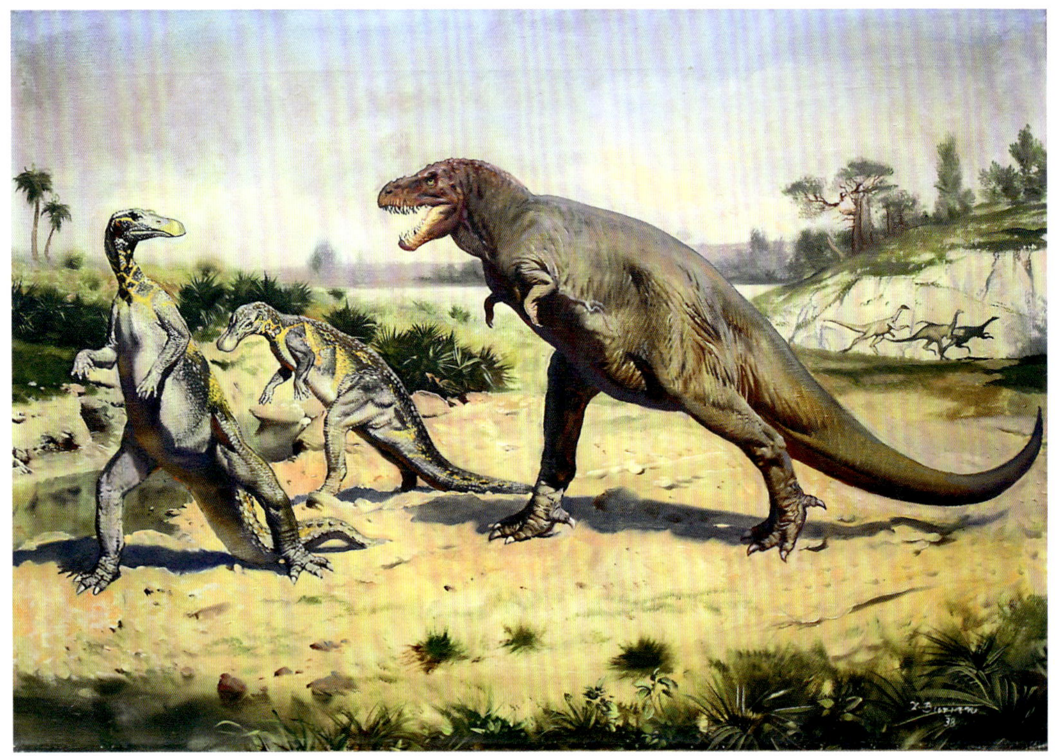

Abb. 10: »**Trachodon** und **Tyrannosaurus**« von Zdeněk Burian, Öl auf Leinwand, 1938. Im Bildhintergrund fliehen drei Dinosaurier der Gattung **Struthiomimus**.

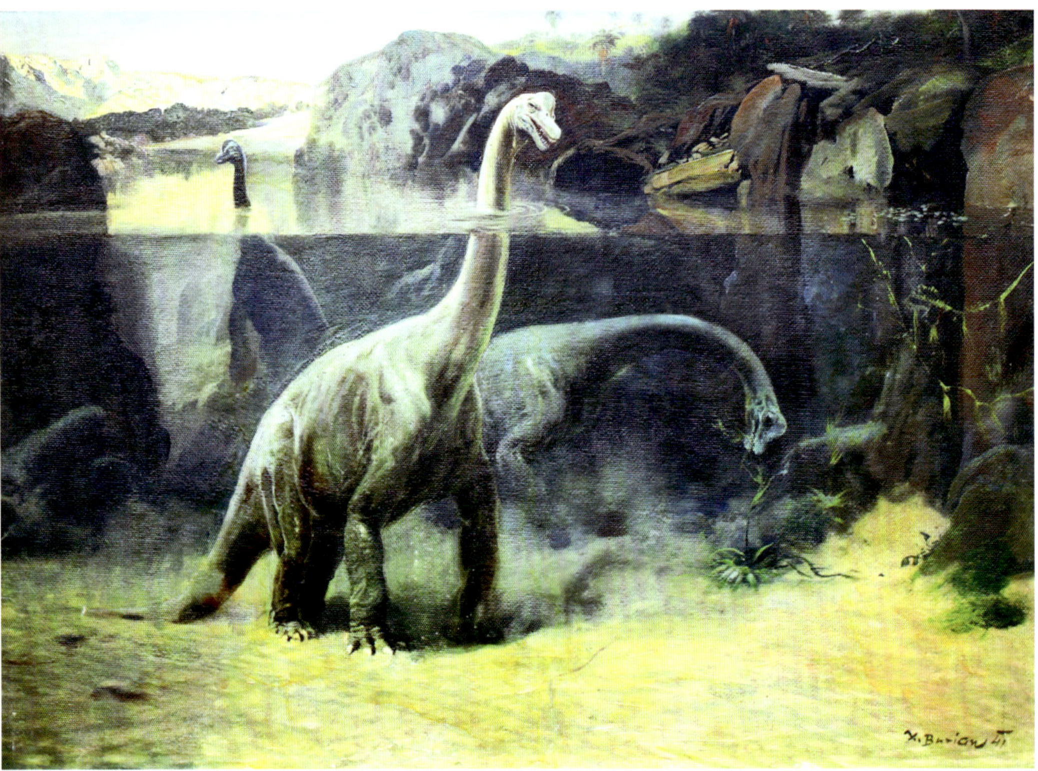

Abb. 11: »Brachiosaurus« von Zdeněk Burian, Öl auf Faserplatte, 1941.

ten die Paläontologen seit dem Auffinden der ersten Feder im Jahr 1860. *Compsognathus*, der kurz zuvor entdeckt wurde, galt lange Zeit als kleinster bekannter Dinosaurier und nächster Verwandter des Urvogels. Beiden kam damit im Streit um die Evolutionstheorie Darwins eine zentrale Rolle zu. Die wenigen bis in die Mitte des 20. Jahrhunderts bekannten *Archaeopteryx*-Exemplare wiesen deutliche Merkmale von Vögeln, aber auch solche von Reptilien auf. Im Urvogel glaubte man das hypothetische »Missing Link« und damit das evolutionäre Bindeglied zwischen beiden Tiergruppen gefunden zu haben.

Burian nutzte für seine Bildkomposition natürlich Vorlagen. So griff er für die Färbung des Gefieders der Vögel auf ein Aquarell des dänischen Künstlers und Ornithologen Gerhard Heilmann aus dem Jahr 1926 zurück **(Abb. 13)**. Für das angenommene Verhalten der Tiere holte sich Burian weitere Inspiration. Der ebenso zeichnerisch wie wissenschaftlich begabte Schweizer Zoologe Manfred Reichel veröffentlichte 1941 dazu Bewegungsstudien, die zeigen, wie *Archaeopteryx* seine Flügelkrallen zum Klettern benutzt haben könnte und wie die befiederten Flügel und der Schweif kurze Gleitflüge möglich machten **(Abb. 14)**. Bei einer genauen Bildanalyse von Burians Rekonstruktionen lassen sich oft die Vorarbeiten anderer erkennen und es war nur zu natürlich, auf sie zurückzugreifen. Unerreicht sind die künstlerische Originalität und Lebendigkeit seiner Bilder, die ihn von allen seinen Vorgängern unterscheiden.

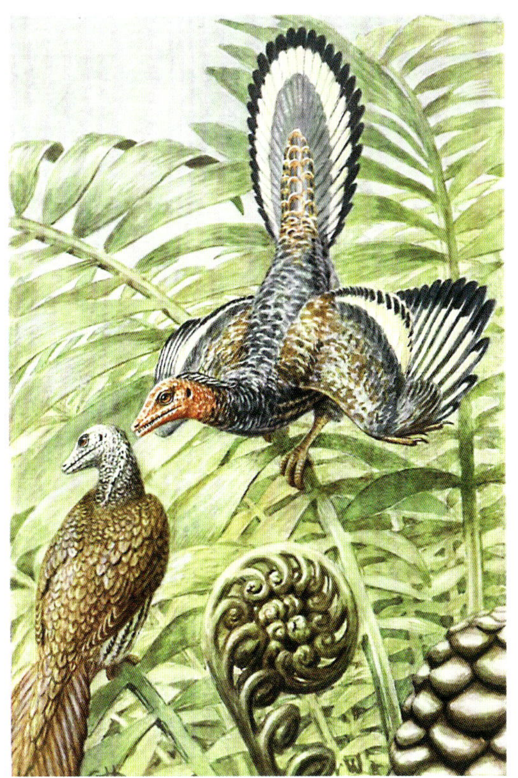

Abb. 13: *»Archaeopteryx lithographica« in der Rekonstruktion von Gerhard Heilmann, Aquarell, 1926.*

Abb. 14: *Bewegungsstudien von* ***Archaeopteryx lithographica*** *von Manfred Reichel, Federzeichnungen, 1941.*

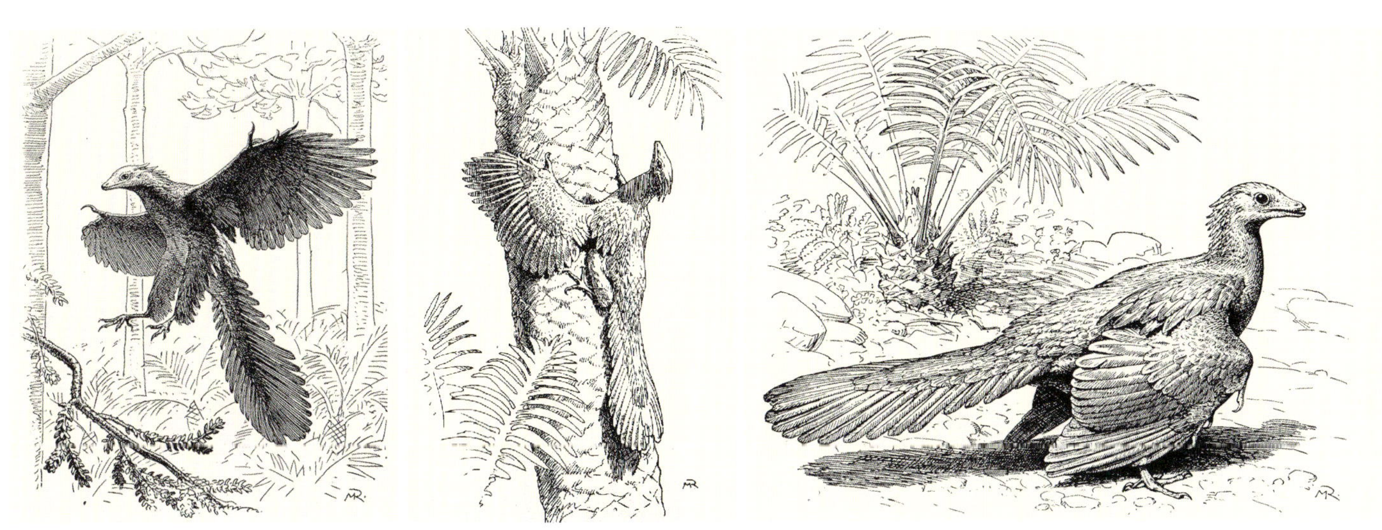

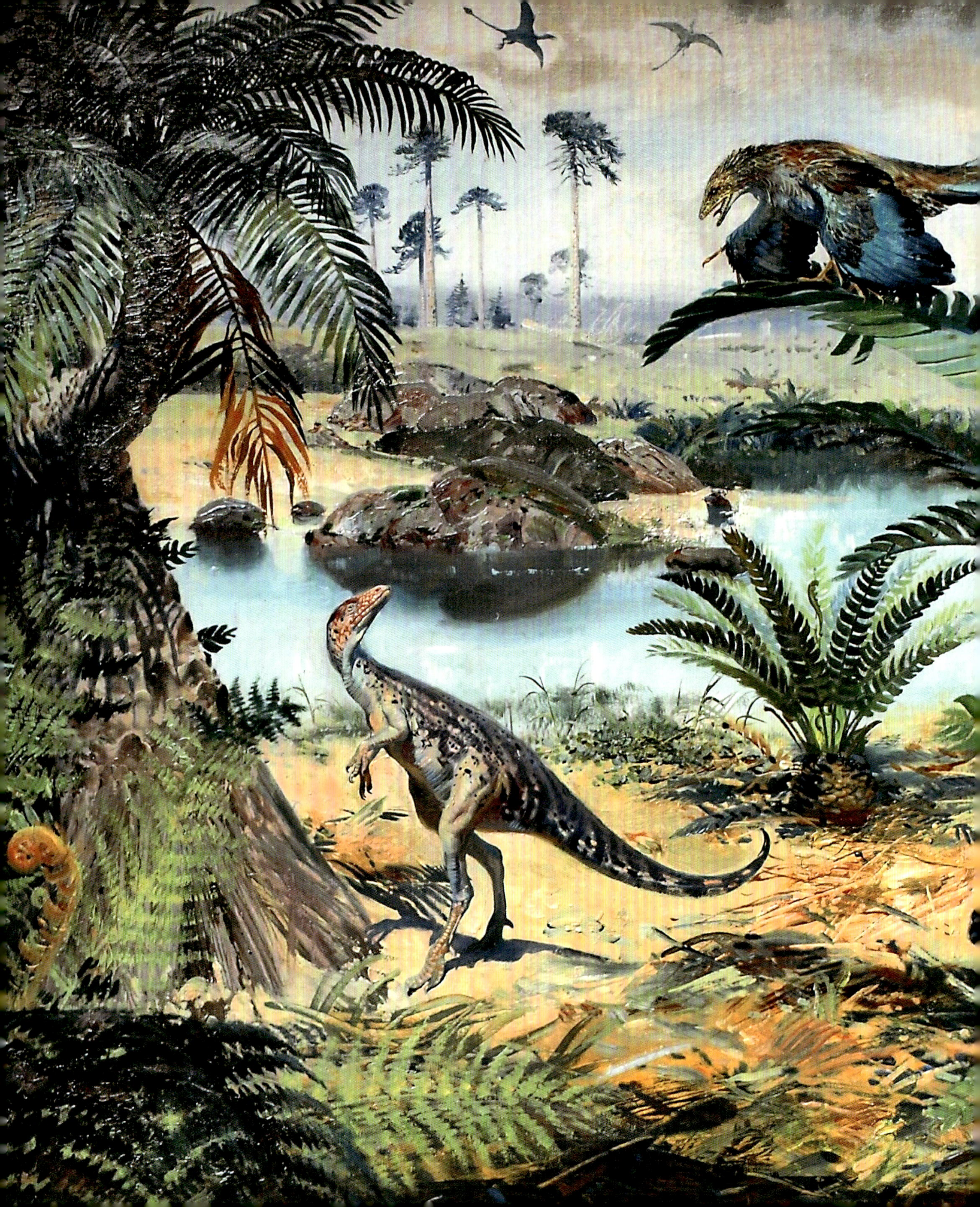

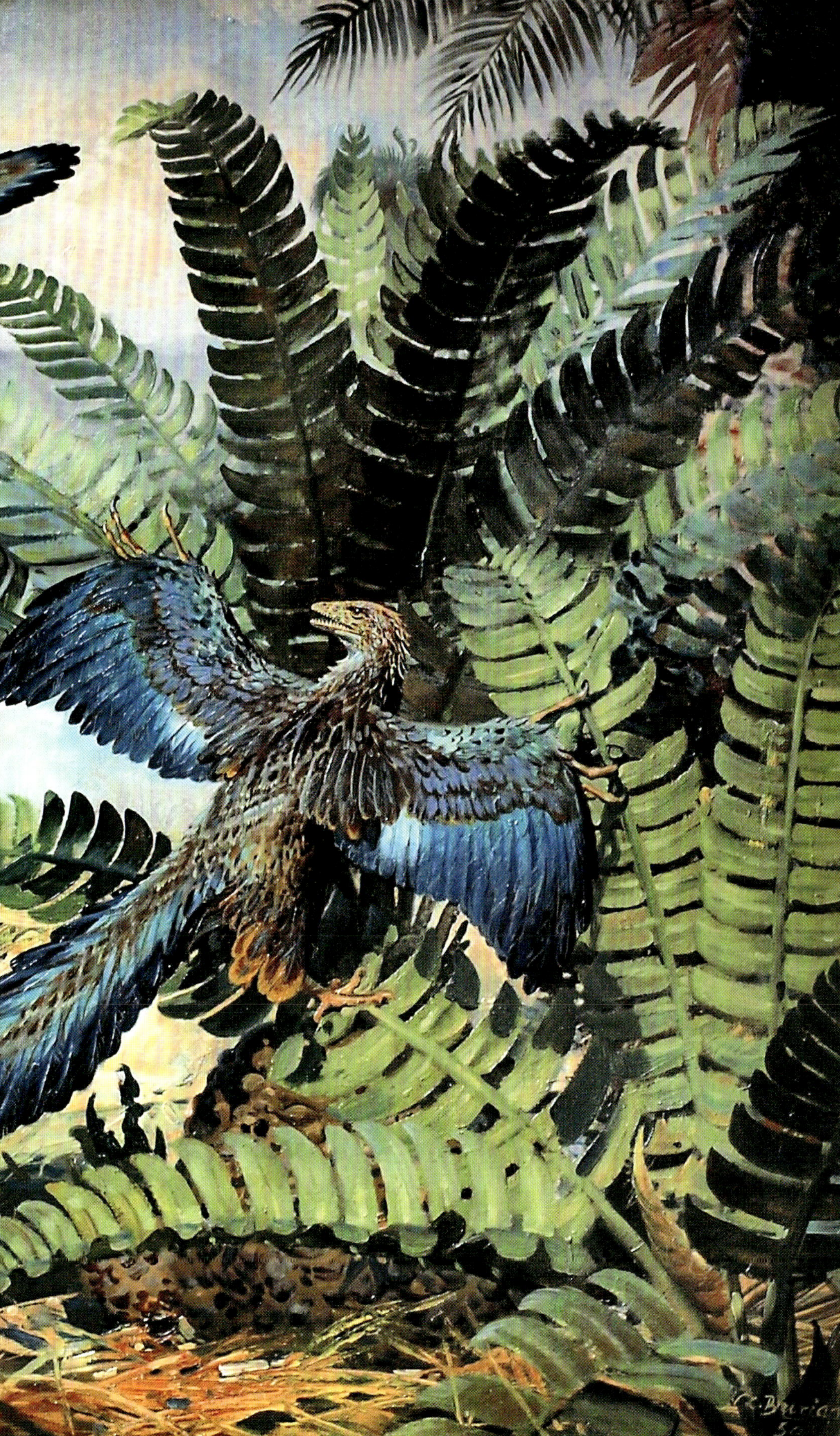

Abb. 12: »Jurassische Lagunenlandschaft« von Zdeněk Burian, Öl auf Leinwand, 1951.

Josef Augusta schreibt dazu: »Von irgendwoher aus der weiten und kahlen Ebene kam ein kleiner **Compsognathus** herbeigelaufen. Das war ein eigenartiger Zwerg – nicht größer als eine Katze – aus dem Stamme der Riesenechsen. Er lief auf den Hinterbeinen, während er die kleinen und schmalen Vorderbeinchen an den Körper hielt. […] Den langen Schwanz trug er hoch über den Boden. Sein kleiner Eidechsenkopf ruhte auf einem schlanken Hals, und aus dem leicht geöffneten Maul glänzten zwei Reihen spitzer, kegelförmiger Zähne, die all dem Vernichtung und Tod verhießen, dem die kleine Riesenechse überlegen war. Der Hunger jagte den kleinen **Compsognathus** an das Ufer der Lagune. Aber er unterbrach seinen Lauf häufig. Von Zeit zu Zeit blieb er stehen; sein Eidechsenköpfchen drehte sich nach allen Seiten und äugte mit den braungrünen Augen nach Beute. Und wenn ringsum nichts zu sehen war, setzte er seinen Lauf fort. […] Die tropische Sonne brannte, entflammte gleichsam die Luft und ließ durch die glühenden Wellen von Licht und Wärme alle Gewächse in erstaunlichem Tempo verschwenderisch emporwuchern. […] Das Ufer der Lagune, auf das der **Compsognathus** zuhielt, war schon lange das Jagdgebiet des **Archaeopteryx**-Pärchens. Es hauste in einer hohen Araukarie, wo es in einer Astgabel ein Nest hatte, das kunstlos aus groben Zweigen gefügt und mit Farnlaub gepolstert war.«[12]

Im Westen Deutschlands, wo Zdeněk Burian schon als Karl May-Illustrator einem kleinen Publikum bekannt war, erlangten die Rekonstruktionen zuerst über das Buch »Tiere der Urzeit«, vom Prager Artia-Verlag Verbreitung. Rasch fanden sich weitere Interessenten. Verlage wie Bertelsmann, Kindler oder Dausien nahmen weitere Titel ins Programm. Der Jünger-Verlag in Frankfurt a. M. gab Ende der 1960er Jahre eine Serie von Diapositiven mit Burians Bildern heraus, die z. B. bei der Vermittlung erdgeschichtlicher Zusammenhänge im Unterricht genutzt wurden.

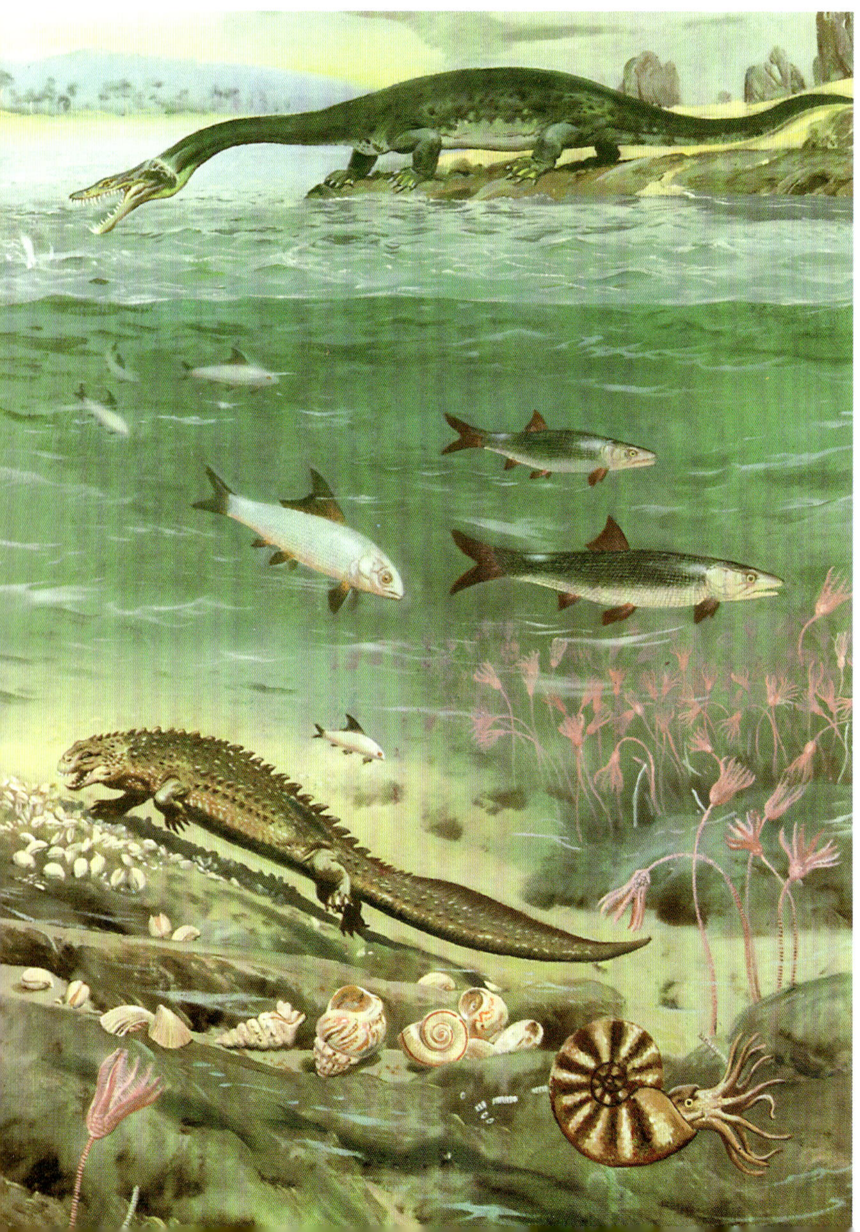

***Abb. 15:** »Das Lebensbild des Muschelkalkmeeres« von Zdeněk Burian, Öl auf Leinwand, 1972. Typische »Aquariumsansicht« und »Wimmelbild« zugleich, mit den Sauriern **Nothosaurus** (oben) und **Placodus** (unten). Beide Tiere stellte Burian schon in den Jahren 1951 und 1962 in ähnlicher Haltung auf getrennten Bildern dar.*

Einmal sollte Burian auch einen Auftrag direkt aus dem Westen annehmen. Der deutsche Verleger Helmut Kindler konzipierte Ende der 1960er Jahre mehrere großangelegte Reihenwerke, u. a. eine 13-bändige Tierenzyklopädie, die er zusammen mit Bernhard Grzimek herausgab und dessen Namen trug – »Grzimeks Tierleben«. Das war ein bewusst gewählter Werbeträger, da die Popularität des Frankfurter Zoodirektors zu dieser Zeit auf ihrem Höhepunkt war. Naturgemäß hatte das Lexikon zahlreiche Autoren, ausgewiesene Spezialisten auf ihrem jeweiligen Gebiet. Auch die Illustrationen, besonders die bekannten »Wimmelbilder«, in denen sich zahlreiche Tiere auf einer Tafel drängen, vertraute man den Autoren an. Burian illustrierte im Ergänzungsband »Entwicklungsgeschichte der Lebewesen« die meisten der Tafeln und griff dabei auf eigene Bildzitate zurück **(Abb. 15)**. Allerdings kommen diese Bilder nicht an frühere Arbeiten heran. Wie die amerikanische Autorin Zoë Lescaze in ihrem Buch »Paläo-Art« bemerkt, sind die besten Bilder Burians die, die von Eile und Spontanität durchdrungen sind. Die meisten seiner Bilder nach 1963 sind nur noch Schatten und Abbilder der Meisterwerke aus den ersten Jahrzehnten seiner langen Karriere.[13] Dennoch gilt er als einer der bedeutendsten Paläokünstler aller Zeiten. Und inzwischen hat sich in der Tschechischen Republik eine neue Generation etabliert, die sich als Schüler und Erben Burians sehen und die Tradition der Erfindung urzeitlicher Welten fortführen **(Abb. 16)**.

Zitierte Literatur

[1] Berliner Zeitung, 9. November 1966 (Jahrgang 22, Ausgabe 309), S. 12.

[2] Dank für diese Information geht an Dr. Mareike Vennen (Berlin).

[3] Neff, Ondřej, Müller, Ondřej & Walica, Rostislav. 2018. Podivuhodný svět Zdeňka Buriana – ilustrační tvorba k dílu Julese Verna [Die wundervolle Welt des Zdeněk Burian – Illustrationen zum Werk von Jules Verne], Praha.

[4] Müller, Ondřej, Walica, Rostislav & Neff, Ondřej. 2016. Dobrodružný svět Zdeňka Buriana – ilustrační tvorba z let 1927–1942 pro nakladatelství J.R. Vilímek a další [Die abenteuerliche Welt des Zdeněk Burian – Illustrationen in den Jahren 1927–1943 im Verlag von J.R. Vilímek und anderen], Praha.

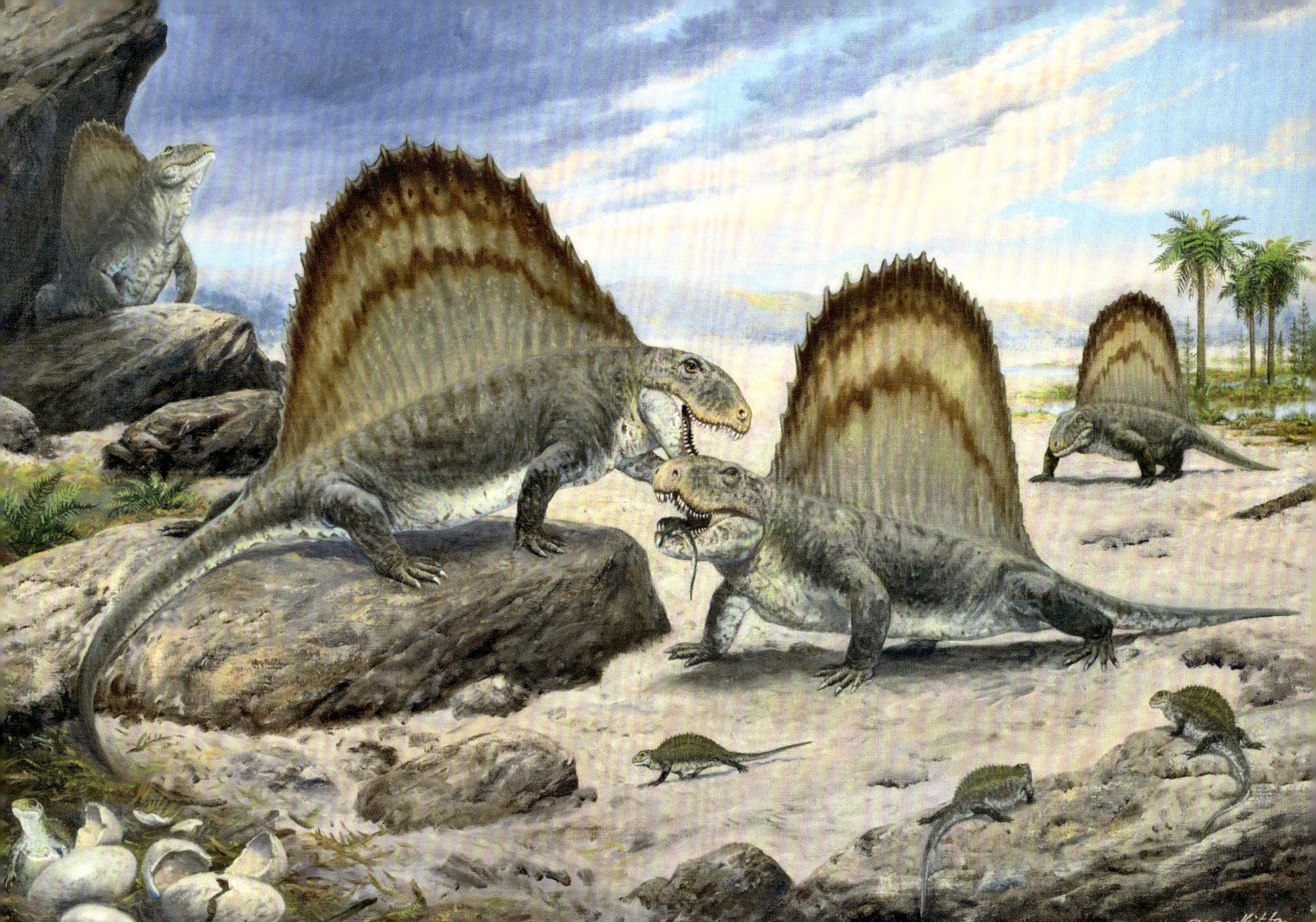

*Abb. 16: **»Dimetrodon limbatus«** von Petr Modlitba, Öl auf Leinwand, 2020. Der angenommene Kannibalismus der Tiere wird hier in der Tradition Zdeněk Burians dargestellt.*

[5] Buschendorf-Otto, Gisela u. a. (Hg.). 1954. Weltall, Erde, Mensch – Ein Sammelwerk zur Entwicklungsgeschichte von Natur und Gesellschaft, Berlin.

[6] Hochmanová-Burianová, Eva. 1991. Zdeněk Burian – pravěk a dobrodružství (rodinné vzpomínky) [Zdeněk Burian – Urwelt und Abenteuer (Familienerinnerungen)], Praha.

[7] Prokop, Vladimír. 1995. Ilustrátor Zdeněk Burian – monografie a soupis díla. [Der Illustrator Zdeněk Burian – Monografie und Werksverzeichnis], Praha.

[8] Sadecký, Petr M. 1982–1984. Zdeněk Burian – Monographie in 5 Teilen, Bonn.

[9] Meyer, Andrea. 2007. Die May-Illustratoren Claus Bergen Zdeněk Burian. In: Beneke, Sabine & Zeilinger, Johannes (Hg.). 2007. Karl May – imaginäre Reisen – eine Ausstellung des Deutschen Historischen Museums, Berlin, vom 31. August 2007 bis 6. Januar 2008. Bönen.

[10] Štorch, Eduard. 1953. Die Mammutjäger. Roman aus der Urzeit des Menschen, Wien [deutsche Übersetzung der Originalausgabe von 1936].

[11] Abel, Othenio. 1925. Geschichte und Methode der Rekonstruktion vorzeitlicher Wirbeltiere, Jena.

[12] Augusta, Josef & Burian, Zdeněk. 1962. Versteinerte Welt, Leipzig, Jena, Berlin.

[13] Lescaze, Zoë. 2017. Paläo-Art – Darstellungen der Urgeschichte, Köln.

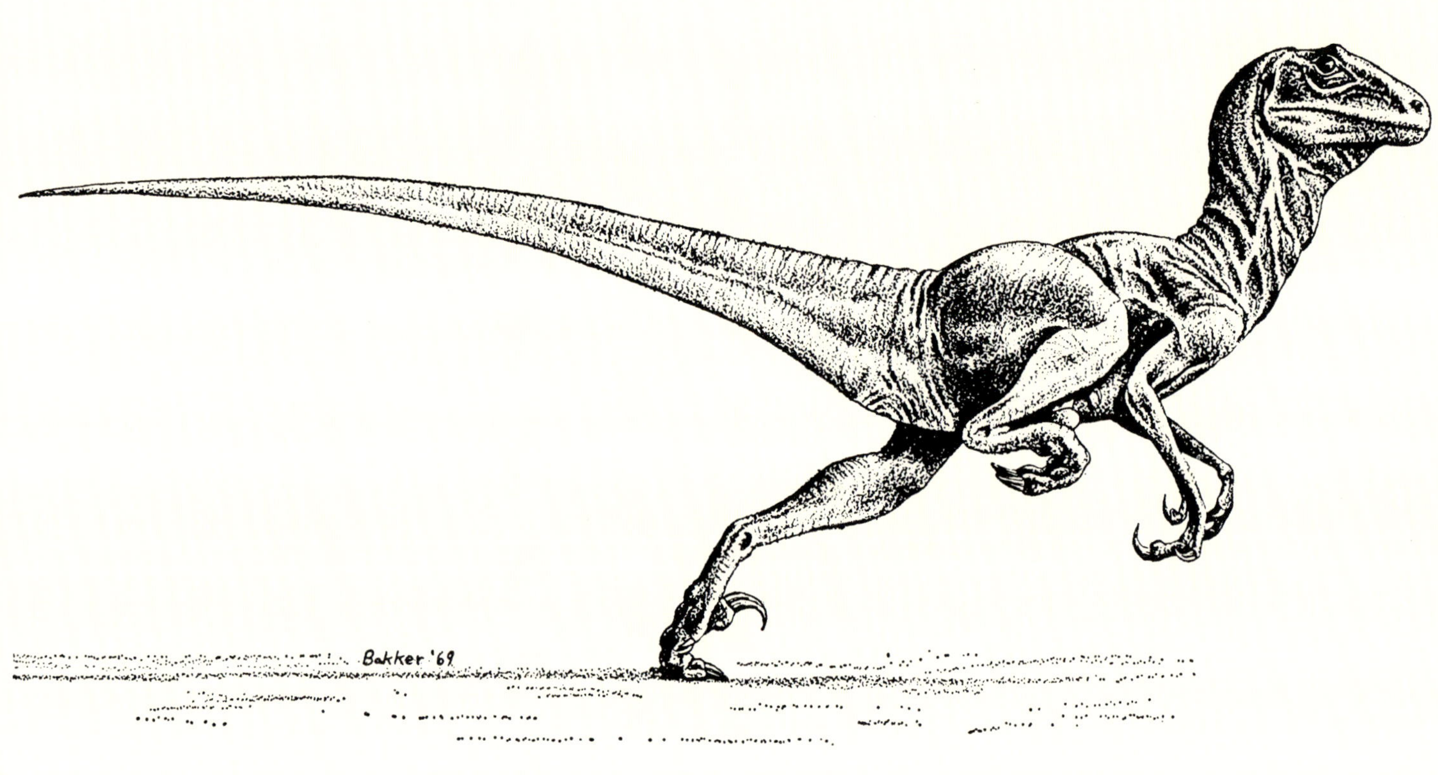
Bakker '69

Von der Dinosaurier-Renaissance zur Dinosaurier-Aufklärung: Paleoart von 1970 bis 2020

8

DENNIS JANZEN

In Michael Crichtons Roman »Jurassic Park« kommt es kurz vor der Eröffnung des titelgebenden Dinosaurier-Zoos zu einer Diskussion zwischen dem Besitzer des Parks, John Hammond, und seinem Chefgenetiker Henry Wu. Es gehe, so Wu, um eine ästhetische Frage bezüglich der im Park lebenden Dinosaurier. Der Wissenschaftler plädiert dafür, die vorhandenen Tiere restlos durch neue Kreationen auszutauschen. Echte Dinosaurier, so Wu, seien nicht das, was die Besucher des Parks sehen wollten. Die Gäste hätten andere Erwartungen, so dass die vorhandenen Tiere unbefriedigend und nicht überzeugend wirkten. Sie seien zu schnell und zu wild. Wu erklärt, er habe Angst, dass die Dinosaurier auf die Besucher wie ein zu schnell abgespielter Film wirken könnten. Man könne sie aber mithilfe der Gentechnik anpassen, sie langsamer und zahmer machen. Hammond setzt sich aber durch: seine echten, warmblütigen und flinken Dinosaurier sollen den Park bevölkern.

Crichtons Buch erschien 1990. Der Autor fasst in dieser Szene zusammen, wie sich das Bild des Dinosauriers in den vergangenen zwei Jahrzehnten verändert hatte. Vor allem die Verfilmung des Romans von 1993 zeigte einem großen, weltweiten Publikum, was Paläontologen und Künstler jahrelang vorbereitet hatten: Die sogenannte »Dinosaur Renaissance« fand dort ihren Höhepunkt.

Dinosaur Renaissance

In der öffentlichen Wahrnehmung der Dinosaurier hatte sich seit dem Ende des Zweiten Weltkriegs nicht viel geändert. Es dominierte weiterhin die Vorstellung von Dinosauriern, die man aus den Werken von Charles R. Knight (1874–1953) und Rudolf Zallinger (1919–1995) kannte: Schwerfällige Sauropoden und hochgerüstete Vogelbeckensaurier trafen auf bedrohliche, aber evolutionär überalterte und zum Aussterben verdammte Raubsaurier. Die populärste Dinofigur dieser Epoche war Godzilla, die japanische Riesenechse von 1954, die sich quälend langsam durch die Metropolen walzte.

Frischer Wind kam erst Ende der 1960er-Jahre auf. Der Paläontologe John Ostrom (1928–2005) war zu dieser Zeit mit seinem jungen Assistenten Robert Bakker (*1945) auf Grabung im südlichen Montana. In der kargen Landschaft fanden sie fossile Überreste eines kleinen Raubsauriers mit einer besonderen, sichelförmigen Kralle an der zweiten Zehe. 1969 veröffentlichte Ostrom eine Studie zu diesem Tier, das er *Deinonychus antirrhopus* (»Schreckliche Kralle«) nannte. Ostroms Analyse war bahnbrechend: Dies war keine schwerfällige, dumme und kaltblütige Echse, wie man bis dato über Dinosaurier dachte. Es war ein warmblütiger Räuber, der in schneller Jagd seine Beute schlug – und anatomisch eher an heutige Vögel als an Reptilien erinnerte. Für das Frontispiz seiner Studie fertigte sein Assistent Bakker eine Zeichnung an, die bis heute weit bekannt ist – und dies nicht allein, weil sie Steven Spielberg als Vorlage für die Velociraptoren in »Jurassic Park« diente (**Abb. 1**). Bakkers Zeichnung zeigt den Dinosaurier im vollen Sprint, den rechten Hinterlauf bis zum Anschlag angezogen, der linke drückt sich kraftvoll und athletisch vom Boden ab. Unterstützt wird der dynamische Ansatz durch den nur mit Punkten angedeuteten Untergrund, der sich wie bei einem schnellen Kameraschwenk aufzulösen scheint. Der versteifte Schwanz, die damit einhergehende horizontale Haltung und die Sichelkralle sind als herausstechende Details des Fossils umgesetzt. Deutlich sind Knochenverläufe und Schädelform zu erkennen, die Haut legt sich ohne erkennbares Weichgewebe – abgesehen von den muskulösen Hinterläufen – in ledrigen Falten um den Körper. Bakker begnügte sich nicht allein mit der Wiedergabe anatomischer Details. Kaum merklich wendet sein *Deinonychus*

Abb. 1: *»Deinonychus antirrhopus«. Robert T. Bakker, 1969.*

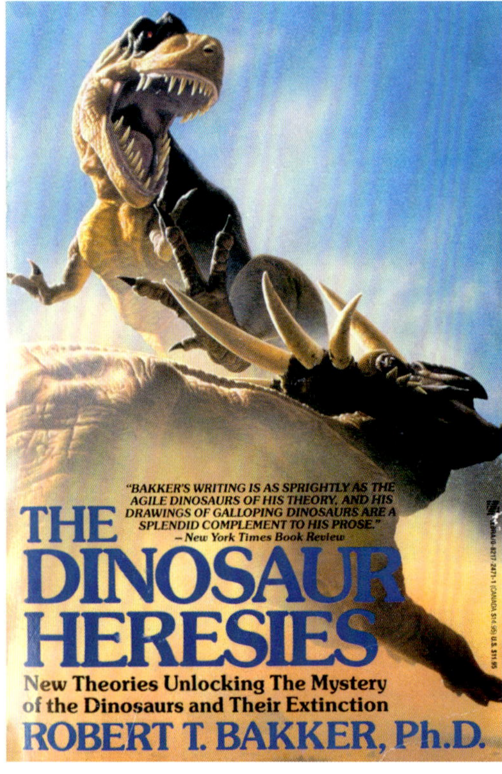

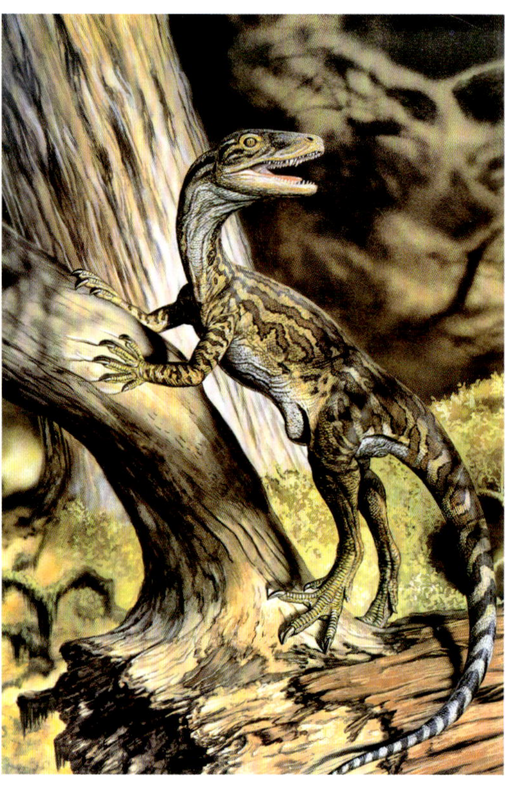

Abb. 2: *»The Dinosaur Heresies« von Robert T. Bakker. Coverillustration von John Gurche, 1986.*

Abb. 3: *»The Sound« von Mark Hallett, Gouache auf kaltgepresstem Karton, 1990.*

dem Betrachter trotz aller Eile den Kopf zu und fixiert ihn mit lebhaftem Ausdruck. Dies ist keine dumme, langsame Kreatur mit dem sprichwörtlichen »Hirn von der Größe einer Walnuss«, die sich wahrnehmungslos durch ihre Umwelt bewegt, sondern ein aufmerksames, intelligentes und flinkes Lebewesen, das für seine spezielle Art zu jagen ein hohes Maß an Koordinationsfähigkeit, exzellente Sehkraft und umfassende motorische und kommunikative Fähigkeiten benötigt. Eine ganz neue Art von Dinosaurier wurde der Welt rasant bekannt gemacht, denn die Medien nahmen Bakkers Bild mit Begeisterung auf.

Robert Bakker nutzte diesen Schwung geschickt aus und rief 1975 im populärwissenschaftlichen Magazin Scientific American die »Dinosaur Renaissance« aus, die Wiedererweckung der Dinosaurierpaläontologie aus ihrem Dornröschenschlaf. Seine These: Dinosaurier waren keine obsoleten Reptilien, sondern eine neue Gruppe warmblütiger Tiere. Und die heutigen Vögel sind ihre Nachfahren.

Der junge Wissenschaftler, geübt in der Paläontologie und begnadet an Zeichenstift und Schreibmaschine, war ein Meister der Selbstinszenierung. »Seine« Dinosaurier waren ein öffentliches Thema, weil er lautstark gegen seine Vorgänger und konservativen Kollegen wetterte und jedem alten Dinosaurierbild eine neue Variante entgegenhielt. Höhepunkt dieser Entwicklung war sein Buch »The Dinosaur Heresies« von 1986, ein von eigener Hand reich illustrierter Wälzer von knapp 500 Seiten (**Abb. 2**). Mittlerweile war er – immer mit Bart, langen Haaren und Cowboyhut – ein Medienstar geworden, mit Interviews, Fernsehshows und Werbeverträgen. Einmal plante er als PR-Coup eine neue Dinosaurierart nach Arnold Schwarzenegger zu benennen.

Ein anderer Paläontologe grub zu dieser Zeit ebenfalls in Montana. John, genannt Jack, Horner (*1946) beleuchtete mit seinen Funden eine weitere neue Seite der Urzeitechsen: Nestfunde bestätigten ihm, dass Dinosaurier brutpflegende Eltern und soziale Herdentiere waren. Auch dies war ein Bruch mit der bisherigen Vorstellung, die in der häuslichen Generation der Babyboomer gerne aufgenommen wurde.

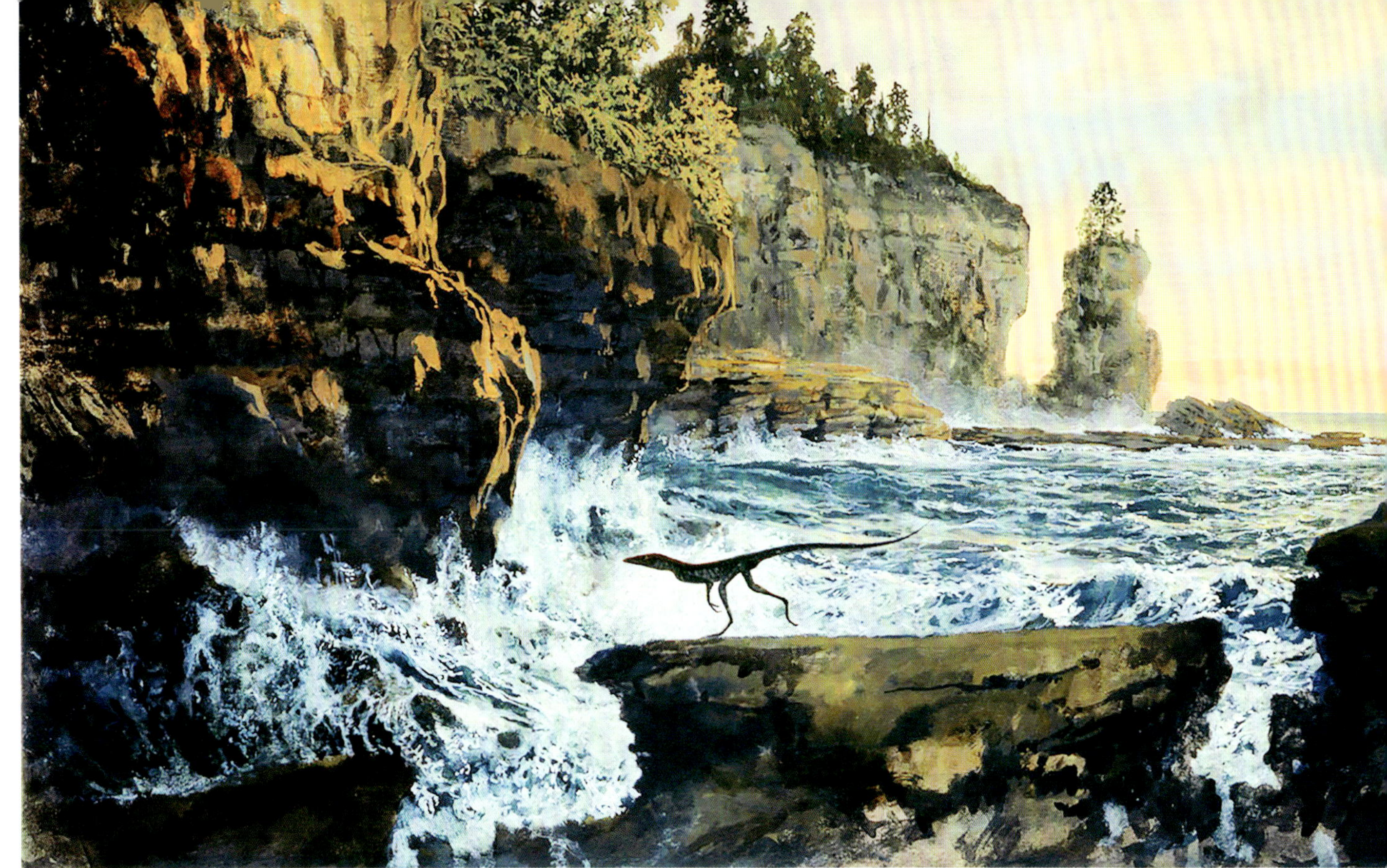

Abb. 4: »Sphenosuchid and Fissure Coastal Cliffs« von Douglas Henderson, Öl auf Papier, 2003.

Diese Aufmerksamkeit der Medien für die Paläontologie beförderte die Arbeit einiger junger Künstler, die ihr Talent einsetzten, um die »neuen« Dinosaurier darzustellen – schließlich war kein Zeitungsbericht und kein Fernsehprogramm vollständig ohne ein richtiges Bild, eine Lebendrekonstruktion, der Tiere zu zeigen. Die jungen Maler nahmen die Erkenntnisse der Paläontologen in ihre Kunst auf und stellten ihre Dinosaurier weniger echsenartig, sondern mit Merkmalen von Säugetieren oder Vögeln dar. Dynamische Posen verdeutlichten die Beweglichkeit. Nur noch selten wurde ein Tier mit allen Läufen auf dem Boden gezeigt. Ihre langen Schwänze, die bislang auf dem Boden geschleift hatten, hielten die Tiere nun energiegeladen in der Luft. Mark Hallett (*1947), der 1987 zuerst den Begriff »Paleoart« für die künstlerische Darstellung fossil überlieferten Lebens prägte, malte mit Gouache einfühlsame Porträts der Urzeittiere (**Abb. 3**). Douglas Henderson (*1949) verband die Traditionen der amerikanischen und europäischen Landschaftsmalerei mit der Darstellung von Dinosauriern (**Abb. 4**) und Gregory S. Paul (*1945) verpflichtete Künstlerinnen und Künstler auf wissenschaftlich-rigorose Methoden bei der Rekonstruktion ausgestorbener Tiere und stellte anatomische Leitfaden für seine Kollegen auf (**Abb. 5**). 1981 gelang William Stout (*1949) mit einem Künstlerbuch über Dinosaurier der Durchbruch (**Abb. 6**) – es zeigten sich neue Publikationsmöglichkeiten, die den Dinosauriermalern jetzt offenstanden. Neben ihrem künstlerischen Handwerk waren diese sogenannten Paleoartists als Berater für Film und Fernsehen tätig. Steven Spielbergs Blockbuster »Jurassic Park« ist nicht allein wegen der wegweisenden Filmeffekte so überzeugend und erfolgreich, sondern weil der Regisseur die Ideen der Dinosaur Renaissance ernst nahm und die vier wichtigsten Paläokünstler seiner Zeit (Hallett, Henderson, Paul und John Gurche) für den richtigen Look seiner Urzeitstars verpflichtete. Weltweit wurden Dinosaurier nun als warmblütige, agile Tiere mit komplexen Sozialstrukturen wahrgenommen. Naturkundemuseen änderten ihre teilweise jahrzehntealten Ausstellungen, brachten ihre Skelettrekonstruktionen in neue, bewegte Posen und kauften neue Gemälde, Grafiken und Skulpturen; goldene Zeiten für die Paleoart.

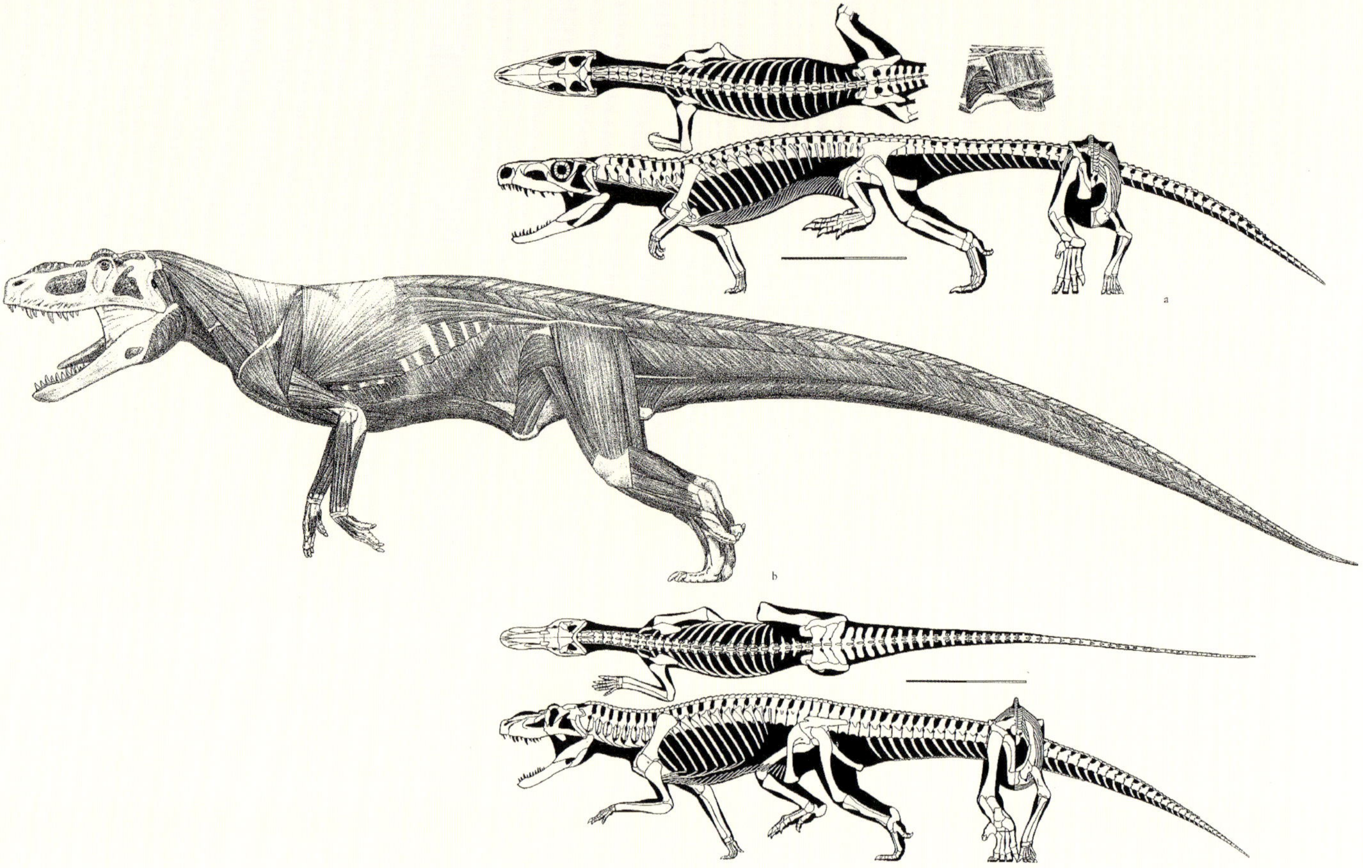

Abb. 5: *Illustrationen aus »The Science and Art of Restoring the Life Appearance of Dinosaurs and their Relatives. A Rigorous How-to Guide«, Gregory S. Paul, 1987.*

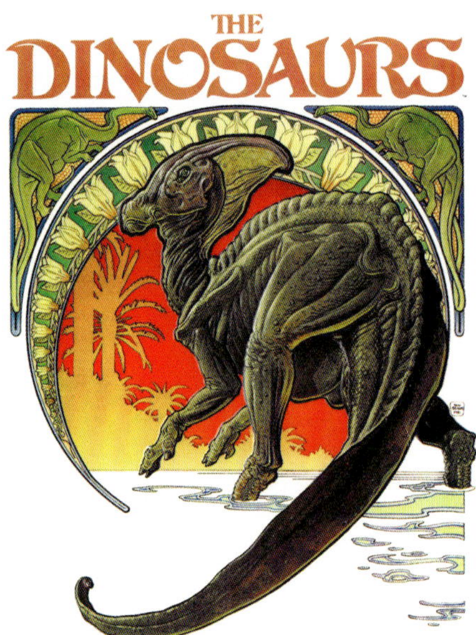

Abb. 6: *Cover von »The Dinosaurs«, William Stout, 1981.*

Im Fahrwasser dieser großen Popularisierung entwickelten sich jedoch auch Probleme für die Paleoart und ihre Künstler. Die Herstellung eines »richtigen« Dinosaurierbilds fordert viel Zeit und Einsatz: Fossilien müssen vermessen, Forschungsberichte gelesen, Spekulationen über Hautfarbe und Umwelt angestellt werden. Faktoren, die echte Paleoart verhältnismäßig teuer machen. Kunden aus Film, Fernsehen, Presse und Verlagen, aber auch Spielzeughersteller, griffen deshalb vermehrt auf die Arbeit einfacher Illustratoren zurück, die teilweise – und bis heute – die aufwendigen Werke der Paleoartists schamlos kopierten und für einen Bruchteil des eigentlichen Werts verkaufen konnten. Außerdem kippte die Vorstellung vom Dinosaurier als warmblütiges Wesen in die von Jurassic Park befeuerte Idee, sie als gewalttätige Monster zu inszenieren, die durchgängig mit gefletschten Zähnen und aus heiserer Kehle brüllend auf der Jagd oder in einen Kampf verwickelt waren (**Abb. 7**). Dies ist gewissermaßen auch den Gründervätern der Dinosaur Renaissance zuzuschreiben: Blättert man durch die über 200 eigenhändigen Illus-

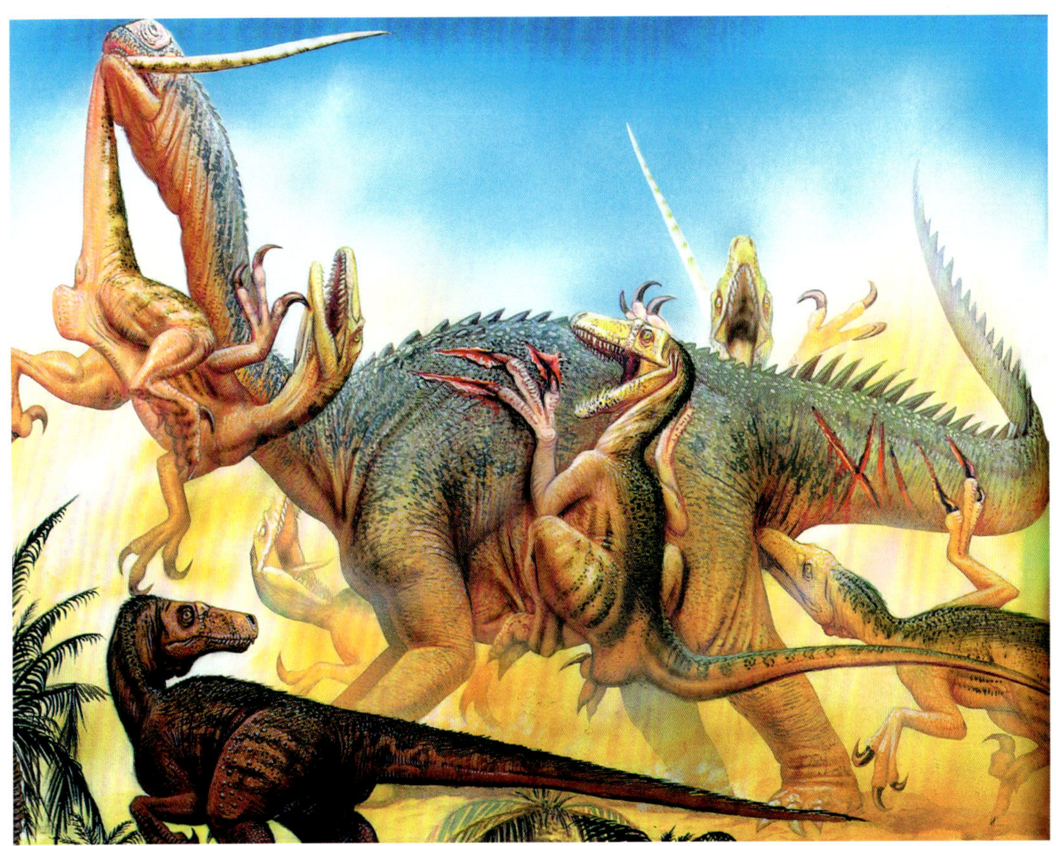

Abb. 7: »A Pack of Raptors attack a Sauropod with Teeth and Claws«. Luis V. Rey, Acryl auf Leinwand, um 2000.

trationen in Robert Bakkers Buch »The Dinosaur Heresies«, wird neben der Athletik der abgebildeten Tiere vor allem ihre Angriffs- und Kampfeslust ersichtlich. Auf nahezu jedem Bild wird gebrüllt, gebissen und gekämpft (**Abb. 8**). In Gregory Pauls Grundlagenwerk »The Science and Art of Restoring the Life Appearance of Dinosaurs« sind die Dinosaurier durchgehend brüllend abgebildet, egal ob in seinen Skelettdiagrammen oder in den fertigen Lebendrekonstruktionen. Pflanzenfresser und Raubsaurier gehen mit offenem Maul und gefletschten Zähnen auf einander und den Betrachter los. Auch die rigorose Fokussierung auf die korrekte Darstellung der Anatomie hatte ihre Schattenseiten. Viele Künstlerinnen und Künstler legten kaum mehr als eine ledrige oder schuppige Hautschicht über die Skelette ihrer Dinosaurier und verzichteten darauf, Weichgewebe wie Muskeln und Fettdepots an ihre Tiere zu fügen, obwohl diese große Auswirkung auf die äußere Erscheinung eines Organismus haben. In Darstellungen dieser Zeit wirken die Tiere häufig wie eingeschweißt in ihre Haut und als wären sie dem Hungertod nahe (**Abb. 9**).

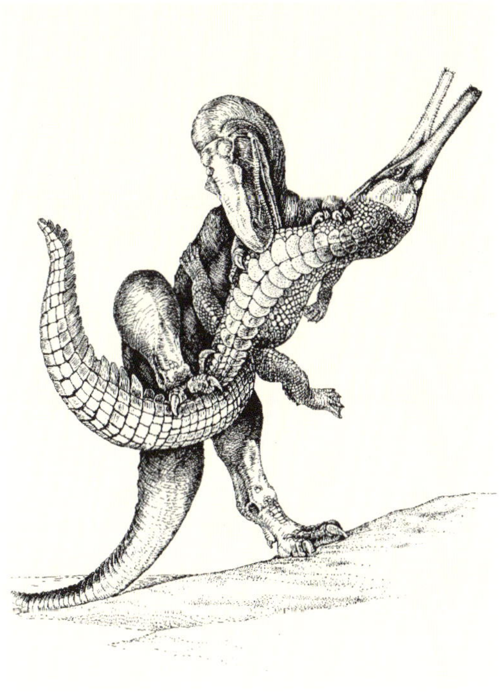

Abb. 8: »Megalosaurus and Teleosaurus«. Robert T. Bakker, 1986.

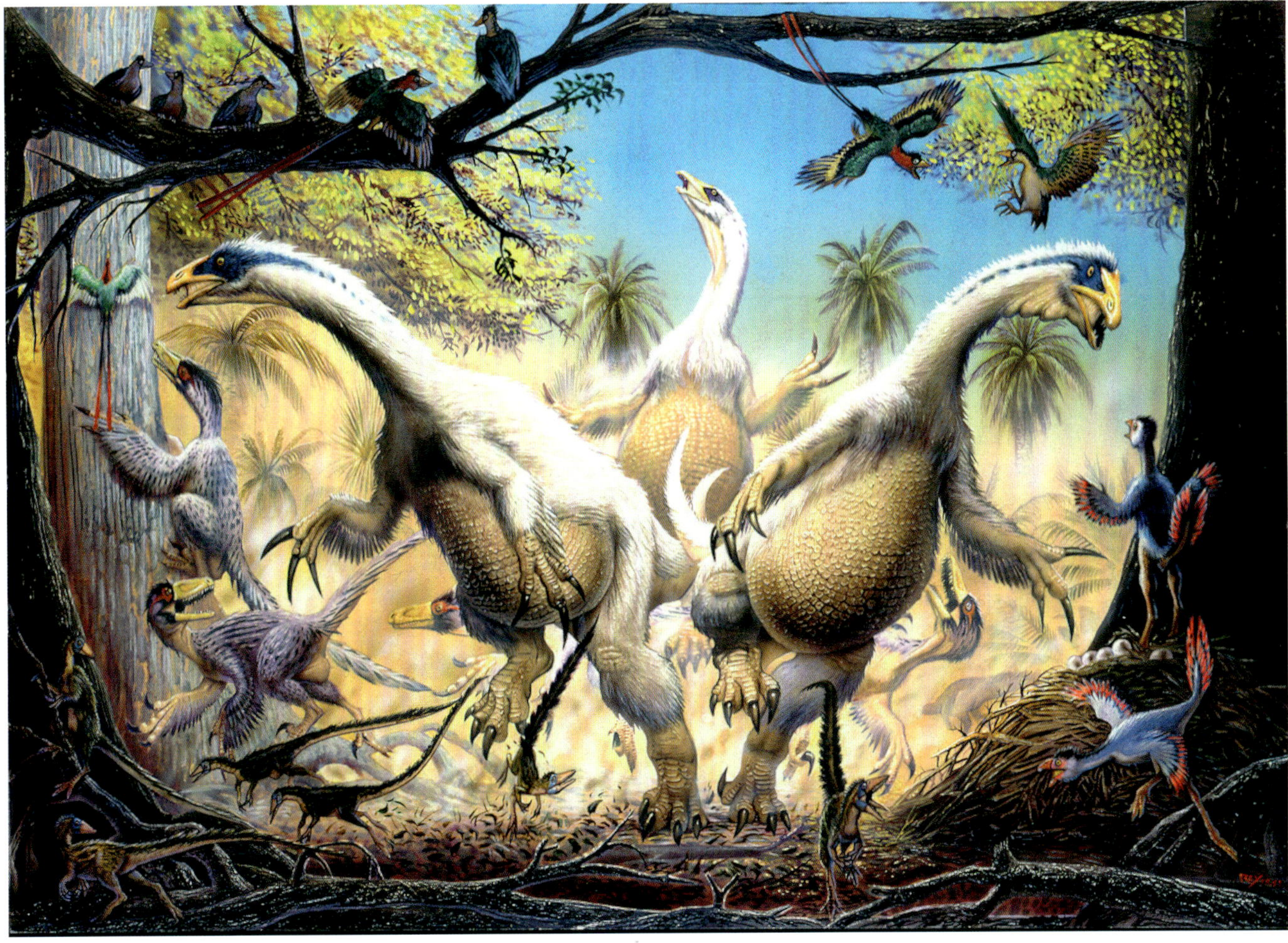

Abb. 10: »The New Chinese Revolution Part 1«. Luis V. Rey, Acryl und Tinte auf Karton, 2004.

Einen anderen Weg wählen der Paläontologe Darren Naish und die Künstler John Conway und C. M. Kosemen. Statt sich durchgehend für einen Modus der Darstellung zu entscheiden, spielen sie in ihrem Buch »All Yesterdays. Unique and Speculative Views of Dinosaurs and Other Prehistoric Animals« verschiedene Varianten durch, um Alternativen zu den angesprochenen Klischees der bisherigen Paleoart vorzustellen. Das Ziel des Buches ist es, Dinosaurier als glaubhafte, reale Tiere zu zeigen, die sich in komplexem Verhalten abseits von Jagd und Kampf betätigen – etwa im Spiel, in Akten der Neugier oder der Fortpflanzung. John Conways Bild »Sleepy Stan« zeigt den *Tyrannosaurus rex* in einer selten gesehenen, aber vermutlich extrem häufigen Beschäftigung (**Abb. 13**). Der große Theropode ruht schlafend, Augen und Maul geschlossen, auf der Seite. Rote Blutspritzer am Maul und der deutlich gefüllte Bauchraum verraten, dass hier ein Verdauungsschlaf gehalten wird. Fallende, leuchtend gelbe Gingkoblätter erzeugen eine ruhige und friedliche Atmosphäre. In einem anderen Bild lässt er den Raubsaurier *Allosaurus* auf den Pflanzenfresser *Camptosaurus* treffen (**Abb. 14**). Während sich in klassischen Paleoart-Werken nun ein blutiger Kampf entwickelt hätte, sieht man hier die Komplexität von Räuber-Beute-Beziehungen: Nicht immer geht es um Jagd und Flucht. Kontakte zwischen Tieren können auch von Spieltrieb, Neugier oder anderen Motiven gesteuert werden.

»All Yesterdays« beschäftigt sich auch mit der Frage nach der Rekonstruktion fossil überlieferten Lebens. Woher nehmen Paläontologen und Paleoartists ihre Hypothesen, wie Dinosaurier und andere ausgestorbene Tiere ausgesehen haben? Beziehen sie die Rolle des Weichgewebes, von Fell, Federn, Höckern

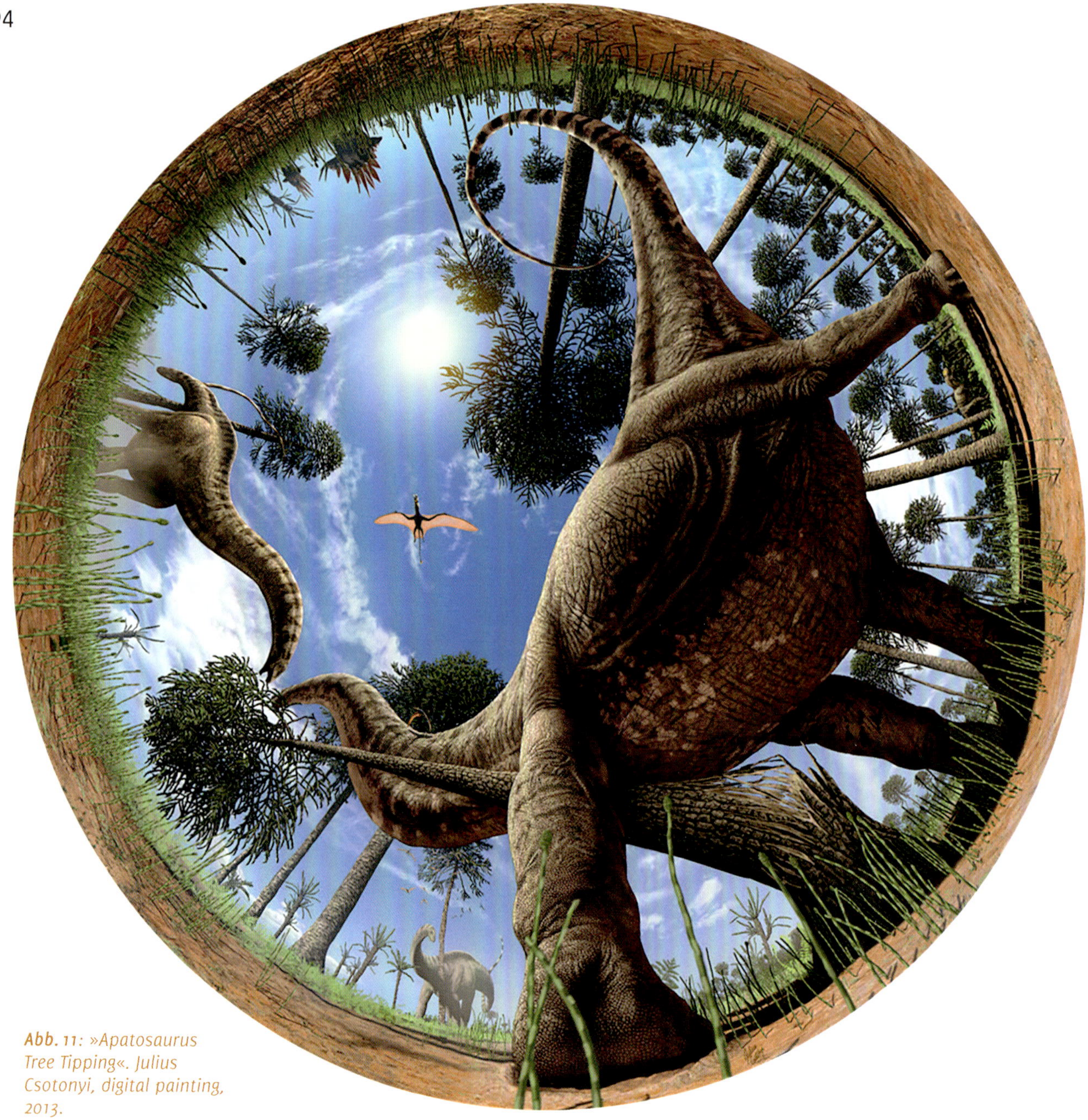

Abb. 11: *»Apatosaurus Tree Tipping«. Julius Csotonyi, digital painting, 2013.*

Abb. 12: *Seite aus »A Field Guide to Mesozoic Birds and other Winged Dinosaurs«, Matthew Martyniuk, 2014.*

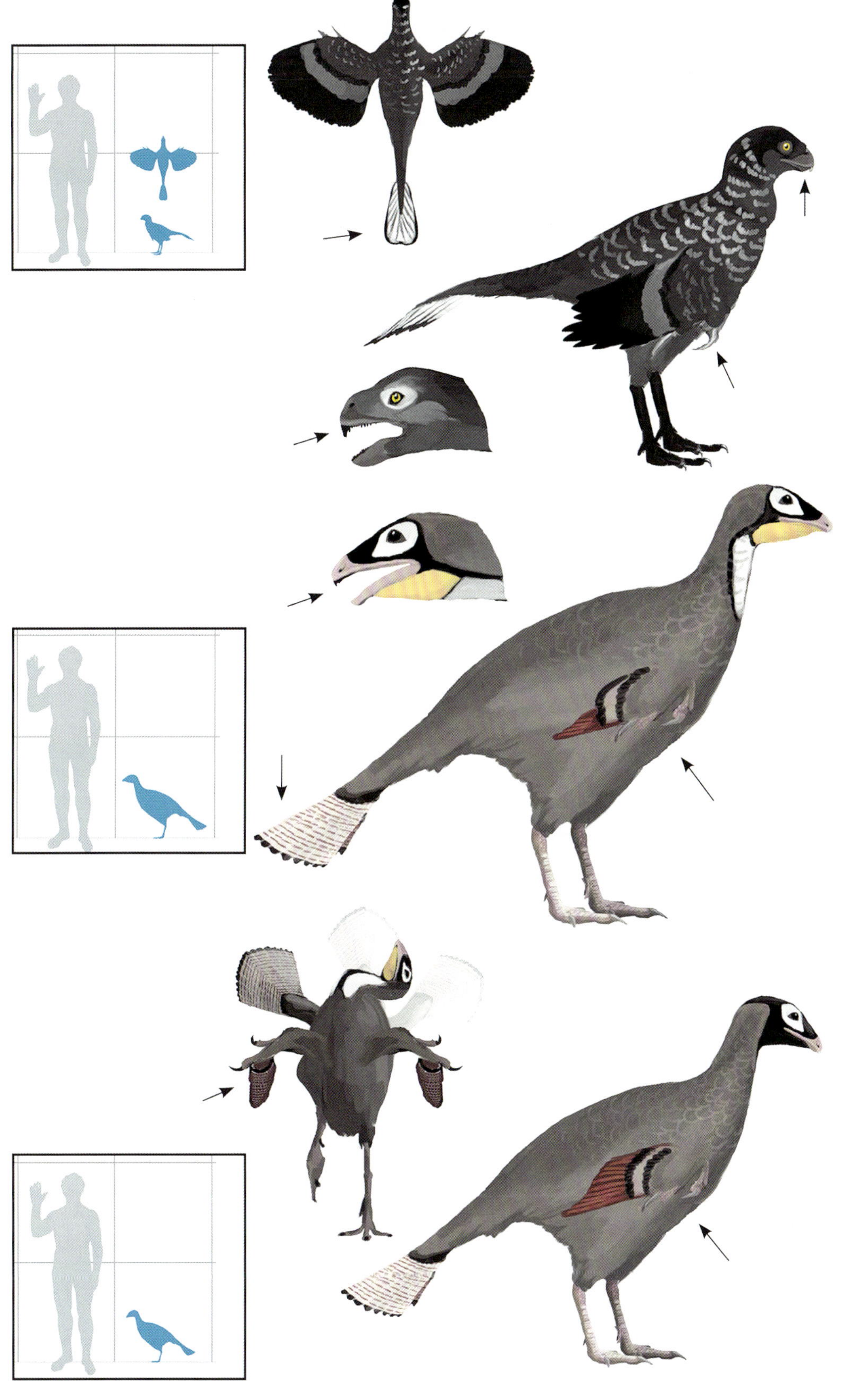

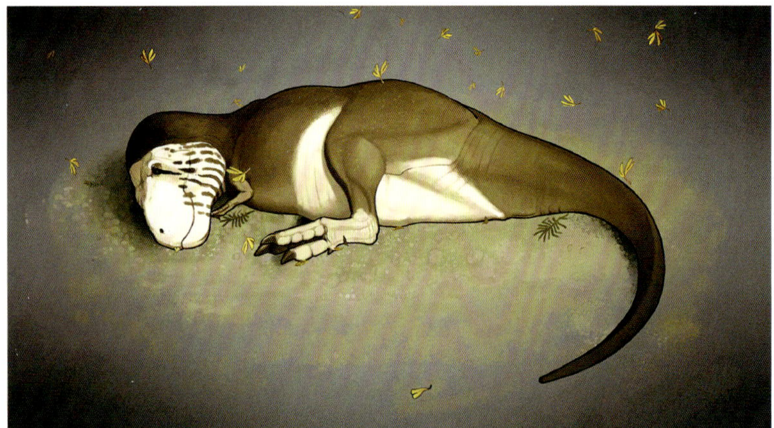

Abb. 13: *»Sleepy Stan«. John Conway, digital painting, 2014.*

Abb. 16: *»Wiehenvenator«. Joschua Knüppe, Aquarell und Gouache auf Papier, 2016.*

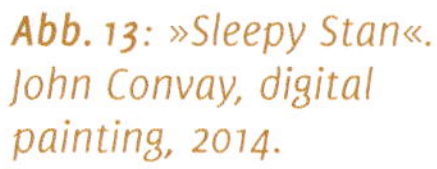

und Rüsseln mit ein? Lassen anatomische Besonderheiten sichere Rückschlüsse auf Verhaltensweisen zu? Conway und Kosemen begegnen diesen Fragen künstlerisch, indem sie die Rekonstruktionsmethoden der Paleoartists auf heute lebende Tiere anwenden. Heraus kommt dabei etwa die Darstellung zweier Schwäne (**Abb. 15**), die durch das Fehlen der Federn und die Fehlinterpretation der Flügel zu wahren Monstern werden.

Diese Form des reflektierten Umgangs nicht nur mit den Bildern, die wir von Dinosauriern und anderen Urtieren haben, sondern auch mit den Bedingungen und Methoden ihrer Produktion, lässt vermuten, dass wir uns nach der Renaissance der Dinosaurier nun in einem Zeitalter der Aufklärung befinden. Erneut stellen Museen ihre Ausstellungen um und Paleoart-Sammlungen werden öffentlich präsentiert.

Nicht zuletzt haben die identitätspolitischen Diskussionen, die mit dem Anstieg der Migrationsbewegungen in den 2010er Jahren aufkamen, Auswirkungen auf den Paleoart-Kosmos: Das geforderte Bewusstsein für den Wert der regionalen Urgeschichte, also der naturhistorischen »Heimat«, rückt die Biodiversität in den Mittelpunkt – europäische Museen feiern ihre eigenen, reichen Funde und lösen sich allmählich von den klassischen US-amerikanischen Blockbuster-Exponaten wie *Tyrannosaurus rex* und *Triceratops*. In Deutschland stehen zunehmend »eigene« Tiere wie *Europasaurus*, *Wiehenvenator* und die Ursaurier vom Bromacker (siehe Kapitel 10) im Mittelpunkt und bieten den zunehmend gut vernetzten Paleoartists ein weites Feld für neue Kunst (**Abb. 16**). Die Urwelt ist, genauso wie die Zukunft der Paleoart, bunt und vielfältig.

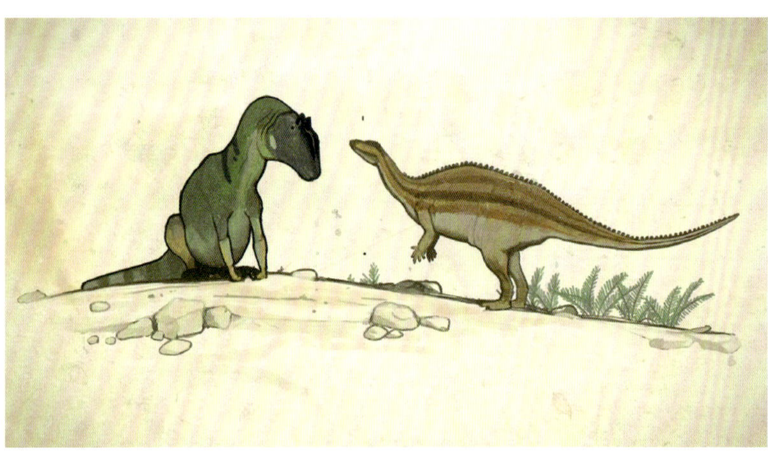

Abb. 14: *»Allosaurus und Camptosaurus«. John Conway, digital painting, 2014.*

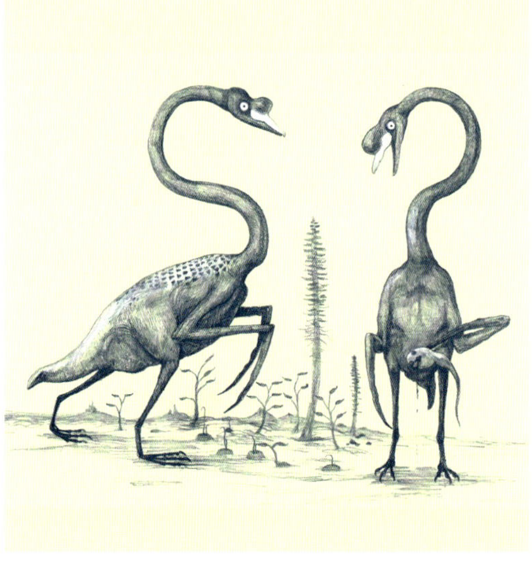

Abb. 15: *Schwäne, C. M. Kosemen, 2014.*

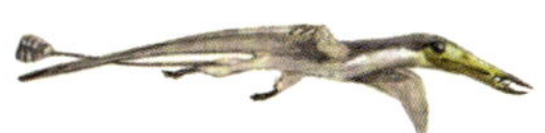

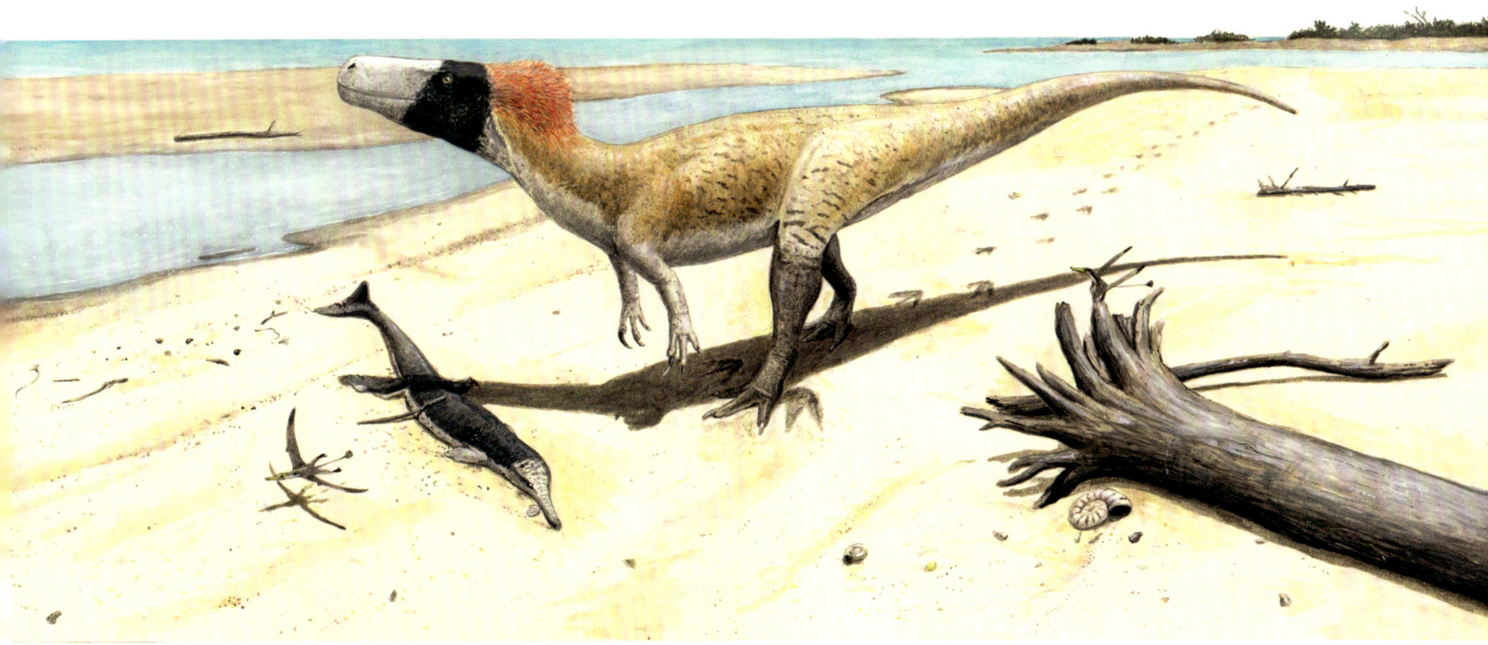

Weiterführende Literatur

Bakker, Robert T., 1975. Dinosaur Renaissance, in: Scientific American 232, 4, S. 58–78.

Bakker, Robert T., 1986. The Dinosaur Heresies. New Theories Unlocking the Mystery of the Dinosaurs and Their Extinction. New York.

Conway, John, Kosemen, C.M. & Naish, Darren. 2012. All Yesterdays. Unique and Speculative Views of Dinosaurs and Other Prehistoric Animals. London.

Desmond, Adrian J., 1975. The Hot-Blooded Dinosaurs. A Revolution in Palaeontology. New York.

Hallett, Mark. 1987. The Scientific Approach to the Art of Bringing Dinosaurs to Life, In: Dinosaurs Past and Present (Ausstellungskatalog). Hg. Sylvia J. Czerkas & Everett C. Olson, Seattle, WA, und London, Bd. 1, S. 97–113.

Martyniuk, Matthew P., 2012. A Field Guide to Mesozoic Birds and other Winged Dinosaurs, Vernon, NJ.

Ostrom, John. 1969. Osteology of Deinonychus antirrhopus, an Unusual Theropod from the Lower Cretaceous of Montana (Bulletin of the Yale Peabody Museum of Natural History, 30), New Haven, CT.

Paul, Gregory S., 1987. The Science and Art of Restoring the Life Appearance of Dinosaurs and their Relatives. A Rigorous How-to Guide. In: Dinosaurs Past and Present (Ausstellungskatalog). Hg. Sylvia J. Czerkas & Everett C. Olson, Seattle, WA, und London, Bd. 2, S. 5–49.

Stout, William. 1981. The Dinosaurs. A Fantastic New View of a Lost Era. Hg. Byron Preiss mit Erzähltexten von William Service, New York und Toronto.

White, Steve. 2012. Dinosaur Art – The world's greatest paleoart. London.

White, Steve. 2017. Dinosaur Art II – The cutting edge of paleoart. London.

White, Steve & Csotonyi, Julius. 2014. The Paleoart of Julius Csotonyi. London.

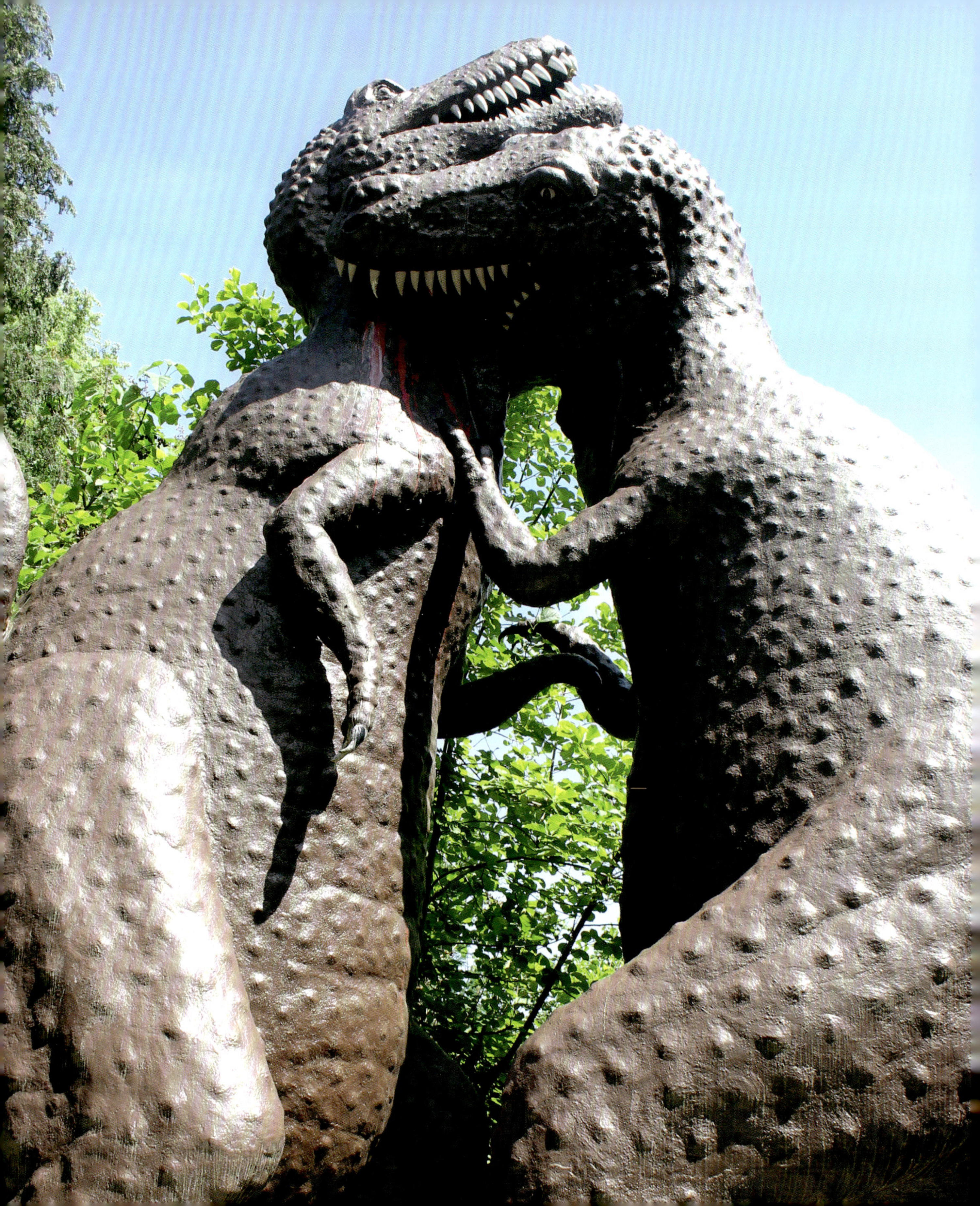

9

Vom Garten zum Urzoo – Franz Gruß und der Saurierpark bei Bautzen

TOM HÜBNER & GOTTFRIED BÖHME

__Gegenüber__: Zwei lebensgroße Exemplare des __Tarbosaurus__ von Franz Gruß im Sauriergarten Großwelka

Franz Gruß – Der Mann mit den Garten-Sauriern

Es war einmal in einem Dorf westlich von Bautzen in der Lausitz im März des Jahres 1978. Beim Abendessen eröffnete ein Vater seiner Familie, dass er lebensgroße Saurier bauen will. Die Familie hielt das zunächst für einen Scherz, aber der Dekorationsmaler und Bildhauer Franz Gruß (1931–2006) meinte es tatsächlich ernst. Er wollte einfach sich selbst und auch anderen zeigen, wie diese Wesen in ihrer natürlichen Größe aussahen. In einem kleinen Bauwagen beschäftigte er sich mit dem Körperbau, studierte Bücher und Bilder und entwarf Zeichnungen und Skizzen. In der DDR gab es damals nur wenige Vorlagen. Vor allem die Urzeit-Bilder des tschechischen Künstlers Zdeněk Burian (1905–1981) hatten es ihm angetan. Nahezu jeder kannte damals die Bücher »Weltall, Erde, Mensch«, »Tiere der Vorzeit« oder »Menschen der Urzeit«, in denen diese Bilder in großer Zahl zu sehen waren. Franz Gruß ließ sich von seinem Bruder auch aus Westdeutschland immer wieder Vorlagen von Sauriern schicken. Aber die Saurier der Burian-Bilder standen ihm geradezu Modell. Er hatte dazu ein eigenes Rastersystem entwickelt (**Abb. 1**). Er legte gleichmäßige Flächen bzw. Raster über die Bilder und nummerierte die einzelnen Flächen. Danach wurde alles auf die Originalmaße der Tiere vergrößert und neben dem vorgesehenen Platz für das Modell aufgestellt. Für den eigentlichen Bau mussten aber zunächst Fundamente ausgehoben werden, denn Franz Gruß arbeitete mit Stahl und Beton. Mit Hilfe seiner großen Skizzen formte er aus Rundstahl die grobe Form. Für die feineren Konturen des Körpers wurde Draht eingeflochten (**Abb. 2**). Darauf kamen zwei Schichten Beton – die erste als Unterlage und die zweite für das Modellieren der Körperoberfläche mit Hautfalten, Schuppen und anderen Details (**Abb. 3 & 4**). Während des Trocknens des Betons wurden die Zähne und Krallen aus Metall gegossen und eingesetzt. Fertig waren die Skulpturen schließlich nach einem wetterbeständigen Anstrich.

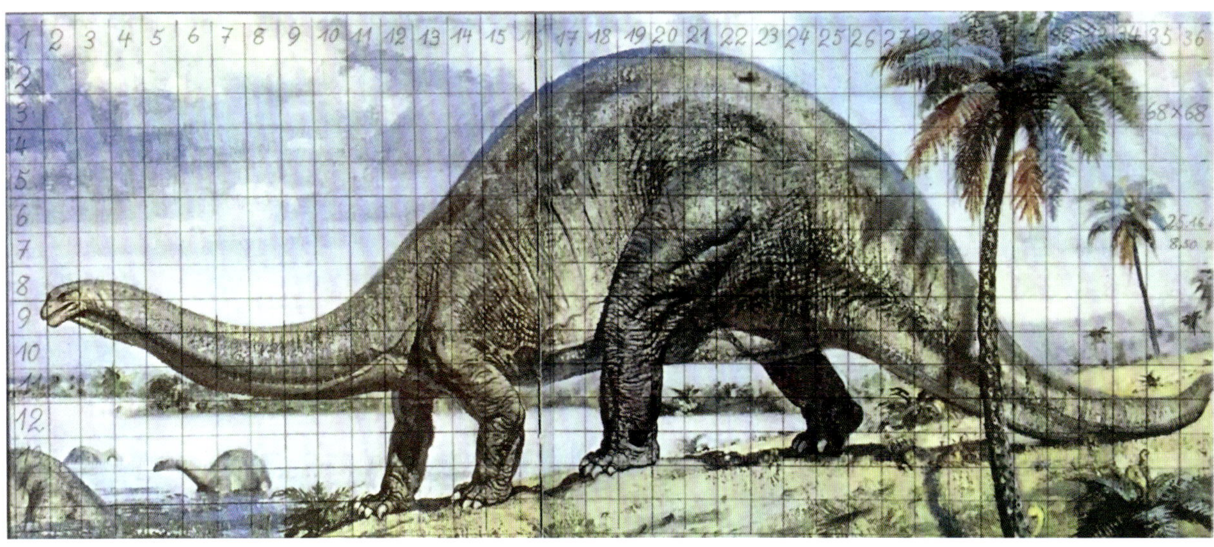

__Abb. 1__: Franz Gruß legte ein Raster über die Bildvorlagen, hier ein __Brontosaurus__, um die Form maßstabsgetreu zu erfassen.

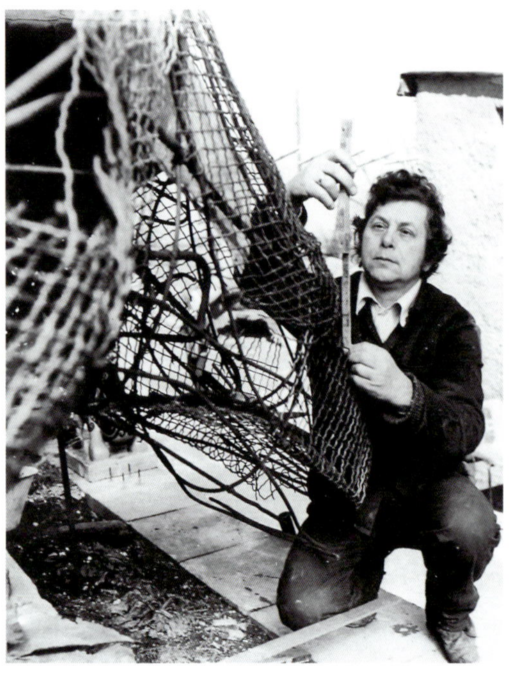

Abb. 2: *Franz Gruß prüft die Maße einer neuen Skulptur, die für die Formgebung schon ein feines Drahtgeflecht bekommen hat.*

Schnell wurde der eigene Garten für die Saurier und die immer zahlreicheren neugierigen Besucher zu klein. Die Gemeinde Kleinwelka, heute ein Ortsteil von Bautzen, bot den nebenan gelegenen Park dafür an. Ab 1981 wurde er umgestaltet und mit Saurierskulpturen bebaut. Dieser Park ist der Kern des heutigen Saurierparks. Der »Urzoo« wurde schnell landesweit bekannt und begeisterte Jung und Alt. Ab 1991 gingen Franz Gruß und der Saurierpark getrennte Wege, aber in seinem Sauriergarten, und ab 1996 in Sebnitz, baute er weiter zahlreiche Modelle. Der Saurierpark selbst bekam mit Thomas Stern ab 1994 einen neuen Bildhauer. Ab 2001, mit der Übernahme durch die Beteiligungs- und Betriebsgesellschaft Bautzen mbH, wurde der Saurierpark durch viele weitere Attraktionen, wie z.B. ein Forschercamp oder den Kletterurwald, erweitert.

Wer sich heute die Saurier des Franz Gruß anschaut, staunt nicht nur über die Ausstrahlung der Tiere, sondern auch über die Genauigkeit, mit der Franz Gruß gearbeitet hat. Viele seiner Skulpturen sehen aus als ob sie direkt einem Gemälde von Zdeněk Burian entstiegen wären (**Vergleich je Abb. 5 & 6, Abb. 7 & 8**). Im umgekehrten Sinne geben sie jedem die einzigartige Möglichkeit, den Sauriern aus den Bildern persönlich zu begegnen und direkt in die Augen und, wer sich traut, in die Mäuler zu schauen. Und natürlich kommt man sich bei *Tarbosaurus*, *Triceratops*, *Diplodocus* und Co dabei auch ziemlich klein vor!

Viele der Saurier erscheinen dem heutigen Besucher in ihrer Körperhaltung und ihrem Aussehen veraltet. Auf den zweiten Blick können sie allerdings als steingewordene Denkmäler für die vor 30 bis 40 Jahren noch vorherrschenden Vorstellungen über Saurier gelten. Sie sind damit nicht nur ein Fenster in die Urzeit, sondern auch ein Fenster in unsere eigene Vergangenheit.

Gottfried Böhme – Erinnerungen eines Saurierexperten

Ab 1983 ließ sich der Saurierpark von einem Paläontologen des Museums für Naturkunde Berlin, Dr. Gottfried Böhme (*1934), beraten. Er unterstützte Franz Gruß, und später Thomas Stern, bei den Planungen für neue Urzeit-Skulpturen, er beriet bis zum Jahr 2000 die Parkverwaltung bei der weiteren Gestaltung des Saurierparks und er lieferte den wissenschaftlichen Hintergrund für die Erklärungstafeln und Broschüren des Parks. Seit 1999 ist Gottfried Böhme im Ruhestand, aber für dieses Buch hat er sich bereit erklärt, aus seinen Erinnerungen an diese Zeit noch einmal zu erzählen:

Lieber Herr Böhme, was hat Sie dazu bewegt, Paläontologe zu werden?

Nun, eigentlich bin ich ausgebildeter Holzbildhauer und Modelltischler. Aber die Natur der Elbaue in Wittenberg, wo ich in den 1950er Jahren wohnte, interessierte mich sehr. Auf Empfehlung der damaligen Leiterin des Wittenberger Museums für Natur- und Völkerkunde machte ich dann von 1956–1959 eine Ausbildung in der Fachschule für Heimatmuseen in Weißenfels. Danach bekam ich eine Stelle als Leiter der Naturwissenschaftlichen Abteilung der Staatlichen Museen Meiningen, wo ich bis 1969 gearbeitet habe. Gleich zu Anfang sollte ich die Skelettfunde voreiszeitlicher Säugetiere aus Kaltensundheim in der Rhön präparieren und für die Museumsausstellung vorbereiten. Darunter war auch der aufsehenerregende Fund eines voreiszeitlichen Mastodons (*Mammut borsoni*, ein Urelefant). Das interessierte

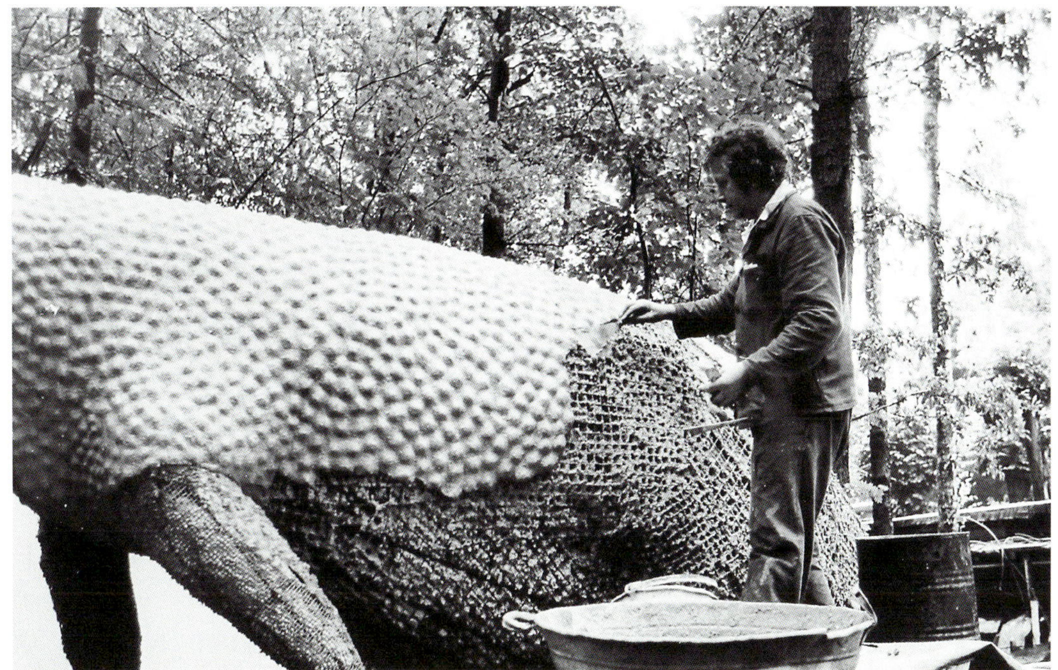

Abb. 3: *Franz Gruß beim Auftragen der zweiten Betonschicht, mit der er die Körperoberfläche modelliert.*

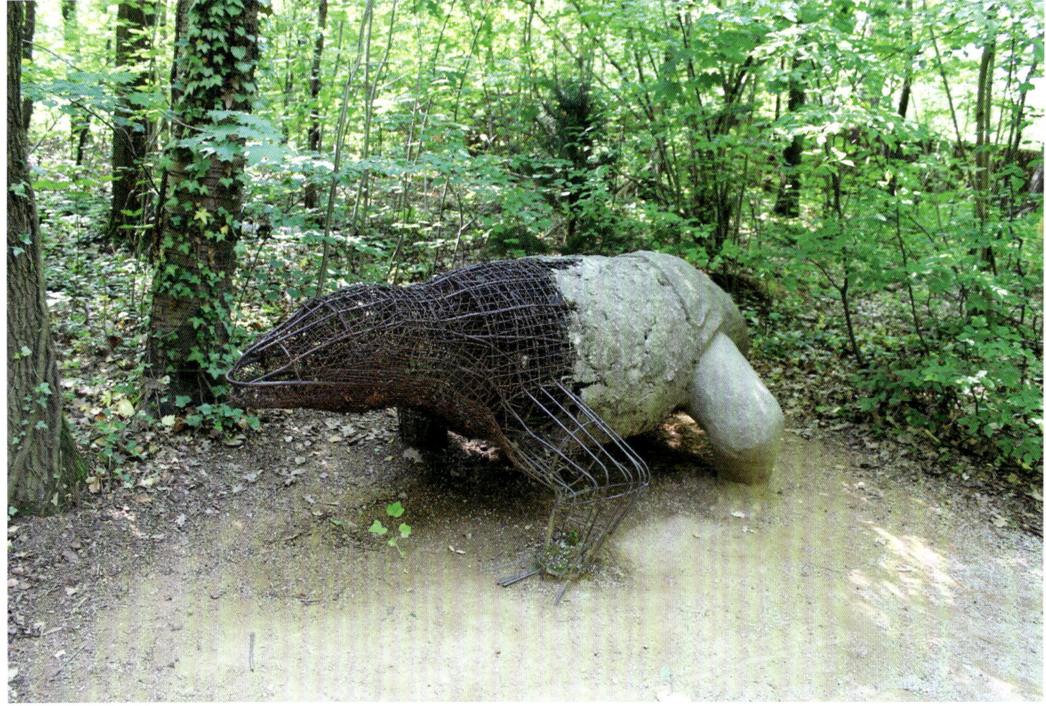

Abb. 4: *Ein Muster-Modell von Franz Gruß, das die vier Bauphasen zeigt, steht heute noch im Park.*

mich so sehr, dass ich dort selbst zwischen 1962 und 1968 gegraben habe. Da war es aber auch meine Aufgabe, mich wissenschaftlich mit diesen Skelettfunden zu befassen. Deshalb bekam ich die Genehmigung, als Gast an den Vorlesungen für Geologie in Jena und später in Berlin teilzunehmen, wo ich dann auch mein Diplom gemacht habe. So kam ich zur Paläontologie.

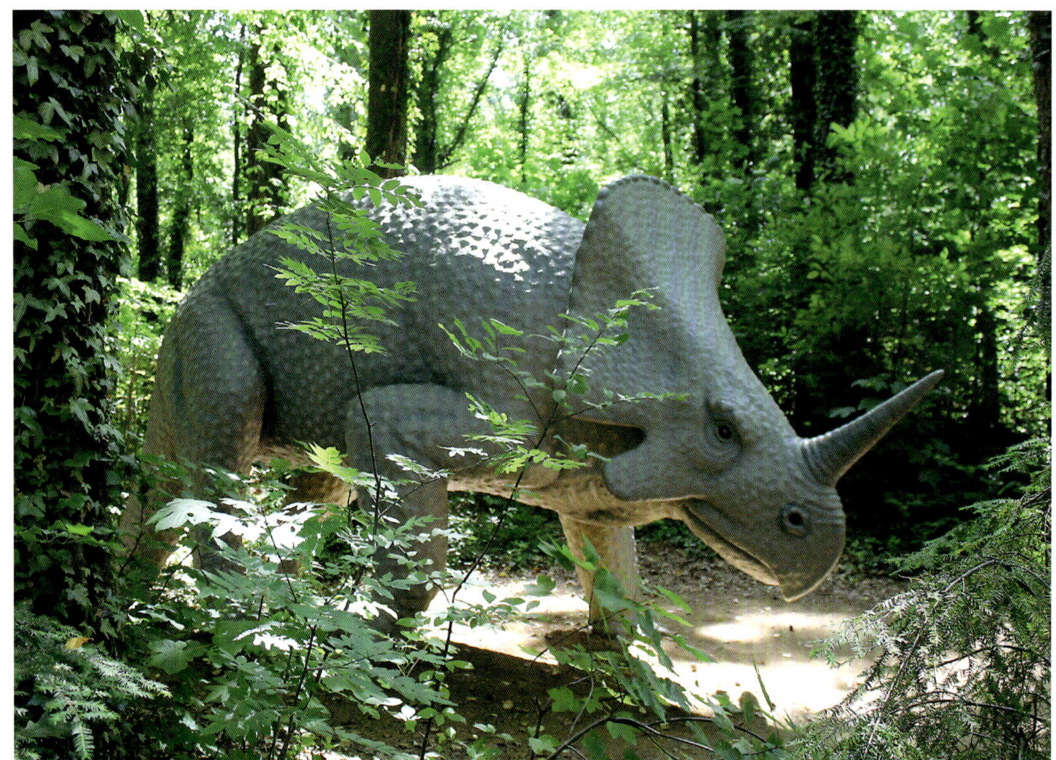

*Abb. 5: Skulptur des **Centrosaurus** (früher **Monoclonius**) von Franz Gruß im Saurierpark. Es hat die exakt gleiche Körperhaltung wie das Gemälde des Künstlers Zdeněk Burian.*

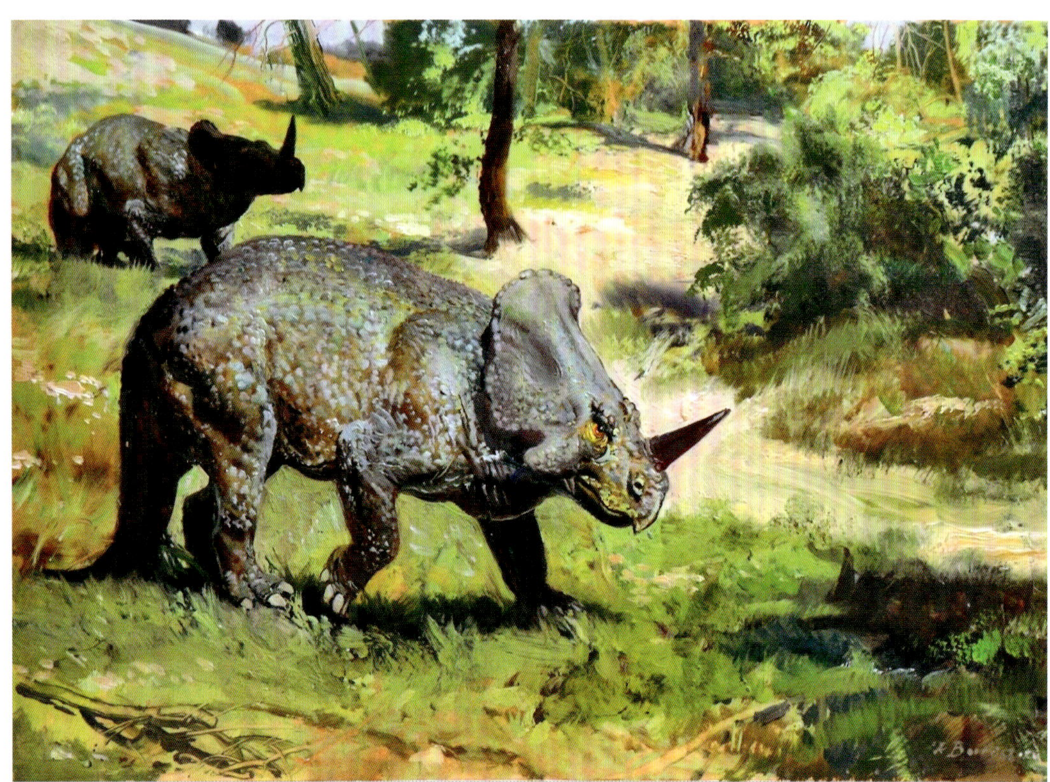

*Abb. 6: Der vordere der beiden Centrosaurier (früher **Monoclonius**) im Gemälde von Zdeněk Burian war die Vorlage für die Skulptur des Franz Gruß. Öl auf Karton, 1955.*

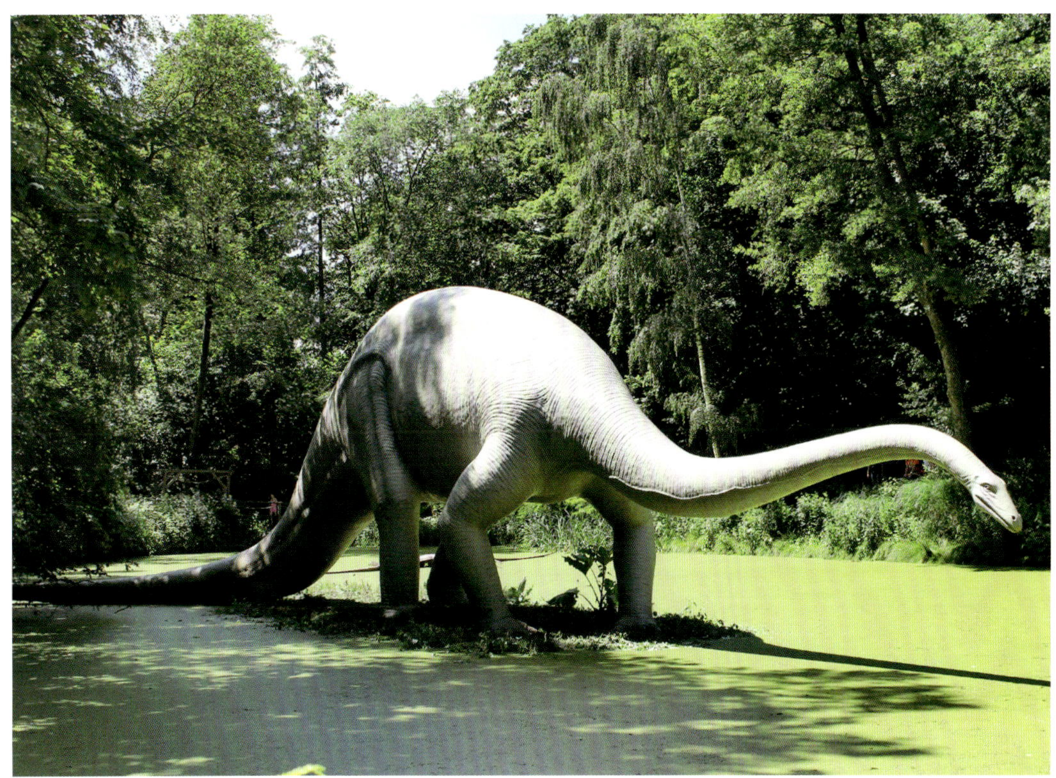

Abb. 7: *Eines der bekanntesten Skulpturen von Franz Gruß ist der* ***Diplodocus****, der auf einer Insel im großen Teich des Saurierparks steht. Auch diese Skulptur hat der Bildhauer aus einem Gemälde von Zdeněk Burian entnommen.*

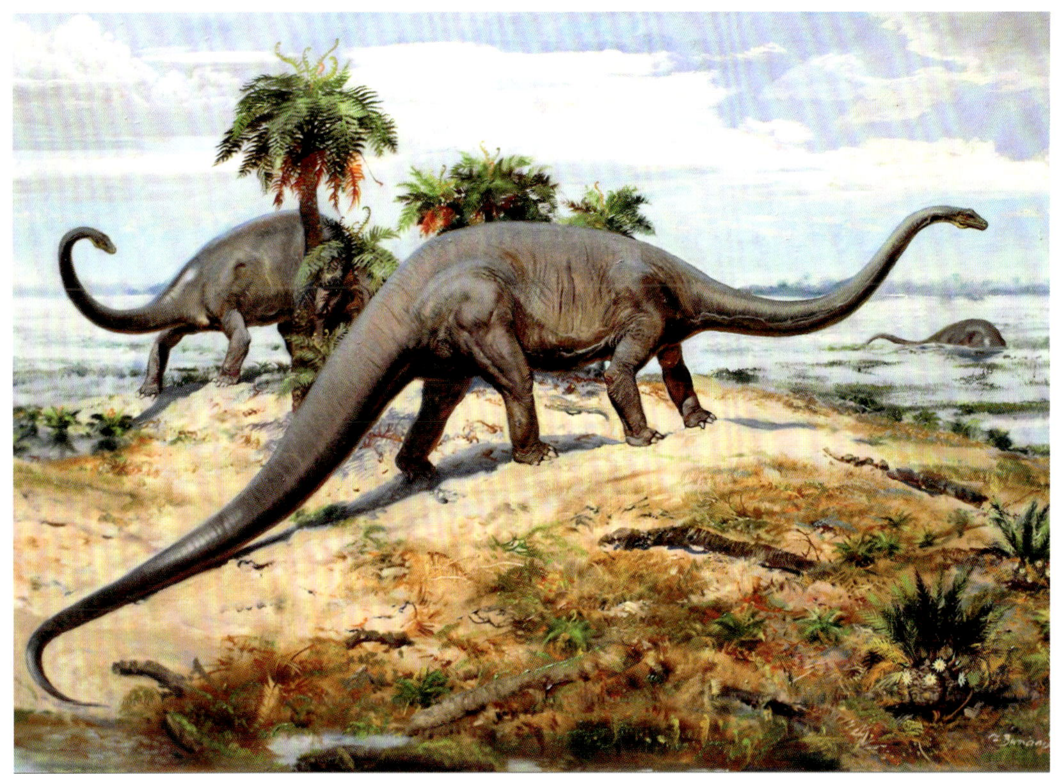

Abb. 8: *Gemälde von Zdeněk Burian mit* ***Diplodocus****. Öl auf Leinwand, 1966. Hier stand das Tier im Vordergrund Franz Gruß Modell.*

Wie kam es, dass Sie von Meiningen 1969 nach Berlin ins neu gegründete Museum für Naturkunde gekommen sind?

Ich hatte ja schon Verbindungen nach Berlin. Wegen der Funde in Kaltensundheim musste ich mich an einen Spezialisten wenden, um mir da Informationen einzuholen, und das war Prof. Wilhelm Otto Dietrich hier im Hause [Museum für Naturkunde Berlin]. Zu ihm hatte ich ein recht gutes Verhältnis und er hat mich dann auch weiter vermittelt an andere Kollegen. Meine Diplomarbeit wurde hier am Institut auch mit betreut. Und dann bekam ich das Angebot, am neu gegründeten Museum für Naturkunde als wissenschaftlicher Sekretär zu arbeiten. Ab 1975 bis zu meiner Rente 1999 war ich dann der Kustos der Geologischen Sammlungen (**Abb. 9**).

Sie waren ab 1983 für den Saurierpark bei Bautzen als wissenschaftlicher Berater tätig. Der Park ist in der späten DDR-Zeit schon sehr bekannt gewesen, aber von Anfang an ja sicher nicht. Wie erfuhren Sie denn von Franz Gruß und den Saurier-Skulpturen, die er gebaut hat?

Er hat ja zunächst angefangen, in seinem Garten Sauriermodelle aufzubauen. Es kamen dann so viele Gäste in seinen Garten, dass das zu viel wurde und die Gemeinde Kleinwelka – das war damals ja noch ein selbstständiger Ort – hat ihm angeboten, in der unmittelbar benachbarten Parkanlage, mit einem Teich drin, auch Saurier aufzubauen. Und das hat er dann auch gemacht. Als der Saurierpark schon Gestalt annahm, wurde ich dann gefragt, den Herrn Gruß zu beraten und auch Texte für den Park zu schreiben.

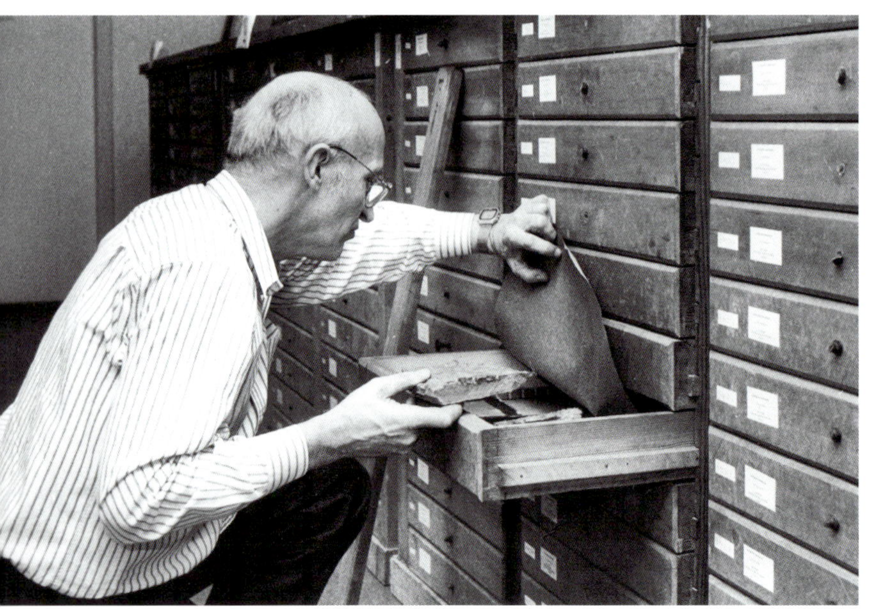

Abb. 9: *Gottfried Böhme im Jahr 1999 in den Geologischen Sammlungen des Museums für Naturkunde, Berlin.*

Wissen Sie noch, wie das alles anfing?

Da kam jemand aus Kleinwelka ans Museum für Naturkunde in Berlin und hat darum gebeten, Unterstützung zu bekommen. Da wurde vor allen Dingen der damalige Kustos für die Saurier, Karl-Heinz Fischer, angesprochen und der hat mich mit rangeholt. Als es dann wirklich besprochen war, hat er mir gesagt, er möchte drauf verzichten. Das soll besser ich machen. Und so war ich also von 1983 bis zum Jahre 2000 insgesamt 30 Mal in Kleinwelka. Das erste Gespräch war am 29. September 1983 hier in Berlin. Das erste Mal war ich am 18. November 1983 dort im Park und in den folgenden Jahren immer ein- oder zweimal im Jahr. 1987 habe ich auch eine Weiterbildung für die Parkführer gemacht. Und viele Texte, z. B. in den alten Parkführern, habe ich auch geschrieben.

Wie haben Sie denn mit Franz Gruß zusammengearbeitet? Kam Herr Gruß beispielsweise mit der Idee eines neuen Sauriers zu Ihnen und Sie haben ihm dann Informationen gegeben?

Das weiß ich leider nicht mehr genau. Er hatte ja schon eine ganze Reihe Beispiele in seinem Garten. Für die Erweiterung der Parkfläche hat er natürlich von uns Vorschläge bekommen. Aber er hat sich eben selbst auch sehr intensiv damit befasst. Er hat selber Tiere ausgesucht und sich die Informationen dann bei mir geholt.

Woher haben Sie sich die Informationen über die ganzen Saurier denn besorgt?

Hier im Hause natürlich! Ich hatte hier ja Zugang zur wissenschaftlichen Bibliothek und Karl-Heinz Fischer hat mich zunächst auch noch unterstützt. Ich galt dann nachher auch als Saurierspezialist [lacht]. Zumal dann die Schleich-Saurier mit dazukamen. Ich habe der Firma Schleich für ihre Saurierfiguren jahre-

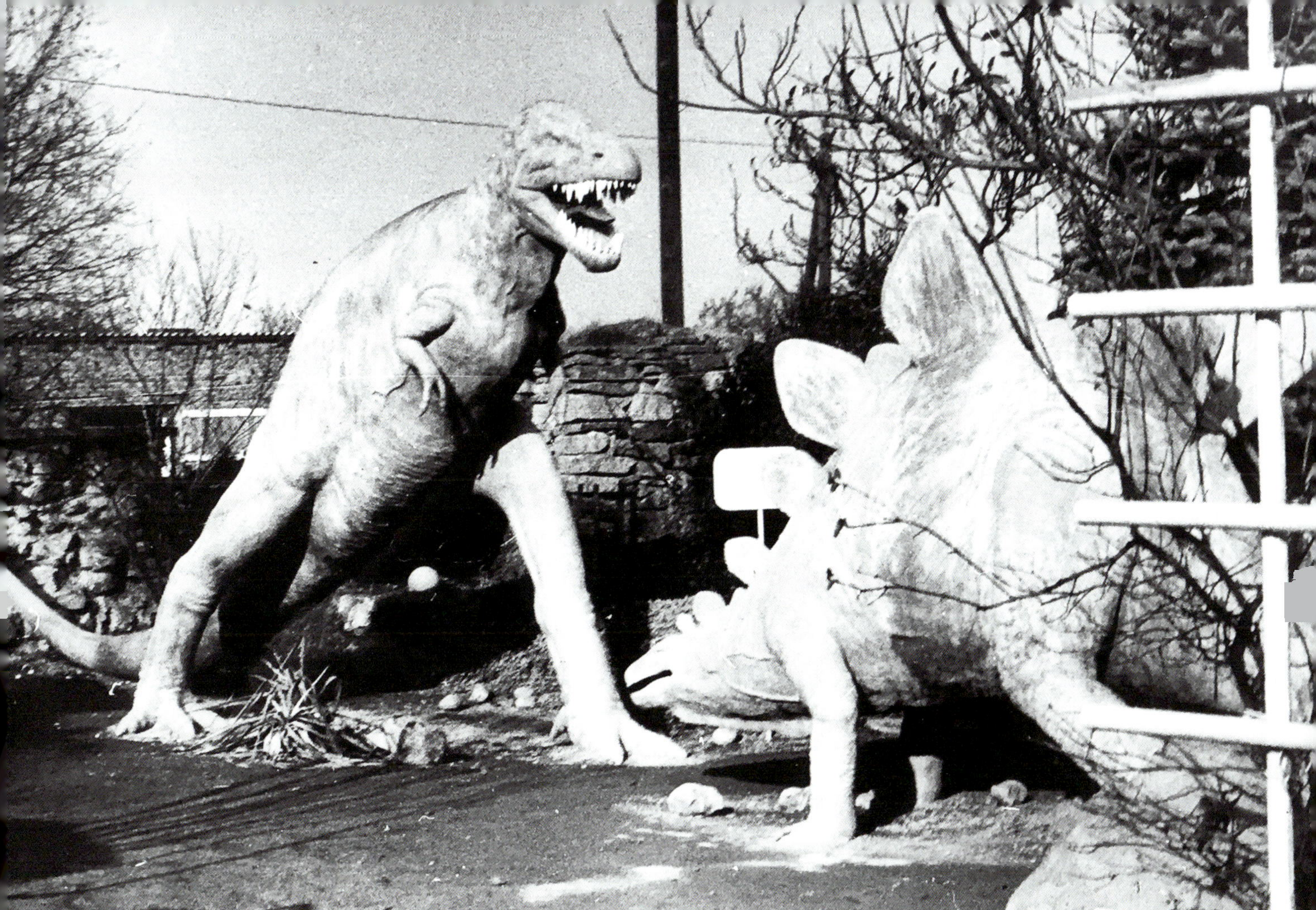

Abb. 10: *Die ersten von Franz Gruß in seinem Garten gebauten Saurier waren die Dinosaurier* ***Tyrannosaurus*** *(links) und* ***Stegosaurus****.*

lang Material für ihre Saurier-Spielfiguren geschickt, und dann vor allem Texte für diese kleinen Anhang-Karten. 1984 wurde ich auch mit den Sauriern des Museums für Naturkunde zu der Betreuung der Saurier-Ausstellung in Tokyo ein halbes Jahr nach Japan geschickt.

Franz Gruß hat 1991 seine Arbeit im Saurierpark beendet. Sie haben den Park aber weiter beraten?

Ja. Ab 1994 fing dann der Bildhauer Thomas Stern dort an und ich habe ihn und den Park bis zum Jahr 2000 unterstützt. Erst als Kleinwelka von Bautzen eingemeindet wurde, wurde mir mitgeteilt, dass sie meine Beratung nicht mehr brauchen. Aber ich habe trotzdem schon den neuesten Parkführer aus Bautzen geschickt bekommen. Heute stehen im Park natürlich viele Sachen, die erst nach meiner Zeit dort gebaut wurden.

Waren Sie denn vor Ort im Saurierpark, wenn Skulpturen noch im Bau waren? Konnten Sie dann beispielsweise noch sagen, dass man hier und da noch etwas ändern muss?

Ja, ich habe hier z. B. einen Brief von 1997 [damals arbeitete schon Thomas Stern im Park]: »Sehr geehrter Herr Stern, es gibt folgendes zu sagen: Die Grube vor dem Auge des *Deinonychus* sollte nicht so sehr eingetieft sein, sondern nur andeutungsweise erkennbar. Die Pupille des Auges erscheint mir etwas zu klein. Vor allem müsste sie deutlicher von den umgebenden Augenlidern abgegrenzt werden. Bei der Rekonstruktion des Augenbereichs ist zu berücksichtigen, dass das Auge von einem Kranz von Knochenplatten umgeben ist, die allerdings unter der Haut liegen. Die Gestaltung der Hautfalten des Halses würde ich auch ändern. Im Moment sieht es mir, entschuldigen Sie den Vergleich, zu sehr nach übergehängten Tüchern aus. Ihre in den Oberflächenstrukturen etwas großzügigere Gestaltung gefällt mir sonst besser als die Details bei vielen in Kunststoff ausgeführten Modellen.«

Da Franz Gruß vor allem mit Draht und Beton gebaut hat, mussten Sie da eine neue Skulptur in einer sehr frühen Bauphase begutachten, also bevor die Form endgültig festgelegt war? Man hätte ja am Drahtgeflecht nochmal was ändern müssen, bevor Beton draufkam.

Franz Gruß hat das ja immer direkt mit frischem Beton modelliert. Das sind ja keine Abgüsse von Modellen. Er hat mir keine Skizzen vorher geschickt, aber er besaß immer gute Bildinformationen. Das hat man ja an den ersten Modellen von ihm schon gesehen. Das waren hier die ersten beiden Saurier [*Stegosaurus* und *Tyrannosaurus*, **Abb. 10**] – das fanden wir ganz toll! Und es waren zum Teil ja auch Saurier, die er hier im Museum als Skelett sehen konnte – den *Brachiosaurus* (heute *Giraffatitan*) zum Beispiel. Im Prinzip wurden die Saurier von ihm dann komplett gebaut, ohne dass dabei nochmal Änderungswünsche eingeflossen wären.

Während des Gesprächs sucht Herr Böhme in einem Stapel nach alten Briefen aus dieser Zeit. Er findet ein Schreiben von ihm von 1986, das er dem damaligen Gestalter des Parks geschickt hat. Da dieser Brief einen erstklassigen Einblick in die damalige Situation gewährt, liest Herr Böhme daraus vor:

»Es ist doch erstaunlich, wie rasch sich der Park mit Plastiken gefüllt hat. Ich freue mich, dass sich auch ein Parkgestalter mit eingeschaltet hat. Zunächst möchte ich aber für die Liste der vorgesehenen Saurierplastiken und einiger Standorte doch einige Korrekturen vorschlagen. Mit dem fertigen *Diplodocus* und dem geplanten *Brachiosaurus* ist ein von den Dimensionen der Plastiken ausgehender Höhepunkt im Park entstanden, der nicht durch weitere, sehr große Objekte beeinträchtigt werden sollte. Deshalb sollte vor allem auf *Atlantosaurus* [heute ein nicht mehr gültiger Name eines großen, dem *Apatosaurus* ähnlichen Sauropoden aus Nordamerika], der mit *Diplodocus* fast identisch sein würde, und evtl. auch auf *Spinosaurus* verzichtet werden. Zumal *Spinosaurus*' Gestalt und Fortbewegung ungenügend überliefert sind. Der vorgesehene Standort für 14 [Nummerierung der Standorte im Park] würde ohnehin nicht der passenden Altersgruppierung entsprechen. Da die gepanzerten Saurier mit *Scelidosaurus* und *Kentrurosaurus* [heute *Kentrosaurus*] bereits vertreten sind, könnte auch auf *Polacanthus* zugunsten einer lockeren Parkgestaltung verzichtet werden. Ebenso auf *Gorgosaurus*, da Raubsaurier gleichfalls mehrfach vertreten sind. Die Standorte 36 und 37 sollten dagegen ihren Platz nördlich des Weges finden, nicht wie vorgesehen südlich daran. Ich werde vorschlagen, das Erweiterungsgelände südlich des Weges für fossile Säugetiere zu planen. Dies würde den Park thematisch abrunden und ergäbe noch ein weiteres Betätigungsfeld für Herrn Gruß. Der Standort für den Ichthyosaurier im unteren Teich ist nicht akzeptabel, da hier sonst nur Formen des Paläozoikums [Erdaltertum, endete vor dem Erscheinen erster Fischsaurier] dargestellt sind. Er müsste noch in den oberen Teich zusammen mit den Flugsauriern. Auch die Schildkröte *Archelon* [vier Meter lange Meeresschildkröte der späten Kreidezeit Nordamerikas] würde besser in Wassernähe stehen, da sie ein ausgesprochenes Meerestier war, das sicher nur zur Eiablage die Küste aufgesucht hat. Die beiden Formen 30 und 31 sind im Habitus (ihrer äußeren Erscheinung) weitgehend identisch, so dass auf einen von beiden verzichtet werden könnte. Es sind allerdings auch relativ kleine Tiere. Hinzu kommen ja in dieser Gruppe noch *Dimetrodon* und *Estemmenosuchus* [säugetierähnliche Reptilien], die Franz Gruß bereits fertiggestellt hat, die aber nicht auf der Liste stehen. Bei dem im Bau befindlichen *Anatosaurus* [heute *Edmontosaurus*, ein Entenschnabeldinosaurier] sollte Franz Gruß versuchen, sich möglichst genau über die überlieferten Hautstrukturen zu informieren. Es ist einer der wenigen Fälle, wo größere Teile der Struktur der Hautoberfläche von Sauriern als Abdruck erhalten geblieben sind. Für den *Brachiosaurus* sollten die Maße des Skelettes in Berlin genutzt werden. Es gibt zwar einzelne größere Knochen, aber gesichert sind nur die Gesamtdimensionen des montierten Skeletts. Die vor wenigen Jahren in Nordamerika gefunden einzelnen Skelettelemente, die als *Ultrasaurus* beschrieben wurden, deuten zwar auf eine sehr große, dem *Brachiosaurus* verwandte Form hin. Sie sind aber noch zu gering, um die Gesamtgröße des Tieres schätzen zu können. Die in Japan kürzlich gezeigte Rekonstruktion von *Ultrasaurus* mit 18 Meter Höhe ist sozusagen das Ergebnis eines Computerspiels, zu dem wir die Maße von *Brachiosaurus* geliefert haben. Für *Ultrasaurus* war nur ein einzelnes Schulterblatt Ausgangspunkt für die Berechnung. Das Ergebnis ist zu unsicher, um schon durch eine Plastik im Park von Kleinwelka verewigt zu werden – eben, solange nicht vollständigere Funde gemacht werden. Die Namensgebung der gesamten Anlage ist ein schwieriges Problem. Es sollte aber sicher in erster Linie unter Werbeaspekten gesehen werden, ohne dabei von dem wissenschaftlichen Anliegen abzugehen. In Hinsicht auf die mögliche thematische Erweiterung, also die Darstellung fossiler Säugetiere, ist sogar die Vorgabe der VP [damalige Volkspolizei] zutreffend: URZOO. Wenn Sie auch zunächst nicht allzu glücklich erscheint, und zur Zeit der Begriff SAURIERPARK der richtigere und sprachlich mir angenehmere ist, sollte man sich wohl auch nicht scheuen, den Namen im Lauf der Entwicklung dieser so populären und für unser Land einzigartigen Anlage zu verändern. Ich habe die Absicht, im April wieder einmal nach Kleinwelka zu kommen. Dann werde ich auch die Zeichnungen wieder mitbringen, zu denen ich mit Herrn Gruß noch sprechen möchte. Dann werde ich auch sicher meine ersten Vorstellungen zu den geplanten Saurier-Informationen mitbringen können. Dazu werde ich Ende März einen Termin vorschlagen. Bis dahin verbleibe ich mit herzlichen Grüßen.«

Hat denn der Lebensraum der Saurier bei der Suche nach dem richtigen Standort im Park eine Rolle gespielt?

Das schon. Sobald es sich beispielsweise um im Wasser lebende Saurier handelte. Natürlich, welche Saurier eher in der Steppe oder eher im Wald lebten, das konnte man hier nicht unterscheiden.

Was auffällt ist, dass Flugsaurier immer sehr dicht über dem Wasser montiert sind, aber das ging wahrscheinlich aufgrund der Bauweise nicht anders, oder?

Richtig. Und man brauchte ja auch freies Gelände, um die überhaupt zeigen zu können. Man konnte die schweren Betonmodelle ja nicht zwischen den Bäumen fliegen lassen.

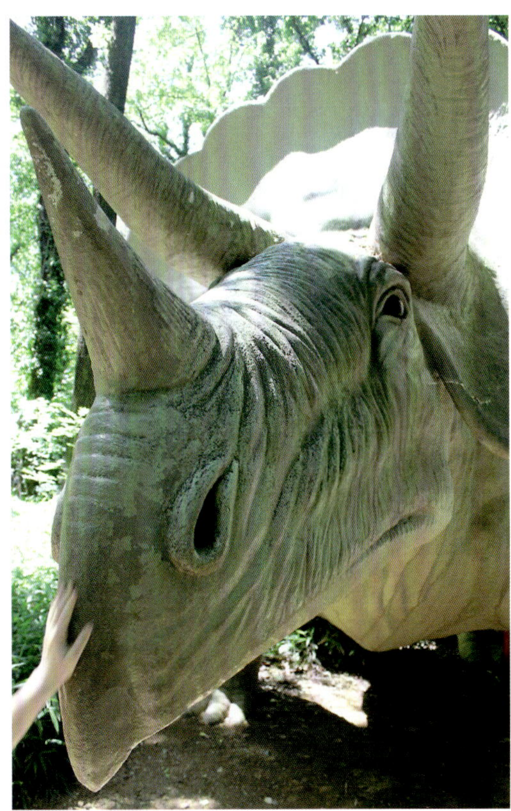

*Abb. 11: Nachaufnahme der Skulptur des **Triceratops** von Franz Gruß.*

Gibt es denn einen Saurier in Kleinwelka, der Ihnen am besten gefällt oder der für Sie am interessantesten war?

Also, die Modelle, die hier am längsten stehen, haben mir alle gut gefallen. Aber es gab jetzt keinen Saurier, der für mich besonders herausgeragt hat.

Wie sehen Sie denn dieses Projekt im Rückblick? War das eine positive Erfahrung für Sie?

Das finde ich schon recht schön. Zum Beispiel gibt es ja im Saurierpark in Münchehagen in Niedersachsen die echten, versteinerten Saurierspuren. In Kleinwelka ist das eine ganz andere Situation. Dort gibt es solche versteinerten Reste nicht. Aber für die Besucher, insbesondere für Kinder, um die Urzeit überhaupt kennenzulernen, ist das ganz toll (**Abb. 11**)!

Weiterführende Informationen:

Homepage des Sauriergartens Gruß: https://sauriergarten.com/
Homepage des Saurierparks: https://www.saurierpark.de/

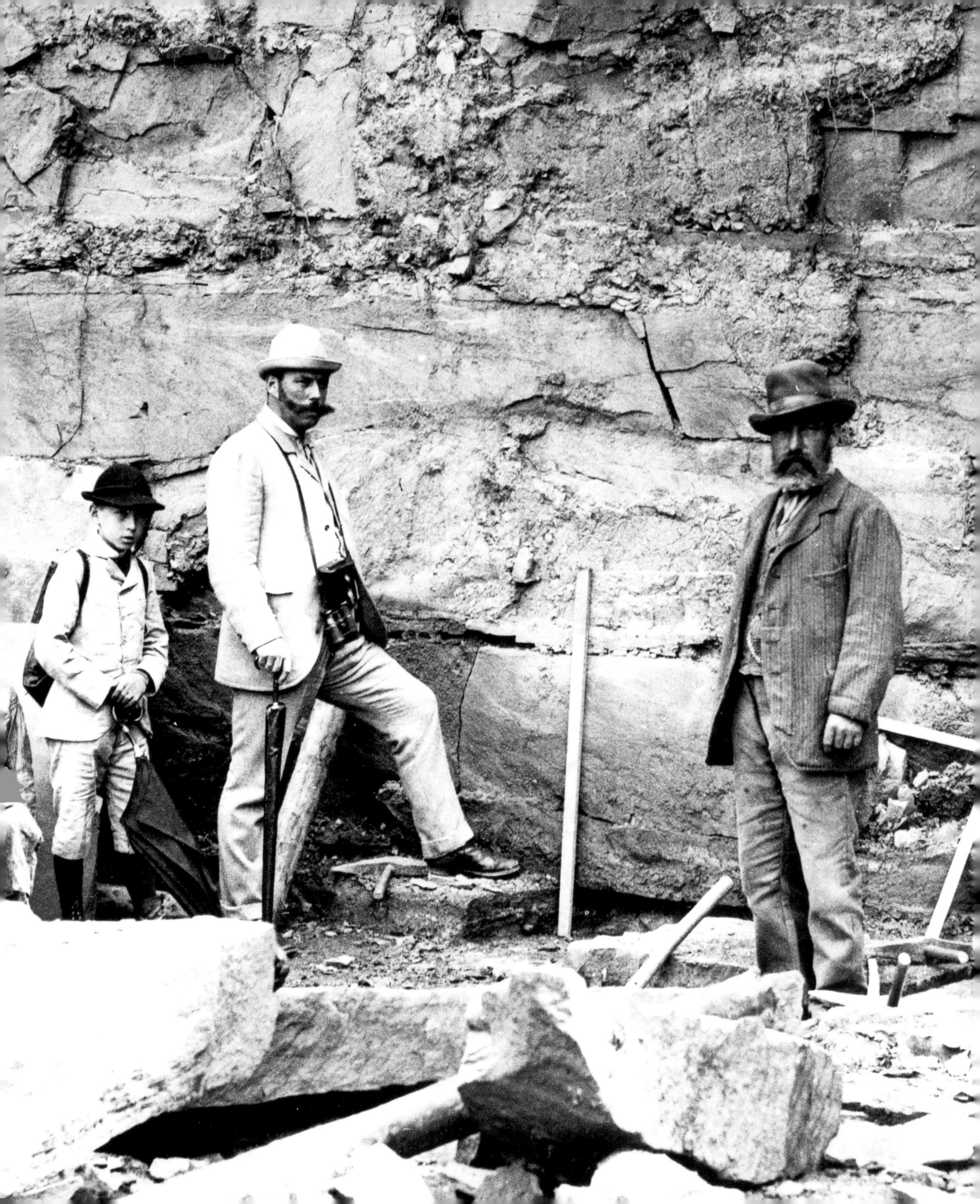

Die Ursaurier-Fundstätte Bromacker – Eine 290 Millionen Jahre alte Lebewelt

10

THOMAS MARTENS

Aus der Fundgeschichte der Ursaurier

Die ersten Erkenntnisse über die frühen Landwirbeltiere der Erdgeschichte gehen auf Entdeckungen des 19. Jahrhunderts zurück. Einige engagierte Paläontologen fanden in permischen Gesteinsschichten in Nord-Zentral Texas und im Südwesten der USA erste Skelette früher Landwirbeltiere einer »vergessenen Welt«. Zu den Pionieren dieser ersten Fundperiode gehörten beispielsweise Edward D. Cope (1840–1897) und Charles H. Sternberg (1850–1943).

In Europa, speziell in Deutschland, waren zu dieser Zeit nur wenige fossile Überreste aus der frühen Saurierwelt bekannt geworden und die Entdeckungen in den USA fanden kaum Beachtung. Hier hatte man aber inzwischen in Gesteinsschichten gleichen Alters merkwürdige Fußabdrücke von unbekannten vierfüßigen Tieren (Tetrapoden) entdeckt. Gegen Ende des 19. Jahrhunderts war es dann eine Folge von glücklichen Umständen, dass der Gymnasiallehrer Wilhelm Pabst (1856–1908) in Gotha eine Anstellung am Herzoglichen Museum bekam. Die dort gerade erst entdeckten Saurierfährten weckten sein Interesse und er begann aktiv zu sammeln (**Abb. 1 & 2**).

In nur wenigen Jahren entstand eine beeindruckende Sammlung von Saurierfährten aus damals aktiven Steinbrüchen des Rotliegend im Thüringer Wald. Von einem Steinbruch am Bromacker zwischen Georgenthal und Tambach (heute Tambach-Dietharz) erhielt Pabst die meisten und schönsten Fährtenplatten. Da er von den Saurierfunden in Nordamerika keine Kenntnis hatte, nannte er die Erzeuger der Fährten »Spuren der ersten vierfüßigen Landtiere«. Pabst glaubte nicht an die Möglichkeit, jemals einen Knochen oder gar ein komplettes Skelett von einem »Fährtenerzeuger« am Bromacker zu finden.

__Abb. 1 (gegenüber)__: Prof. Dr. Wilhelm Pabst (zweiter von links) besucht 1895 die Saurierfährtenfundstätte Bromacker (Seeberger Fahrt).

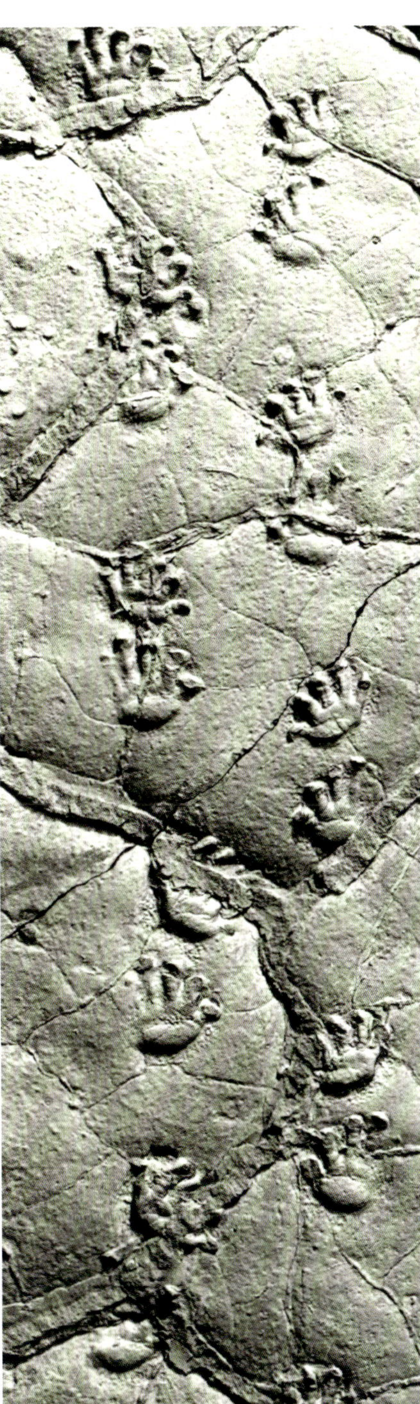

__Abb. 2__: Tetrapodenfährte (__Ichniotherium sphaerodactylum__) vom Bromacker bei Tambach-Dietharz, entdeckt von W. Pabst. 193 x 142 x 8 cm, Sandstein, SSFG, Inventar-Nr.: MNG1840.

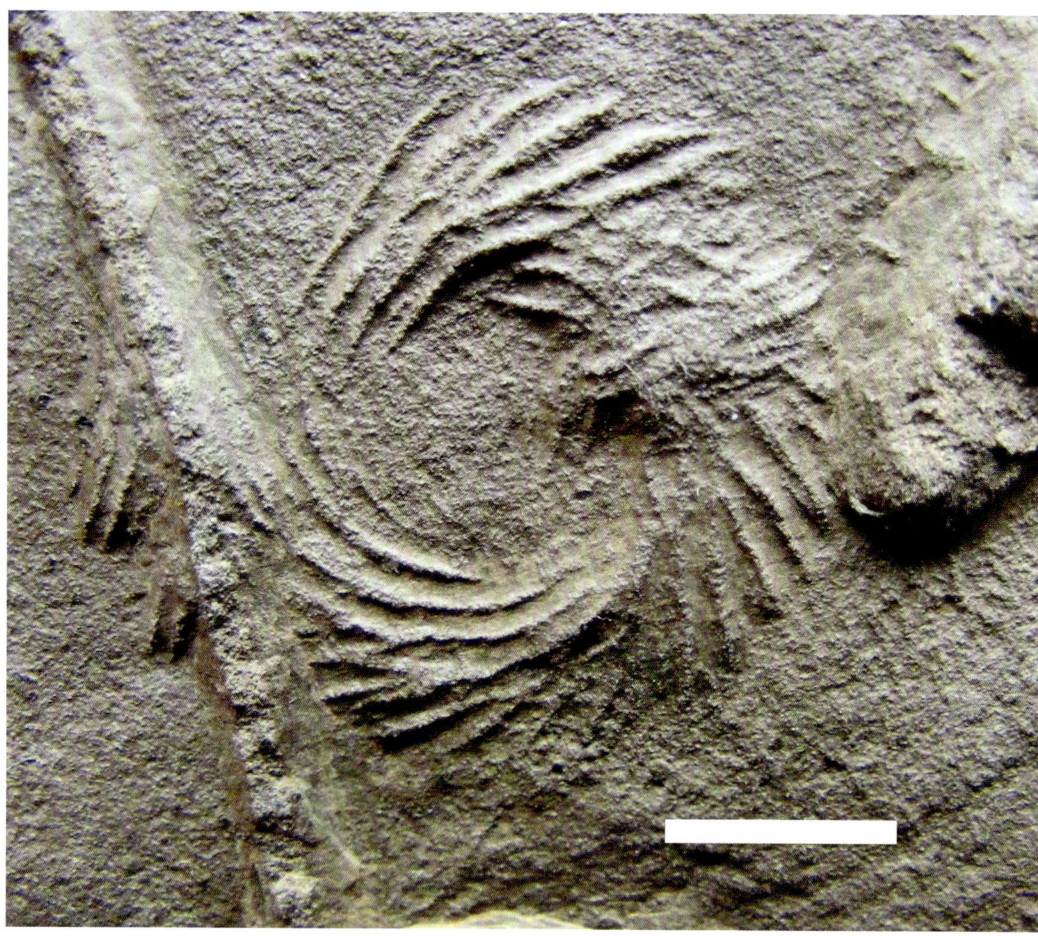

Abb. 3: *Lebensspur eines unbekannten Tieres (**Tambia spiralis**) vom Bromacker bei Tambach-Dietharz, Maßstab = 1 cm. Sandstein, SSFG, Inventar-Nr.: MNG10174.*

Auch der bedeutende Geologe und Paläontologe Arno Hermann Müller (1916–2004) veröffentlichte in den 1960er Jahren im Band III seines bedeutenden Lehrbuches der Paläozoologie eine Übersicht der frühen Landwirbeltiere. Die darin zahlreich enthaltenen Abbildungen zeigen allerdings ausschließlich Schädel und Skelette aus dem Unteren Perm von Nordamerika (USA). Schon als Geologie-Student an der Bergakademie Freiberg Anfang der 70er Jahre hatte mich dies zu der Frage verleitet, wieso es eigentlich noch keine vergleichbaren Funde in Mitteleuropa gibt.

Dann erhielt ich die Möglichkeit, für meine Diplomarbeit über Spurenfossilien des Tambacher Sandsteins (**Abb. 3**) zu forschen – also genau in den Schichten, in denen auch die berühmten Saurierfährten vorkamen. Am Bromacker interessierten mich jedoch besonders die feinkörnigen, rotbraun gefärbten Gesteine, die über dem Sandstein liegen. Damals bestand noch die Lehrmeinung, dass in diesen Rotsedimenten kaum mit Fossilien zu rechnen sei.

Auf feinen, tonigen Lagen fanden sich aber schon nach kurzer Suche nur wenige Millimeter große Schalenkrebse (Conchostraken) und die Flügelfragmente von Insekten als erster Nachweis von Körperfossilien. Im Sommer 1974 folgte dann der Überraschungsfund – ein mehrere Zentimeter großer Knochen eines Wirbeltiers. Seitdem wurde der Bromacker für mich zu einer Art Pilgerstätte. Ab 1975 führte ich dort jedes Jahr Fossilgrabungen durch, um weitere Knochen zu entdecken.

Im Jahr 1978 begann meine Tätigkeit als Geologe am Museum der Natur in Gotha. Und nun konnte ich die bisher privaten Aktionen am Bromacker dienstlich fortsetzen. Die dabei entdeckten Fossilfunde gelangten so in die Gothaer Sammlung. Geländearbeit für

Museumsmitarbeiter war damals nicht selbstverständlich. Wegen der Erfolge der sich jährlich wiederholenden Grabungen steigerte sich das öffentliche Interesse immer mehr und machte die Fundstätte am Bromacker über Gotha hinaus bekannt.

Isolierte Knochen und Skelette von vierfüßigen Landwirbeltieren, die bisher in Europa völlig unbekannt waren, kamen ans Tageslicht. Mit der Entdeckung erster Überreste säugetierähnlicher Reptilien (1976), des Skelettes eines Pflanzen fressenden Diadectiden (1979), des Skelettes eines kleinen Reptils (1982) und mit dem Erstnachweis der Sauriergattung *Seymouria* außerhalb der USA im Jahre 1985 wurde zunehmend auch die enge Verwandtschaft der Funde vom Bromacker mit den klassischen Funden in den USA erkennbar. Es entstand das Interesse am Gedankenaustausch mit Wirbeltierpaläontologen in den USA. Das war zu DDR-Zeiten nicht selbstverständlich. Aber erst nach der politischen Wende 1989/90 konnte sich ein intensiverer und persönlicher Kontakt zu »westlichen« Fachkollegen entwickeln. Eine Wirbeltiertagung in Bad Dürkheim brachte 1990 den Durchbruch. Der Wirbeltierpaläontologe Robert Hook aus Austin in Texas nahm die Informationen von Saurierfunden vom Bromacker mit in die USA. David Berman (*1940), Kurator am Carnegie Museum of Natural History in Pittsburgh, USA, erfuhr davon und nahm Kontakt mit mir auf. Es folgte eine Einladung für einen sechsmonatigen Studienaufenthalt am Carnegie Museum. Ich zögerte nicht lange und erhielt vom Museum Gotha die Möglichkeit, von Januar bis Juni 1992 verschiedene Sammlungen und Saurier-Fundgebiete in den USA kennenzulernen. David Berman wollte den Bromacker nun auch persönlich kennenlernen. Sein Freund Stuart Sumida und er kamen im Sommer 1993 zur Grabung an den Bromacker. Das Glück war auf unserer Seite. Wir fanden insgesamt drei Skelette früher Landwirbeltiere in nur drei Wochen anstrengender Arbeit (**Abb. 4**).

Das verblüffte nicht nur die Teilnehmer aus den USA. Sie beschlossen, 1994 wiederzukommen. Für uns waren die nun jährlich folgenden Grabungen eine Herausforderung, mussten doch für jedes weitere Jahr genügend Grabungsfläche und ausreichend Geldmittel bereitgestellt werden (**Abb. 5**). Die Museen der Stadt Gotha halfen, so gut es möglich war. Eine Entspannung brachte aber erst eine mehrjährige Förderung durch die Deutsche Forschungsgemeinschaft

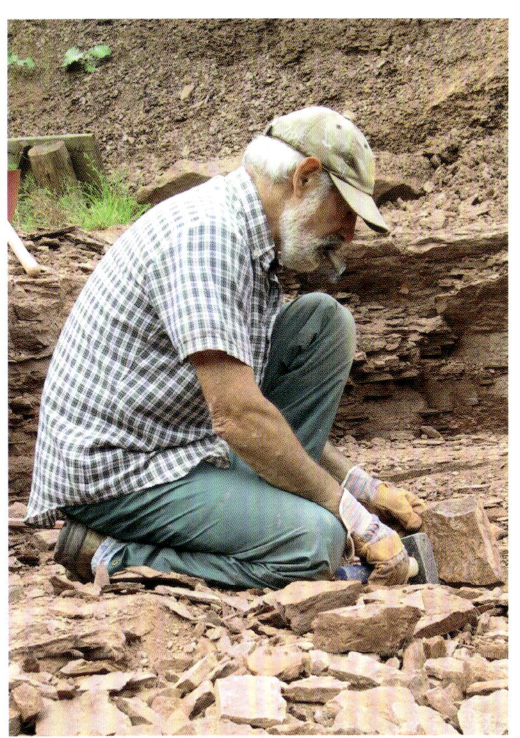

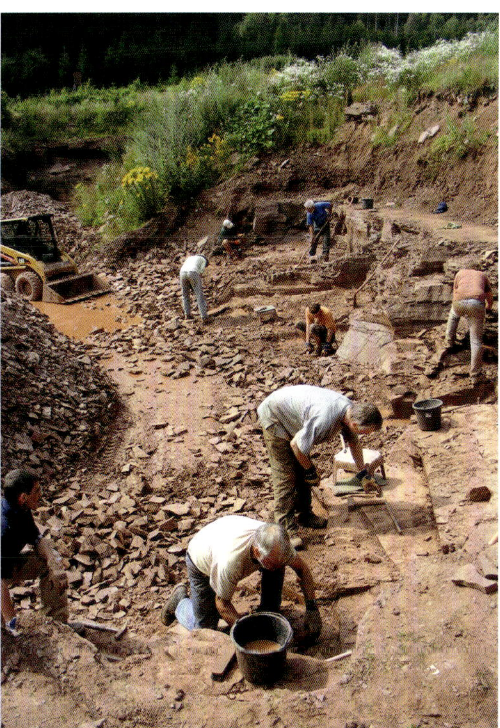

Abb. 4 (li.): Bromacker-Grabung im Sommer 2002 mit David Berman vom Carnegie Museum of Natural History, Pittsburgh, USA.

Abb. 5 (re.): Bromacker-Grabung im Sommer 2009.

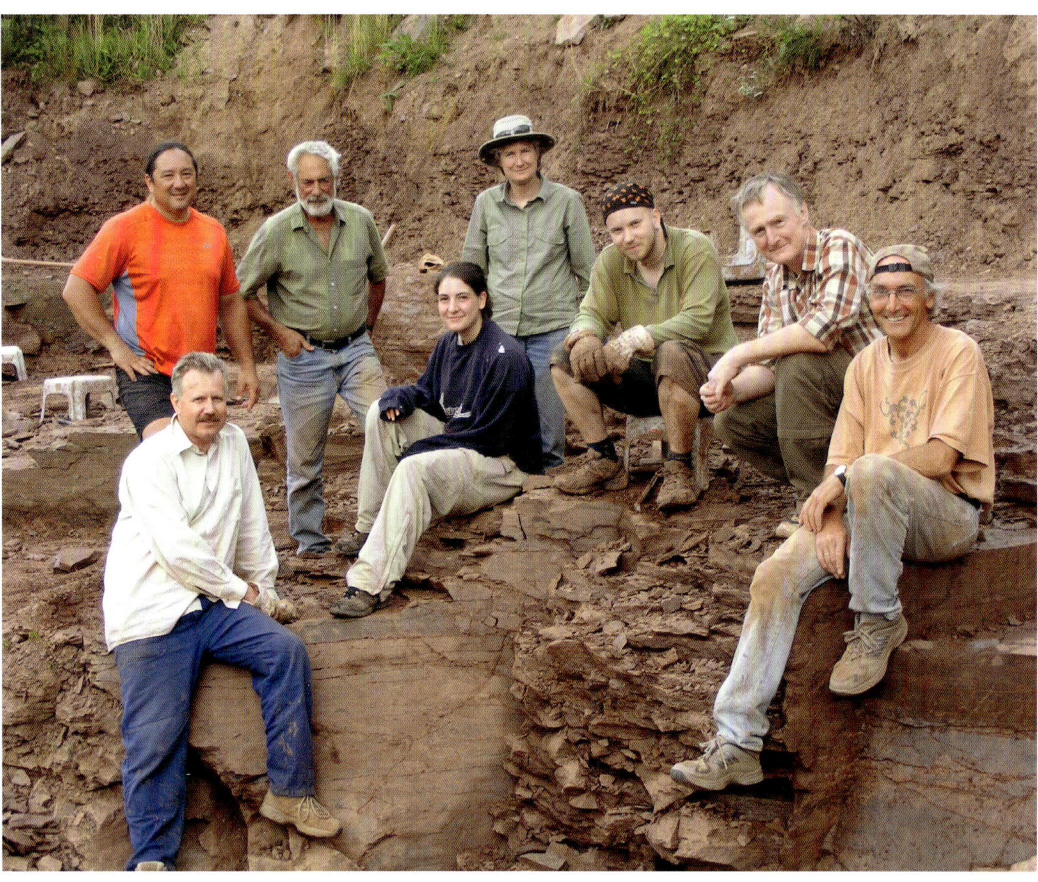

Abb. 6: *Bromacker-Grabung im Sommer 2009, Grabungsteam.*

(DFG). Weitere Projekte folgten. Die Finanzierung der Grabung und Forschung auf internationaler Ebene war damit für viele Jahre gesichert (**Abb. 6**).

In den Folgejahren wurden die Grabungen auch von Paläontologen aus Kanada und der Slowakei unterstützt. Einen wesentlichen Beitrag leistete die Präparatorin Amy Henrici vom Carnegie Museum in Pittsburgh, die etwa 90 Prozent aller Skelettfunde für eine wissenschaftliche Bearbeitung mühsam freilegte. Unterstützung erhielt sie von den Präparatoren Georg Sommer und Jerome Gores im Museum der Natur im Rahmen der DFG-Projekte. Die Forschungsergebnisse wurden in internationalen Fachzeitschriften veröffentlicht.

Bereits Mitte der 90er Jahre löste der Kino-Bestseller »Jurassic Park« von Michael Crichton (1942–2008) eine wahre Dino-Welle aus. Die Medien stürzten sich regelrecht auf uns, während wir nach Sauriern suchten. Sie sprachen zu gern von den »Dinos vom Bromacker«. Das war natürlich falsch. Was wir am Bromacker jedes Jahr neu fanden, gehörte zu den frühen Landwirbeltieren und nicht zu den Dinosauriern. 1996 hatte ich dann die Idee, diese ältesten Saurier einfach »Ursaurier« zu nennen. Im selben Jahr begannen auch die Vorbereitungen für die neue Dauerausstellung im Museum der Natur in Gotha: »Ursaurier zwischen Thüringer Wald und Rocky Mountains« Der Begriff »Ursaurier« war geboren – von einigen geliebt – von anderen belächelt. Natürlich kann man den Begriff »Ursaurier« fachlich nicht nutzen, aber andererseits gibt es die Begriffe »Urpferd«, »Urvogel« oder »Urmensch« und jeder weiß, was gemeint ist.

Es verging kein Jahr ohne eine mehrwöchige Grabung. Fast jedes Jahr fanden wir bisher unbekannte Ursaurierarten. Einen Höhepunkt bildete die Entdeckung zweier, eng aneinander liegender Skelette der Gattung *Seymouria*, die als »Tambacher Liebespaar« in die Bromacker-Fundgeschichte eingegangen sind (**Abb. 7**).

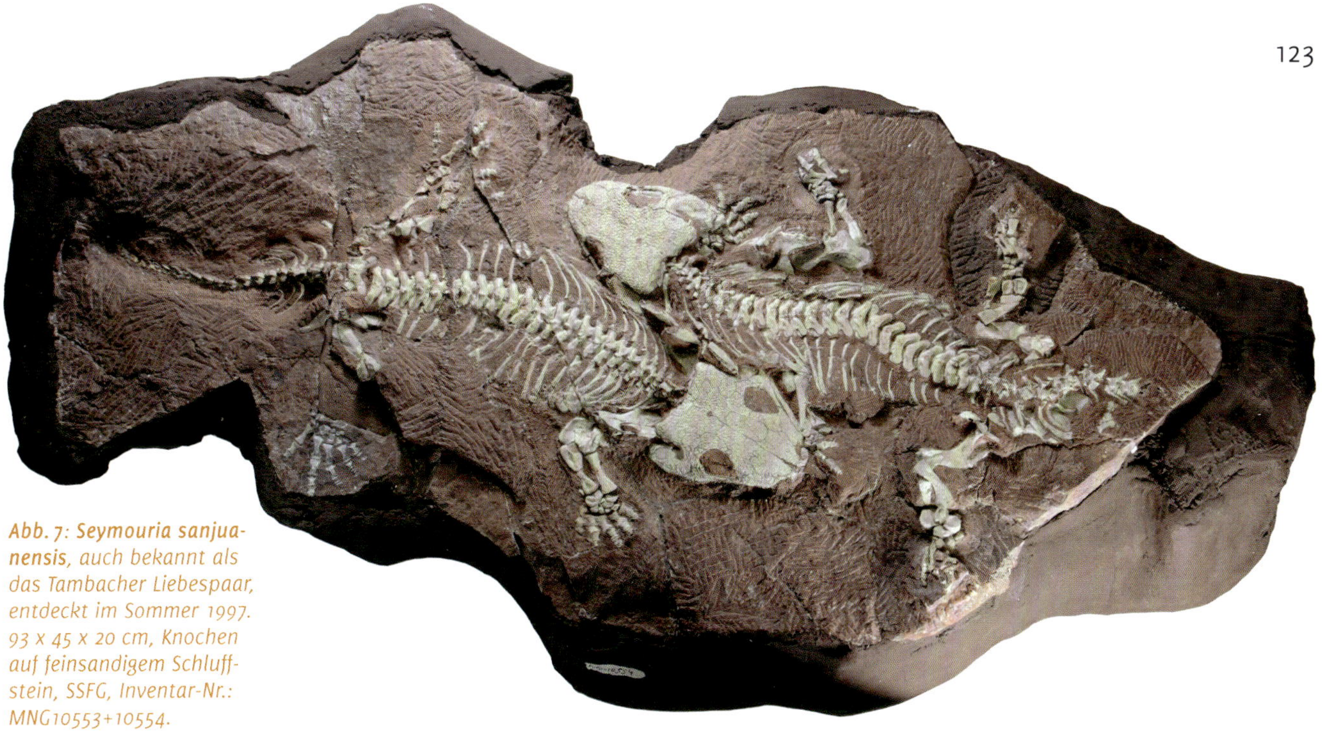

Abb. 7: Seymouria sanjuanensis, *auch bekannt als das Tambacher Liebespaar, entdeckt im Sommer 1997. 93 x 45 x 20 cm, Knochen auf feinsandigem Schluffstein, SSFG, Inventar-Nr.: MNG10553+10554.*

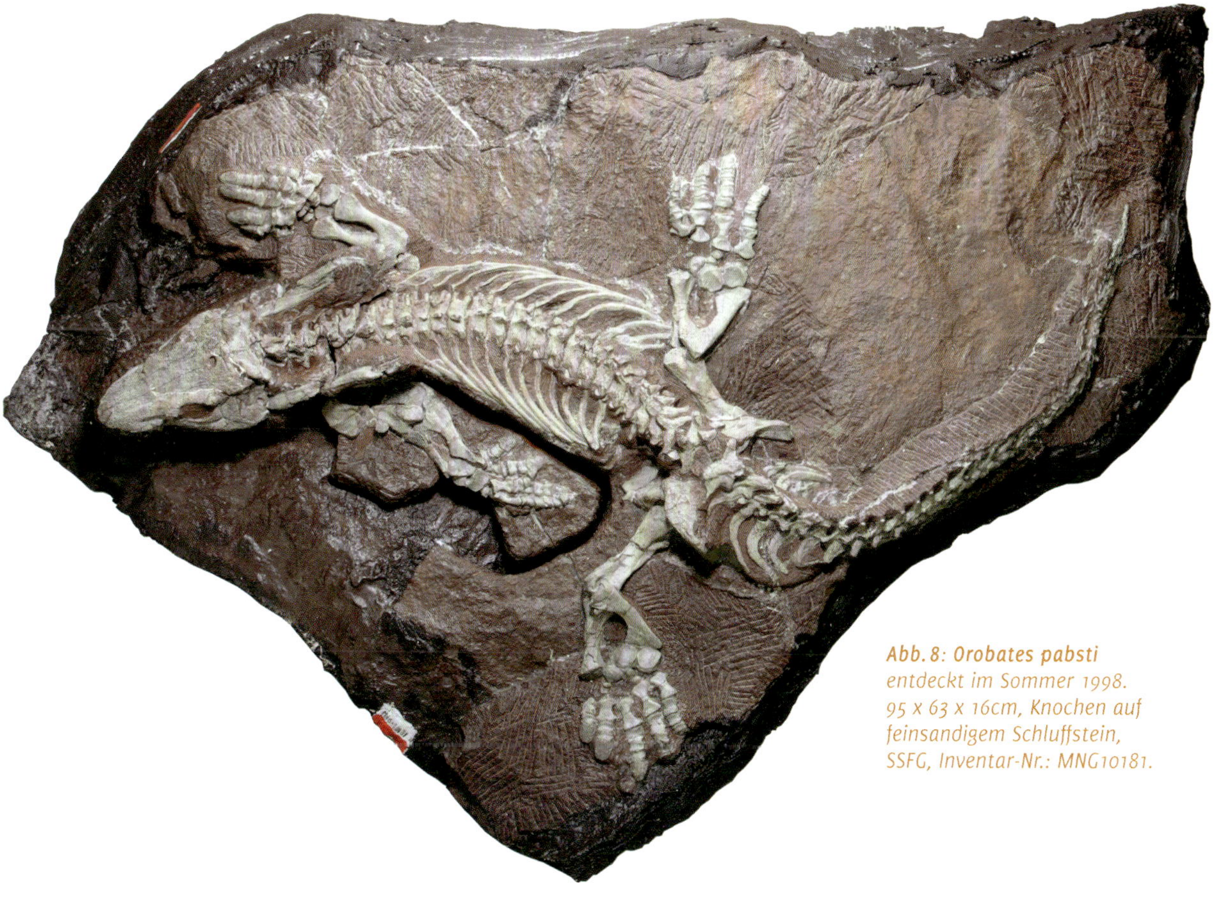

Abb. 8: Orobates pabsti *entdeckt im Sommer 1998. 95 x 63 x 16cm, Knochen auf feinsandigem Schluffstein, SSFG, Inventar-Nr.: MNG10181.*

Insgesamt wurden bisher zwölf verschiedene Ursaurierarten nachgewiesen und wissenschaftlich beschrieben. Die Fundstätte Bromacker errang internationale Bedeutung für die Paläontologie (**Abb. 8**).

Im Sommer 2010 fand die vorerst letzte Grabung statt. Nach nun exakt zehn Jahren besteht aber die Hoffnung, dass am Bromacker bald wieder nach Ursauriern gegraben werden kann.

Die »Erfindung« einer Perm-Landschaft auf dem Urkontinent Pangaea

Im Zusammenhang mit dem Ausstellungsaufbau 1996 entwickelte sich ein Kontakt mit dem bedeutenden Dioramen-Maler Jan Sovák (*1953), der damals noch in Kanada lebte. Und der Zufall wollte es, dass zur gleichen Zeit mehr als 30.000 DM zur Verfügung standen. Für das geplante Diorama wurde eine zwölf Meter lange und fast vier Meter hohe Trennwand im Ausstellungsraum eingebaut. Es sollte ein riesiges Diorama werden, das von den Ausstellungsbesuchern über einen erhöhten Laufsteg begehbar ist. So sollte ein einzigartiger Blick in die Vergangenheit möglich werden.

Jan Sovák reiste aus Kanada an und begann mit den Vorbereitungen. Wie sollte die Landschaft aussehen? Fast wie in einer »Nacht- und Nebel-Aktion« entwarf ich skizzenhaft meine Vorstellungen von einer permzeitlichen Landschaft auf einem A3-Blatt. Für diesen Entwurf gab es keine Vorlagen in Fachbüchern. Ich war auf eigene Überlegungen angewiesen: Welche Tiere, Pflanzen und Lebensspuren hatte man bisher am Bromacker gefunden? Wie sah die Landschaft aus, in der die Sedimente gebildet wurden?

Für die am Bromacker nachgewiesenen Ursaurier, Pflanzen und Insekten fehlten aber auch geeignete Lebendrekonstruktionen in der Fachliteratur. Also begannen wir am Museum selbst, Modelle der Tiere und Pflanzen zu entwerfen.

Jan Sovák wollte nun wissen, welche Tiere und Pflanzen er darstellen sollte. Wir entschieden uns für den Ursaurier *Dimetrodon* mit dem markanten Rückensegel. Davon gab es sogar Modelle aus Plastik zu kaufen. Unser zoologischer Präparator, Peter Mildner,

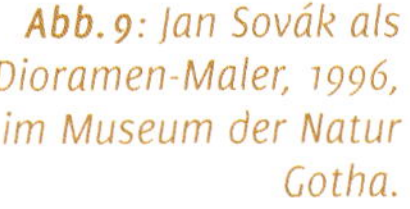

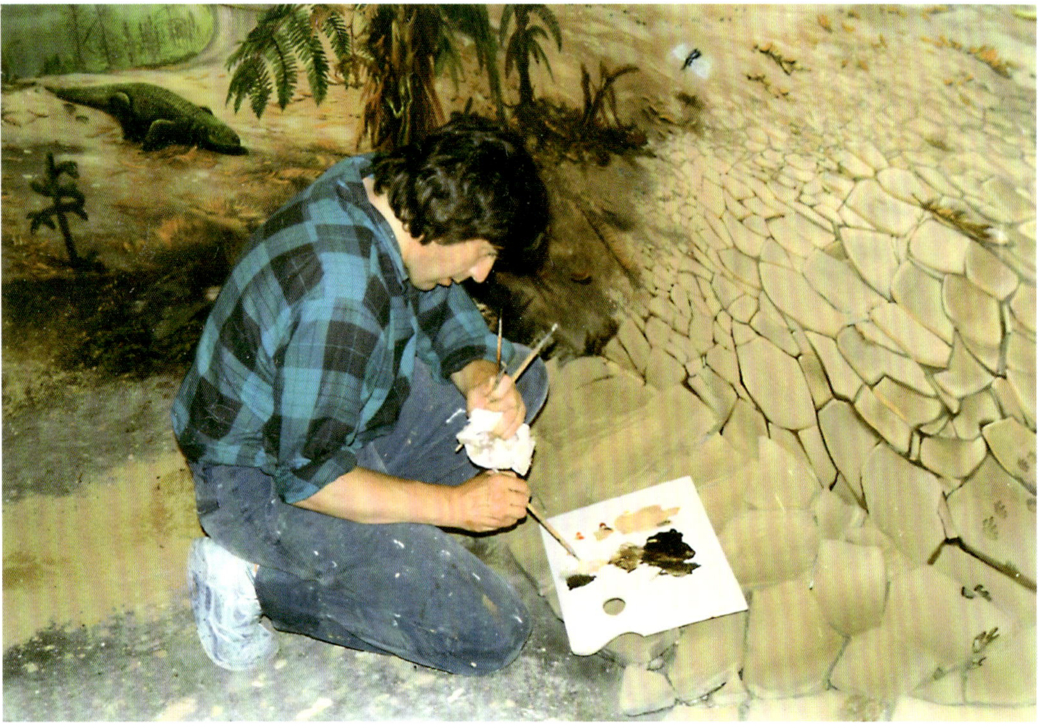

Abb. 9: *Jan Sovák als Dioramen-Maler, 1996, im Museum der Natur Gotha.*

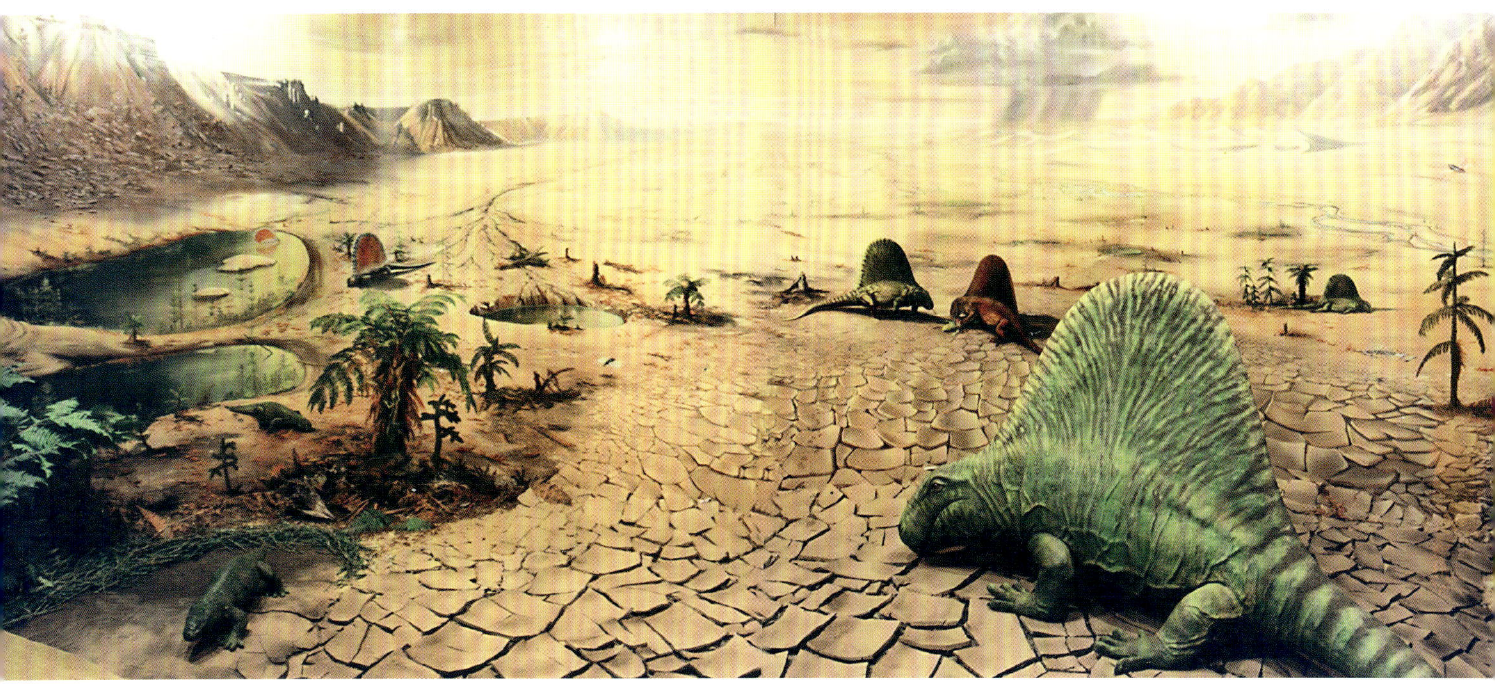

vom Museum der Natur hatte bereits einige Modelle entworfen – so auch vom bisher entdeckten Pflanzenfresser der Gattung *Diadectes*. Mit den Pflanzen aus der Zeit des Unterperm war es nicht viel einfacher. Einzeln gefundene Teile, wie Blätter oder Stängel, wurden zwar intensiv beschrieben, aber ihr gesamtes Erscheinungsbild war meist unbekannt. Wir lösten das Problem schließlich einfach mit einem eigenen Entwurf (**Abb. 9 & 10**).

Zur Ausstellungseröffnung 1997 war alles geschafft. Die Ausstellung begeisterte Jung und Alt. Die Fertigstellung der Permlandschaft dauerte insgesamt nur vier Wochen und sie überzeugte uns. So könnte es damals bei Tambach-Dietharz tatsächlich ausgesehen haben! Die Permlandschaft wurde zusätzlich von elektronisch erzeugten Geräuschen bereichert. Jeder Besucher konnte seiner Fantasie freien Lauf und die dreidimensionale Wirkung des Bildes auf sich einwirken lassen.

Eine Zeitreise in die Erdgeschichte

Der Bromacker mit seinen Ursaurier-Skelettfunden wirkt inzwischen wie ein Fenster in die Erdgeschichte vor etwa 290 Millionen Jahren. Vielleicht hast Du Lust, liebe Leserin und lieber Leser, an einer wissenschaftlichen Expedition in die weit zurückliegende Zeit des Unteren Perm teilzunehmen? So trete ein in unsere moderne Zeitmaschine. Nimm Dir etwas Zeit für die Faszination Erdgeschichte. Für alle Mutigen ist ausreichend Platz und Atemluft. Mach es Dir einfach bequem. In wenigen Minuten schließen automatisch alle Türen. Nimm Abschied von der Gegenwart. Durch die Fenster aus Panzerglas kannst Du die Veränderung der Landschaften verfolgen.

Mit dem Gefühl eines sich beschleunigenden Düsenjets wirst Du in den bequemen Sitz gepresst. Du schaust gespannt aus dem Fenster. Die Landschaft wandelt sich mehrfach in üppiges Grün aus Wäldern, in Flusslandschaften und in offenes Grasland. Die Außentemperaturen steigen und fallen kräftig. Nach etwa 50.000 Jahren ist der Höhepunkt der letzten Eiszeit erreicht. Bei 120.000 Jahren wachsen erneut üppige Wälder. Die Temperaturanzeige klettert auf

Abb. 10: *Die Gesamtansicht des zwölf Meter breiten Dioramas mit dem von Jan Sovák gemalten Bild und dem 1997 perfekt davor gebauten Untergrund aus getrockneten Tonscherben und den von Peter Mildner gebauten Modellen von* ***Diadectes*** *(links unten) und* ***Dimetrodon*** *(rechts).*

Werte, die höher als in der Gegenwart liegen. In den Wäldern streift sogar der Waldelefant (*Palaeoloxodon*) durch das Gebüsch.

Die Zeitmaschine wird mehr und mehr beschleunigt und beginnt zu vibrieren – grüne Landschaften wechseln mit Küstenregionen und Meeresbedeckung und wieder mit Festland.

Die Zeit rast schneller und schneller. Ein Blick aus dem Fenster lässt uns kurz hochbeinige und langhalsige Reptilien – die Dinosaurier der Kreide- und Jurazeit erkennen. Plötzlich wirft es Dich nach vorn. Das Ziel ist erreicht. Die Zeitanzeige bleibt mit einem kräftigen Ruck der Zeitmaschine exakt am 25. August, nachmittags um 15 Uhr, bei 290.111.250 Jahren vor unserer Zeit stehen.

Du und Deine Mitreisenden sind wahnsinnig aufgeregt. Aus dem Computer ertönt das Signal: »Alles okay«. Die Türen öffnen sich langsam. Nun erst nimmst Du aufmerksam die ungewohnte Umgebung wahr: Es ist drückend heiß. Am Horizont, noch in weiter Ferne, bilden sich Gewitterwolken. Du stehst auf einer Schotterfläche oberhalb eines fast ausgetrockneten Flussbetts. Vor uns liegt eine weite Ebene, die von zahlreichen weiteren Flussarmen durchzogen ist. Die freiliegenden Schlammflächen früherer Überflutungen sind völlig ausgetrocknet und von Trockenrissen übersät (**Abb. 11 & 12**).

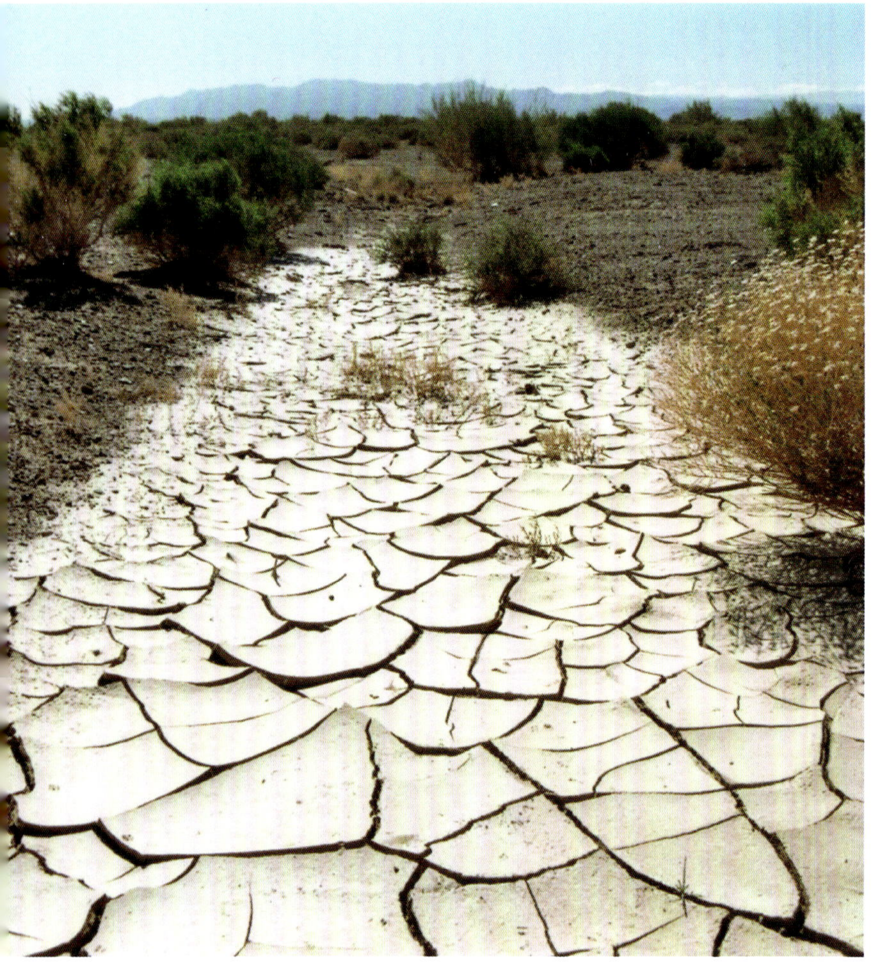

Abb. 11: *Trockenrisse, Wüste Gobi, Mongolei.*

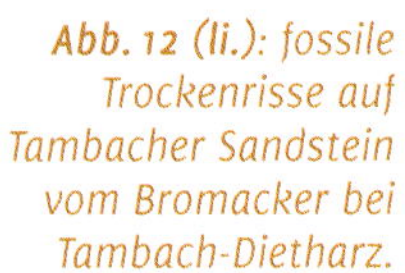

Abb. 12 (li.): *fossile Trockenrisse auf Tambacher Sandstein vom Bromacker bei Tambach-Dietharz.*

Abb. 13 (re.): ***Walchia***, *Teil eines Koniferen-Wedels als Abdruck, Bromacker bei Tambach-Dietharz, Maßstab = 2 cm.*

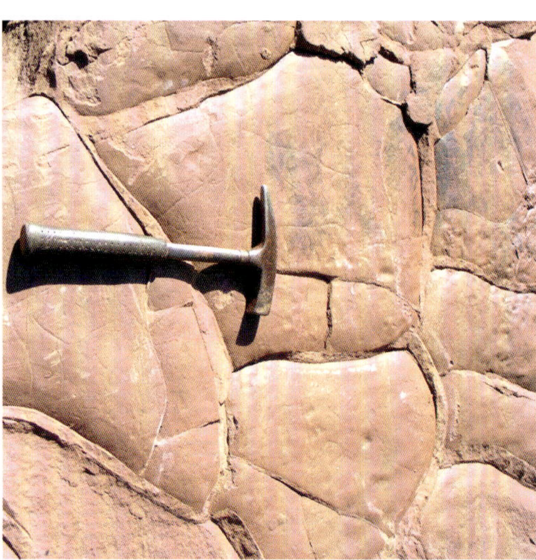

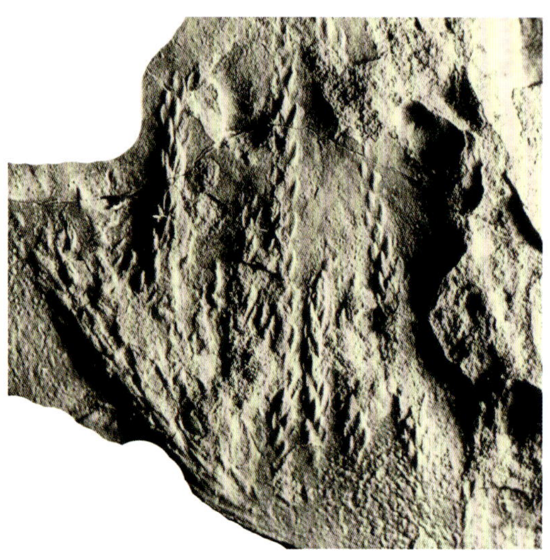

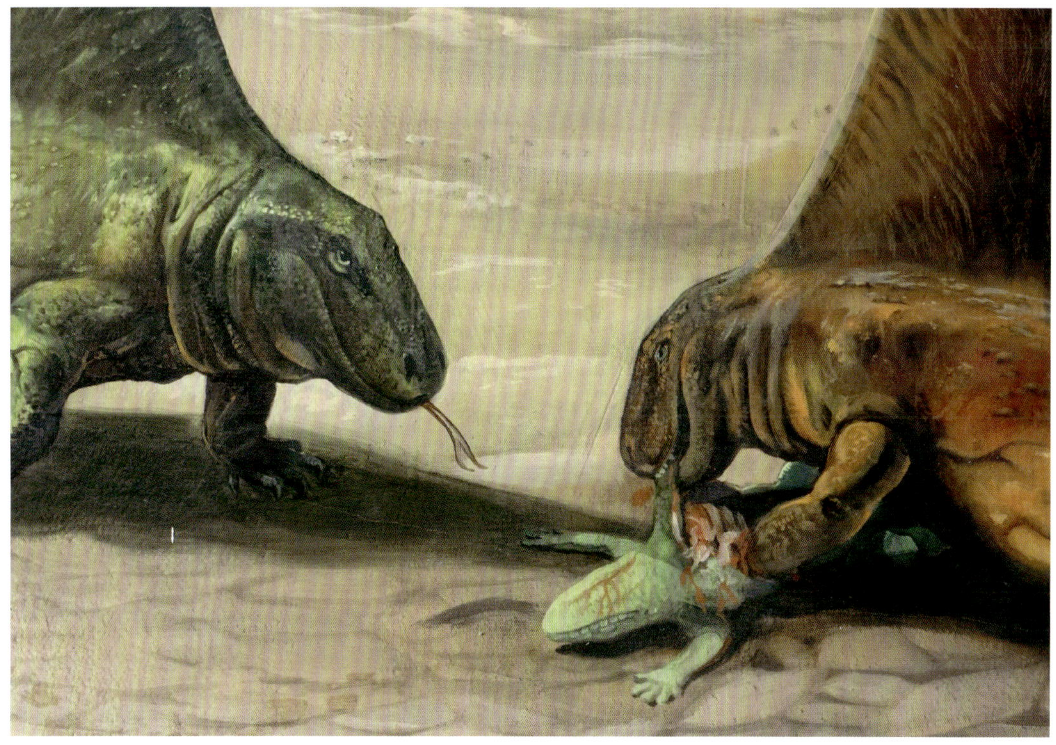

Abb. 14: *Zwei Exemplare des Ursauriers* ***Dimetrodon*** *beim Fressen eines erlegten Tieres, Ausschnitt des Dioramenbildes von Jan Sovak aus dem früheren Museum der Natur Gotha.*

Eine schüttere Vegetation säumt die Ufer der wenigen noch vorhandenen Rinnsale. Auf der rechten Seite der Ebene folgen gewaltige Geröllhalden und Schuttfächer, die von den über 1000 Meter emporragenden Gebirgszügen stammen. Hier handelt es sich um einen Gebirgsrest des von Wind und Wasser längst abgetragenen Variszischen Hochgebirges.

Durch lockeren Sand stapfen wir einen kleinen Abhang hinunter und gelangen in das Flussbett. Das letzte fließende Wasser hat Strömungsmarken hinterlassen. Erwartungsvoll blicken wir uns um. Da entdecken wir die ersten Lebewesen. Am Ufer des ausgetrockneten Flusses stehen einzelne, etwa ein Meter hohe, nadelbaumartige Koniferen (Walchien, **Abb. 13**).

Was war das eben? Wir werden von fliegenden Insekten in unterschiedlicher Größe umschwirrt. Jedoch gelingt es uns nicht, sie im Vorbeiflug zu identifizieren oder gar zu fangen. Auf dem Wedel einer farnartigen Pflanze landet plötzlich ein riesiges Insekt. Es hat eine Flügelspannweite von etwa 20 Zentimetern. Am trockenen Ufer bewegen sich bis zu vier Zentimeter lange Schaben.

Doch plötzlich lässt uns ein Geräusch erstarren. Etwa 50 Meter vor uns tauchen die ersten Ursaurier auf. Sie scheinen uns noch nicht bemerkt zu haben. Es handelt sich um mehrere Exemplare aus der Gruppe der säugetierähnlichen Reptilien. Sie laufen unmittelbar am Ufer eines Tümpels entlang. Es handelt sich um die Ursaurier-Gattung *Dimetrodon* (**Abb. 14**).

Die etwa ein Meter Länge erreichenden Tiere tragen eine deutlich buckelförmige Erhebung zwischen Hals und Schwanzansatz, die auch als Rückensegel bezeichnet und von verlängerten Dornfortsätzen der Wirbel getragen wird. Für diesen eigenartigen Körperbau gibt es mehrere Deutungsmöglichkeiten. Er könnte wie ein Brückenpfeiler (biomechanische Wirkung) gewirkt oder wie ein Sonnensegel zur Erwärmung des Körpers gedient haben. Das Segel könnte den Tieren untereinander aber auch anzeigen, ob sie zur selben Art gehören, ob sie Männchen oder Weibchen oder noch Teenager sind. Wir sind von den Tieren fasziniert, werden aber unseren kurzen Aufenthalt nicht nutzen können, alle Fragen zu beantworten. Der Ursaurier *Dimetrodon* hinterlässt charakteristische Fährten im Schlamm, die wir vom Bromacker als *Dimetropus leisnerianus* kennen.

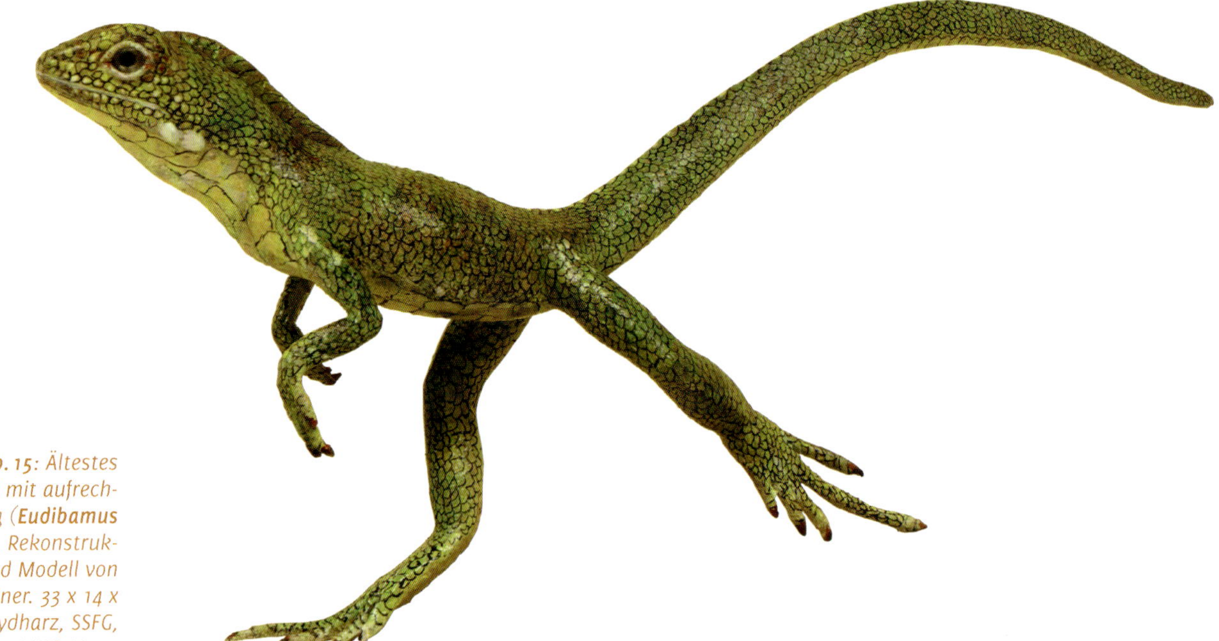

***Abb. 15**: Ältestes Parareptil mit aufrechtem Gang (**Eudibamus cursoris**), Rekonstruktion und Modell von Peter Mildner. 33 x 14 x 15 cm, Epoxydharz, SSFG, Inventar-Nr.: MNG-Mo-1.*

Nun tauchen aus dem Farnkraut des nahegelegenen Tümpels etwa ein Meter lange Ursaurier der Art *Diadectes absitus* auf. Sie bewegen sich relativ langsam. Es sind Pflanzenfresser. Die Tiere erzeugen die Fährte *Ichniotherium cottae*. Eine Gruppe aus mehreren Tieren auf der anderen Seite des Ufers gehört ebenfalls zu den Diadectiden, aber zu der Art *Orobates pabsti*. Der etwas schlanker als *Diadectes* gebaute Ursaurier hat auch etwa einen Meter Körperlänge und erzeugt im Schlamm vor unseren Augen die Fährte *Ichniotherium sphaerodactylum* (**Abb. 2**).

Mehrere Exemplare scharren im feuchten Schlamm mit ihren Vorderextremitäten, wohl auf der Suche nach verborgenen Pflanzenwurzeln. Am Stamm eines Farnbaumes klettert recht flink ein kleiner, schlanker Ursaurier empor, möglicherweise ein Parareptil der Gattung *Eudibamus*, der versucht, ein Insekt zu fangen. Das Tier bewegt sich am Boden sehr schnell und teilweise sogar nur auf zwei Beinen – eine sensationelle Entdeckung (**Abb. 15**)!

Es raschelt links und rechts unseres Trampelpfades als sich kleine, höchstens zehn Zentimeter lange Reptilien der Art *Thuringothyris mahlendorffae* von uns wegbewegen. Hin und wieder hört man das zu- und abnehmende Surren eines vorbeifliegenden Insekts. Wir stoppen und halten Ausschau nach unserer zurückgelassenen Zeitmaschine, die wie eine Mondlandefähre in der Ebene steht. Die Gewitterwolken nähern sich schon bedrohlich unserem Standort. Wir erreichen den nächsten, etwas größeren Tümpel. Im tieferen Wasser bewegen sich zwei zwischen 50 und 70 Zentimeter lange Ursaurier. Es sind ausgewachsene Vertreter der Art *Seymouria sanjuanensis* (**Abb. 16**). Die Tiere rechnet man noch zu den Amphibien. Sie sind aber nur zeitweise an das Wasser gebunden und können sich auch auf dem trockenen Festland bewegen.

Es gäbe hier noch so viel zu entdecken. Aber wir müssen unsere Expedition abbrechen, bevor der Gewittersturm losbricht. Der Wind frischt schon auf und wir laufen eilig zurück. Nach wenigen Minuten erreichen wir unsere Zeitmaschine. Die Tür öffnet sich mit einem Zischen und mit Erleichterung lassen wir uns in der angenehm kühlen Kapsel in die bequemen Sessel fallen. Die Tür schließt und mit einem Druckknopf wird die Zeitmaschine auf den »Rückflug« in die Gegenwart vorbereitet. Mit einem Ruck werden wir in die Sessel gepresst und nach wenigen Minuten erreichen wir wieder unsere gewohnte Gegenwart. Das war ein echtes »Abenteuer Erdgeschichte«.

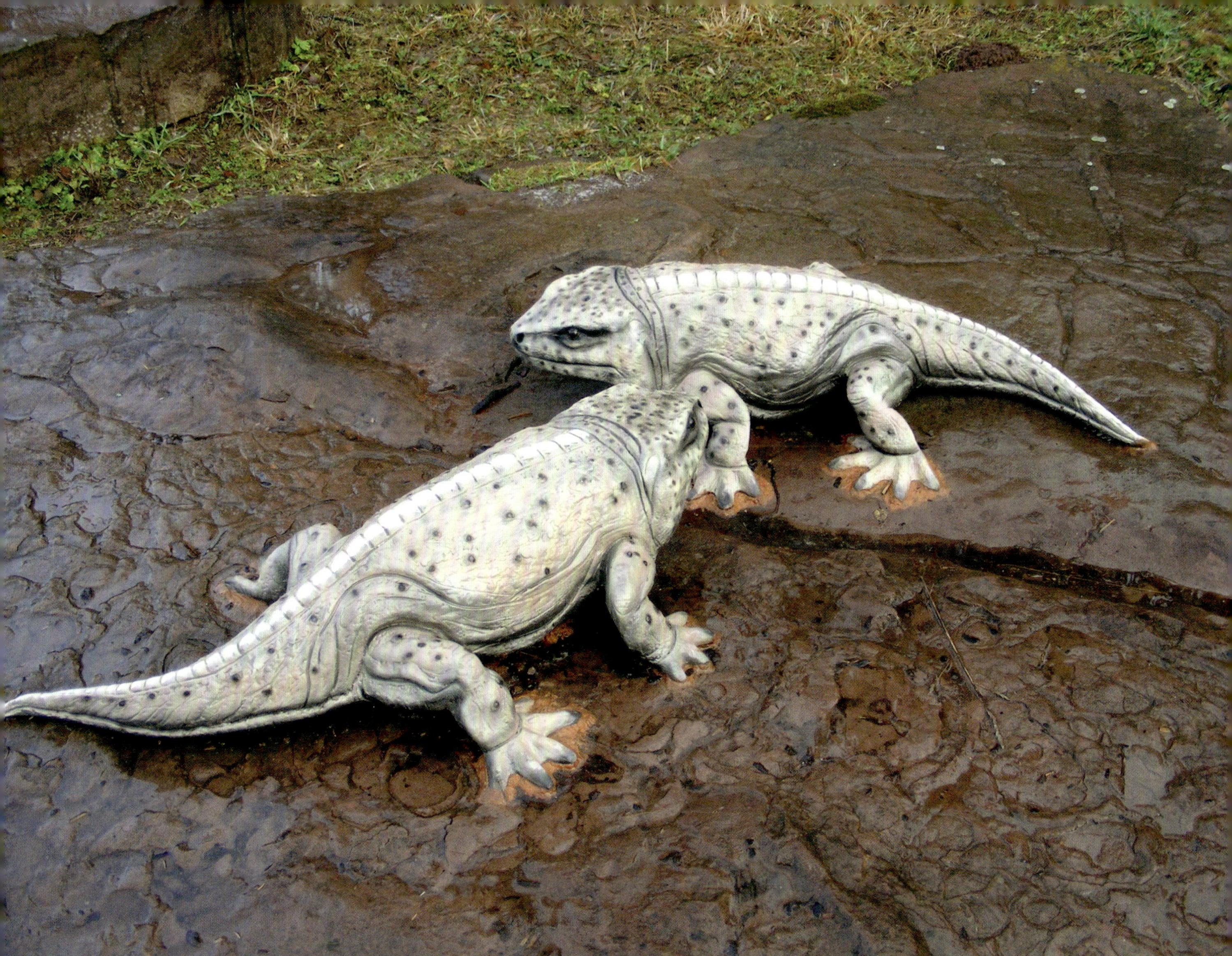

Abb. 16: Modelle von ***Seymouria sanjuanensis*** *(Tambacher Liebespaar) am Saurier-Erlebnispfad bei Tambach-Dietharz, Rekonstruktion und Modelle von Martin Kroniger 2011.*

Weiterführende Literatur

Martens, Thomas. 2016. Die Ursaurier vom Bromacker Teil 1 – Erforschungsgeschichte und Spurenfossilien. Fossilien – Journal für Erdgeschichte, Heft 5, S. 16–25.

Martens, Thomas. 2017. Die Ursaurier vom Bromacker Teil 2 – Skelettfunde. Fossilien – Journal für Erdgeschichte, Heft 1, S. 29–39.

Martens, Thomas. 2018. Wissenschaftliche Bedeutung der Fossillagerstätte Bromacker (Deutschland, Tambach-Formation, Unteres Perm) -Wirbeltierfossilien. Cuvillier Verlag, Göttingen.

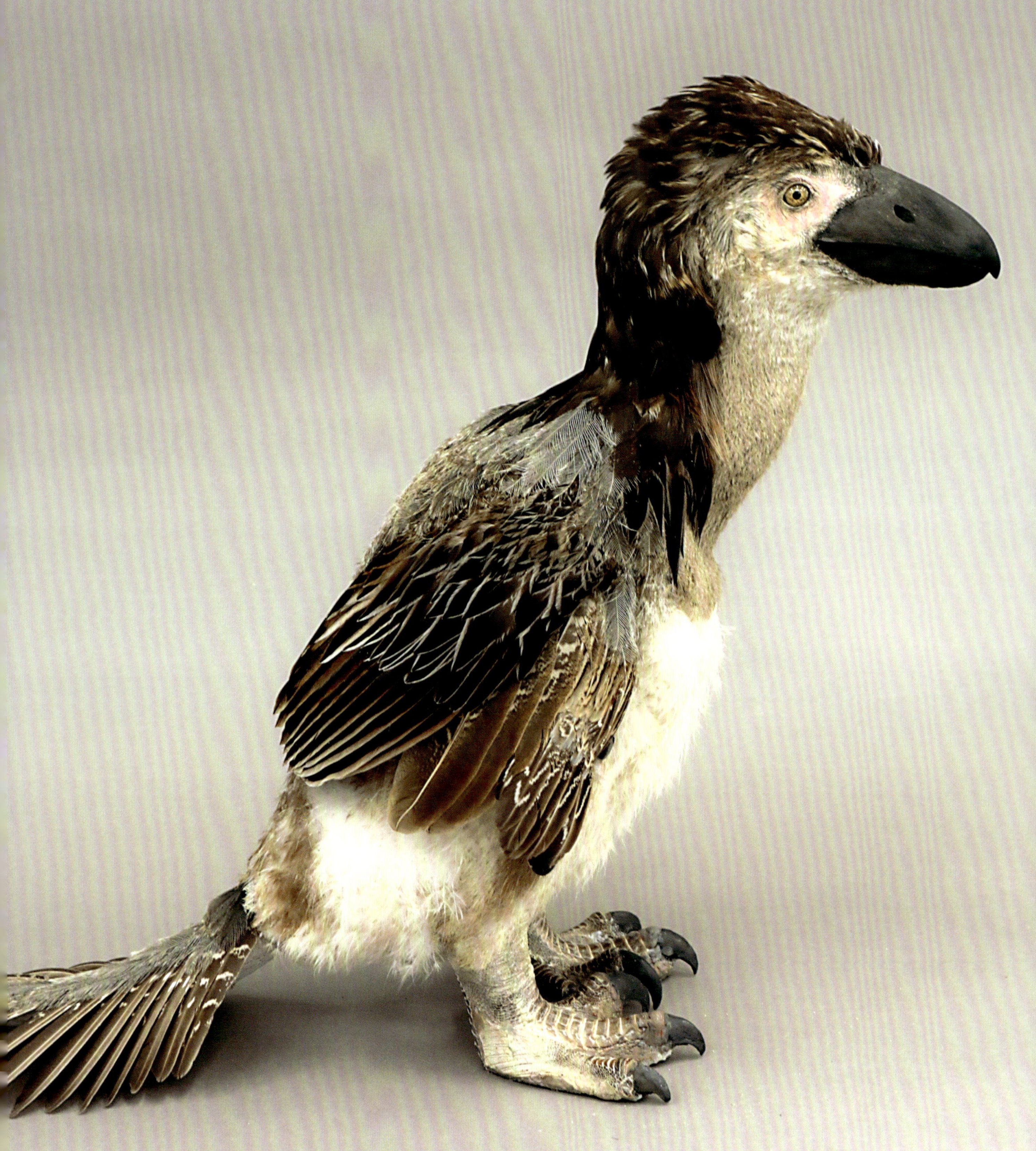

Paläokunst im Museum – Wie Sauriermodelle entstehen

11

PETER MILDNER & TOM HÜBNER

Versuch einer Lebendrekonstruktion von *Balaur bondoc*

Balaur bondoc bedeutet aus dem Rumänischen übersetzt so viel wie »stämmiger Drachen«. Es ist ein ca. ein Meter langes Tier (**Abb. 1**), dessen Überreste (Wirbel, Schultergürtel, Beckengürtel, beide Arme, Unterschenkel-, Mittelfuß- und Fußknochen) in feinkörnigen Gesteinen einer ehemaligen, etwa 70 Millionen Jahre alten Überflutungsebene im heutigen Rumänien gefunden wurde. Den Wissenschaftlern fiel an dem Tier auf, dass es kurze aber kräftige Arme, ein breites Becken, sehr kurze Mittelfüße und vor allem verlängerte Krallen an den inneren beiden Zehen der Füße besaß (**Abb. 2**). Besonders wegen dieser Krallen galt es als ein potentielles Raubtier mit besonders stämmigem Körperbau.[1] Allerdings wurde 2015 erkannt, dass *Balaur* weniger mit dem berühmten *Velociraptor* verwandt war, sondern mit teilweise flugfähigen Urvögeln aus China.[2] Damit steht *Balaur* den heutigen Vögeln näher als der Urvogel *Archaeopteryx*. Leider fehlen den entdeckten Skelettresten der Kopf und die Oberschenkel (**Abb. 3**). Das macht den Versuch einer Lebendrekonstruktion zwar schwieriger, aber auch umso interessanter – ein typischer Fall in der Paläokunst.

Der erste Schritt zu einer Rekonstruktion mit lebensechtem Aussehen besteht im Studium der Quellen über die originalen Knochenfunde. Dazu gesellen sich bildliche Darstellungen in Form von sich ähnelnden Illustrationen: befiedert, auf zwei Beinen sprintend oder hüpfend, mit langem befiedertem Schwanz und mächtigen Krallen an Flügeln und Füßen.

Schon die ersten Vergleiche der gefundenen Knochenreste mit den eher filigran anmutenden Illustrationen ließen beim Präparator Peter Mildner Zweifel an der anatomisch korrekten Interpretation aufkommen.

Nun mögen schlanke, sprintende Federsaurier mit »Mörderkrallen« spektakulär aussehen. Überzeugen konnten die Bilder hinsichtlich des Zusammenhangs von Anatomie und Funktion nicht. Am augenfälligsten ist die ziemlich dünne Darstellung der Füße im Vergleich zu den gefundenen Knochenresten. Demnach hätte *Balaur* kein Bindegewebe, Sehnen, Muskulatur oder Fett über den Knochen. Selbst die Haut müsste hauchdünn gewesen sein und sich als einziger Bestandteil auf den Knochen befunden haben, wenn man den Abbildungen glauben mag.

Emily Willoughby präsentierte 2015 noch die überzeugendste Figur (**Abb. 4**). Leider erscheinen die Flügel viel zu zierlich und passen nicht zu den kräftigen Knochen der Arme. Auffällig ist die Darstellung in fast immer waagerechter Haltung des Körpers in irgendeiner Bewegung. Eine Ruhehaltung des Tieres konnte oder mochte niemand entwerfen. Stets wird ein lan-

*Abb. 1 (gegenüber): Das fertige, lebensgroße Modell des **Balaur bondoc**, bestückt mit echten Federn. Peter Mildner, 2020, 62 x 25 x 45 cm, Epoxydharz & Federn, SSFG, Inventar-Nr.: MNG-Mo-2.*

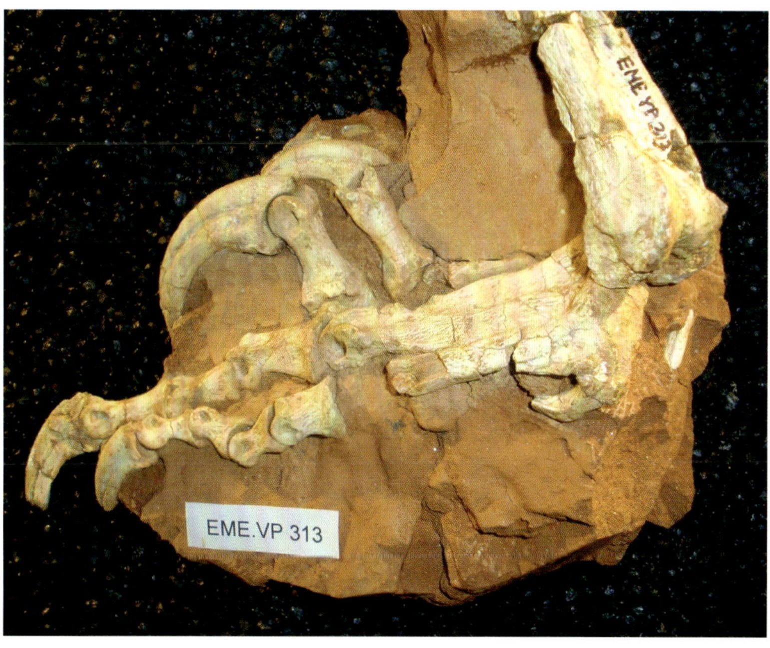

*Abb. 2: Foto des erhaltenen linken Skelettfußes von **Balaur**. Auffällig sind die beiden großen Krallen am ersten und zweiten Zeh. Längste Kralle am 2. Zeh ca. 4,2 cm, Tonstein, Muzeul Național de Istorie a Transilvaniei, Inventar-Nr.: EME. VP 313.*

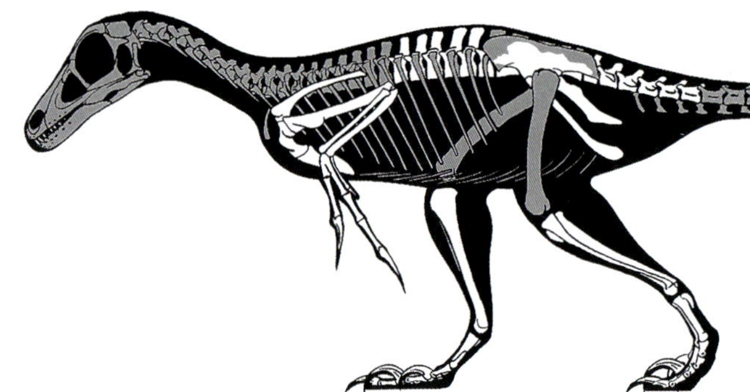

__Abb. 3__: Hypothetische Skelett-Rekonstruktion von __Balaur__ von 2015. Alle Knochen in weiß wurden gefunden. Die Knochen in grau sind unbekannt. Jaime Headden, 2015.

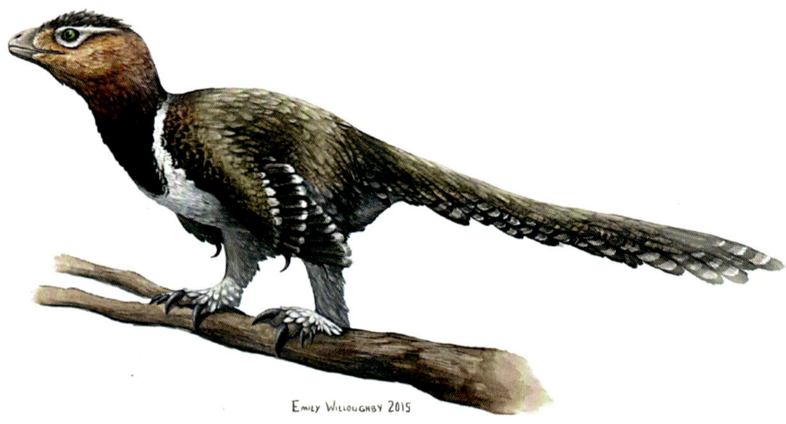

__Abb. 4__: __Balaur bondoc__ als Urvogel. Emily Willoughby, 2015.

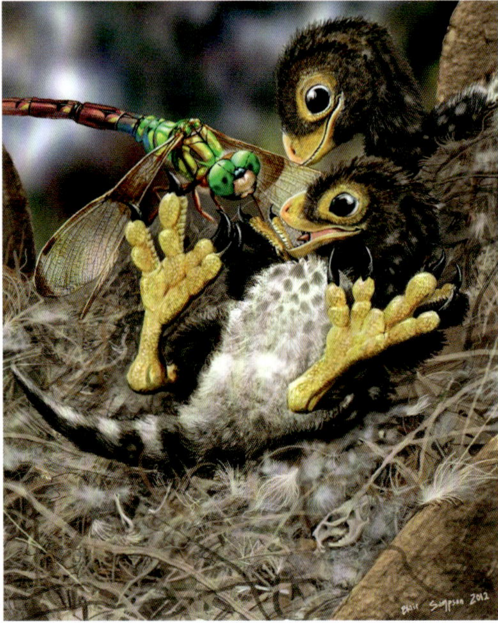

__Abb. 5__: Baby __Balaur bondoc__. Blair Sampson, 2012.

ger Schwanz gezeigt, um die Funktion der Balance des Körpers zu demonstrieren. Am Fossil lassen sich leider nur wenige etwas gestreckte Wirbel belegen, so dass die Länge des Schwanzes unbekannt bleiben muss. Niedlich ist eine Abbildung von *Balaur*, die Jungtiere zeigt. Hier beweist der Illustrator Blair Sampson 2012 Phantasie und Humor (**Abb. 5**). Er hat sich hier offenbar als Vorbild an nestjungen Greifvögeln orientiert. Die Mittelfüße (Tarsometatarsus) sind aber auch hier wieder zu dünn umgesetzt.

Nach Betrachtung und Studium der Abbildungen der Skelettteile wurde zunächst mit der Abbildung (Bild-Ausdrucke) der einzelnen Knochen (Schulterblatt, Arme/Flügel, Rumpfwirbel, Becken, Beine) in Originalgröße begonnen (**Abb. 6**). Bei Beinen und Flügeln wurde auch eine gespiegelte Version ausgedruckt, um für den Nachbau eines »Skeletts« eine bessere Orientierung zu haben.

Mit Draht und Papiermaché-Modelliermasse wurden nun die einzelnen Knochen nachgebildet (**Abb. 7**). Als optische Hilfen dienten dabei auch verschiedene originale, montierte Vogel-Skelette, deren Knochen in mancherlei Hinsicht Anhaltspunkte für anatomische Konstruktionen lieferten.

Nach und nach entstanden so Skelettteile, die wiederum an einem Rumpf aus Hart-Schaumstoff montiert wurden (**Abb. 8**). Mit dem ganzen Gebilde konnten nun unterschiedliche Bewegungen und Körperhaltungen simuliert werden (**Abb. 9**).

Im Vergleich zu den Knochen heutiger Vögel fiel die Anatomie des Beckens von *Balaur* besonders auf, vor allem seine Verlängerung nach hinten und unten. Diese Proportion findet man unter den Vögeln meist bei relativ steil sitzenden oder aufrechtstehenden

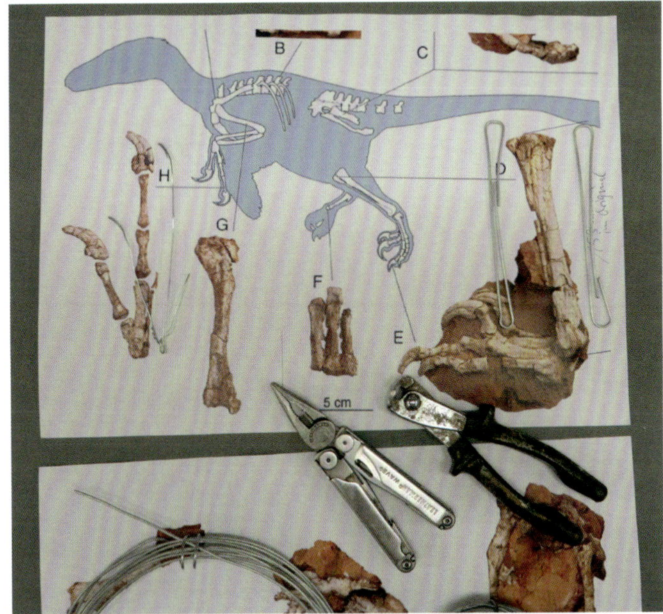

Abb. 6 (oben links): Maßstabsgetreuer Ausdruck der Bildvorlagen der Skelettteile mit ersten Nachbildungen aus Draht.

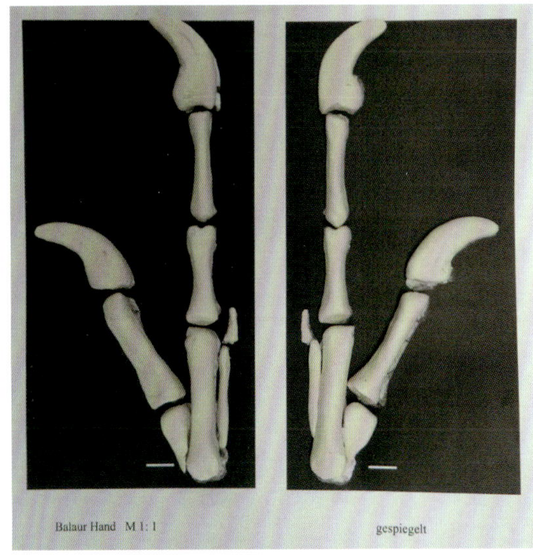

Abb. 7 (oben rechts): Originalgetreuer Nachbau der Handknochen auf den gespiegelten Bildern platziert.

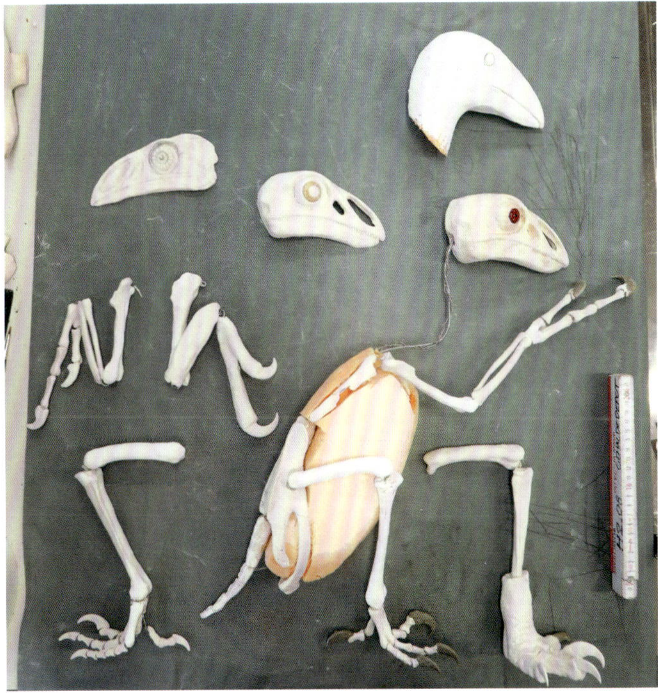

Abb. 8 (unten links): Die Skelettteile und mehrere Versionen des Schädels sind fertig. Mehrere Teile sind schon an den geschnitzten Rumpf aus Hart-Schaumstoff angebracht.

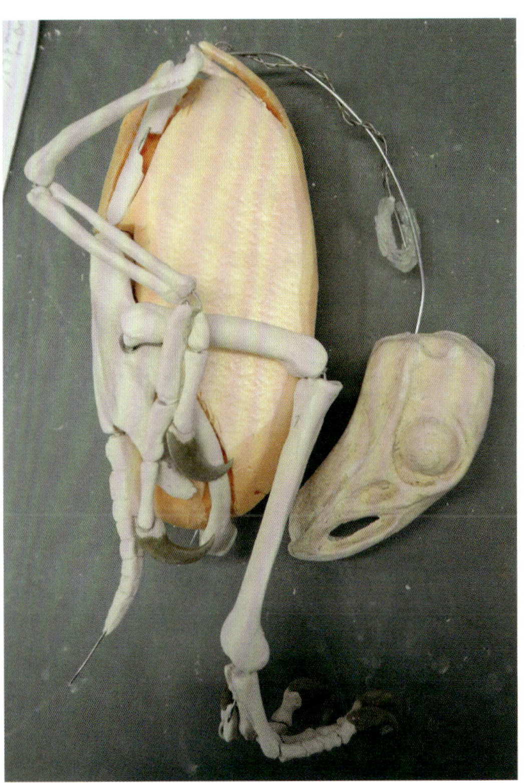

Abb. 9 (unten rechts): Die Drahtverbindungen zwischen den einzelnen Teilen dienen auch der Simulation von Beweglichkeit und Körperhaltungen.

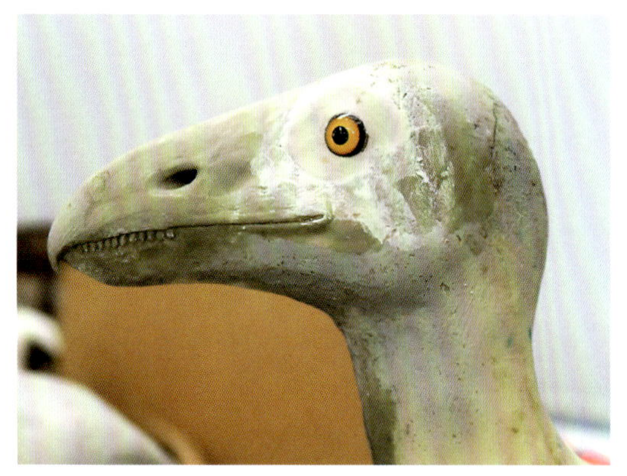

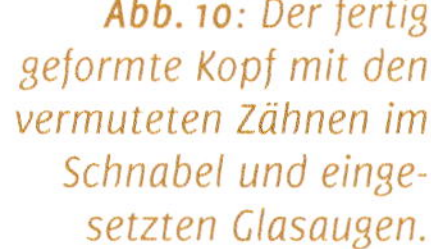

Abb. 10: *Der fertig geformte Kopf mit den vermuteten Zähnen im Schnabel und eingesetzten Glasaugen.*

Arten (z.B. Kormorane), ganz im Gegensatz zu den bisher meist waagerechten Darstellungen von *Balaur*.

Die Hüftgelenkspfanne, wo der Oberschenkelknochen mit dem Becken verbunden ist, sitzt vergleichsweise weiter vorne, so dass das hintere Beckenteil länger ist als das Vordere. Dadurch liegt der Körperschwerpunkt ebenfalls weiter hinten und lässt auf eine stärker aufrechte Körperhaltung schließen. Die relativ kurzen Flügel und vermutlich nicht übermäßig ausgeprägten Brustmuskeln haben den Körperschwerpunkt dazu auch kaum nach vorn verlagert. Leider ist kein Oberschenkel überliefert, dessen Länge noch mehr funktionalen Aufschluss über die Ruhe-Körperhaltung des Tieres geben könnte.

Es gibt außerdem keine Schädel- und Halsknochen und nur wenige Schwanzknochen. Diese mussten im Vergleich mit fossilen Arten hypothetisch rekonstruiert werden, so dass sie sich in das Gesamtbild eines »funktionierenden« Tieres einfügen lassen. Als Vorbilder für den Kopf (**Abb. 10**) dienten hier die nächsten Verwandten von *Balaur: Jeholornis* und *Sapeornis*. Beide besitzen noch einige wenige Zähne im Schnabel. Außerdem sind bei beiden Arten Reste von Samen im Bereich des Kropfes und des ehemaligen Verdauungstrakts gefunden worden. Neben der Verwandtschaft dienten diese Merkmale zusammen mit dem breiten Becken von *Balaur* als Hinweise, dass dieser ebenfalls einen Schnabel mit vielleicht ein paar Zähnen besaß und selbst ein Alles- oder Pflanzenfresser war. Die Größe des Schädels steht nach bisherigen Beobachtungen in direkter Beziehung zur Länge des Beckens. Das heißt, dass bei sehr vielen heutigen Vögeln der Schädel etwa so lang wie das Becken des Tieres ist.

Nach diesen Anhaltspunkten zu Verwandtschaft und Längenverhältnis wurde ein Schädel rekonstruiert, der optisch und funktional zum Gesamtbild von *Balaur* passt. Dementsprechend erfolgte auch die Darstellung der Halslänge, denn auch ein Dinovogel musste in der Lage sein, zur Körper- und Gefiederpflege alle entsprechenden Stellen zu erreichen (**Abb. 9**), sei es mit dem Schnabel oder mit den Krallen von Füßen und Flügeln.

Betrachtet man nun die kurzen und kräftigen Mittelfußknochen im Verbund mit den langen, kräftigen Unterschenkeln, erinnert die Anatomie sehr an Pinguine oder Papageien. Ebenso kam ein Vergleich mit dem flugunfähigen Galapagos-Kormoran in Betracht, wenngleich die Füße hier deutlich zierlicher entwickelt sind.

Die Arme von *Balaur* sind im Bereich der Hände relativ kräftig ausgebildet, während Ober- und Unterarme vergleichsweise kurz sind. Die Hand ist länger als der Unterarm, dieser wiederum kürzer als der Oberarm (**Abb. 3**). Die Proportionen entsprechen keinesfalls denen eines »klassischen« Fliegers. Das führte zu dem Schluss, dass die Arme, auch bei Betrachtung der Gesamtproportionen des Tieres, nicht zum Fliegen geeignet waren. Die jeweils zwei kräftigen Finger samt Krallen dürften aber ein gutes Klettern ermöglicht haben. Der Schultergürtel war für eine kräftige Armbewegung ausgelegt. Für eine ausgeprägte Flugmuskulatur fehlte jedoch die knöcherne »Grundlage«. Schlussendlich muss man sich *Balaur* eher als »kletternden Papageien«, denn als langschwänzigen Flitzer vorstellen. Eine gute Parallele zu heutigen Tieren ist der Eulenpapagei (Kakapo) auf Neuseeland (**Abb. 11 & 12**). Er ist ein guter Läufer und streift nachts kilometerweit durch sein Revier. Zudem kann er als einziger Papagei nur vom Baum heruntergleiten, aber nicht fliegen. Als Pflanzen- und gelegentlicher Insektenfresser auf einer Insel ist das auch nicht nötig. Allerdings kann er gut klettern und benutzt dafür, wie alle Papageien, seinen Schnabel als Hilfe. *Balaur* hingegen hatte von seinen Vorfahren noch bekrallte Hände geerbt, die er anstatt des Schnabels zum Klettern nutzen konnte. Die beiden großen Krallen an den inneren Zehen der Füße (**Abb. 13**) waren ebenfalls ideal als »Steigeisen« in den Bäumen.

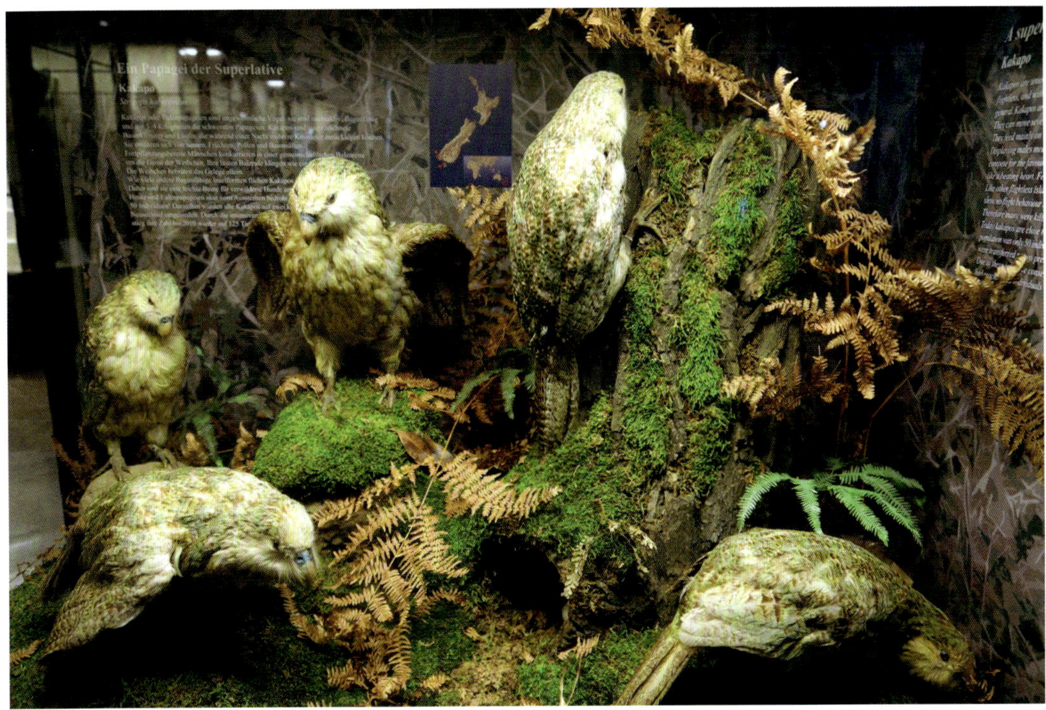

Abb. 11: *Präparate des Eulenpapageis (Kakapo) in einem Diorama des Naturhistorischen Museums Wien.*

Wie der Kakapo lebte auch *Balaur* auf einer Insel und hat seine Flugfähigkeit ebenfalls »aufgegeben«, weil es außer Krokodilen kaum Fressfeinde gab. Bei möglicher Verfolgung hätte er leicht auf umstehende Bäume flüchten können. Dort hat er dann auch sein Nest gebaut, um Eier und Junge vor Räubern zu schützen. Als möglicher Allesfresser könnte *Balaur* auch im Uferbereich der Flüsse oder am Meeresstrand nach Nahrung gesucht haben, z. B. Krabben oder Muscheln. Diese Frage lässt sich aber erst eindeutig klären, wenn tatsächlich einmal ein Schädel gefunden wird.

Auf den Skelettteilen aufbauend und in den Proportionen anatomisch passend, wurden die Muskulatur, bindegewebige Weichteile und die Haut modelliert und anschließend der gesamte Vogelkörper (**Abb. 14**) mit Silikonkautschuk und Epoxidharz abgeformt (**Abb. 15 & 16**).

Auf der »Haut«, mit unterliegendem Fettgewebe, war die Körperoberfläche mit Federn zu versehen, die der Funktion nach als Wärme-Isolierschicht und Nässeschutz dienen konnten, aber keine offensichtlich spezifische Musterung oder Struktur aufweisen. Das kommt daher, dass flugunfähige Vögel grund-

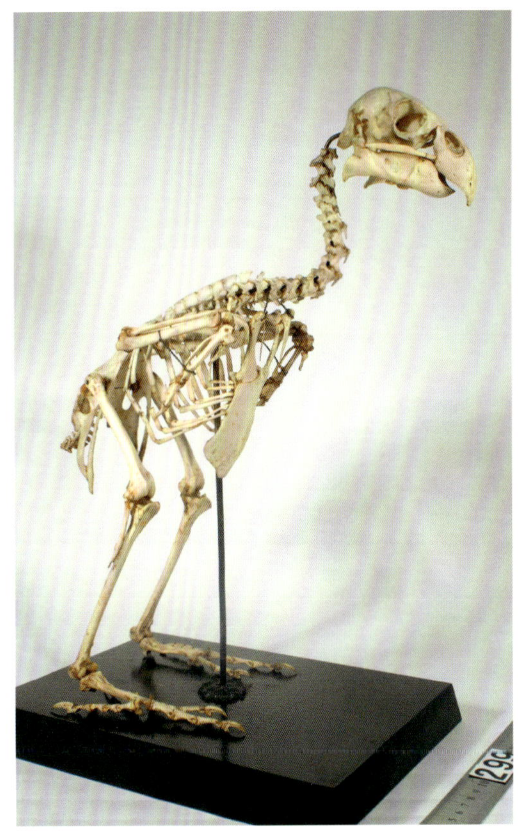

Abb. 12: *Skelettmontage des Eulenpapageis. Auckland Museum, Inventar-Nr.: AM LB299.*

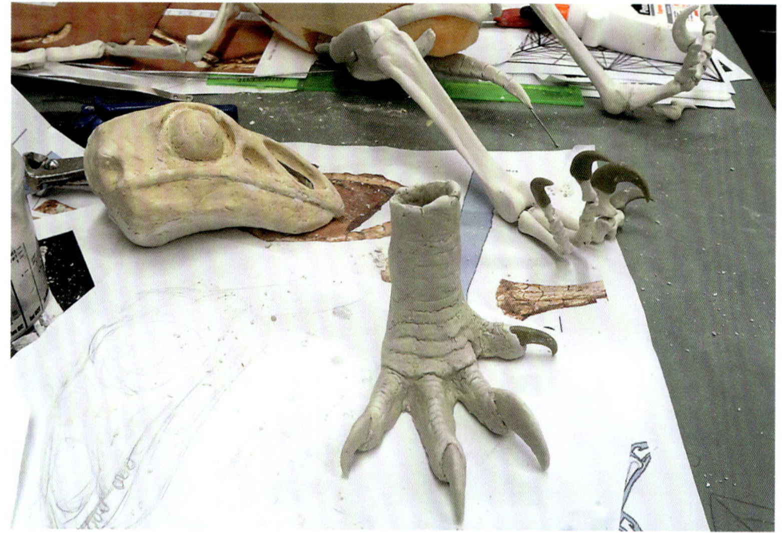

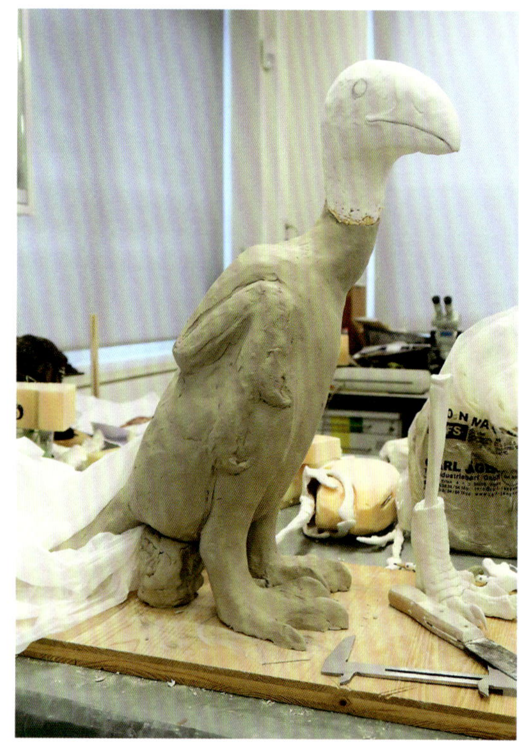

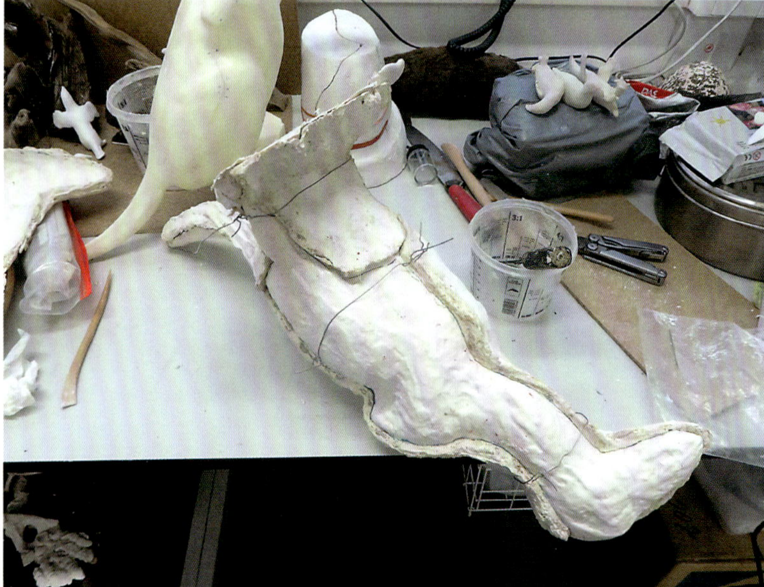

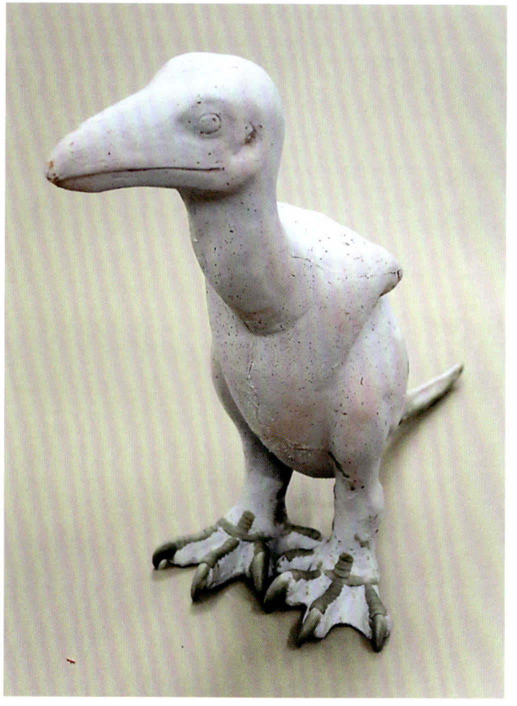

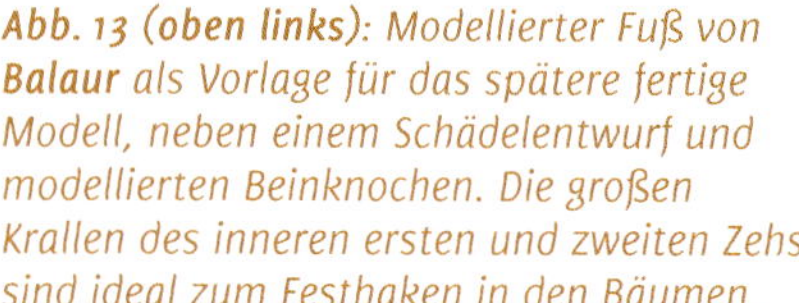

Abb. 13 (oben links): *Modellierter Fuß von* **Balaur** *als Vorlage für das spätere fertige Modell, neben einem Schädelentwurf und modellierten Beinknochen. Die großen Krallen des inneren ersten und zweiten Zehs sind ideal zum Festhaken in den Bäumen.*

Abb. 14 (oben rechts): *Aus Modelliermasse geformter Körper mit einer früheren Version des Kopfes.*

Abb. 15: *Silikonform des Modells, teilweise noch im Gipsmantel.*

Abb. 16: *Fertig ausgegossenes Modell. Die Arme werden separat mit Draht angebracht.*

sätzlich strukturlosere Federn besitzen und *Balaur* als gemächlicher Boden- und Baumbewohner sicher unauffällig bleiben sollte, um nicht unnötig Räuber anzulocken.

Für die Körperfedern des *Balaur*-Modells kam gedanklich einerseits ein Rallenvogel wie die Blässralle als Quelle für echte Federn in Betracht. Allerdings sind bei *Balaur* nicht unbedingt Federn für eine Anpassung ans Wasser erforderlich, weshalb schließlich die unspezifischen Federn von jungen Nandus Verwendung fanden. Zuvor gegerbte und in Passform geschnittene Hautpartien mit Federn sowie einzelne Federn wurden dabei an den entsprechenden Stellen angeklebt (**Abb. 17 & 18**), bis ein überzeugender Eindruck von einem Tier entstand, das so gelebt haben

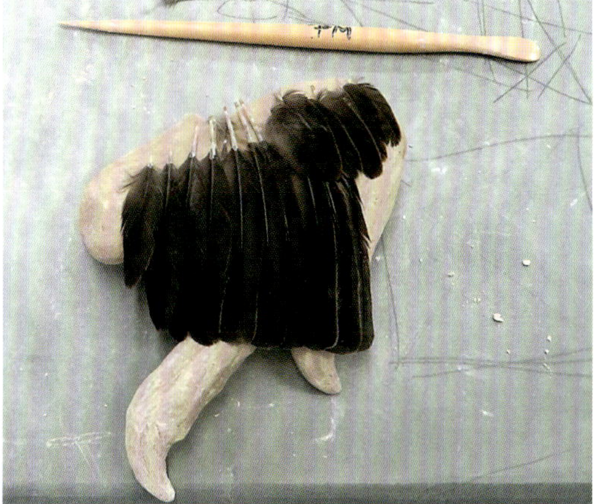

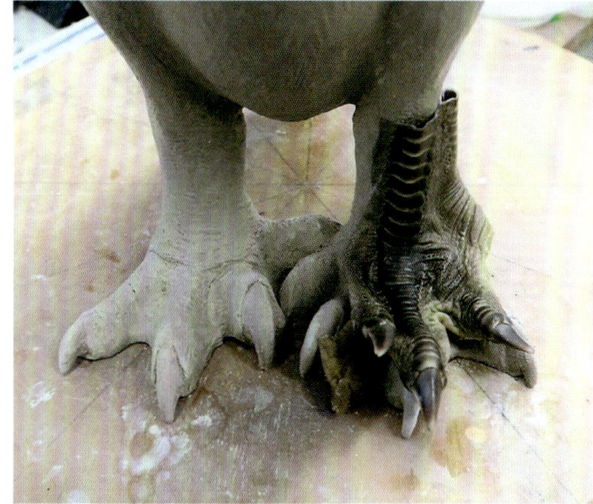

***Abb. 17 (links)**: An den Flügeln werden die Federn einzeln aufgeklebt.*

***Abb. 18 (rechts)**: Die Schuppenhaut des Nandus musste eingeweicht und dann passgenau auf die Füße des Modells geklebt werden.*

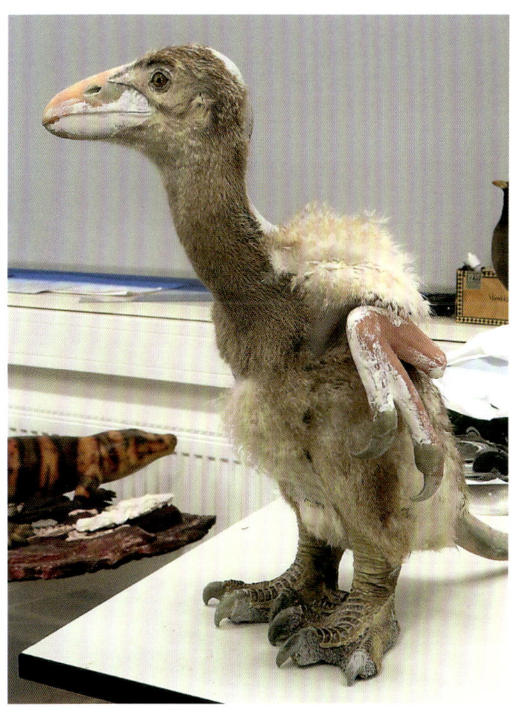

***Abb. 19**: Zurechtgeschnittene Haut- und Federpartien des jungen Nandus wurden auf den Modellkörper aufgeklebt.*

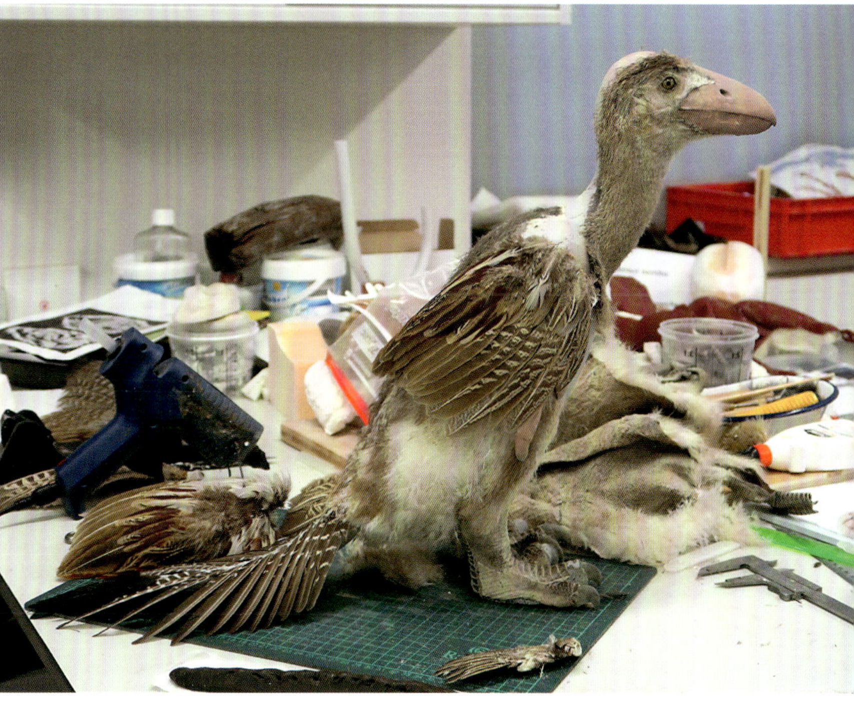

***Abb. 20**: Das fast fertig befiederte Modell des **Balaur** in einer entspannten Sitzposition.*

könnte. Die Flügel- und Schwanzfedern wurden mit, teils abgeänderten, Fasanenfedern nachgebildet. Dabei muss beachtet werden, dass das Anbringen der Befiederung insgesamt beinahe so aufwendig war, wie die gesamten anderen Arbeitsschritte zuvor.

Die Füße erhielten dagegen eine Oberfläche aus Hornschuppen, die ebenfalls von den Beinen junger Nandu-Küken genommen wurden (**Abb. 18 & 19**). Zu berücksichtigen war, dass die Krallen (aus Horn) größer sein mussten, als die knöchernen Zehen- und Finger-Endglieder. Hier dienten vergleichende Röntgenaufnahmen von heutigen Vögeln der Orientierung.

In den Kopf wurden Glasaugen eingearbeitet, um dem Tier ein »lebendiges« Aussehen zu verleihen (**Abb. 10**). Bei den Augen kann man sich an heutigen Vögeln orientieren, da sich deren Funktionalität über viele Millionen Jahre nicht verändert hat. Daher bekommt das Modell auch Glasaugen mit runden Pupillen, wie bei allen heutigen Vögeln üblich.

Am Ende ist das Modell eines Tieres entstanden, dass in seinen Proportionen, seiner Körperform und -haltung den verfügbaren wissenschaftlichen Informationen entspricht (**Abb. 1**). Das äußere Erscheinungsbild, vor allem der Kopf und die Federn, sind dagegen das Ergebnis begründeter Annahmen. Diese Version des 70 Millionen Jahre alten Dinovogels *Balaur bondoc* basiert auf Wissen und Erfahrung. Wichtig ist am Ende vor allem, dass das fertige Tier in allen Belangen auch lebensfähig und funktionsfähig wäre.

Abb. 21: Das von Amy Henrici (Carnegie Museum Pittsburgh, USA) präparierte Skelett eines jungen ***Martensius bromackerensis****, das als Vorlage für die Herstellung des Rekonstruktions-Modells diente. 67 x 60 x 22 cm, Knochen auf feinsandigem Schluffstein, SSFG, Inventar-Nr.: MNG14230.*

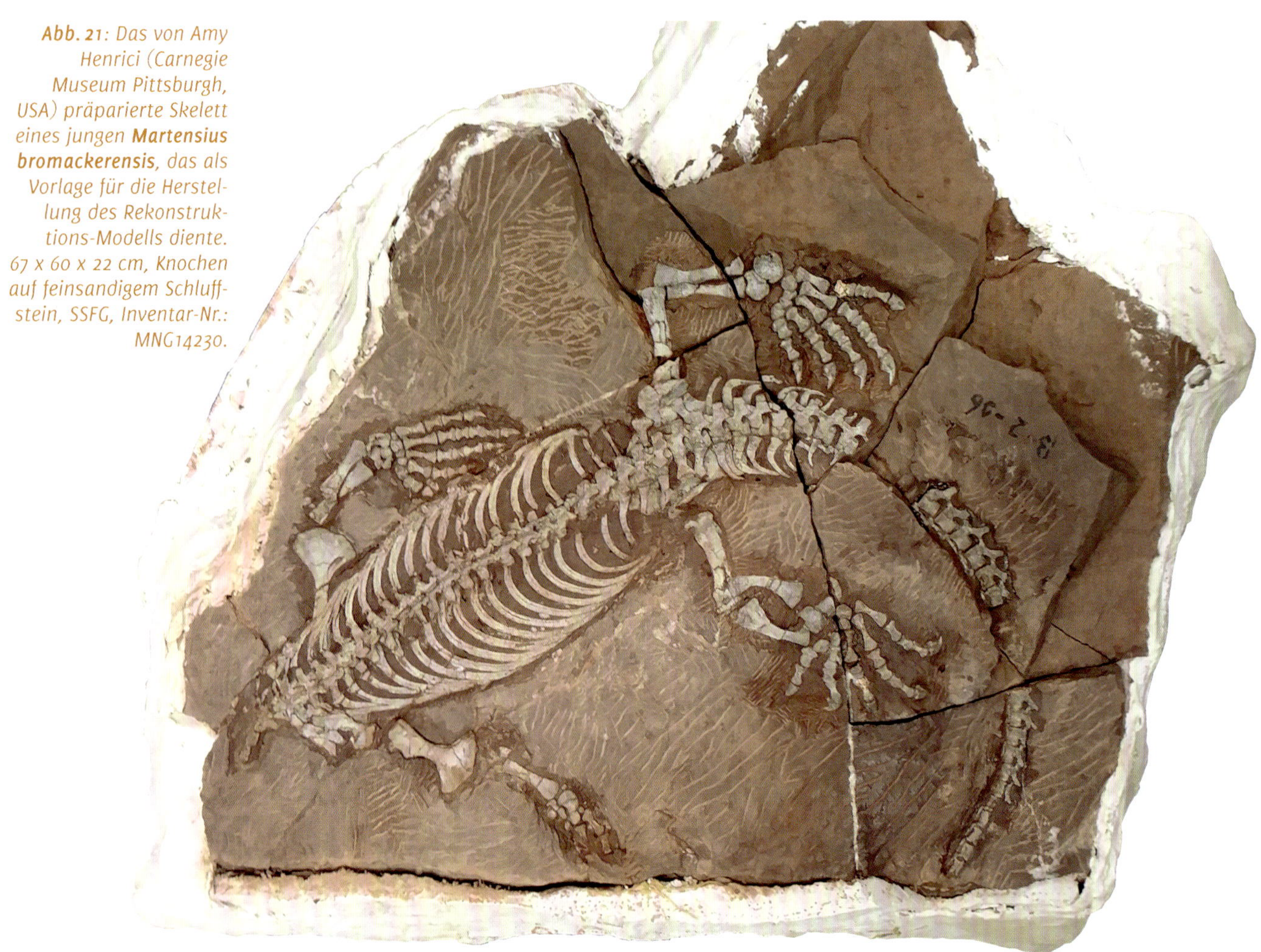

Über eine Lebendrekonstruktion von *Martensius bromackerensis*

Das neueste und damit zwölfte Mitglied der wissenschaftlich beschriebenen »Ursaurier«-Arten vom Bromacker (siehe Kapitel 10) heißt *Martensius bromackerensis* und gehört zu den säugerähnlichen Reptilien. Unter den Überresten befindet sich auch das fast vollständige und noch komplett artikulierte Skelett eines jungen Exemplars, dem nur der Schädel und Teile des Halses, der linken Hand und des Schwanzes fehlen (**Abb. 21**). Allerdings gibt es einen isoliert gefundenen Schädelrest, der eventuell zu diesem Tier gehörte sowie einen Schädelrest eines größeren Exemplars dieser Art. Demnach war dieser 290 Millionen Jahre alte »Ursaurier« bis zu einen Meter lang und glich in seiner Gestalt etwa einem heutigen Waran mit relativ kurzem Hals und sehr kräftigen Füßen. Sein Schwanz machte mehr als die halbe Gesamtlänge aus. Die Zähne in den erhaltenen Schädelresten deuten darauf hin, dass *Martensius* ein Allesfresser war (**Abb. 22**).

Die Aufgabe war nun, eine Lebendrekonstruktion dieser neuen Art von »Ursaurier« für die Besucher des Museums erlebbar zu machen, also gewissermaßen »zum Leben zu erwecken«.

Am Original des Skeletts des fast vollständigen Jungtiers wurden die Maße und Proportionen des Tieres direkt abgenommen. Dabei müssen allerdings plastische Verformungen berücksichtigt und ggf. korrigiert werden, die durch die Auflast des Gesteins über Jahrmillionen auf die Knochen gewirkt haben. So sind einige Knochen gekippt, abgeplattet und verkürzt worden. Außerdem gilt es zu beachten, dass ein tot eingebettetes Tier anders aussieht als ein lebendes. Meistens sind die Rippen in einer »zusammengedrückten« Position eingebettet, was ein vermeintlich schlankeres Aussehen des lebenden Tieres vermuten lässt.

Hier ist die Erfahrung aus der zoologischen Präparation entscheidend, dass die äußere Erscheinung eines Tieres nicht unbedingt mit der Form seines Skelettkörpers übereinstimmt. So sieht der Rumpf einer Bartagame skelettiert sehr schlank aus, aber das lebende Tier besitzt meist einen sehr voluminösen Rumpf und sieht von oben gesehen sogar regelrecht dick aus (**Abb. 23**). Die Vorstellung vom Zusammenhang zwischen Knochen und ansitzenden Muskel- sowie Bindegewebsvolumen ist also entscheidend, um sich in das Skelett eines lebenden wie eines ausgestorbenen Tieres »hineinzudenken«. Bei dieser Form von Lebendrekonstruktion geht es zudem nicht um spektakulär anmutende Wesen, die dazu bestimmt sind, einen »Wow-Effekt« zu erzeugen. Zuerst geht es um die zwangsläufige Form, die sich aufgrund der Anatomie herleiten lässt. Das heißt aber nicht, dass das ehemals lebende Tier nicht auch besonders ausgeformte Schuppen und abweichende, stärkere Gewebestrukturen unter der Haut gehabt haben könnte. Nur sind solche Strukturen in diesem Fall nicht erhalten.

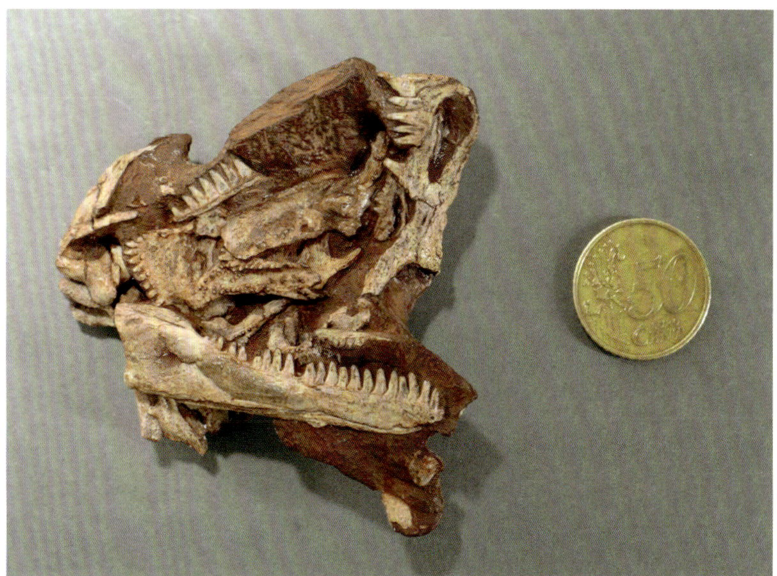

***Abb. 22**: Verdrückter Schädel eines älteren Exemplars von **Martensius**. Rechts oben ist die Schnauzenspitze mit einer Nasenöffnung zu erkennen. Am unteren Rand liegt ein kompletter Unterkieferast frei. Die Knochenteile des Gaumendaches dazwischen tragen ebenfalls teilweise Zähne. 7 x 7,7 cm, Knochen und Schluffstein, SSFG, Inventar-Nr.: MNG13814.*

Im Vergleich mit anderen Fossilien ähnlicher Tiergruppen sieht man bei *Martensius* einen sehr kurzen Hals und vergleichsweise kleinen Kopf, was bei der Rekonstruktion Berücksichtigung fand. Bei einer Länge von knapp einem Meter entfallen auf die Kopf-Rumpf-Länge ca. 45 Zentimeter. Die Beine sind kräftig, mit mittellangen, gut bekrallten Zehen.

Der technische Aufwand zur Herstellung des Modells war aufgrund der geringen Größe des Skeletts überschaubar. Zur Arbeitserleichterung und Schonung des Original-Fossils wurde ein Foto-Ausdruck des Skeletts in Originalgröße angefertigt. Danach wurde ein Grundkörper aus extrudiertem Polystyrol-Schaum

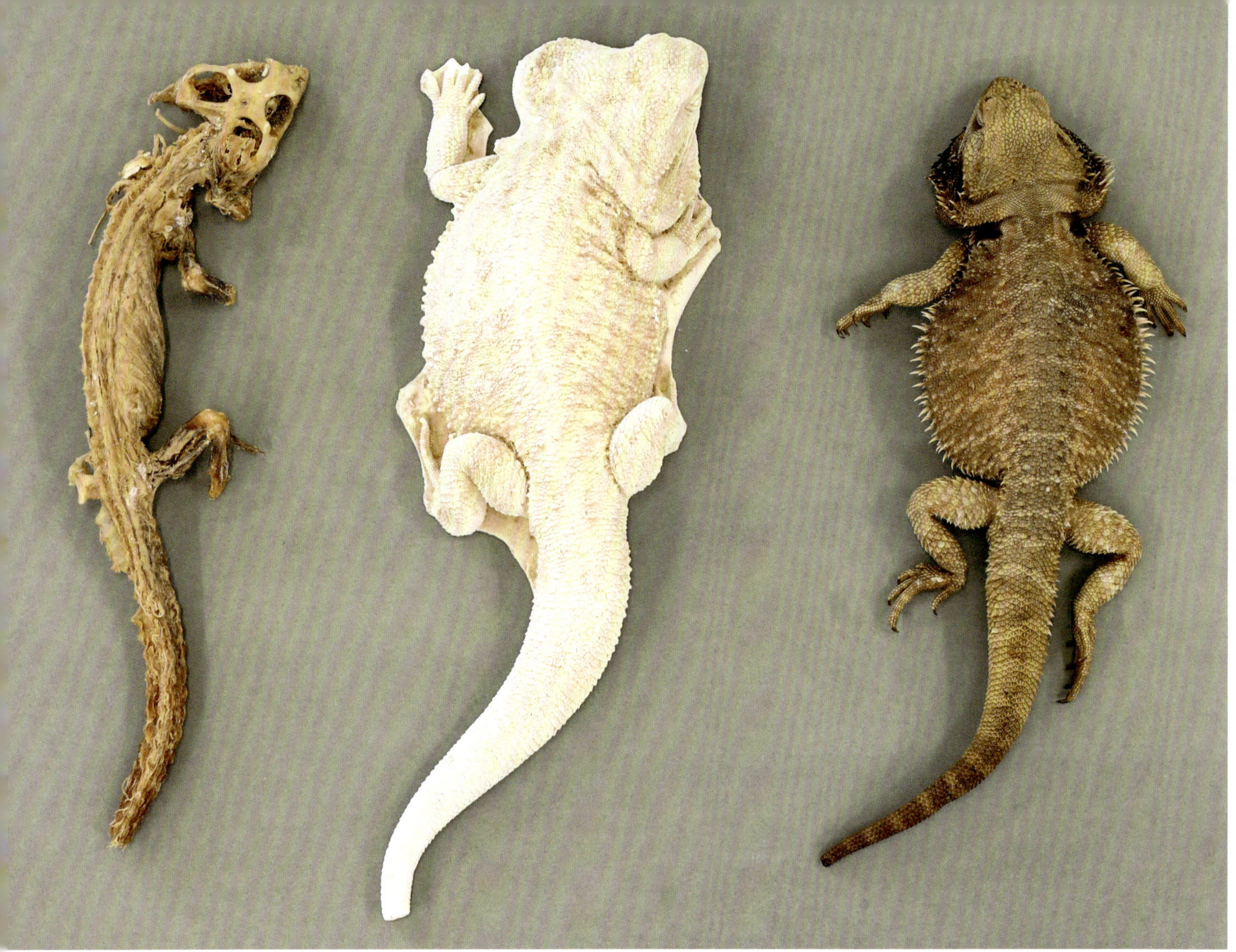

***Abb. 23**: Vergleich der Präparate von Bartagamen. Das skelettierte Exemplar links gehört demselben Tier an wie der Gipsabguss des kompletten Tieres in der Mitte. Rechts liegt ein noch intaktes Präparat eines anderen Exemplars. Der enorme Unterschied zwischen einem Skelett und dem lebenden Tier ist erstaunlich. SSFG.*

geschnitzt, in dem Eisendrähte für die Proportionen der Beinknochen befestigt und in der Wunschhaltung ausgerichtet wurden (**Abb. 24**). Die Drähte endeten jeweils in der längsten Zehe. Die weiteren Zehen haben keinen Draht erhalten, um eine größtmögliche Variabilität in ihrer Position zu ermöglichen.

Auf dieses Grundgerüst kam die erste Schicht Plastilin (NSP Medium von der Firma Chavant), welche im Wärmeofen zum Weichmachen erwärmt wurde. Mit diesem Material wurden die großen Körperteile (Kopf, Hals, Beine, Schwanz und Rumpf) modelliert (**Abb. 25**). Das Plastilin-Modell war für einen späteren Abguss vorgesehen, so dass es auf eine große Stabilität und Starrheit des Modells nicht ankam.

Zwischenzeitlich gab es regelmäßige Abstimmungen mit dem Paläontologen des Museums (Tom Hübner) bezüglich der Körperhaltung, aber vor allem wegen der fehlenden Knochenteile am Fossil, die natürlich nach bestem Wissen rekonstruiert werden mussten. Anfangs war der Hals am Modell wegen der fehlenden Hinweise am Fossil zu lang, was durch neue Informationen über verwandte Arten von *Martensius* erkannt wurde. Nun zeigte sich der Vorteil des noch weichen Materials, weil der Modellkopf noch leicht vom Körper abtrennbar war und der Hals verkürzt werden konnte. Der Kopf wurde dann wieder an den kürzeren Hals angefügt. Nach dem Ausmodellieren der groben Form folgte eine weitere Schicht Plastilin von etwas weicherer Konsistenz (NSP Soft, Firma Chavant), um die Oberflächenstrukturen leichter ausformen zu können. Mit Modellierhölzern und selbst hergestellten Struktur-Stempeln (aus Gips und Epoxidharz) bekam das Tier schließlich eine »natürliche« Oberfläche mit Falten und kleineren Schuppen,

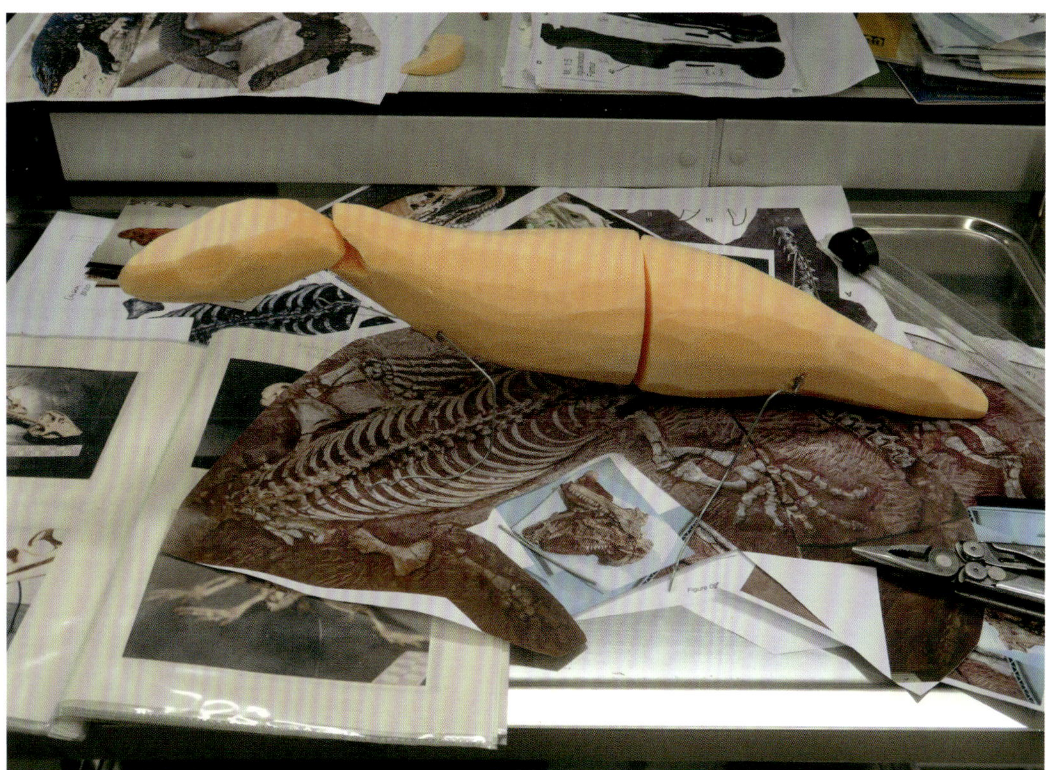

Abb. 24: Grob geschnitzter und mit Drähten versehener Körper aus Polystyrol-Schaum, platziert auf der ausgedruckten Skelettvorlage.

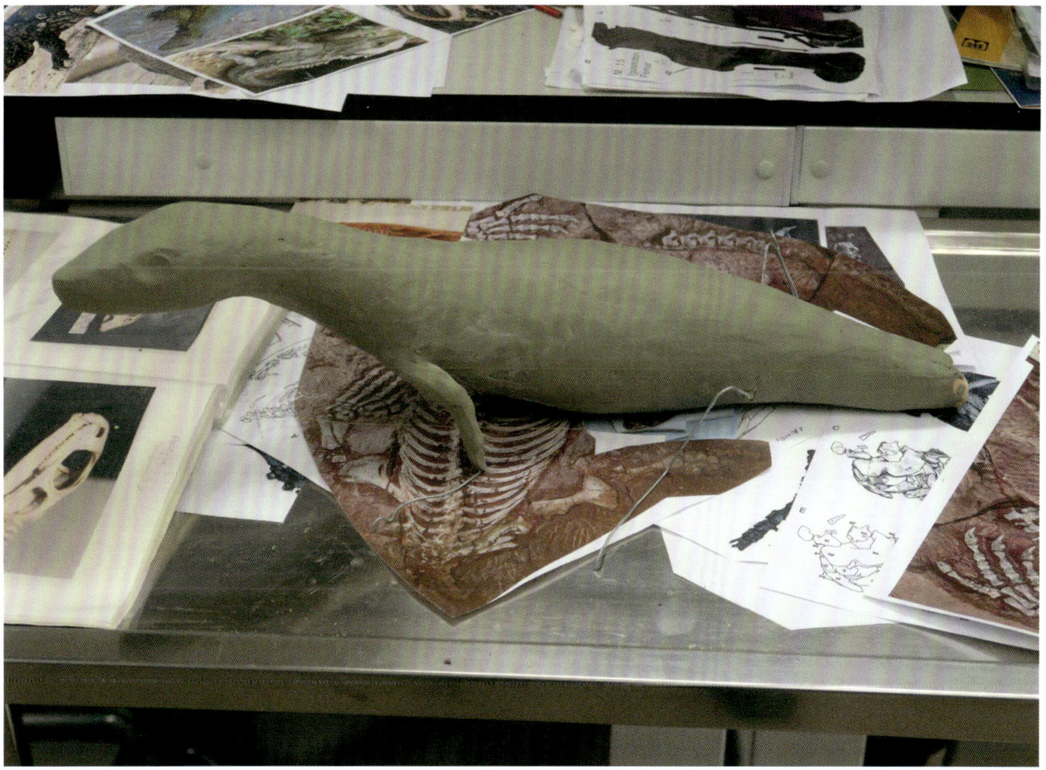

Abb. 25: Der Körper ist mit einer ersten Schicht aus Plastilin-Modelliermasse geformt worden.

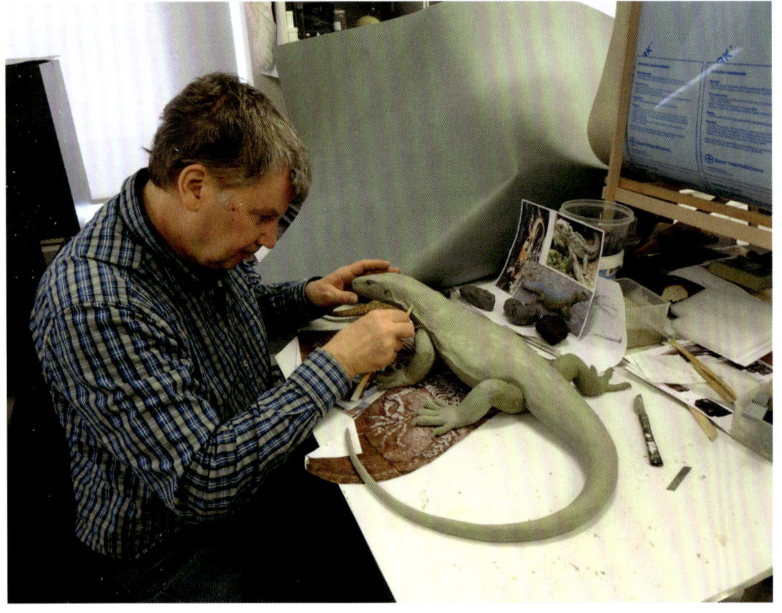

Abb. 26: Peter Mildner beim Modellieren feiner Details der Körperoberfläche.

wie es zu Lebzeiten ausgesehen haben könnte (**Abb. 26**).

Vom fertiggestellten Plastilin-Modell wurde anschließend eine einteilige Silikonform aus drei Schichten angefertigt (**Abb. 27**), auf deren Oberseite eine Juteverstärkte Gipskappe kam. Anschließend wurde die Silikonform an der Unterseite entlang der Beine und des Bauches aufgeschnitten und das Plastilin-Modell aus der Form entfernt, was durch die Elastizität des Formmaterials gut in einem Stück gelang. Die Silikonform wurde zur Ausformung wieder in ihre Stützkappe gelegt. Es folgte das Auskaschieren mit angedicktem und leicht getöntem Epoxidharz (EP-G/L 400, mit Zellulosefasern) in mehreren Abschnitten. Zuerst bekam das Modell Stabilität durch Ausformung von Kopf, Körper und Schwanz. Nach dem Aushärten wurden in einem zweiten Schritt die Zehen und Beine auskaschiert.

Der hohl auskaschierte Abguss wurde nach dem endgültigen Aushärten, noch in der Silikonform befindlich, mit Polyurethan-Schaum gefüllt und so zusätzlich stabilisiert. Anschließend wurde der Ausguss vom Silikonformmantel befreit. Kleine Fehlerstellen wurden mit Epoxidharz-Modelliermasse (Apoxie Sculpt) retuschiert, bevor das Modell eine einfarbige Farbgrundierung erhielt. Somit war das Tier in seiner Gesamtwirkung besser zu beurteilen, bevor die abschließende Kolorierung erfolgte (**Abb. 28**).

Am Ende ist eine Lebendrekonstruktion von *Martensius* entstanden, die zwar nicht spektakulär aussieht, aber dem lebenden Tier vermutlich sehr nahekommt. Nur die Farben der Haut werden wohl immer ein Geheimnis bleiben (**Abb. 29**).

Abb. 27: Das Modell ist mit Silikon überdeckt, das nach dem Festwerden abgenommen und als Ausgussform verwendet werden kann.

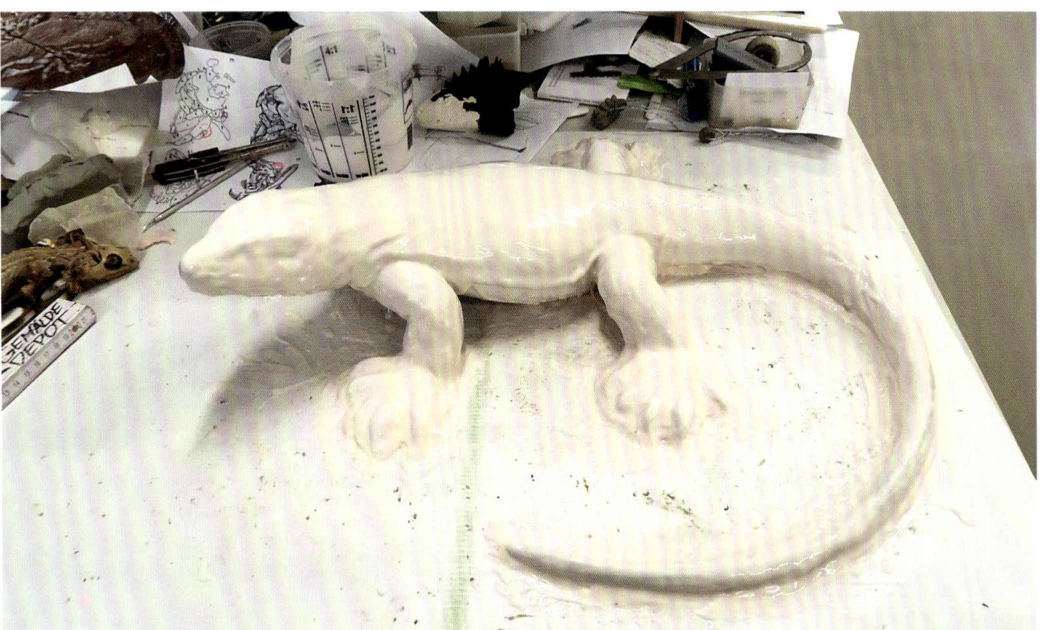

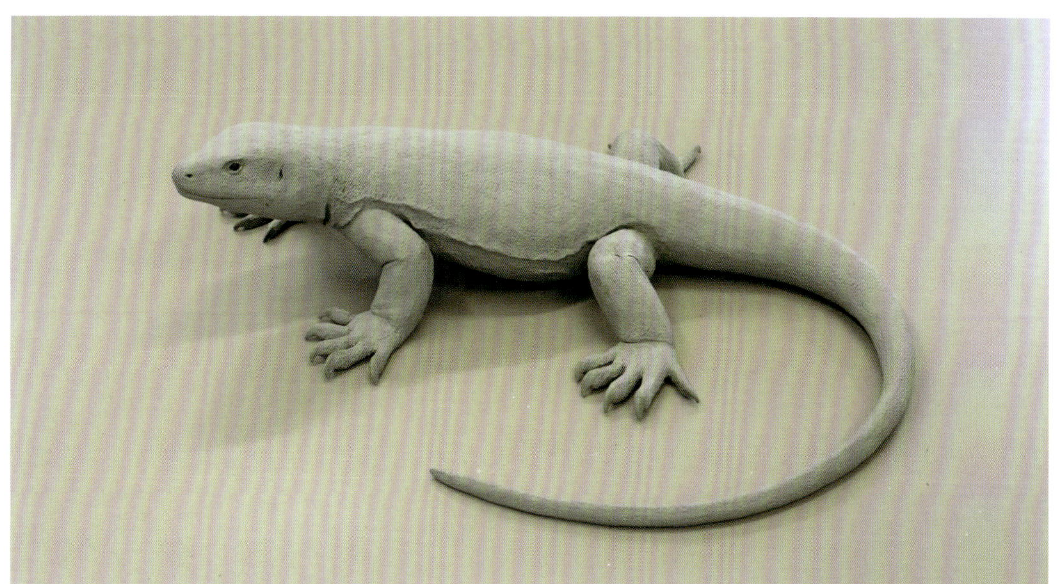

Abb. 28: *Fertig ausgegossenes Modell aus Kunstharz und mit einer Farbgrundierung.*

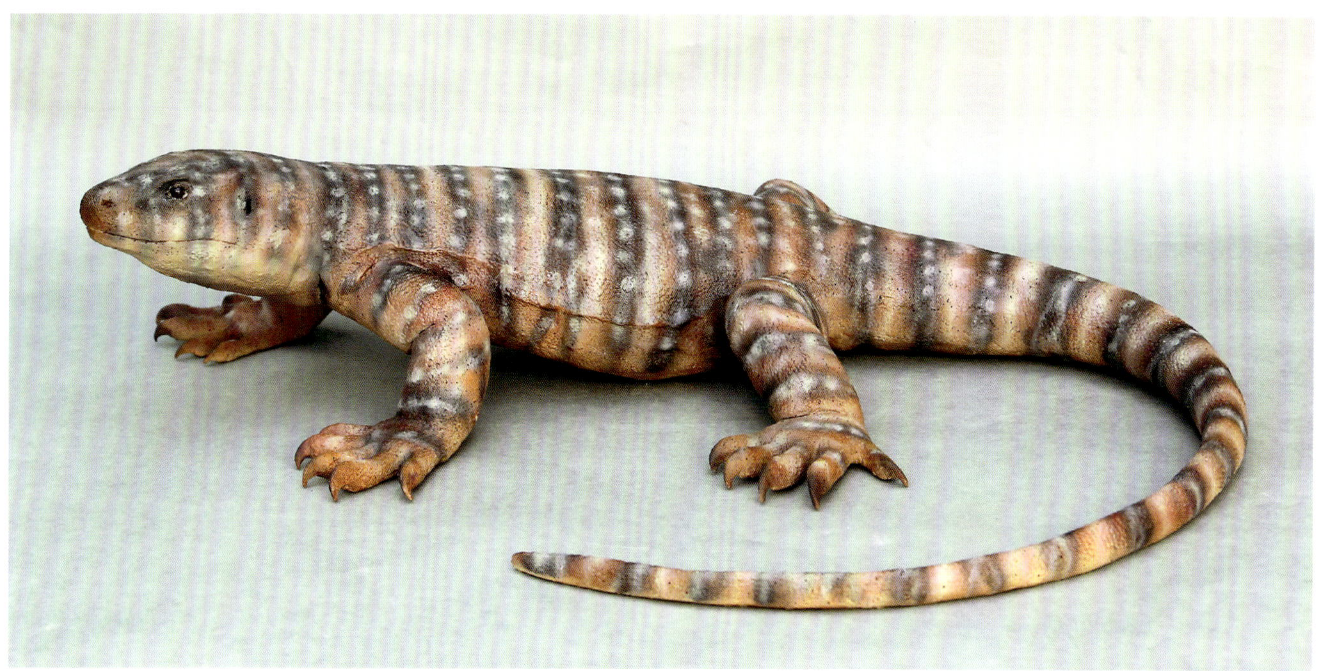

Abb. 29: *Fertiges Modell des **Martensius bromackerensis**. Peter Mildner, 2020, 57 x 49 x 14 cm, Epoxydharz, SSFG, Inventar-Nr.: MNG-Mo-3.*

Zitierte Literatur

[1] Brusatte, Stephen L., Mátyás Vremir, Zoltán Csiki-Sava, Alan H. Turner, Akinobu Watanabe, Gregory M. Erickson, Mark A. Norell. 2013. The osteology of *Balaur bondoc*. An island-dwelling dromaeosaurid (Dinosauria: Theropoda) from the late Cretaceous of Romania. Bulletin of the American Museum of Natural History 374.

[2] Cau, Andrea, Brougham, Tom & Naish, Darren. 2015. The phylogenetic affinities of the bizarre Late Cretaceous Romanian theropod *Balaur bondoc* (Dinosauria, Maniraptora): dromaeosaurid or flightless bird? PeerJ 3:e1032; DOI 10.7717/peerj.1032

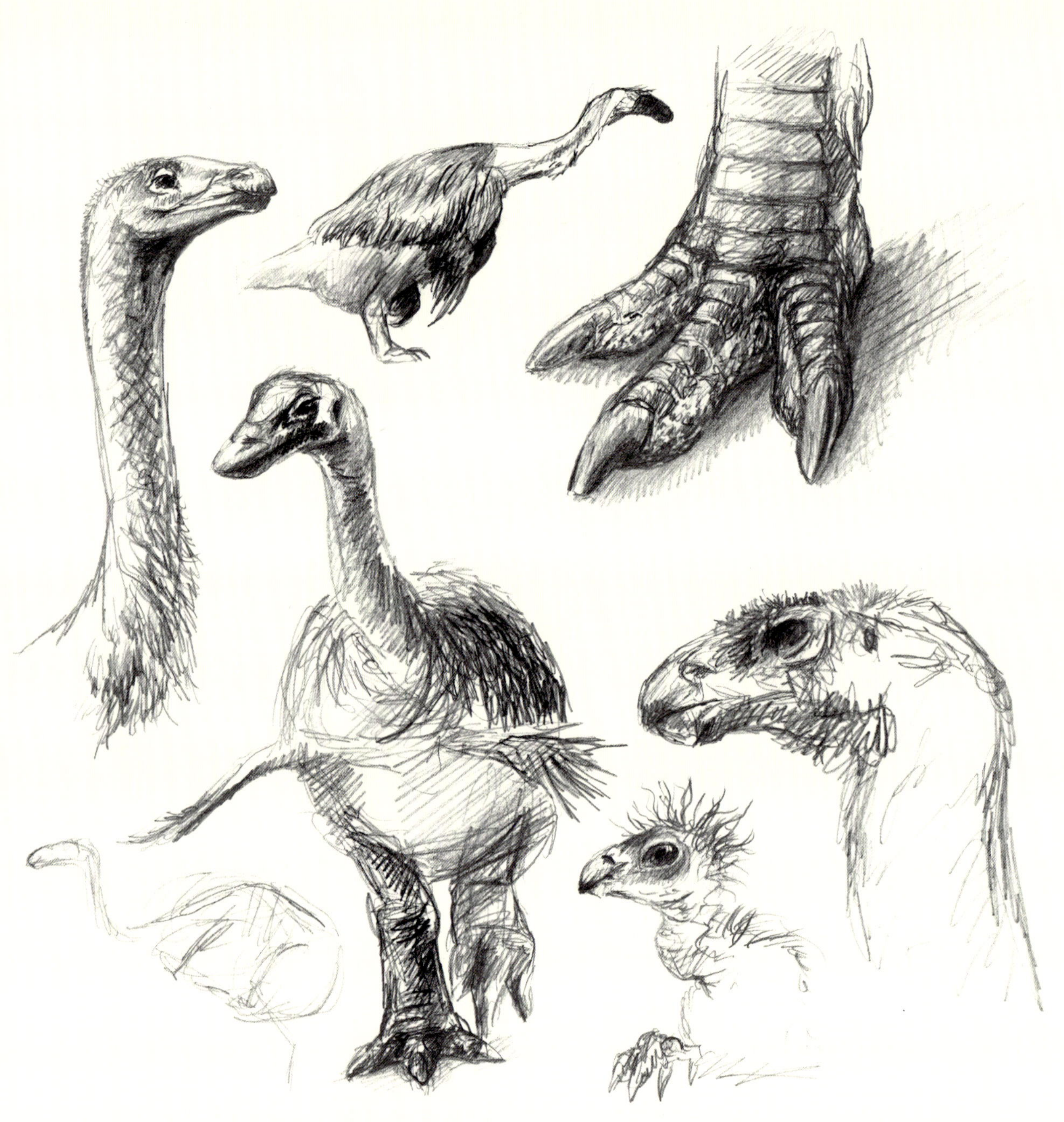

Abb. 1: *Bleistiftskizzen, in diesem Fall einfache Kritzeleien ohne Vorlagen, gehören zum Denkprozess vieler Paläokünstler. Hier kreisten die Gedanken um Laufvögel und vogelartige Dinosaurier, ungeachtet dessen, ob die Zeichnungen bei einer Sitzung auf dem Blockrand entstehen.*

Paläoart – Die Kunst, durch die Zeit zu reisen

12

FREDERIK SPINDLER

Paläontologie lebt von Bildern: ganz technisch in der Fotodokumentation von Fossilien oder im übertragenen Sinn, wenn man sich ein Bild von den ökologischen Bedingungen, der Lebensweise und Evolution längst vergangener Lebewelten macht. Bei aller trockenen und abstrakten Wissenschaft will man am Ende leibhaftig sehen, was man erforscht. Nicht zuletzt gegenüber der Öffentlichkeit sind Illustrationen nötig, wenn von Organismen und Lebensräumen nichts weiter da ist als sterbliche Überreste. Wer behauptet, ein Haufen Steine erzählt von vergangenem Leben, der muss auch eine Idee davon zeigen können. Das ist die Aufgabe der Paläokunst. Sie soll begeistern, sie soll Fakten und Theorien transportieren, sie soll Erkenntnisse in einen Zusammenhang bringen. Paläokunst ist die einzige Chance, das zu überbrücken, was unüberbrückbar ist: die Tiefen der Zeit.

Die menschliche Komponente

Es wird gern behauptet, Paläokunst hätte Einfluss auf die Forschung. Tatsächlich können Rekonstruktionen, Nachbildungen eines ausgestorbenen Wesens, in der Fachdiskussion neue Fragen anstoßen. Wenn Experten und Künstler sich eng abstimmen, diskutieren sie anhand von Skizzen (**Abb. 1**) über Körperhaltung und Lebensweise. In den allermeisten Fällen aber herrscht ein einseitiger Informationsfluss von der Paläontologie zur Paläokunst.

In der Naturwissenschaft können Hypothesen und Vermutungen flexibel wechseln. Die bildende Kunst hat dieses Privileg nicht: Eine Zeichnung kann nicht in Minutenschnelle überarbeitet werden. Kunst braucht Zeit. Einmal fertig, steht das Gemälde oder Modell als Ergebnis reiflicher Überlegung da, als überzeugende Behauptung: so könnte ein Tier ausgesehen haben. Dabei ist klar, dass das Bild nur eine von vielen Möglichkeiten zeigt und sicher seine Fehler hat. Doch unterbewusst nistet sich ein Bild oft hartnäckig ein und wird zur gefühlten Wahrheit. Betrachtet man beispielsweise denselben Dinosaurier in einer ganz anderen Darstellung, will man mitunter sein liebgewonnenes Denken verteidigen oder das Neue als das angeblich Richtigere akzeptieren. Kurzum, das eigentliche Bild lebt immer in der Psyche. Ein Bild kann Scheuklappen aufsetzen oder herunterreißen.

Auf gesellschaftlicher Ebene prägt dieser Effekt ganze Epochen (siehe Kapitel 2, 4, 5, 7, 8). Jedes Einzelwerk ist ein Produkt des Zeitgeistes, wie man auf Natur sieht, was man ihr zutraut und für sie erwartet. Die Gegenwart kann sich nur begrenzt selbst analysieren, doch der Blick in die Geschichte zeigt: Ohne Austausch mit dem Westen wurden Dinosaurier zwischen DDR und China noch länger aufrecht gehend und mit schleifenden Schwänzen dargestellt (**Abb. 2**). Seit jeher stand die Dinosaurierforschung im Spannungsfeld zwischen Fortschritt und Primitivem. Spätestens bei der Beschäftigung mit frühen Menschen ist klar, dass Rekonstruktionen nicht neutral sind, sondern sogar politische und religiöse Überzeugung aufgreifen. Ikonografische Vorbedingungen, wie ein Motiv gesellschaftlich wirkt, haben immer existiert. Auch heute gibt es Moden und Muster, wie man zeitgemäß Bilder komponiert. Vielleicht befolge ich selbst, als Paläokünstler und Saurierforscher, unbewusst Regeln. Vielleicht lösen sich in der heutigen Vielfalt der Kunst auch feste Strömungen und Epochen auf.

Abb. 2: *Anlässlich der Hundertjahrfeier der Paläontologischen Gesellschaft beschäftigte sich das Tagungsposter »The 2nd Evolution« (gemeinsam mit Dr. Jan Fischer) mit der veränderten Vorstellung ausgestorbener Organismen. Den kleinen Raubdinosaurier* ***Compsognathus*** *dachte man sich einst mit schleifendem Schwanz, nach unten angelegten Händen und schuppiger Haut. Diese Studie mit Ölfarben sollte als Gedankenexperiment ein modernes Verständnis von Details illustrieren, aber so als sei die alte Rekonstruktion zutreffend. Korrekt wären ein getragener Schwanz, nach innen weisende Hände und ein Pelz aus Urfedern.*

Die Kunst, die lieber keine wäre

Anders als die Kunst an sich stolpert die Paläokunst über den eigenen Stil. Die Bücher, aus denen wir als Kinder gelernt haben, wie es in der Urzeit ausgesehen hat, prägen nachhaltig. Oft waren sie wenig detailliert, der Himmel dramatisch gefärbt, der Untergrund karg und betont vorzeitlich. Nebel in den Urwäldern machte die Stimmung der Gemälde so dunkel wie die Steinkohle selbst. Im abenteuerlustigen Geist der Kindheit entstand eine Art »Flair des Urzeitlichen«, das davon ablenkt, wie ähnlich die Landschaften und Tiere dem heutigen Naturempfinden sein müssten. Bei einer echten Zeitreise würden wir an der Beschaffenheit etwa der Bäume (**Abb. 3 & 4**) kaum wahrnehmen, dass sie urzeitlich sind. Säugetiere schauten nicht grimmig, unter der Vorherrschaft der monströsen Saurier leidend. Am besten versetzt sich der Paläokünstler heute gerade *nicht* gedanklich in die Urzeit, die er ohnehin nur aus der Fantasie anderer kennt. Am besten lässt man ausgestorbene Tiere einfach exotisch wirken, aber so real (**Abb. 5**), als wäre die Entdeckung auf einem entlegenen Fleckchen Erde gemacht worden.

Jeder Künstler hat seinen Stil. Dieses Markenzeichen ist nicht vermeidbar und soll ja auch Stimmungen wecken. Andererseits verfolgt Paläokunst die Aufgabe, eine möglichst realistische Zeitreise vorzutäuschen. Will man sich dem nähern, wie ein Saurier wirklich ausgesehen haben könnte, ist für Stilisierung und Verfremdung kein Platz. Stil bedeutet

__Abb. 3:__ Ein permzeitlicher Baumfarn, __Dernbachia__, nach paläobotanischen Befunden durch Prof. Ronny Rößler. Mit dem anatomischen Anschnitt einzelner Wedel kommt ein künstliches Element in das Ölgemälde, um zugleich nachweisbare Einzelmerkmale und einen lebendigen Eindruck der lebenden Pflanze zu vermitteln.

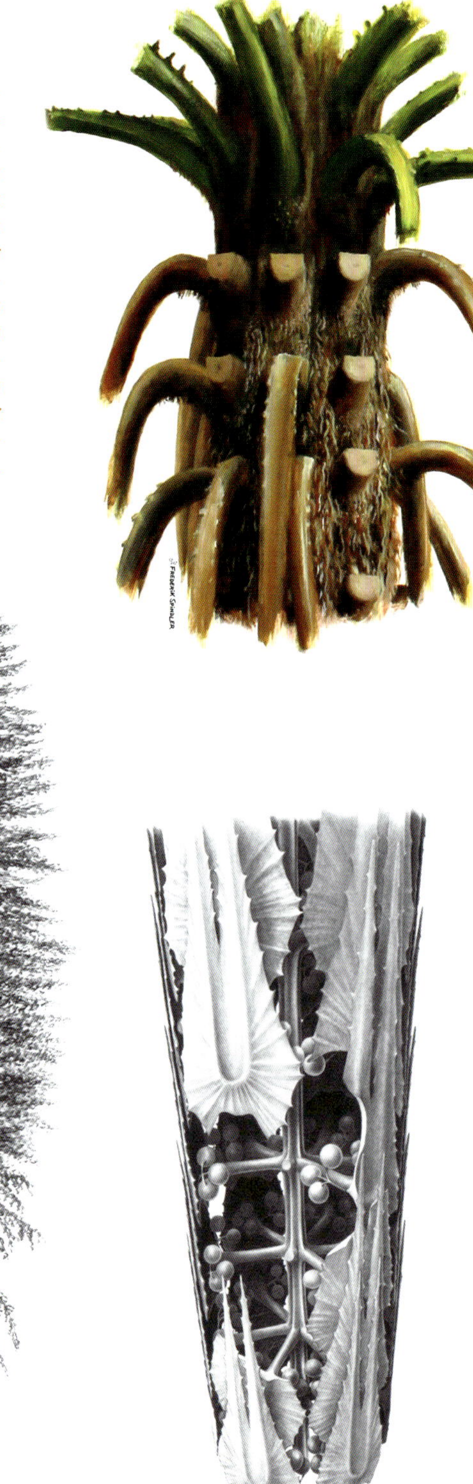

a

b

__Abb. 4a+b:__ Pflanzen als Hauptmotiv sind in der Paläokunst untergeordnet. Das ständige Vor- und Hintereinander von Organteilen, die strengere Geometrie und Kleinteiligkeit machen diese Disziplin zu einer schwierigen Herausforderung. Dazu kommt, dass Pflanzenteile oft nicht im Zusammenhang als Fossil zu finden sind. Die Bleistiftzeichnung dieses Schachtelhalmbaums der Gattung __Arthopitys__ zeigt nicht nur die inzwischen ausgestorbene Wuchsform als Baum, sondern auch dessen Verzweigung, die man diesen Pflanzen lange nicht zugetraut hatte. – Rechts daneben das Detail eines »Zapfens« eines Schachtelhalmbaums, __Bowmanites__, rekonstruiert für Prof. Manfred Barthel (†), welcher verschiedene Schnittebenen im Gestein zu einer Geometrie kombinierte. Aus diesen Daten wurde ein virtuelles 3D-Modell generiert, das als Vorlage für die Bleistiftzeichnung diente. Anatomisch war dieses Sporengefäß nur wenige Millimeter breit.

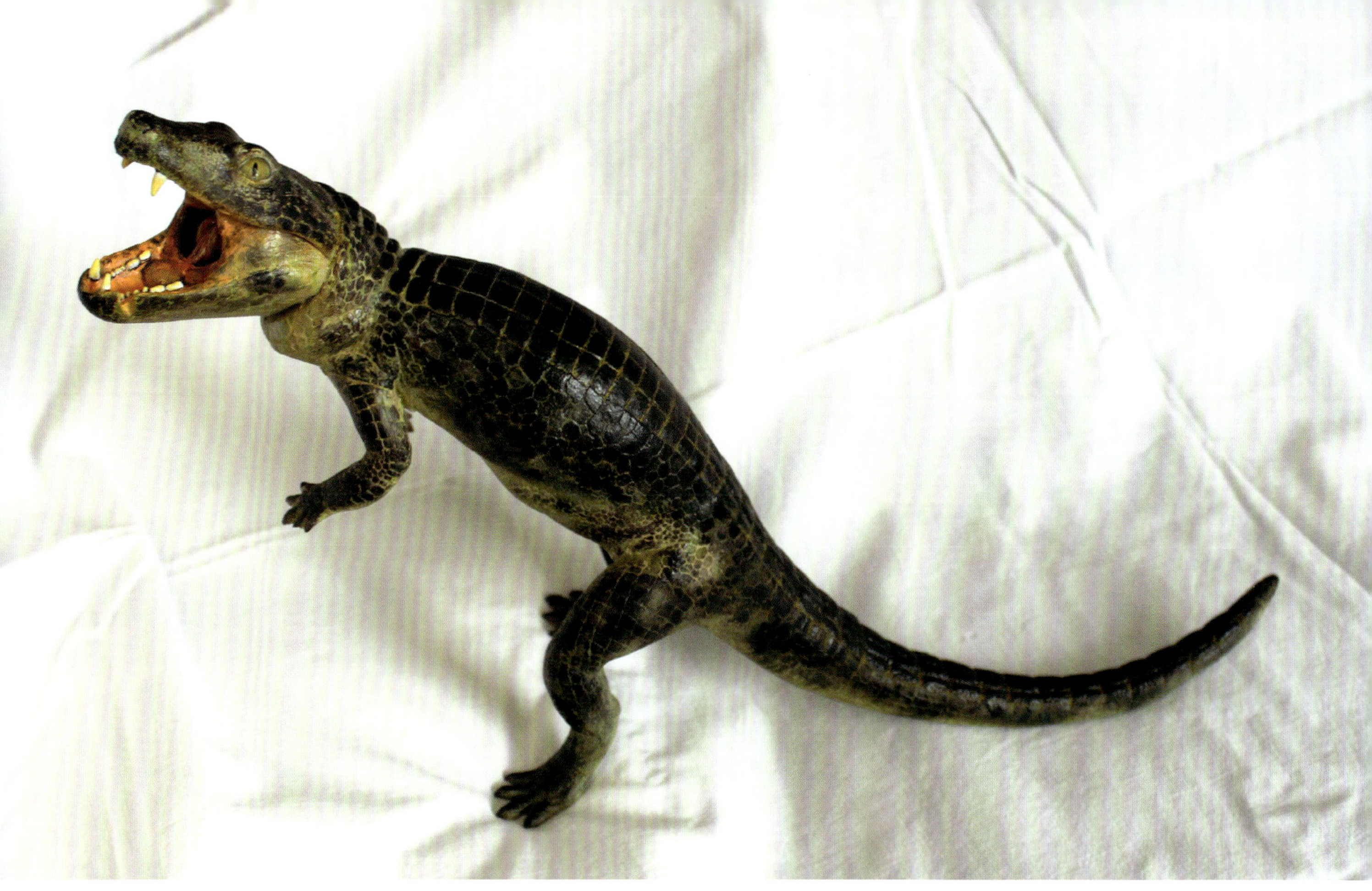

Abb. 5: Für die Senckenberg-Ausstellung »Saurier – 300 Millionen Jahre Überleben« entstand diese lebensgroße Plastik des kaum katzengroßen Krokodils ***Pakasuchus*** *mit auffallend säugetierähnlichem Gebiss. Obwohl das Modell starr ist, wurden die Kiefer so geformt, dass sie bei geschlossenem Maul zusammenpassen. Dieser Schritt wird in vielen Skulpturen übergangen, bringt jedoch wertvolle Erkenntnisse über die realistische Form rund um Maul und Rachen.*

dann nur noch, mit welcher Pinseltechnik man arbeitet oder wie man verallgemeinert, um sich nicht mit jedem einzelnen Halm oder Haar zu verzetteln. Paläokunst will so zaubern, dass man ihr die Fiktion, also die notwendige Portion Erfindung, gar nicht ansieht. Das ist im Fall der Dinosaurier ein unerreichbares Ideal (**Abb. 6**). Trotzdem ist der Versuch, so zu tun als ob man das Tier nüchtern dokumentiert hätte, die einzige Möglichkeit, sich von Drachengestalten zu unterscheiden. Ästhetik hin oder her: Eigentlich wäre die Paläokunst gern überflüssig, weil man die faszinierenden Wesen der Vergangenheit lieber live erleben können möchte. Freilich, sie wären dann etwas weniger faszinierend. Paläokünstler sagen sich verwegen: Wenn wir gerade kein Foto eines lebendigen Sauriers haben, behelfen wir uns mit einer mutigen Illustration.

Diese Auffassung bindet die Paläokunst streng an einen sachlichen Zweck. Allein, indem diese Kunst eine Berechtigung braucht, ist sie nach anderer Auffassung nicht wirklich Kunst. Anders herum ist nicht jede Darstellung ausgestorbenen Lebens automatisch Paläokunst. Eventuell ist diese Unterscheidung am Kunstwerk nicht jedem möglich, doch sie hat vielmehr mit dem Selbstanspruch des Künstlers zu tun: Kunst ist frei, sie braucht keinen Zweck und kein Rezept, sie will sich nicht instrumentalisieren lassen. Wenn sie Dinosaurier zeigt, muss die Wissenschaft das nicht bewerten. Ganz im Gegensatz dazu ist Paläokunst geradezu gezähmt – was »Paläoart« eben vielleicht auch zu einem ungeeigneten Begriff macht. Die Stilmittel der Antike folgten ebenfalls ganz bestimmten Regeln und waren eher Bildsprache als Ausdruck individueller Sichtweisen und Formensuche. In dieser Unfreiheit, einem bestimmten Zweck unterworfen zu sein, ist wissenschaftliche Illustration eher als Handwerk zu verstehen. Die Freiheit fehlt nicht völlig, aber sie muss eine begründete Fiktion sein. Innerhalb dieses Rahmens darf sie experimentieren (**Abb. 7**) und etwas ausleben, das der nüchternen Wissenschaft versagt ist. Aus dieser Perspektive ist Paläokunst wiederum ungezähmt: das Ventil der Fantasie des Forschers.

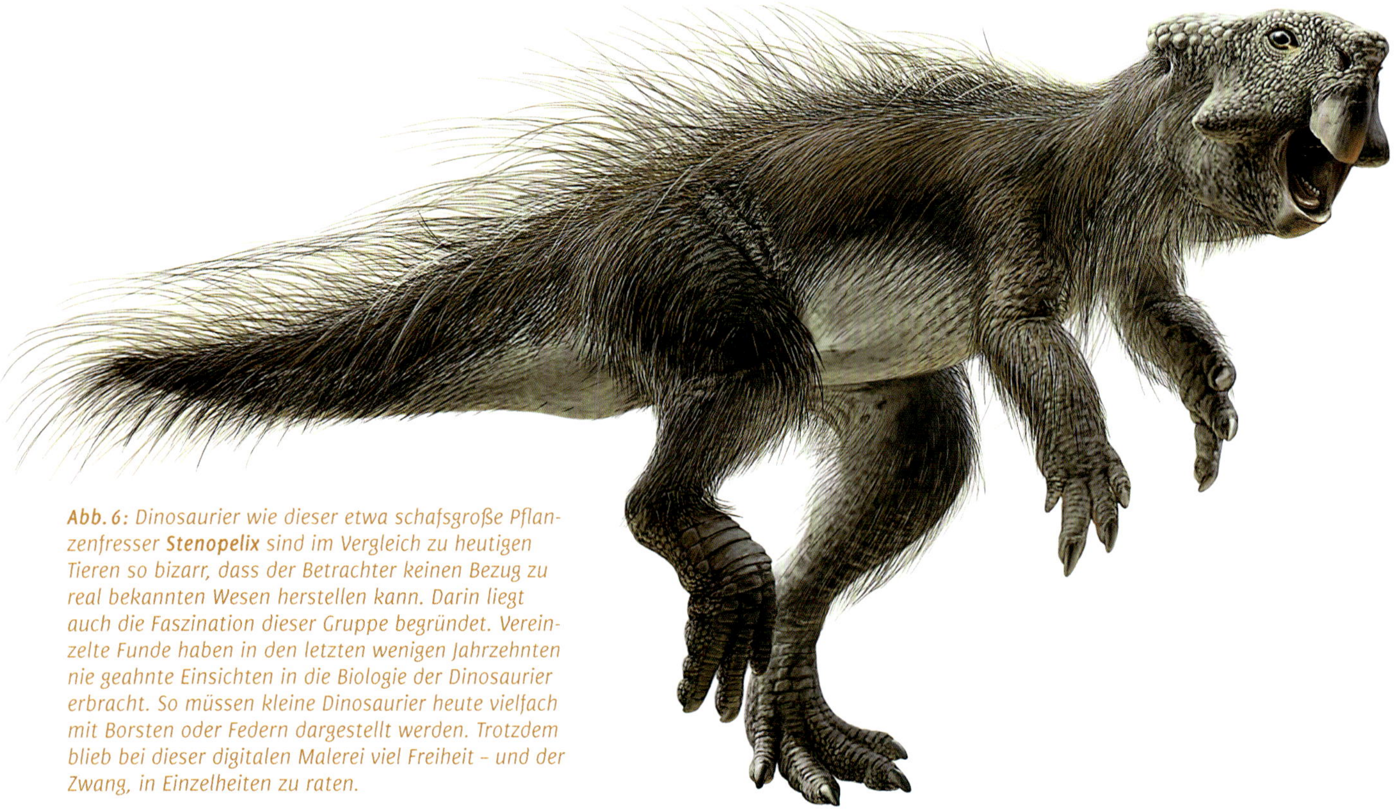

Abb. 6: *Dinosaurier wie dieser etwa schafsgroße Pflanzenfresser* **Stenopelix** *sind im Vergleich zu heutigen Tieren so bizarr, dass der Betrachter keinen Bezug zu real bekannten Wesen herstellen kann. Darin liegt auch die Faszination dieser Gruppe begründet. Vereinzelte Funde haben in den letzten wenigen Jahrzehnten nie geahnte Einsichten in die Biologie der Dinosaurier erbracht. So müssen kleine Dinosaurier heute vielfach mit Borsten oder Federn dargestellt werden. Trotzdem blieb bei dieser digitalen Malerei viel Freiheit – und der Zwang, in Einzelheiten zu raten.*

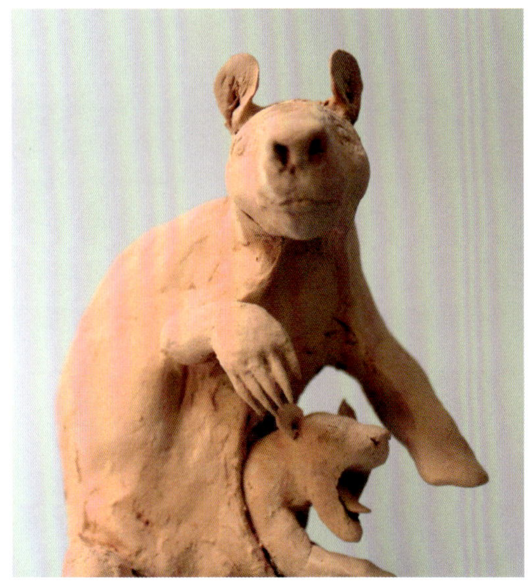

Abb. 7: *Diese Maquette eines frühen Säugetiers ist nicht weiter ausgeformt worden. Als Hilfskonstruktion aus Modelliermasse dient sie lediglich zur Erzeugung realistischer Perspektiven und Schattenwürfe. Das Jungtier im Bauchbeutel ist reine Spekulation. Da allerdings Beutel nicht allein bei Beuteltieren im engeren Sinn vorkommen und dieses Merkmal womöglich tief in der Stammesgeschichte der Säuger wurzelt, transportiert die Studie eine tatsächliche wissenschaftliche Überlegung.*

Ein überfüllter Markt

Was allgemein als Paläokunst verstanden wird, ist viel weiter gefasst als die Illustration mit wissenschaftlichem Auftrag. Inzwischen herrscht eine regelrechte Inflation von Kunst mit urzeitlichen Tieren. Das mag am allgemeinen Wohlstand und der digitalisierten Welt liegen, in der jeder unbegrenzt Medien erstellen und global verbreiten kann. Die Flut an Bildern, virtuellen Modellen und Skulpturen regt belebende Fachdiskussionen an. Als Botschafterin zwischen Fachwelt und Allgemeinheit hat die Paläokunst eine enge Vernetzung der unterschiedlichsten Urzeitfans erreicht. Allerdings befeuert diese Entwicklung den täglichen Datensturm. Der Zauber von einst, der von wenigen erlesenen Paläokunstwerken in mühsam zusammengesparten Büchern ausging, stumpft ab. Widersprüchlich ist es allemal, wenn auf der verzweifelten Suche nach dem ikonischen Volltreffer, gewissermaßen dem ganz großen Hit-Gemälde, noch mehr Machwerke anfallen und das Dickicht, das mancher Künstler zu überragen versucht, immer dichter wird. Insgesamt verfügt die Paläokunst heute über eine nie dagewesene Verfügbarkeit, oft auch überragende Qualität und Sachlichkeit. Gleichzeitig wächst das Mittelfeld, in dem ein Gelegenheitswerk nach dem anderen die Blogs, Plattformen und sozialen Netzwerke überschwemmt. Eine unübersichtliche Masse beschäftigt sich mit der Lage der Paläokunst, ohne kritisch zu differenzieren, was auch wirklich benötigte Naturillustration ist. Dabei soll die Bilderflut gar nicht aufhören – Liebhaberei, Zeitvertreib und Selbstverwirklichung mit Dinosaurierkunst sind eine gute Sache und vermitteln die Liebe zur Natur. Nur sollte jeder, der ausgestorbene Spezies wirklich biologisch ergründen will, heute umso wählerischer sein, welche Vorstellungen er auf sich wirken lässt.

Das macht es dem Betrachter nicht gerade leicht, Laien am allerwenigsten. Beispielsweise wird die Frage, zu welchen Teilen eine Rekonstruktion zuverlässig oder nur vermutet ist, überhaupt nicht vom Werk selbst beantwortet. Es steht nicht Fakt gegen Fiktion, sondern dazwischen liegt das weite Feld der Hypothesen. Was das Bild für menschliche Augen lebendig macht, nämlich Farbe und Gesichtszüge, ist wissenschaftlich völlig untergeordnet (**Abb. 8**). Es braucht unbedingt einen zusätzlichen Kommentar, welcher wissenschaftliche Mehrwert überhaupt illustriert ist: Erst als Teil einer Ausstellung oder eines Fachartikels funktioniert die Rekonstruktion ihrem Zweck entsprechend und wird tatsächlich zur Paläokunst (**Abb. 9**).

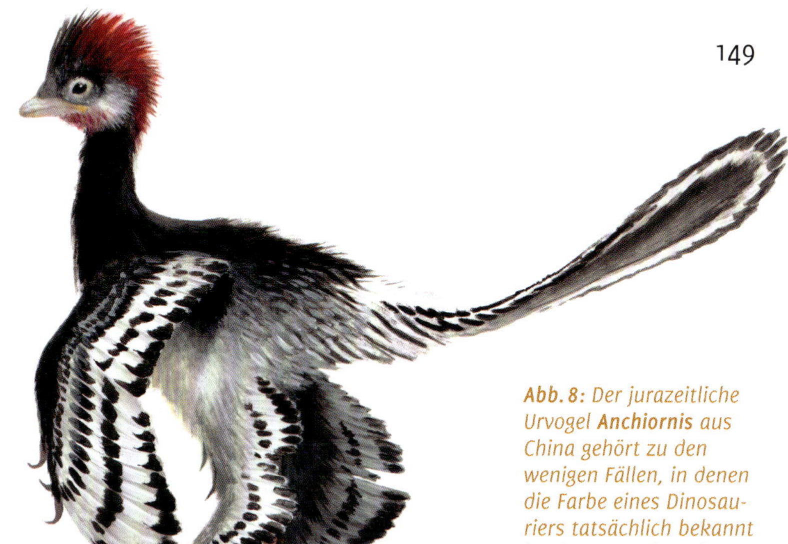

__Abb. 8:__ Der jurazeitliche Urvogel __Anchiornis__ aus China gehört zu den wenigen Fällen, in denen die Farbe eines Dinosauriers tatsächlich bekannt ist. Der Betrachter hat keine Chance, die Korrektheit der Farbgebung an dieser Studie in Öl direkt zu erkennen.

Solche Kommunikationshindernisse erschweren die Einschätzung der regelmäßigen Pressemeldungen über neue paläontologische Entdeckungen. Das Forscherteam hat natürlich eine brandneue Rekonstruktion bestellt, um über eigene Bildrechte zu verfügen. Seit geraumer Zeit entstehen auf diese Weise reine Platzhalter: So könnte der zwanzigste »größte Dinosaurier aller Zeiten« aussehen – aber alle anderen auch, wenn so wenige Knochen bekannt sind. Die Einzigartigkeit eines Vogels oder Säugers steckt im Skelett, was im realistischen Bild völlig unter einer flauschigen Körperbedeckung verschwindet. Nicht immer ist die Lebendrekonstruktion das geeignete Mittel, bisher unbekannte Merkmale auch charakteristisch zu illustrieren. Was der Laie als reizvoll und neu ansieht, liegt womöglich gerade im fiktiven Anteil, der Farbe oder der Größe der Ohren. Und so erlebt auch die seriöseste Paläokunst eine Schwemme an Symbolbildern, die austauschbar für eine Vielzahl von Spezies stehen können (**Abb. 10**). Eine neue Sachlichkeit, auch in der Motivwahl, kann helfen, die hochwertige Paläokunst weiter zu profilieren. Elemente der Infografik (**Abb. 11 & 12**), mehr Hintergrundwissen oder weniger plakative Szenerien würden die Zeitreise zu einer wirklichen Expedition machen und nicht zu einer Schnappschuss-Safari.

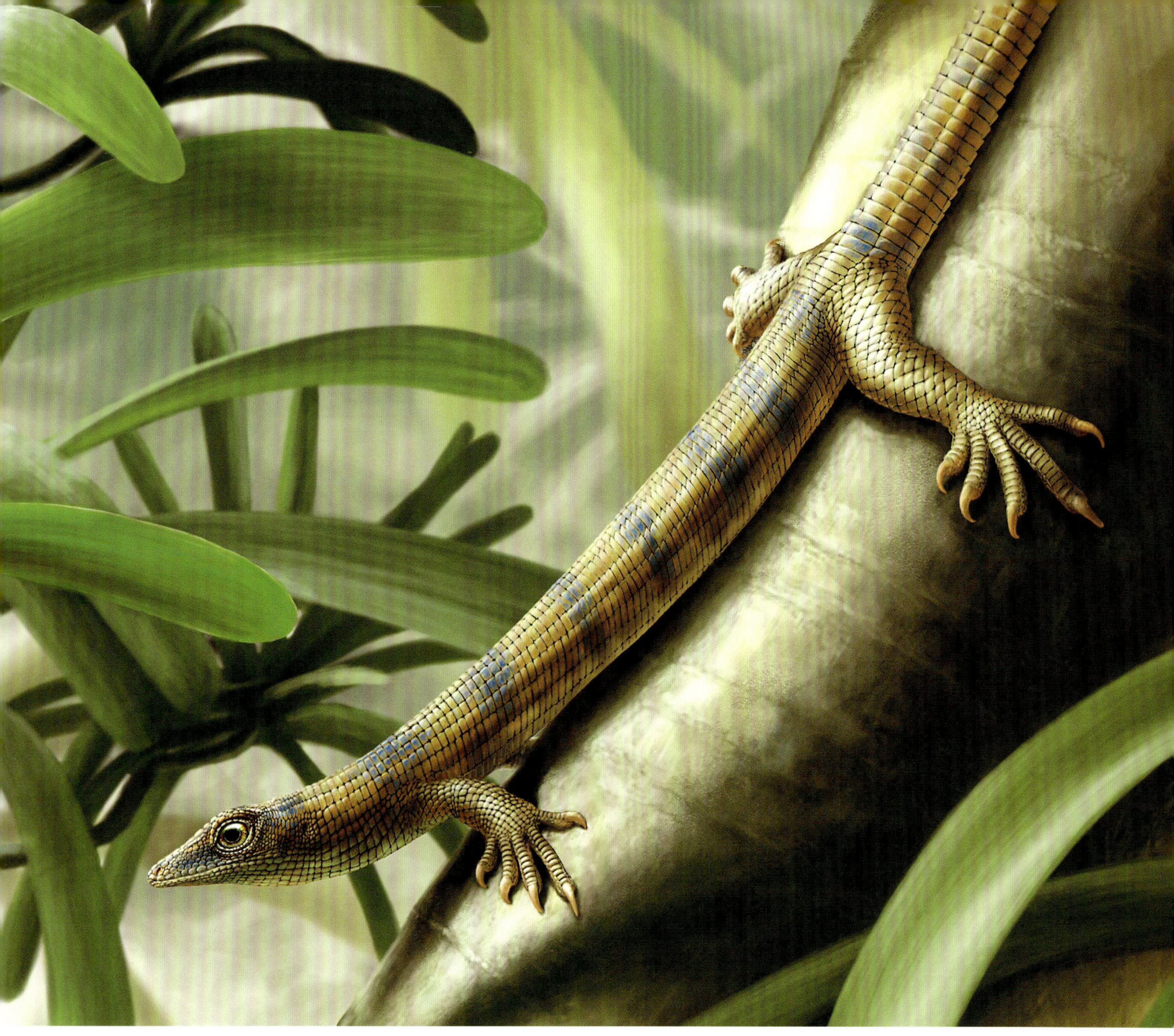

Abb. 9: *Digitale Malerei für einen eigenen Forschungsartikel, gemeinsam mit fünf weiteren Paläontologen. Der erdgeschichtlich älteste bekannte Kletterer* ***Ascendonanus*** *war ein reichlich eidechsengroßer Säugetier-Urahn. Die rekonstruierte Lebensweise ergab sich aus der Fundsituation inmitten eines versteinerten Waldes, dazu aus Anpassungen in den Krallen, der Wirbelsäule und Körperproportionen. Dass auch die Größe und Verteilung der Schuppen tatsächlich im Vulkangestein überliefert ist, wird aus der Darstellung allein nicht klar, macht sie aber zu einer der korrektesten, die für Vierbeiner aus der Permzeit möglich ist.*

Abb. 10 (rechte Seite oben): *Für einen wissenschaftlichen Artikel von Dr. Sven Sachs und zwei weitere Experten für Meeressaurier entstand dieses digitale Gemälde von Plesiosauriern. Auch wenn anatomische Fakten präzise umgesetzt wurden und die Gesamtdarstellung aktuellste Erkenntnisse über diese Wasserreptilien verarbeitet, ist die Anwendung des Bildes auf eine bestimmte Spezies nur für einen kleinen Kreis von Fachleuten relevant. Für die meisten von etwa 30 nahe verwandten Gattungen könnte man dasselbe Werk unbemerkt verwenden.*

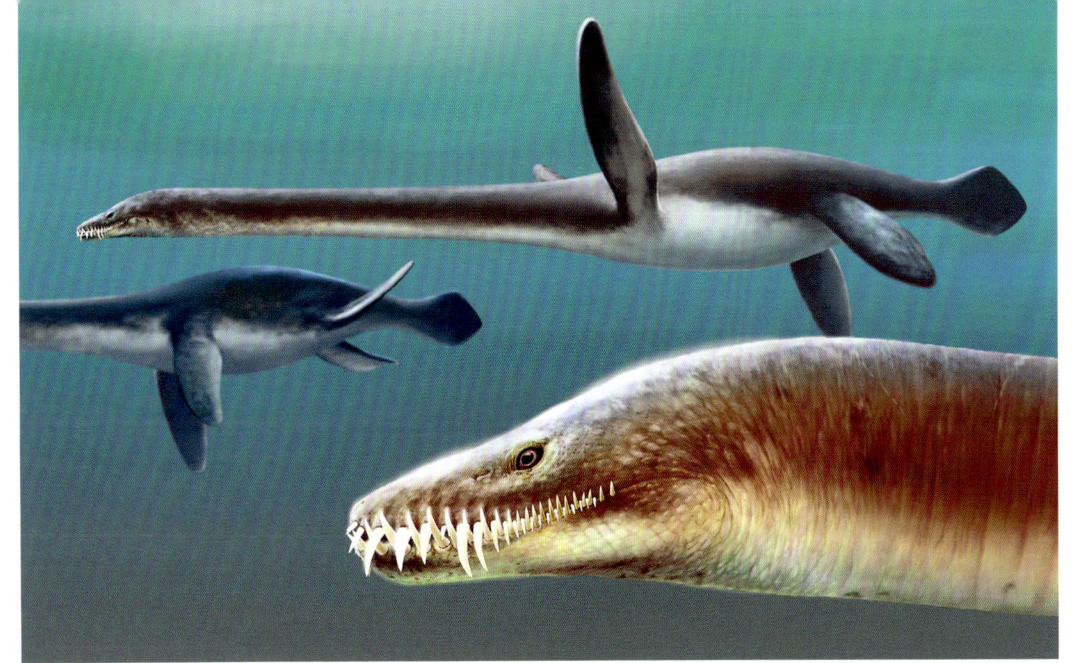

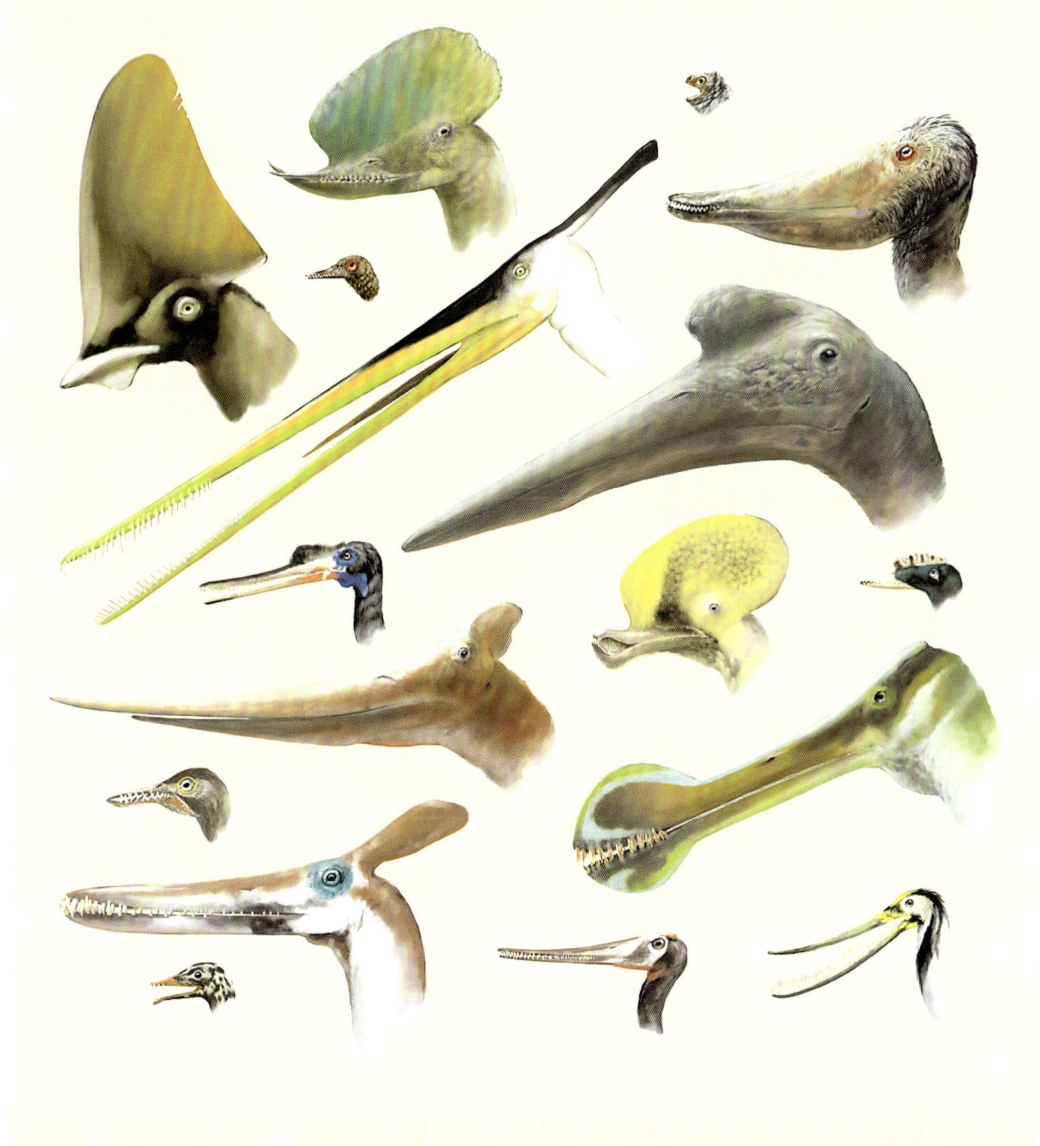

Abb. 11: *Mit der Reduktion auf bestimmte Merkmale fällt die Landschaftsdarstellung ganz weg. Das Spektrum verschiedener Schnabel- und Gebissformen von Flugsauriern wäre auch mit Schädelrekonstruktionen möglich. Dass die Köpfe künstlerisch ausgeformt sind, vermittelt eine bestimmte, wenn auch fiktive Lebendigkeit und unterstreicht damit den Bezug zu heutigen Vögeln, bei denen ähnliche Anpassungen gegenübergestellt werden können. Unterbewusst prägt das Bild eine Art »Pseudo-Ornithologie«, die den Betrachter anhält, über die versteinerten Fakten hinauszudenken. Die digitalen Studien erschienen im Begleitheft der Ausstellung »Herrscher der Lüfte« am Dinosaurier Museum Altmühltal.*

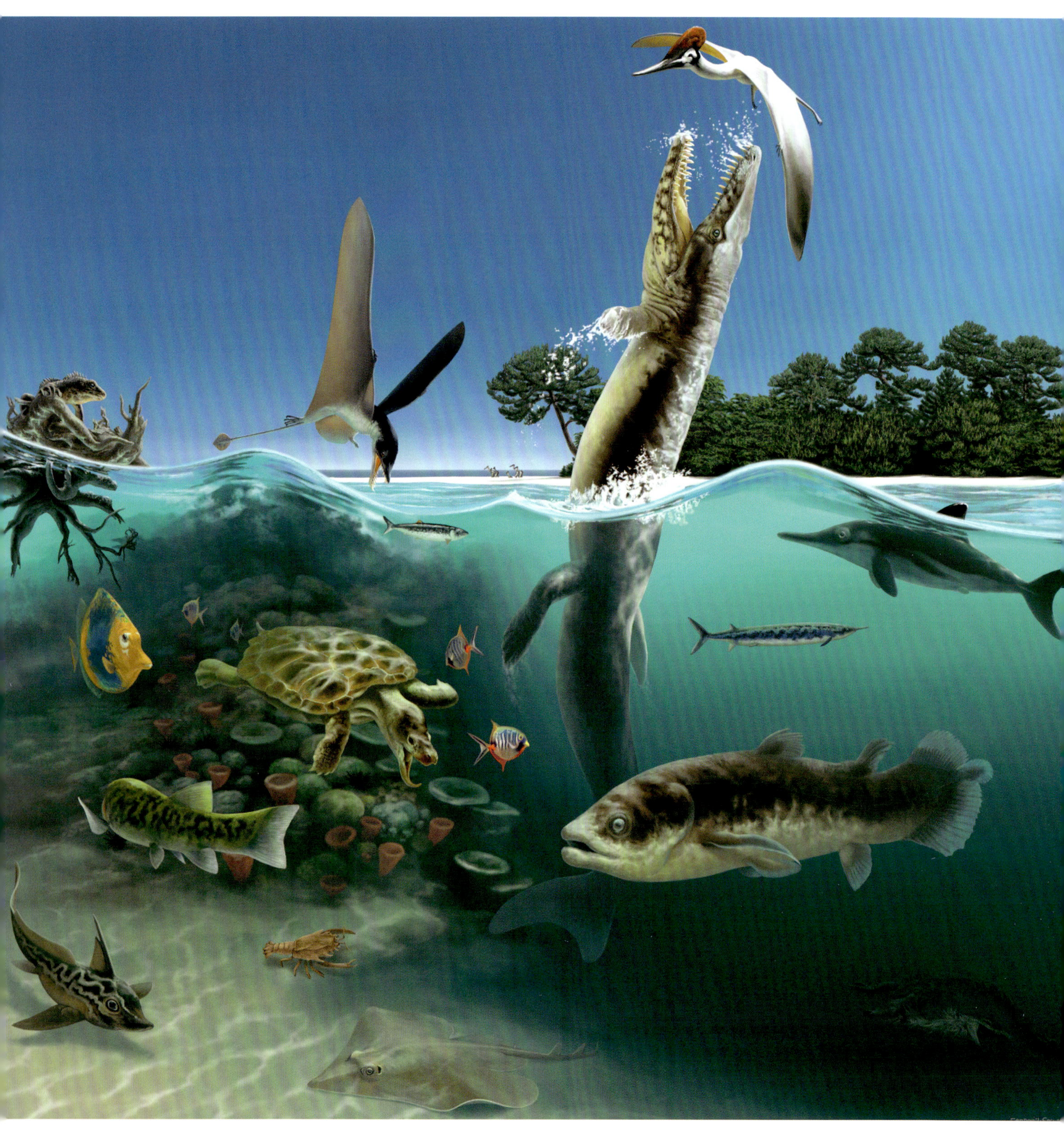

Museen haben das Problem der Beliebigkeit nicht, wenn man sich auf wenige, intensiv durchdachte Projekte beschränkt. Am Beispiel eines neuen Modells für die Stiftung Schloss Friedenstein Gotha ergibt sich die Charakteristik des Werks aus dem Zusammenspiel mit einem konkreten Fossil, der historisch ältesten Fährtenplatte mit dem berühmten *Chirotherium*, dem »Handtier«, in einer naturkundlichen Sammlung (siehe Kapitel 3). Da Fußabdrücke im Gestein nur wenig vom Körperbau ihrer Erzeuger widerspiegeln, braucht es eine weitreichende Rekonstruktion. Fest steht, das Handtier war ein sogenannter Archosaurier (siehe Kapitel 1) und der Gestalt nach irgendetwas zwischen Dinosaurier und Krokodil.

Vierbeiner genießen generell eine besondere Aufmerksamkeit in der Paläokunst. Menschen zählen stammesgeschichtlich zu den Vierbeinern. Wir essen, reiten, striegeln und dressieren Vierbeiner. Fossile Vierbeiner geben der Urzeit buchstäblich ein Gesicht. Hinzu kommt der Reiz, dass ein Innenskelett nicht gleich die äußere Erscheinung verrät, so wie es beispielsweise bei versteinerten Krebsen oder stark beschuppten Fischen der Fall ist (**Abb. 13**). Je unterschiedlicher der Körperbau im Vergleich zu heute bekannten Arten ist, umso größer ist der Bedarf an Rekonstruktion. Dass gerade die Großsaurier viele Unsicherheiten mit sich bringen, lässt allerdings auch eine größere künstlerische Freiheit zu. Menschen reagieren auf Gesichter, darum müssen ausgestorbene Säugetiere auch ihren heutigen Verwandten ähneln (**Abb. 14**). Dinosauriergesichter, von den gefiederten Vertretern einmal abgesehen, kennen wir ausschließlich von bereits bestehenden Fiktionen.

Von Chirotherien-Erzeugern existiert kaum eine akkurate Rekonstruktion. Eine Bronze in Hildburghausen (Kapitel 3), dem Ort der historischen Entdeckung der Fährten in Thüringen, schleift aus statischen Gründen den Schwanz über den Boden. Die Proportionen sind sehr frei gewählt. Details an Gesicht und Haut bedienen eher Stereotype der Paläokunst als Naturbeobachtungen. Die Plastik des ähnlichen *Arizonasaurus* im Staatlichen Museum für Naturkunde Stuttgart hat andere Problemzonen: Die Haut umgeht Einzelschuppen, Rumpf und Füße könnten stärker auf ihre Funktionalität ausgerichtet sein. Das neue Modell für Gotha ist sicher realistischer, aber auch in keiner Weise perfekt. Einen Fährtenerzeuger darzustellen, bleibt eine besondere Herausforderung. Bei aller Freiheit im Detail ist die Zuordnung zu passenden Skelettfunden ein Pokerspiel, wenn das Modell noch möglichst lange Verwendung finden soll. Am Ende muss der Künstler sich auf ein Phantombild festlegen, mit Mut zu Kompromiss und Irrtum.

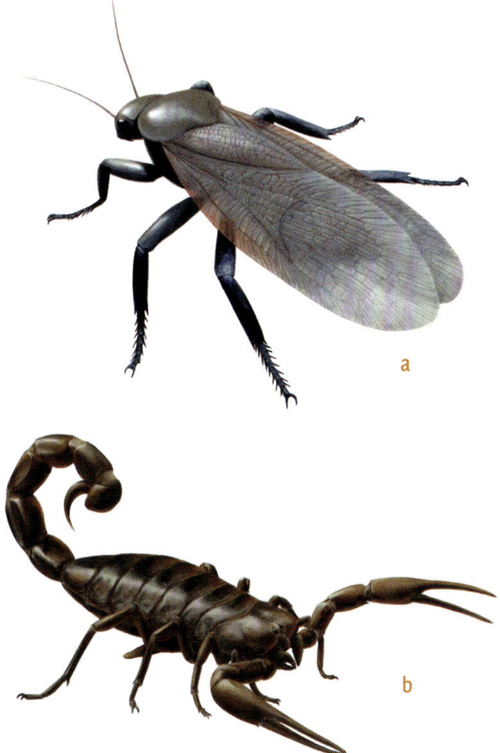

Abb. 13 a+b: *Insekten und Skorpione, hier zwei Beispiele aus dem Perm (**Glaphyrophlebia** (13a), **Opsieobuthus** (13b)), gehören zu den Objekten, die weniger Rekonstruktion bei der Gesamtgestalt erfordern. Sie verfügen über ein formgebendes Außenskelett und sind, wenn überhaupt, durch dieses in Versteinerungen überliefert. Die Aufgabe der Paläokunst liegt in der lebensnahen Körperhaltung, wofür Beobachtungen an lebenden Verwandten oft eindeutige Vorlagen liefern. Das Fluginsekt ist eine Kombination aus Bleistift und Ölfarbe, der Skorpion digitale Malerei.*

Abb. 12: *Eine Ausstellung mit sensationellen Originalfossilien erzeugt die Frage, wie man sich die lebenden Tiere und ihren Lebensraum – in diesem Fall das Solnhofener Archipel vor 150 Millionen Jahren – vorstellen müsste. Um das zu beantworten, entstand ein vier Meter hohes, digital ausgeführtes Wandgemälde, das Einzelgeschichten aus dem Fossilbefund in eine einzige Szene quetscht. Solche Wimmelbilder sind z. B. aus »Grzimeks Tierleben« bekannt. Die Ansammlung der Tiere und der Wasserquerschnitt sind als künstliche Elemente akzeptabel, da der Fokus nicht allein auf dem Meereskrokodil **Dakosaurus** liegt. Die digitale Malerei ist Bestandteil der Ausstellung »Schatzkammer im Herzen Bayerns« am Dinosaurier Museum Altmühltal.*

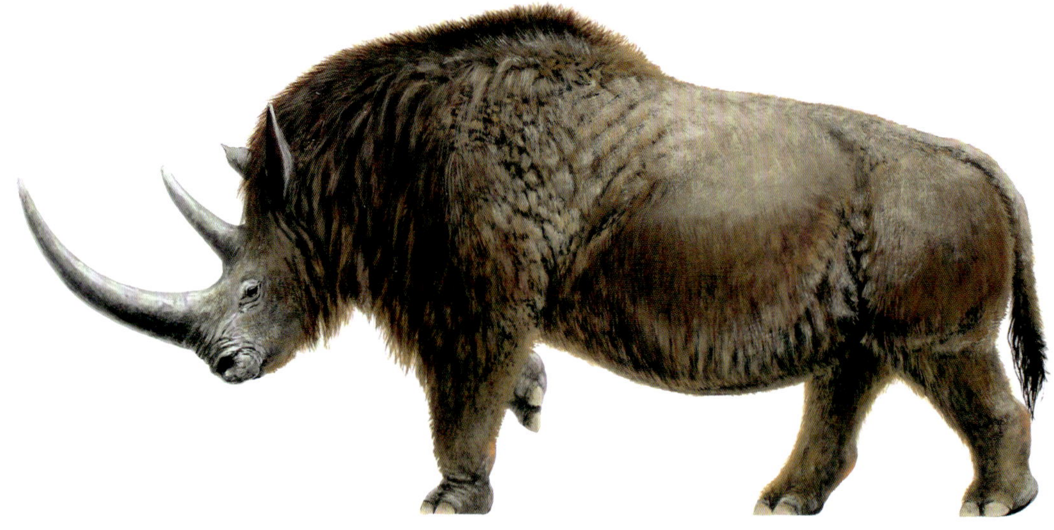

Abb. 14: Ein Wollnashorn (**Coelodonta**), Auftragswerk für NaTourWissen UG. Gouache oder Tempera eignen sich hervorragend für die Darstellung von Felltexturen. Eiszeitliche Großsäuger stellen für die Paläokunst einen Sonderfall dar, da Frostleichen immer wieder Merkmale offenbaren, die an Skelettfunden nicht möglich wären. Hinzu kommt, dass sie sich in Felszeichnungen aus der Altsteinzeit finden, die sich wiederholt als zuverlässige Datenquelle herausgestellt haben. Aufgrund des geologisch geringen Alters existieren auch vielfach noch lebende Verwandte. Deren Gesichtszüge sind beinahe zwingend auf die Paläokunstwerke anzuwenden, um dem Anspruch des Realismus gerecht zu werden.

Abb. 15 (u.): Eine erste Komplettskizze des neuen »Handtiers« als Planungsgrundlage für das lebensgroße, 2,70 m lange Modell. In dieser Phase werden Proportionen und eine ungefähre Körperhaltung festgelegt, um im nächsten Schritt beispielsweise gleich lange rechte und linke Beine herzustellen. Auch die Ausstellungsplaner arbeiten zunächst mit dieser Zeichnung. Eine Planung aufgrund von Skelettfunden würde deutlich detaillierter ausfallen; beim Phantombild eines Fährtenerzeugers kommt es nicht immer auf den Zentimeter an. Die allzu exakte Übertragung von Proportionen bekannter Skelette wäre ungünstig, weil sie eine bestimmte Spezies in willkürlichen Anteilen abbilden würden. Vielmehr muss sich diese Rekonstruktion zwischen dem Bekannten bewegen.

Das neue Handtier trägt eine gewagte Besonderheit: Das in Göttingen aufbewahrte Teilskelett des *Ctenosauriscus* besitzt, wie auch *Arizonasaurus*, ein Rückensegel aus verlängerten Wirbelfortsätzen. Dieses Merkmal ist als bizarrer Blickfang und Bezug zu einem anderen deutschen Fund gewählt worden. Merkmale von *Ctenosauriscus* und weiteren Verwandten flossen in den Entwurf ein und mussten auf die ausgestellte Fährte angepasst werden (**Abb. 15**). Glücklicherweise zeigen die Füße naher Verwandter wie *Lotosaurus* oder *Poposaurus* ein breites Merkmalsspektrum, in das *Chirotherium* gut hineinpasst.

Neben Form und Größe der Füße ist deren Stellung durch die Fährte festgelegt. Kombiniert man diese Fakten mit den Proportionen der Skelette, ergibt sich die Körperhaltung recht eindeutig. Sehr wahrscheinlich waren die Armknochen erheblich kürzer als die der Hinterbeine, was die anatomisch mögliche

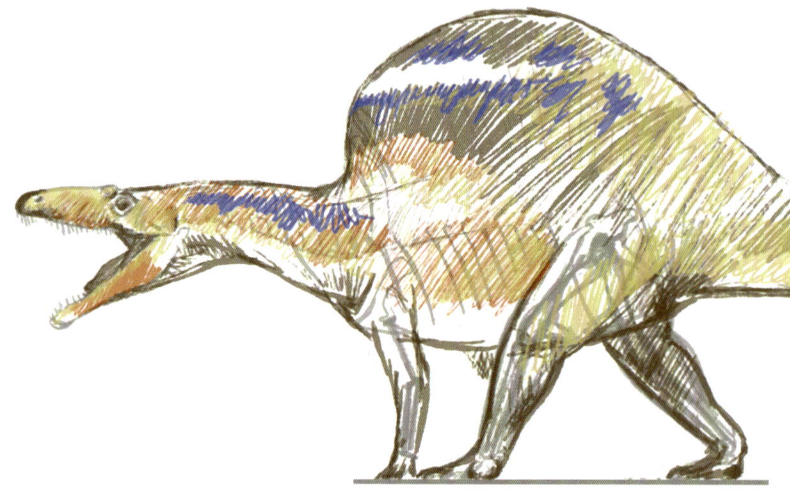

Schrittlänge begrenzt. Daraus folgt, dass das Handtier nicht durchgängig immer einen Vorderfuß am Boden hatte. Zumindest in diesem zügigen Laufmodus, in welchem die Saurier deckungsarme Schlammflächen überquert haben, wurde der Vorderfuß als zusätzliche Stütze mit dem Hinterfuß derselben Seite aufgesetzt. Wenn das andere Bein nachzog und der Rumpf sich vorwärts schob, waren beide Vorderfüße in Schwebe. Andernfalls müsste die Brust knapp über dem Boden gehalten werden. Man könnte meinen, das Tier wollte auf zwei Beinen gehen, drohte aber ohne Hinzunahme der Hände vorn überzukippen. Das passt zumindest zum Rückensegel und dem nicht zu kurzen Hals der *Ctenosauriscus*-Verwandtschaft. Auch der Kopf, verändert nach *Poposaurus* und *Arizonasaurus*, ist nicht gerade klein.

Die praktische Arbeit begann an den Füßen, die aus Karton ausgeschnitten und schrittweise mit Harzmassen ausgeformt wurden (**Abb. 16**). Zeh für Zeh und Schuppe um Schuppe wurde das Hautmuster gestempelt, wie es in Fußabdrücken aus Wolfhagen in Hessen tatsächlich erhalten ist.

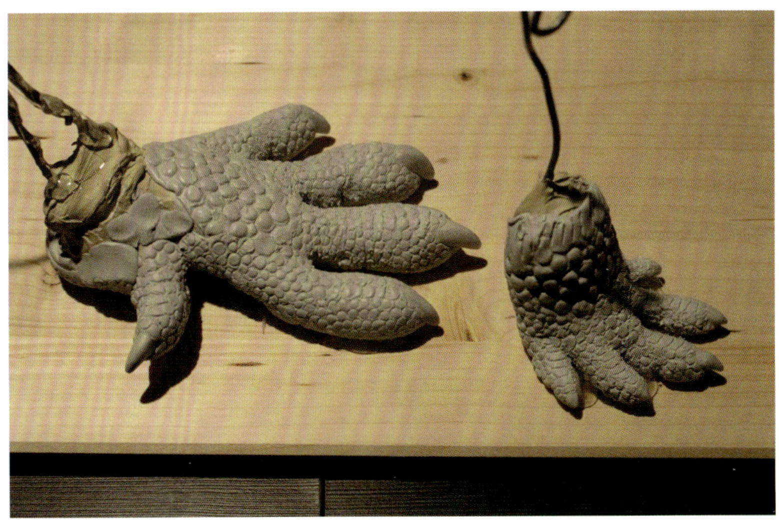

Abb. 16: *Weil die versteinerten Fährten von* ***Chirotherium*** *illustriert werden sollen (siehe Kapitel 3), muss der mögliche Erzeuger von den Füßen an rekonstruiert werden. Um diese in der korrekten Anordnung zu fixieren, wurden sie bis auf die Sohlen mit dem Hautmuster angelegt – ein Schritt, der für den übrigen Prototyp erst am Schluss erfolgt. Somit sind die zwingenden Fakten unveränderlich und lassen die nachfolgenden Vermutungen auf buchstäblich sicheren Beinen ruhen.*

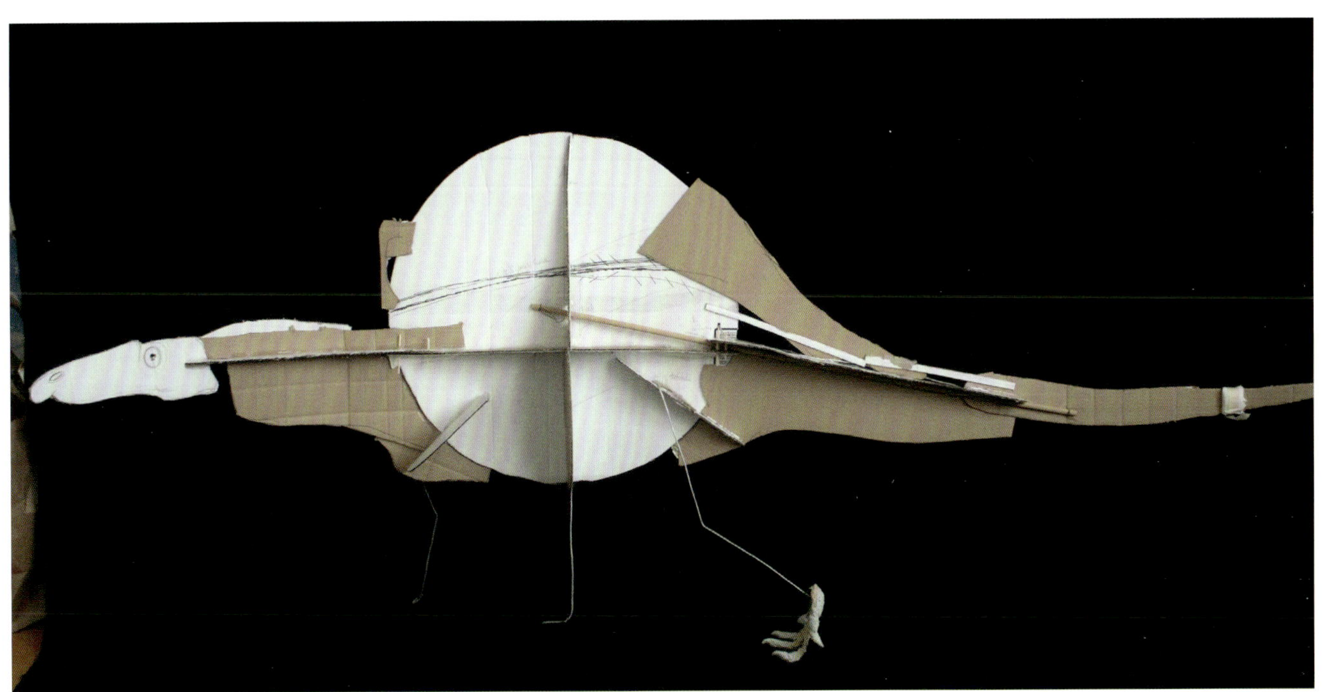

Abb. 17: *Bei einer Gesamtlänge von nahezu drei Metern muss der Prototyp möglichst leicht und zugleich stabil sein. Die aus der Planungsskizze kommenden Maße werden eingearbeitet und durch erste Breitenausdehnungen ergänzt. Der Kopf ist nur durch eine Schablone angedeutet, um die Vorstellung vom fertigen Tier zu unterstützen.*

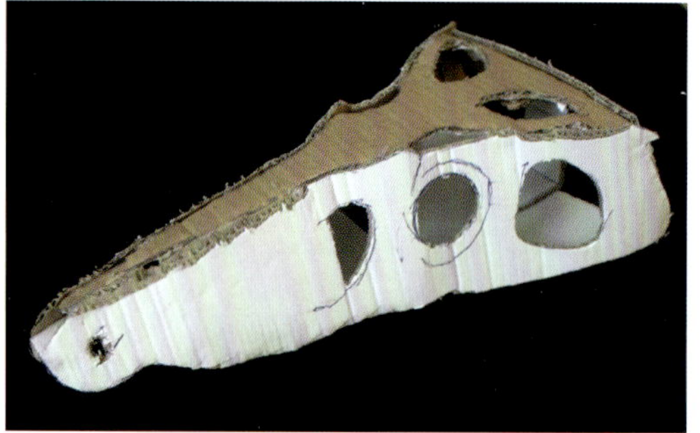

Abb. 18: *Der Schädel wird separat angelegt, um die vielen Details später mit ruhiger Hand am Tisch zu fertigen. Für verschiedene Perspektiven existieren Planungsskizzen, abgeleitet aus Abbildungen in der Fachliteratur. Wenn sich diese zu einem räumlichen Objekt verbinden, entsteht das erste Aha-Erlebnis, denn die Kopfform ist erstmals in der räumlichen Ansicht wirklich als Gesicht erfassbar.*

Als Unterbau für Kopf und Körper wurden Kartonteile mittels Klebung oder Drähten stabilisiert (**Abb. 17 & 18**). Erste Bereiche konnten ausgeschäumt werden, um Volumen zu erreichen. Die drei fertigen Sohlen der aufsitzenden Füße wurden korrekt arrangiert und fixiert. Der leichte Körper aus Karton und Bauschaum konnte nun über Drahtverbindungen auf die Füße gesetzt werden. In dieser Phase schwankte das aufgerichtete Modell nach allen Seiten, bot aber die Möglichkeit, die vorskizzierten Schenkelabschnitte in eine schlüssige Position zu biegen. Die Lage des Körperschwerpunkts kann dabei nur geschätzt werden, auch wenn der auffällig schnürende Gang von *Chirotherium*, bei dem die Füße fast wie bei einem Seiltänzer in einer Linie aufgesetzt werden, eine besondere Balance erfordert haben muss. Die Beinstellung wurde von allen Seiten geprüft. Mit der Stabilisierung der Beine war das Modell endgültig festgelegt. Jetzt erst ergaben sich schlüssige Vermutungen für die Breite der Hüfte und Schenkel, außerdem zuvor nicht absehbare Korrekturen am Rumpf.

Die Ausformung mit Schaum gibt dem Tier die grobe Gestalt. Eine Schicht Spachtelmasse stabilisiert die Oberfläche. Hautdetails (**Abb. 19**) und Zähne (**Abb. 20**) werden mit Modelliermassen gestaltet. Die Entscheidungen werden kleiner, die praktischen Schritte dafür detaillierter und zeitaufwendiger (**Abb. 21**). Am Ende steht ein Prototyp, der nach Belieben vervielfältigt werden kann. Und beinahe die ganze Zeit über begleiten einen Fragen, ob das alles so stimmen kann, aber mehr noch: Faszination über seltsame Wesen, die lebendig zu sehen man einiges geben würde. Der zündende letzte Schritt, die Wiederbelebung, bleibt Kopf- und Herzenssache.

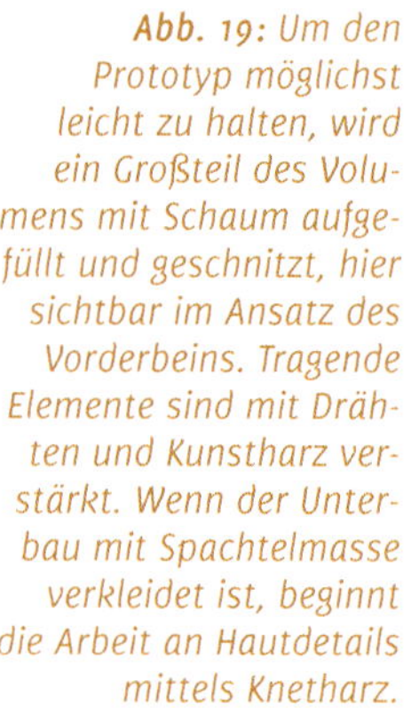

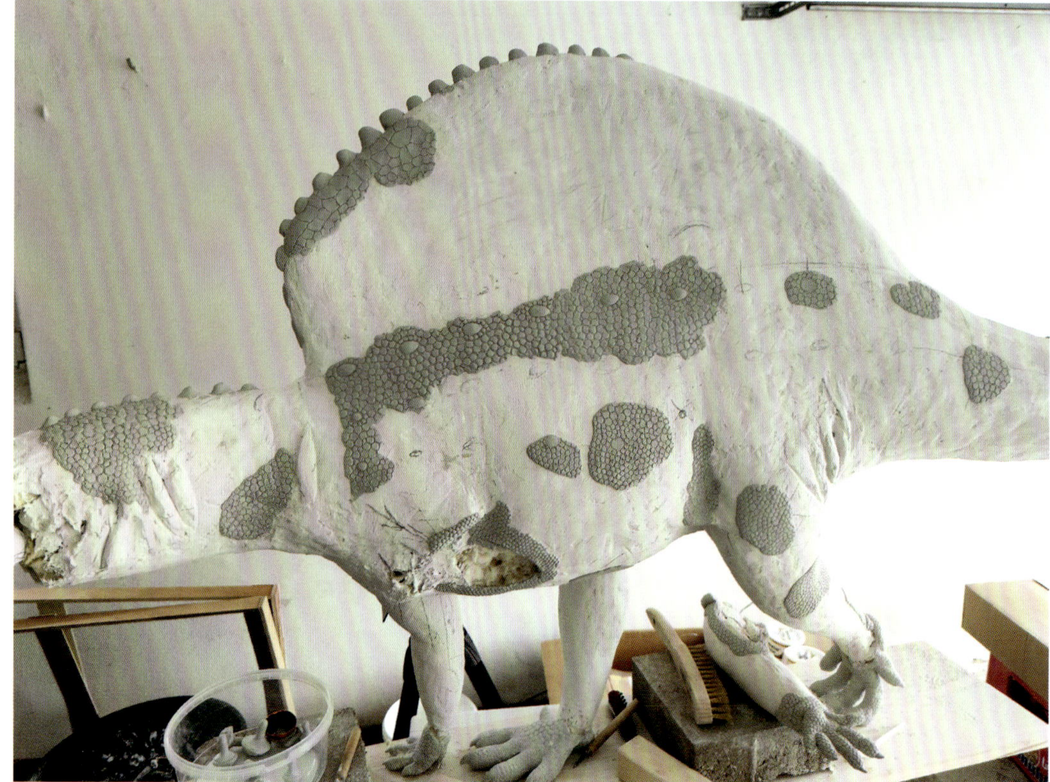

Abb. 19: *Um den Prototyp möglichst leicht zu halten, wird ein Großteil des Volumens mit Schaum aufgefüllt und geschnitzt, hier sichtbar im Ansatz des Vorderbeins. Tragende Elemente sind mit Drähten und Kunstharz verstärkt. Wenn der Unterbau mit Spachtelmasse verkleidet ist, beginnt die Arbeit an Hautdetails mittels Knetharz.*

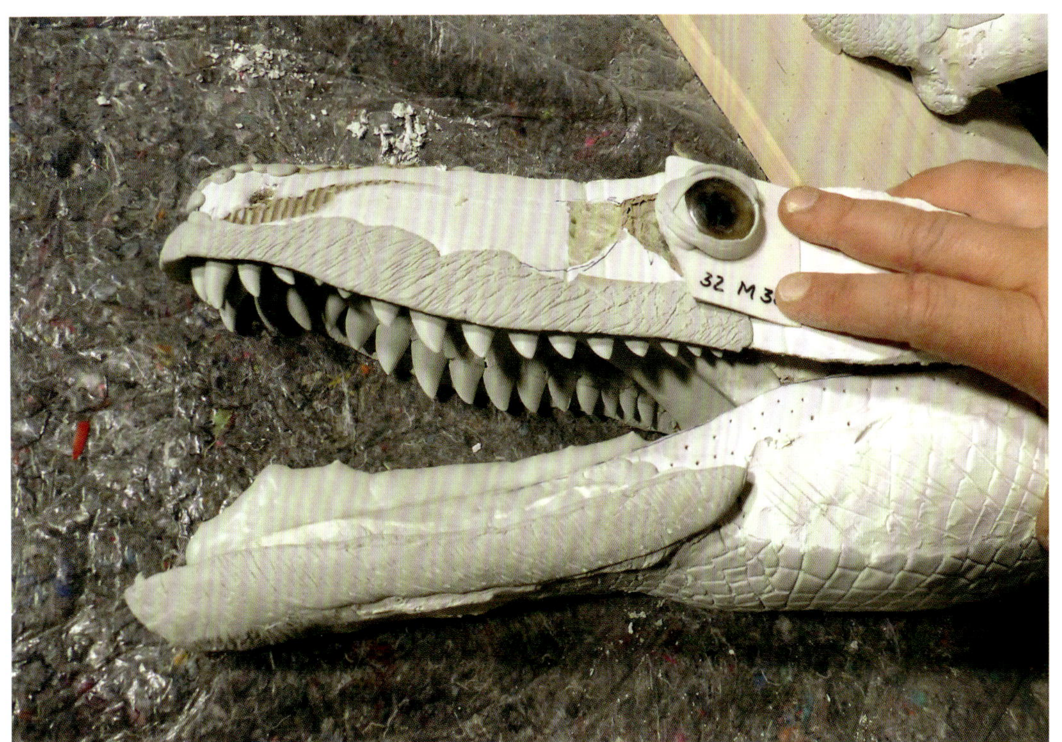

Abb. 20: *Über 60 Zähne sind mit einer selbstgefertigten Pressform angefertigt, entgratet und individuell geschliffen worden. Sobald alle justiert waren, konnte der Kopf weitergebaut werden. Glasaugen sorgen für einen natürlichen Blick, was für menschliche Betrachter unerlässlich ist.*

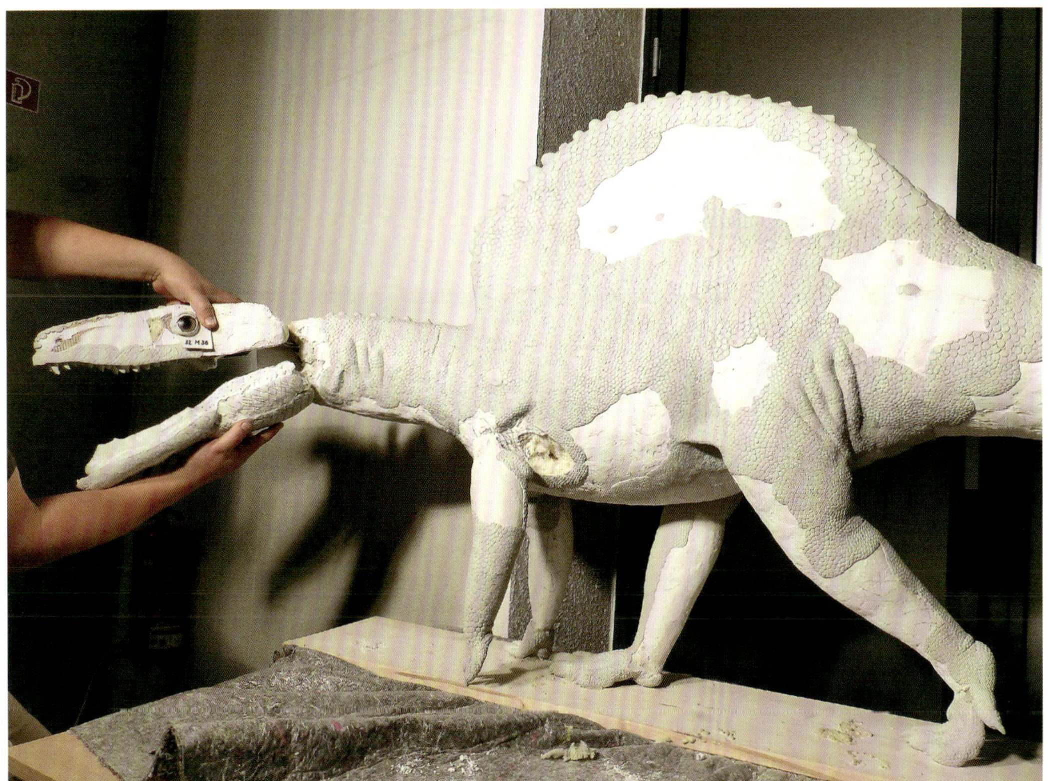

Abb. 21: *Da bei geschlossenem Maul die Zähne wahrscheinlich nicht zu sehen wären, soll das Modell mit geöffnetem Maul dargestellt werden. Um dennoch eine logische Form zu zeigen, müssen die Kieferteile von Anfang an ineinanderpassen. Mit viel Sorgfalt werden Oberschädel und Unterkiefer separat gefertigt und erst möglichst spät starr mit dem Hals verbunden.*

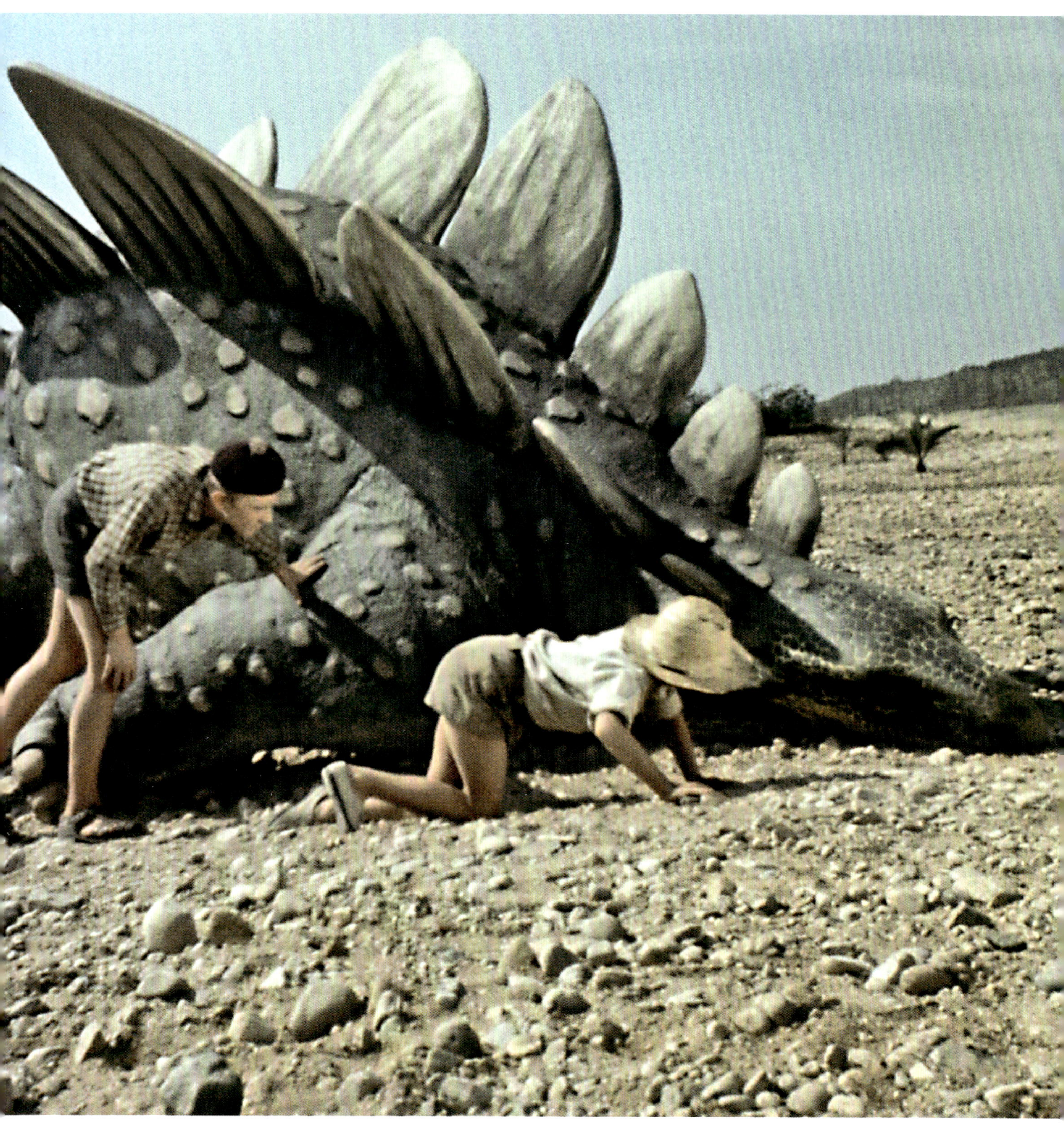

KinoSaurier – Bewegte Giganten

13

ANNETTE RICHTER

Eines sei vorweggenommen: Die meisten Menschen sehen sich Dinosaurierfilme gern an; nur sehr wenige nicht. Woher stammt die Faszination, die Film-Dinosaurier im Menschen auslösen? Selbst der eine oder andere Berufs-Paläontologe oder Fossiliensammler gibt als Quelle für die eigene berufliche Orientierung auch frühkindliche Inspiration oder sogar »Kontamination« durch Dinosaurierfilme an.

Dieses auf den ersten Blick liebenswert wirkende Phänomen verdankt einen Teil seiner sehr alten Wurzeln sicher den mythologischen Drachenwesen verschiedenster Kulturen. Aber seit dem von Steven Spielbergs erstem Jurassic Park-Film ausgelösten Dino-Boom von 1993 und seinen diversen Fortsetzungen interessierte sich nicht nur eine sehr breite Öffentlichkeit für die wissenschaftliche Dinosaurier-Paläontologie, sondern sorgte auch für immer weiter wachsende Zahlen von Studienanfängern.[1]

Die seltsamen Riesen

Seit dem 19. Jahrhundert und davor kristallisierte sich schon früh der Wunsch heraus, den »monströs großen« fossilen Knochen auch eine fassbare Gestalt zuzuordnen. Dies waren die frühen Wurzeln der wissenschaftlichen Rekonstruktion, die ihrerseits jedwedem filmischen Schaffen zugrunde liegt. Wissenschaftliche Abbildungen und erste künstlerische 3D-Modelle sowie natürlich die riesigen Skelettmontagen in den Naturkundemuseen des späten 19. und frühen 20. Jahrhunderts prägten bis in die Frühzeit des Stummfilms hinein das sprichwörtliche »Bild der Dinosaurier«. Und dennoch fehlte etwas – das wahrhaft Lebendige, die Bewegung. Und so kam es zum ersten Auftritt eines sich tatsächlich bewegenden, großen sauropoden Dinosauriers auf der Leinwand: »Gertie the dinosaur« (1914). Eine von ihrer Agilität her fast modern wiedergegebene Brontosaurier-Dame, die mit ihrem Erschaffer Winsor McCay (1871–1934) im kunstvoll durchdachten Film sogar interagiert, eroberte die Publikumsherzen im Sturm. Und darüber hinaus sicherte sie sich gleichermaßen den Meilenstein, die erste Zeichentrickfilmfigur überhaupt gewesen zu sein (**Abb. 1**).

Reichte hier noch der varietéhafte Auftritt eines einzigen zweidimensionalen Pflanzenfressers, änderte sich die Erzählweise in den nachfolgenden Realfilmen, welche meist viktorianisch geprägten Abenteuergeschichten des ausgehenden 19. Jahrhunderts folgten, wie beispielsweise »The Lost World« (1925, nach Arthur Conan Doyle, Regie Harry O. Hoyt (1885–1961)) mit den Dino-Tricks von Willis O'Brien (1886–1962). Zum einen mussten nun mehrere Dinosaurier her, zum anderen nicht mehr gezeichnete, sondern dreidimensionale Rekonstruktionen, die in Realfilme eingebunden wurden. Hierfür wurden im

__Gegenüber:__ Ausschnitt eines Filmstandbilds aus dem Film »Reise in die Urzeit« des Regisseurs Karel Zeman, 1955. Die Jungen studieren hier einen kurz vorher verendeten __Stegosaurus__.

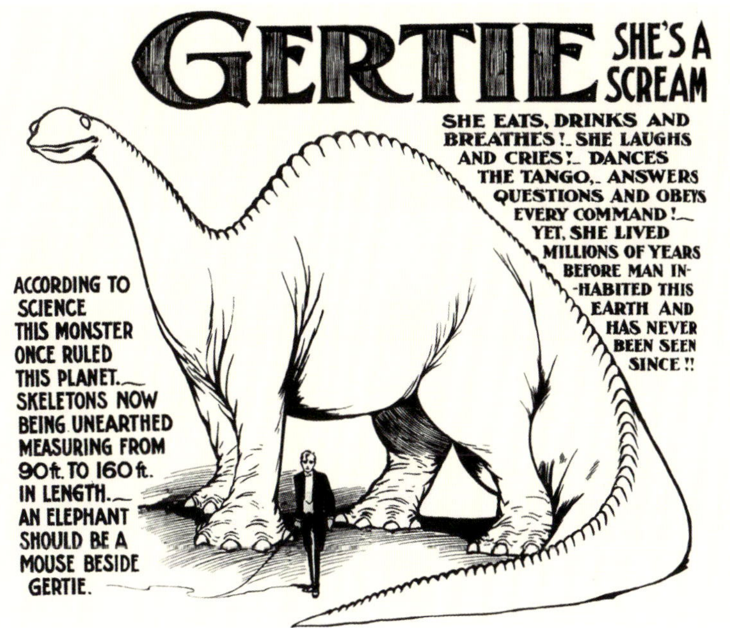

__Abb. 1:__ Der gezeichnete Sauropode »Gertie« (1914) wurde vom zeitgenössischen Publikum als äußerst staunenswerte Attraktion wahrgenommen. Winsor McCay zeichnete für den Film jedes einzelne Blatt mit sämtlichen Hintergrunddetails!

Regelfall nur dezimetergroße, bewegliche Dinosauriermodelle aus elastischen Materialien hergestellt, die dann in aufwendiger Einzelbild-Aufnahmetechnik vor dem Hintergrund miniaturisierter Landschaften agierten. Kam ein Mensch mit ins Spiel, musste er ebenfalls als bewegliches Figürchen inszeniert werden. Ebenso wie im Zeichentrick erscheint die schnell abgespielte Reihung der Bilder im Film fast wie eine durchgängige Bewegung. Diese sogenannte Stop Motion-Tricktechnik sollte für lange Zeit die einzige Möglichkeit der »Wiedererweckung« von beweglichen Dinosauriern bleiben. Das leicht »Ruckhafte« dieser Technik sah man ihr jedoch immer sofort an.

Der Kampf der Titanen

Aber noch etwas änderte sich im Gegensatz zu »Gertie«: Seit »The Lost World« sowie seinen direkten Vorgängern, und bis zum heutigen Tage, steht das Thema des Kampfes zwischen prähistorischen Riesen untereinander im Vordergrund. Und so wurde das Szenario des »großen, gefährlich aussehenden Theropoden, der gegen einen sich verzweifelt wehrenden, pflanzenfressenden Dinosaurier kämpft« zu einem vorherrschenden Thema – schnell und nachhaltig, da dies beim sich angenehm gruselnden Publikum sehr gut ankam. Zunächst waren die angreifenden Akteure meist Allosaurier und Ceratosaurier, aber im Laufe der Filmgeschichte des 20. Jahrhunderts übernahm der noch größere *Tyrannosaurus rex* immer häufiger diese Rolle, bis er schließlich im Spielberg'schen Filmimperium endgültig zur zentralen Ikone gekrönt wurde.

In »The Lost World« von Harry O. Hoyt bleibt es jedoch zunächst beim Kampf von *Allosaurus* mit einem großen Brontosaurier oder aber einem Entenschnabeldinosaurier (**Abb. 2**). Sie markieren durch ihre erkennbar sehr einfache Machart ohne allzu viel anatomische Akkuratesse und ihre ungelenk wirkenden Bewegungen offensichtlich erst den Beginn eines neuen Filmzeitalters. Doch ihr Erschaffer, Willis O'Brien, tüftelte weiter am Bau geeigneter Animationsfiguren und vertiefte auch sein paläontologisches Wissen – zum Beispiel durch Studien der Rekonstruktionsbilder von Charles Knight (siehe Kapitel 5), so dass sein *Tyrannosaurus* bereits von deutlich gehobener Qualität war: Im Original »King Kong und die weiße Frau« von 1933 brilliert er durch plausible oberflächennahe Muskulatur, eine liebevoll durchgestaltete Schüppchenhaut und realistisch wirkende Bewegungen im Kampf mit dem ebenfalls animierten Riesengorilla. »King Kong« wurde zum Kassenschlager und gleichermaßen zum Ahnen einer langen Folge von Nachahmer-Filmen, teils von O'Brien selbst inszeniert.

Und sie bewegen sich doch

Sein Schüler, Ray Harryhausen (1920–2013), schaffte den Sprung in den Farbfilm und brillierte neben vielen Fantasy- und Märchenverfilmungen mit seinen teils mythologischen Figuren auch durch Dinosaurier in Realverfilmungen mit Steinzeitmenschen (schon damals wissenschaftlicher Unsinn) und einem wiederum viktorianisch inspirierten Stoff in »The Valley of Gwangi« (1968). Hier sind es in einem »vergessenen Tal« überlebende Dinosaurier (aber auch ein Urpferdchen!), deren Entdeckung und Entnahme aus dem Tal zur ultimativen Katastrophe führt, in der am Ende des Films ein Harryhausen'scher Theropode – wiederum ein anatomisch sehr beeindruckender *Allosaurus* in zeitgemäßer grau-grüner Färbung – in einer brennenden Kirche eingeschlossen wird. Zuvor darf man den Allosaurier aus der späten Jurazeit jedoch noch gemeinsam mit einem Horndinosaurier und einem Flugsaurier aus der viel jüngeren, späten Kreidezeit erleben, was genau wie die filmische Vermischung mit Steinzeitmenschen eine typisch unwissenschaftliche Begleiterscheinung vieler Dino-Filme ist.

Dennoch haftete den Dinosauriern des Films, ebenso wie der Wissenschaft, von den 1930er Jahren an noch das Stigma des »überkommen Reptils« an, geradezu das Symbol der Langsamkeit, der Dummheit und der Lebensunfähigkeit, die eindeutig im Aussterben enden musste. Dies wurde lange Zeit hindurch in den diversen Verfilmungen aufrechterhalten, egal ob heute lebende Reptilien mit angeklebten Hörnern, Segeln oder Stacheln verfremdet oder neu erschaffene Stop-Motion-Trickfiguren verwendet wurden. In jener Epoche wurden alle Dinosaurier noch mit auf dem Boden schleifenden Schwänzen dargestellt, was auch auf die wahrhaft stilbildenden Vorlagen des Bildimperiums von Zdeněk Burian (1905–1981) zurückgeht, des wohl einflussreichsten europäischen Paläokünstlers (siehe Kapitel 7). Seine zeitlosen Dinosaurier-Gemälde dienten auch dem tschechischen Regisseur Karel Zeman (1910–1989) als Vorlage für seinen lehrreichen Jugendfilm »Reise in die Urzeit« (1955) (**Abb. 3**).

Vor allem bei einem Brontosaurier fällt die extreme Übereinstimmung der Filmszene mit dem zugrunde liegenden Gemälde auf: Hier ist die tricktechnische Arbeit direkt an der Quelle der Rekonstruktion angesiedelt, die selbst wiederum unter der Anleitung der bedeutenden tschechischen Paläontologen Josef Augusta und Zdeněk Špinar erfolgte. Für die Begegnung von vier zeitreisenden, wissbegierigen Jungen mit einem deutlich unmoderner und plumper gestalteten *Stegosaurus* in »Reise in die Urzeit« wurde mit einfachen, aber effektiven Perspektivtricks gearbeitet – mit kleinen und großen Modellen, Hintergrundlandschaften und dazwischen gesetzten Filmaufnahmen. Das Ziel der Wissensvermittlung ist hier eindeutig wichtiger als die reine Unterhaltung. Dennoch durfte auch hier ein Kampf nicht fehlen: Der *Stegosaurus* wird von einem tatsächlich zeitgenössischen *Ceratosaurus* attackiert, den er zwar vertreiben kann, aber an dessen Bissverletzungen er am Ende stirbt. Alle Dinosaurier des Films werden genau erklärt und entsprechen in ihrer Darstellung dem Zeitgeist als urtümliche Wesen, die aber bereits etwas besser bekannt sind.

Das Bild wandelt sich

Mit dem revolutionären Buch »The Dinosaur Heresies« von Robert T. Bakker (*1945) im Jahre 1986 – er war sozusagen der »Spielberg« der wissenschaftlichen Dinosaurier-Paläontologie – begann eine bis heute anhaltende »Renaissance« der Interpretation von Dinosauriern als höchst lebensfähige und biomechanisch optimierte Erfolgsmodelle der Evolution (siehe Kapitel 8). Annähernd zeitgleich publizierte Nachweise von Brutpflege bei Entenschnabeldinosauriern fügten dem Bild noch eine »soziale« Komponente hinzu, die auch filmisch sofort aufgegriffen wurde: Im Jahre 1985 erschien folgerichtig der Film »Baby«, der keine Stop Trick Technik einsetzte, sondern lebensgroße und automatisierte Modelle einer kleinen Sauropoden-»Kernfamilie«. Das Jungtier, das

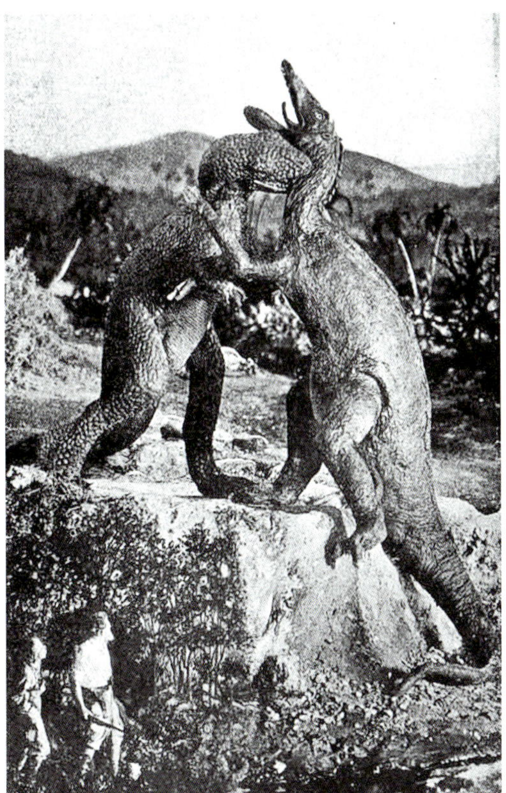

Abb. 2: *Die Dinosaurier aus »The Lost World« (1925) sind noch sehr einfach gestaltet. Ohne erkennbare oberflächennahe Muskulatur und teilweise auch mit ungenau umgesetzten Proportionen wirken sie heute eher amateurhaft, verfehlten aber in den 1920ern ihre Wirkung nicht.*

nach dem Abschuss seines Vaters und der Gefangennahme seiner Mutter überlebt, ist der Protagonist des Films, der im zentralafrikanischen Kongo-Gebiet angesiedelt ist – von wo aus jahrzehntelang immer wieder Meldungen über vermeintliche Dinosaurier-Sichtungen die Runde machten. Das kleine Modell konnte recht realistisch gesteuert werden und kann als direkte Vorstufe der späteren, computergesteuerten Animatronics gelten, die bis zu Jurassic Park großformatig eingesetzt wurden.

Die große Zeitenwende: Der Dynamische Dino, Digital!

In der Paläontologie kamen in den 1980er und 1990er Jahren mehr und mehr kleine und mittelgroße Theropoden-Funde ans Tageslicht, deren Erforschung schließlich die Evolution der heutigen Vögel aus den Dinosauriern endgültig und praktisch lückenlos belegte. Dies wiederum führte in der literarischen Vorlage »Jurassic Park« von Michael Crichton (1942–2008) mit seiner der Genetik verpflichteten Erzäh-

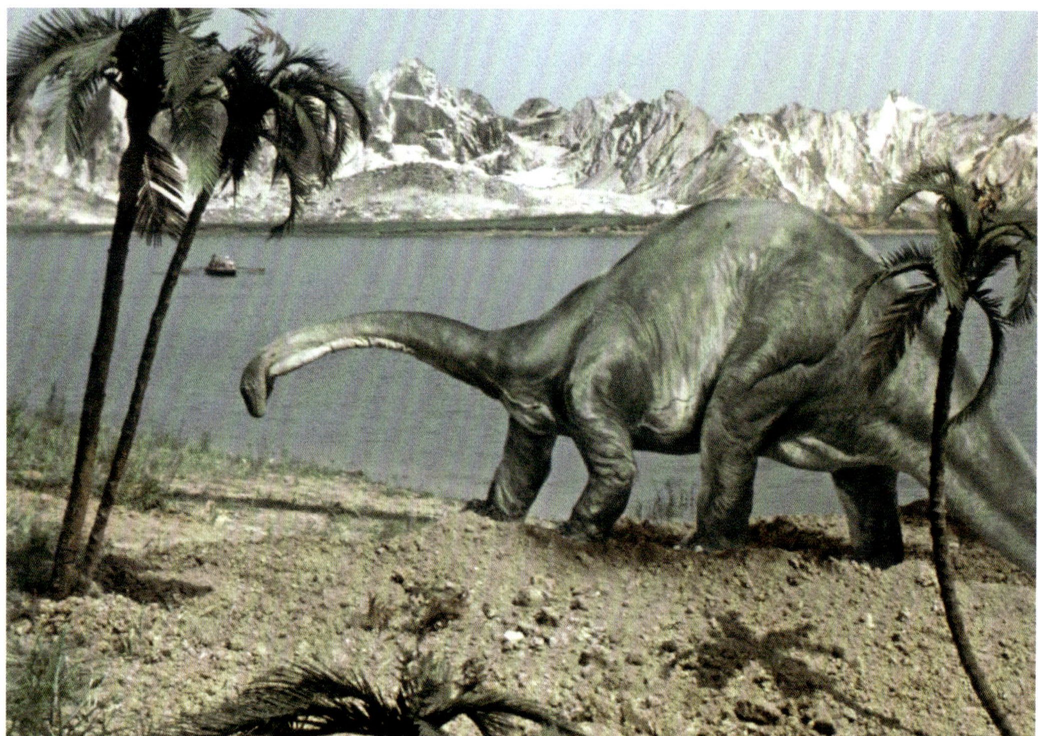

Abb. 3: *Frappierend ist die Ähnlichkeit des hier gezeigten Filmstandbilds eines Brontosauriers aus »Reise in die Urzeit« von 1955 mit der Vorlage von Burian (siehe Kapitel 9, Abb. 1). Die Tschechen brillierten durch viele einfach gemachte, aber pfiffige Tricks.*

lung bereits zu einem veränderten Bild der kleineren Fleischfresser, was wiederum das spätere Drehbuch zu Jurassic Park stark beeinflussen sollte: Hier begegnen uns neben dem archetypischen, riesigen Fleischfresser mit seinen diversen »Kämpfen« mit Dinosauriern und Menschen auch die damals völlig neuen Figuren der »Raptoren«[2], intelligent und sozial organisierte Sichelklauen-Dinosaurier aus der Schwestergruppe der Vogelvorfahren. Ein bedeutender Wechsel in der Tricktechnologie kam hier noch hinzu: Sollte ursprünglich noch der gesamte Film ausschließlich mit Animatronics, also computergesteuerten Real-Modellen in Lebensgröße gedreht werden, so kam es durch die Einbeziehung des Experten für Spezialeffekte, Dennis Muren (*1946), zum zusätzlichen Einsatz der noch neuen und sehr teuren, aber hoch flexiblen Computer Generated Imagery, kurz CGI. Dies läutete eine wahre Zeitenwende ein: So sind es vorwiegend die CGI-Szenen aus »Jurassic Park«, die Filmgeschichte geschrieben haben, indem sie die mittlerweile hoch dynamischen, schnellen Bewegungen der Dinosaurier vollkommen glatt ablaufen lassen und noch dazu das dreidimensionale Aussehen der Dinos bis ins Kleinste ausgestalten. An Realismus sind diese Szenen kaum noch zu überbieten – und vermitteln daher eine vermeintlich plausible »Wahrheit«, auch wenn es diese gar nicht gibt. Am schönsten kann man dies am Beispiel des »Spitter« erläutern. Das Skelett des realen *Dilophosaurus* ist wesentlich größer und seine äußeren Hautstrukturen haben sich ebenso wenig fossil erhalten wie das Innere seines Mauls. Durch Jurassic Park jedoch hat sich in der Öffentlichkeit das Bild eines weiteren kleinwüchsigen, aber darüber hinaus kragenechsenartigen Fleischfressers etabliert, der mit kobraartigem Verhalten Gift aus umgewandelten Speicheldrüsen spritzt – das ist schiere Paläofantasie, allerdings auf der Basis heute lebender Reptilien intelligent umgesetzt.

Jurassic Park ist auch generell viel weniger als alle seine Vorgänger einer »paläontologischen Wahrheit« verpflichtet – die es, trotz der Beteuerungen des wissenschaftlichen Beraters von Jurassic Park, Jack Horner (*1946), nicht gibt. Dieser Film ist der reinen Unterhaltung verpflichtet und spielt daher mit ganz unterschiedlich glaubhaften Erscheinungsbildern. Vor allem aber machte Jurassic Park denjenigen zum König aller fleischfressenden Dinosaurier, der früher *Tyrannosaurus* genannt wurde. Seit die-

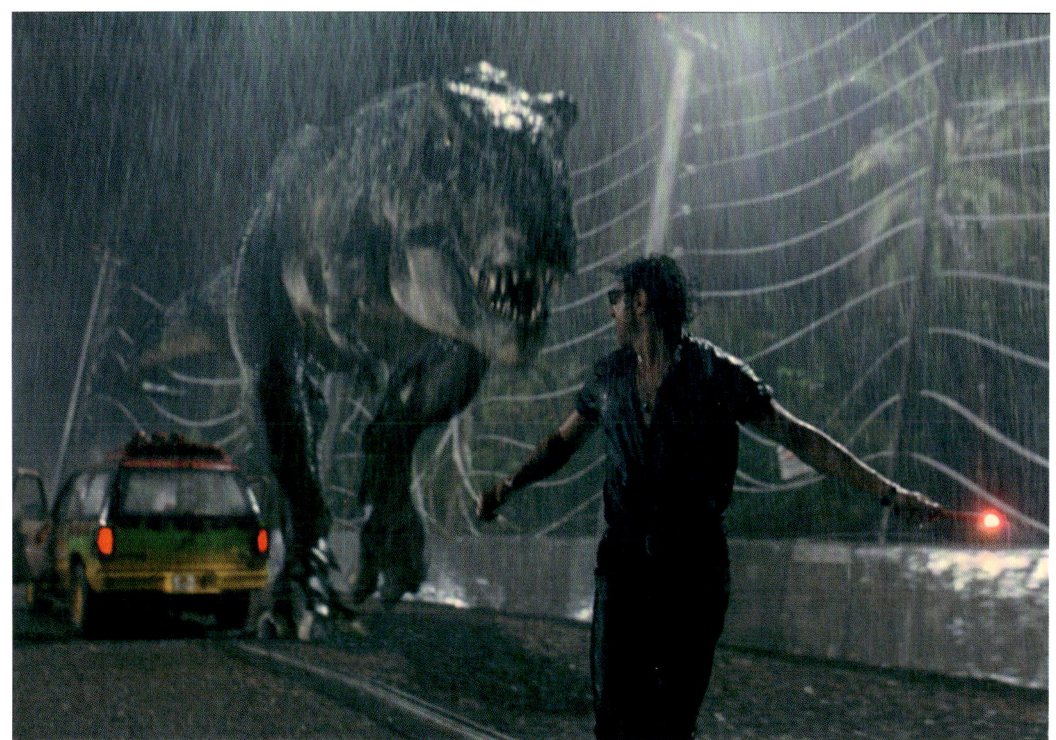

Abb. 4: *Der CGI-**Tyrannosaurus** (»**T. rex**«) aus Jurassic Park (1993) belegt eindrucksvoll die Fortschritte der Trickentwicklung: Sein »Look« und seine Bewegungen im Film wirken authentisch.*

sem Film kennt man ihn weltweit nur noch unter der englisch ausgesprochenen Kurzbezeichnung *T. rex* (**Abb. 4**). Der riesige Erfolg des Films zog selbstverständlich Sequels nach sich, die allesamt bei Weitem nicht mehr so originell und innovativ waren. Die Computertechnik, und vor allem die Speichermedien, entwickelten sich weiter, was natürlich längere und aufwendigere Trickszenen ermöglichte – schon bei Jurassic Park II ist dies offensichtlich.

Plötzlich befiedert!

Mitten in diese große Erfolgswelle hinein – Jurassic Park III war bereits im Produktionsprozess – schlug in der Welt der Paläontologen 1996/97 eine Bombe ein: Chinesische Paläontologen hatten in einer neuen Fossillagerstätte in der chinesischen Provinz Liaoning Dinosaurierfossilien mit Federerhaltung entdeckt. Bereits die ersten Funde läuteten einen kompletten Paradigmenwechsel ein, wie er zuletzt durch John Ostrom und Robert T. Bakker während der erwähnten Dinosaurier-Renaissance passierte und damals sogar schon vorausgesagt worden war: Kleine und mittelgroße Fleischfresser waren vollständig befiedert, wie enorme Mengen an neuen Fossilien aus der überaus reichen Fundstelle belegten. Hier ging es nicht mehr um abzählbare Einzelfunde wie den *Archaeopteryx*-Exemplaren aus den Solnhofener Plattenkalken in Bayern, sondern um Tausende von vogelhaften Dinosauriern und dinosaurierhaften frühen Vögeln. Hinzu kamen nach und nach auch Belege von Befiederungen pflanzenfressender Dinosaurier und Teilbefiederungen von voll ausgewachsenen, großwüchsigen Theropoden, wie dem mit *Tyrannosaurus* verwandten, bis zu 9 Meter langen *Yutyrannus*.

Das rekonstruierte Aussehen vieler großer und wichtiger Dinosauriergruppen hatte sich gleichsam »über Nacht« hin zum Vogelhaften verändert.

Bis auf wenige Ausnahmen trennten sich von diesem Zeitpunkt an die Darstellungen der Dinosaurier in den Spielfilmen à la Jurassic Park und den Dokumentationsfilmen. In Ersteren blieb man bei der etablierten »Marke«, wie die beiden Jurassic World-Filme eindrücklich belegen. Die Dokumentationen hingegen berücksichtigten die neuen Ergebnisse schnell und gründlich. Seitdem auch erste Beweise für bestimmte Farbmuster publiziert wurden, springen und hüpfen bunt befiederte Sichelklauen-Dinosaurier und andere kleine und große Dino-Darsteller durch die diversen Dokumentationsformate.

Abseits von billigen B-Movies gilt bei allen ernstgemeinten Ansätzen sowohl im Spielfilm als auch im mittlerweile durch die Digitaltechnik geradezu grenzenlosen Tummelfeld der Documentaries, dass der jeweils dargestellte Saurier immer nur so »gut« ist wie seine Macher/Programmierer, deren wissenschaftliche Berater und/oder ihre häufig von spezialisierten Künstlern erschaffenen Vorlagen. Das erste Beispiel dieser Art war die 1999 eingeläutete, hoch ambitionierte BBC-»Dokumentar-Serie« »Walking with Dinosaurs« (Dinosaurier – Im Reich der Giganten) von Tim Haines, die sich renommierte Fachleute aus aller Herren Länder für die (paläo)anatomische Beratung ihrer Programmierer holte. 1999 waren die Erkenntnisse über die Befiederung noch nicht tief genug in die Filmwelt eingedrungen; im Laufe der Fortschreibung dieser BBC-Produktionsserie wurde dies jedoch nachgeholt, zum Beispiel bei der Darstellung mongolischer Lebewelten der Kreidezeit im Zweiteiler »Chased by Dinosaurs« von 2002.

Annäherungen

Wichtig für jedwede Herangehensweise an filmische Dinosaurier ist jedoch das Verständnis dafür, dass es streng genommen kein »richtig« und auch kein »falsch« gibt. Selbst der Begriff »lebensecht« ist im Kern verfehlt. Die bildliche und damit auch die filmische Darstellung von Dinosauriern und ihrer Bewegungsarten fußt im besten Falle auf dem aktuellen Wissensstand einer nur auf lückenhaften Indizienketten beruhenden Wissenschaft.

Kein Mensch hat jemals Dinosaurier gesehen oder wird es jemals können – allen Zeitreisefilmen zum Trotz. Es sei denn, man beobachtet Vögel ...

Zitierte Literatur

[1] Die eher weltfremden und auf »Action« ausgelegten Geschichten der zugrunde liegenden Filme (zumindest in der A-Film-Kategorie) entsprechen jedoch später in keiner Weise der Wirklichkeit innerhalb der Geowissenschaften. Das Fach Paläontologie wird in Deutschland traditionell eher innerhalb der rohstofforientierten Geologie gelehrt.

[2] »Raptor« ist ein in der Paläontologie eigentlich nicht üblicher Begriff. Er stammt aus dem Englischen – raptors – und steht in der dortigen Biologie für Greifvögel, nicht für Dinosaurier. Durch den inflationären Gebrauch des Begriffs in und seit Jurassic Park ist er jedoch auch im Deutschen kaum mehr aus dem allgemeinen Sprachgebrauch zu verbannen. Wissenschaftlich gebräuchlich ist hingegen der Fachbegriff der »Maniraptora« für die besonders fortschrittlichen Theropoden inklusive der heutigen Vögel.

Weiterführende Literatur

Dworsky, Alexis. 2011. Dinosaurier! Die Kulturgeschichte. Wilhelm Fink Verlag, München.

Glut, Donald F. & Brett-Surman, Michael K. 1997. Dinosaurs and the Media. In: The Complete Dinosaur. Hg. Farlow, James & Brett-Surman, Michael K., S. 675–697, Indiana University Press, Bloomington & Indianapolis.

Kempen, Bernhard & Deist, Thomas. 1993. Das Dinosaurier Filmbuch. Von »Gertie the Dinosaur« bis »Jurassic Park«. Verlag Thomas Tilsner, Bad Tölz.

Shapiro, Marc. 1992. When Dinosaurs Ruled the Screen. Image Publishing, New York.

Bildnachweis

Umschlagabbildung: Klassik Stiftung Weimar/Anna-Amalia-Bibliothek/ZC26_0001
S. 2: State Darwin Museum, Moskau

Vorwort (Tobias Pfeifer-Helke)
Abb. 1: John Sibbick, 1991

1. Saurier in Wissenschaft und Paläokunst – 200 Jahre voller Veränderungen (Tom Hübner)
Eingangsbild: Mark Witton, 2015
Abb. 1: © 1985, John Gurche
Abb. 2: Wikimedia Commons, Axel Mauruszat, 2008
Abb. 3: Marianne Conrad und Steve Hampel
Abb. 4: Taquet & Padian, 2004, Fig. 1
Abb. 5: Neue Galerie Graz / Universalmuseum Joanneum. Foto: UMJ
Abb. 6: Edouard Riou 1863 in Figuier, Louis. La terre avant le deluge. Hachette. Paris
Abb. 7, 10: 1928. Field Museum.
Abb. 8: 2020. Princeton University Art Museum/Art Resource NY/Scala, Florence
Abb. 9: Naturhistoriska riksmuseet/Simon Stålenhag 2014
Abb. 11: Mark Hallett, 1989
Abb. 12: Douglas Henderson, 2000
Abb. 13: Mark Witton, 2019
Abb. 14, 15: Mark Witton, 2015
Abb. 16: Emily Willoughby, 2015
Abb. 17: Velizar Simeonovski, 2011
Abb. 18: Mantell, 1825, Tafel 14
Abb. 19: The Trustees of the Natural History Museum, London
Abb. 20: Alexander Turnbull Library, Wellington, New Zealand
Abb. 21: Frederik Spindler, 2012
Abb. 22: Thierry Hubin, Royal Belgium Institute of Natural Sciences
Abb. 23: Jiří Hochman, www.zdenekburian.com
Abb. 24, 25: John Sibbick, 1986

2. »Duria Antiquior« – Das Vorbild für die Vorwelt (Björn Kröger)
Eingangsbild: Amgueddfa Genedlaethol Cymru/National Museum of Wales
Abb. 1, 2, 3: Amgueddfa Genedlaethol Cymru/National Museum of Wales
Abb. 4: James Sowerby, 1812
Abb. 5: Wellcome Library no. 296i

3. Spurensicherung oder das Phantom von Hildburghausen (Carsten Eckert)
Eingangsbild: Carl August Keßler & F.K.L. Sickler 1836: Die vorzüglichsten Fährtenabdrücke urweltlicher Thiere in buntem Sandstein, aus den Sandsteinbrüchen der Umgegend von Hildburghausen treu nach der Natur gezeichnet und lithographiert. Kesselringsche Hofbuchhandlung, Hildburghausen, Taf. III
Abb. 1: Museum der Natur, geowissenschaftliche Sammlung, Stiftung Schloss Friedenstein Gotha
Abb. 2: Stadtmuseum Hildburghausen, Inv.Nr. 0.722
Abb. 3: Kreisarchiv Hildburghausen, Sammlung Dorfzeitung
Abb. 4: Städel Museum, Frankfurt am Main, Inv.Nr. 5715
Abb. 5: Carl August Keßler in F.K.L. Sickler 1834: Sendschreiben an […] Blumenbach. Kesselring. Hofbuchhandlung, Hildburghausen, Taf. 1
Abb. 6: Ralf Werneburg, 2006
Abb. 7: Landesarchiv Thüringen, Hauptstaatsarchiv Weimar, Nachlass K.E.A. von Hoff
Abb. 8: Richard Owen in Charles Lyell 1851: Manual of Elementary Geology. Murray, London, S. 293
Abb. 9. Unger, F. & Kuwassegg, J. 1851. Die Urwelt. Wien, Tafel 7
Abb. 10: Ferdinand von Hochstetter 1873: Geologische Bilder der Vorwelt und der Jetztwelt. Schreiber, Esslingen, Tafel 2
Abb. 11: Wolfgang Soergel 1925: Die Fährten der Chirotheria. Eine paläontologische Studie. Fischer, Jena, S. 12, 64, 65
Abb. 12: Daniele Albisetti, 2015
Abb. 13, 14: Carsten Eckert, 2020

4. Die Crystal Palace Dinosaurier im prähistorischen Park von Sydenham (London) (Eckhard Mönnig)
Eingangsbild: Ronald Bellstedt, 2011
Abb. 1: Wellcome Library no. 39566i
Abb. 2, 3, 5, 6: Landesbibliothek Coburg, HP-58,55(1/5).
Abb. 4: Klassik Stiftung Weimar/Anna-Amalia-Bibliothek/ZC26_0001
Abb. 7–9, 12, 13: Stefanie Mönnig, 2019
Abb. 10: Ronald Bellstedt, 2011
Abb. 11: Stefanie Mönnig, 2003

5. »Leaping Laelaps« – Bilder und Modelle von Dinosauriern zwischen Paläontologie, Kunst und Vermittlung (Lisa Janke)

Eingangsbild, Abb. 1: Sammlung »Art and Memorabilia« des Department of Vertebrate Paleontology am American Museum of Natural History, New York

Abb. 2: Edward D. Cope: The Fossil Reptiles of New Jersey (Continued), in: The American Naturalist, Vol. 3, 1869, No. 2, S. 85

Abb. 3, 4: Sammlung Vertebraten-Paläontologie, Museum für Naturkunde Berlin, Inv. MB.R.2179, MB.R.2178. Copyright: Hwa Ja Götz, MfN

Abb. 5: Henry F. Osborn: Models of Extinct Vertebrates, in: Science, Vol. 7, 1898, Issue 182, S. 842–843

Abb. 6: Henry R. Knipe: Nebula to Man, London 1905, S. 93

6. Ein Saurier für den Kaiser – Wie der »deutsche Lindwurm« ein Gesicht bekam (Ilja Nieuwland)

Eingangsbild: Sammlung Universität Greifswald, Geographisch-Geologische Fakultät

Abb. 1: Mark Witton, 2020. www.markwitton.com

Abb. 2: Otto Jaekel, 1929, koloriert durch Olga Shirnina. Sammlung Ilja Nieuwland

Abb. 3, 6: Jaekel, Otto. »Eine neue Fundgrube der Deutschen Wissenschaft.« Die Woche, 1912

Abb. 4: Archiv Tierpark Hagenbeck

Abb. 5: Sammlung Christoph Hirsch

Abb. 7: Sammlung Universität Greifswald, Geographisch-Geologische Fakultät

7. Zdeněk Burian – Ein Ausnahmekünstler reist in die Urzeit (Carsten Eckert)

Eingangsbild: Moravské zemské muzeum / Moravian Museum, Brno, Jiří Hochman, www.zdenekburian.com

Abb. 1: Museum für Naturkunde Berlin, HBSB, Bestand Zool. Mus. Signatur B III/1298

Abb. 2: Sammlung Vertebraten-Paläontologie, Museum für Naturkunde Berlin, Foto: Hwa Ja Götz, MfN

Abb. 3: Bundesarchiv Bild 183-36672-0002

Abb. 4: Zdeněk Burian 1951, aus Augusta, Josef; Burian, Zdeněk 1956. Tiere der Urzeit. Prag, Artia, Tafel 2

Abb. 5: Michal Maňas, 2006

Abb. 6: Othenio Abel 1925: Geschichte und Methode der Rekonstruktion vorzeitlicher Wirbeltiere. Fischer, Jena, S. 258, Fig. 190

Abb. 7: Zdeněk Burian 1955, Augusta, Josef; Burian, Zdeněk 1956. Tiere der Urzeit. Prag, Artia, Tafel 19

Abb. 8: Umschlagbild aus Augusta, Josef; Burian, Zdeněk 1941. Zavátý život. Praha, Václav Pavlík

Abb. 9–11: Institute of Geology and Palaeontology, Faculty of Science, Charles University; Jiří Hochman, www.zdenekburian.com

Abb. 12: Moravské zemské muzeum / Moravian Museum, Brno, Jiří Hochman, www.zdenekburian.com

Abb. 13: Frontispiz aus Heilmann, Gerhard 1926. The orign of birds. London, Witherby

Abb. 14: Reichel, Manfred 1941. l'Archéoptéryx. Un ancêtre des Oiseaux. In: Nos Oiseaux. Bulletin de la Société Romande pour l'étude et la Protection des Oiseaux, No. 159, pp. 93–107, figs. 7–9

Abb. 15: Heberer, Gerhard; Wendt, Herbert; Grzimek, Bernhard 1972. Grzimeks Tierleben. Ergänzungsband, Entwicklungsgeschichte der Lebewesen. Zürich, Kindler, Tafel nach S. 284

Abb. 16: Petr Modlitba, 2020

8. Von der Dinosaurier-Renaissance zur Dinosaurier-Aufklärung: Paleoart von 1970 bis 2020 (Dennis Janzen)

Abb. 1: Adrian J. Desmond, The Hot-Blooded Dinosaurs. A Revolution in Palaeontology, London 1975, S. 76

Abb. 2: Robert T. Bakker, The Dinosaur Heresies, 1986, Cover

Abb. 3: Sylvia Czerkas und Stephen Czerkas, Dinosaurs. A Global View, 2. Aufl., Limpsfield 1995, S. 84

Abb. 4: Steve White (Hrsg.), Dinosaur Art. The World's greatest Paleoart, London 2012, S. 72–73

Abb. 5: Dinosaurs Past and Present (Ausst.-Kat.), hrsg. von Sylvia J. Czerkas und Everett C. Olson, Seattle, WA, und London 1987, Bd. 2, S. 20–21

Abb. 6: William Stout, The Dinosaurs, 1981. Cover

Abb. 7: Luis V. Rey, Extreme Dinosaurs, San Francisco, CA, 2001, S. 26

Abb. 8: Robert T. Bakker, The Dinosaur Heresies. New Theories Unlocking the Mystery of the Dinosaurs and Their Extinction, New York 1986, S. 21

Abb. 9: Sylvia Czerkas und Stephen Czerkas, Dinosaurs. A Global View, 2. Aufl., Limpsfield 1995, S. 175

Abb. 10: Luis V. Rey, http://www.luisrey.ndtilda.co.uk/html/chin1to4.htm

Abb. 11: Steve White und Julius Csotonyi, The Paleoart of Julius Csotonyi, London 2014, S. 56

Abb. 12: Matthew Martyniuk, A Field Guide to Mesozoic Birds and other Winged Dinosaurs, 2014, S. 115

Abb. 13, 14, 15: John Conway, C. M. Kosemen und Darren Naish, All Yesterdays. Unique and Speculative Views of Dinosaurs and Other Prehistoric Animals, London 2012, S. 38–39, S. 25, S. 82

Abb. 16: Joschua Knüppe

9. Vom Garten zum Urzoo – Franz Gruß und der Saurierpark bei Bautzen (Tom Hübner & Gottfried Böhme)

Eingangsbild: Tom Hübner

Abb. 1, 2, 3, 10: Familie Gruß

Abb. 4, 5, 7, 11: Tom Hübner

Abb. 6: Moravské zemské muzeum / Moravian Museum, Brno, Jiří Hochman, www.zdenekburian.com

Abb. 8: Safari Park Dvůr Králové, Dvůr Králové nad Labem, Jiří Hochman, www.zdenekburian.com

Abb. 9: Gottfried Böhme

10. Die Ursaurier-Fundstätte Bromacker– Eine 290 Millionen Jahre alte Lebewelt (Thomas Martens)

Abb. 1, 2, 10: Foto Archiv SSFG
Abb. 3, 5, 9, 12–16: Thomas Martens
Abb. 4: Peter Mildner
Abb. 6: S. Martens
Abb. 7, 8: David Berman
Abb. 11: Wilfried Karwoth

11. Paläokunst im Museum – Wie Sauriermodelle entstehen (Peter Mildner)

Eingangsbild: Peter Mildner
Abb. 1: Wikimedia Commons, Ghedoghedo
Abb. 2: Jaime Headden. In: Andrea Cau, Tom Brougham, Darren Naish. 2015. The phylogenetic affinities of the bizarre Late Cretaceous Romanian theropod *Balaur bondoc* (Dinosauria, Maniraptora): dromaeosaurid or flightless bird? PeerJ 3:e1032; DOI 10.7717/peerj.1032, Fig. 7
Abb. 3: Wikimedia Commons, Emily Willoughby (e.deinonychus@gmail.com, http://emilywilloughby.com)
Abb. 4: Blair Sampson, 2012. https://www.deviantart.com/psithyrus/art/Baby-Feathered-Dinosaurs-Balaur-bondoc-342796669
Abb. 5–9, 12–20, 22–25, 27–29: Peter Mildner
Abb. 10: Wikimedia Commons, Allie Caulfield 2013
Abb. 11: Wikimedia Commons, Auckland Museum 2006
Abb. 21: Tom Hübner
Abb. 26: Ronald Bellstedt

12. Paläoart – die Kunst, durch die Zeit zu reisen (Frederik Spindler)

Abb. 1–21: Frederik Spindler

13. KinoSaurier – bewegte Giganten (Annette Richter)

Eingangsbild: © Karel Zeman Museum
Abb. 1: Dr. Matthias Hänselmann, Münster
Abb. 2: © Lobster Films Collection
Abb. 3: © Karel Zeman Museum
Abb. 4: Courtesy of Universal Studios Licensing LLC

Wir haben uns bemüht, alle Inhaber von Bildrechten ausfindig zu machen. Für versehentlich nicht oder falsch angegebene Quellen bitten wir bereits im Voraus um Nachsicht. Mögliche Rechteinhaber werden gebeten, gegebenenfalls mit dem Herausgeber Kontakt aufzunehmen.

Namensregister

Glossar von im Buch genannten Wirbeltier-Gruppen

Amniota – Landwirbeltiere (Tetrapoda), deren Embryonalentwicklung komplett in einem Ei mit fester Schale abläuft. Dabei liegt der Embryo in einer von der Amnionhaut umschlossenen Höhle (Fruchtblase). Im Unterschied zu den Amphibien gibt es keine freilebenden Larven und die Entwicklung des Embryos bis zum Schlüpfen ist vom Wasser völlig unabhängig. Zu den Amniota gehören die Säugetiere, Vögel und alle Reptilien.

Archosauria – übersetzt »Herrscherechsen«. Zu ihnen gehören die heutigen Vögel und Krokodile sowie zahlreiche ausgestorbene Reptiliengruppen wie die Dinosaurier, Flugsaurier und verschiedene Gruppen aus der Linie der Krokodilvorfahren. Gemeinsame Merkmale der Archosaurier sind z. B. ein Schädelfenster zwischen Nasen- und Augenöffnungen (Präorbitalfenster) und die in Knochentaschen sitzenden Zähne. Ein Vorfahre der Archosaurier ist der thüringische *Protorosaurus* aus den etwa 257 Millionen Jahren alten Schichten des Kupferschiefers.

Avemetatarsalia – Eine der beiden Hauptgruppen der Archosaurier. Sie unterscheiden sich von der Krokodillinie der Archosaurier durch ihr Fußgelenk, das sich genau zwischen den körperferneren und körpernäheren Fußwurzelknochen beugt. Zu ihr gehören die Flugsaurier, die Dinosaurier und die Vögel. Damit haben gleich zwei Gruppen der Avemetatarsalia unabhängig voneinander den aktiven Flug entwickelt.

Diapsida – alle Reptilien mit ursprünglich zwei Schläfenfenstern im Schädel hinter dem Auge. Sie umfasst landlebende, fliegende und an das Leben im Wasser angepasste Gruppen wie die heutigen Vögel, Krokodile, Echsen, Schildkröten und Brückenechsen. Viele bedeutende ausgestorbene Großgruppen der Reptilien gehören auch dazu, z. B. die Ichthyosaurier, Plesiosaurier und alle Archosaurier.

Dinosauria – die an Formenreichtum und Artenzahl erfolgreichste Gruppe von Reptilien des Erdmittelalters. Mit Ausnahme der Vögel starben alle Dinosauriergruppen am Ende der Kreidezeit vor etwa 66 Millionen Jahren aus. Alle Dinosaurier gingen auf gerade unter dem Körper stehenden Beinen. Zu den Dinosauriern gehörten auch die größten Landwirbeltiere der Erdgeschichte.

Ichthyosauria – die Fischsaurier hatten sich unter den Reptilien am weitesten an das Leben im Meer angepasst. Vor allem ab der Jura-Zeit waren ihre Körper nahezu torpedoförmig, ähnlich wie Thunfische oder Haie, mit einer Rückenflosse und einer senkrechten Schwanzflosse. Sie lebten ausschließlich im Meer und brachten dort auch wie heutige Delfine ihre Jungen lebend zur Welt. Die letzten Fischsaurier starben vor etwa 93 Millionen Jahren aus.

Lepidosauromorpha – eine der beiden Schwestergruppen der Sauria, zur zweiten Gruppe gehören die Archosaurier. Die Lepidosauromorpha umfassen die ausgestorbenen Mosasaurier und die heute noch lebenden Echsen, Schlangen und Blindwühlen. Auch die neuseeländische Brückenechse als letzter Überlebender ihrer eigenen Gruppe, der Rhynchocephalia oder »Schnabelköpfe«, gehört dazu. Mit insgesamt über 10.000 Arten sind die Lepidosauromorpha nach den Vögeln heute die erfolgreichste Gruppe der Landwirbeltiere.

Ornithischia – Vogelbecken-Dinosaurier und eine der beiden Großgruppen der Dinosaurier. Sie unterscheiden sich von der Großgruppe der Saurischia in der Anordnung ihrer Beckenknochen, wobei das bauchseitige Schambein oder Pubis nach hinten zeigt und sich an das Sitzbein oder Ischium anlegt. Zu den Ornithischia zählen u. a. die Stachel- und Panzerdinosaurier (Stegosauria und Ankylosauria), die Horndinosaurier (Ceratopsia), die Dickschädelechsen

(Pachycephalosauria) und die Vogelfußdinosaurier (Ornithopoda), zu denen auch das *Iguanodon* und die Entenschnabeldinosaurier gehören.

Plesiosauria – Eine bedeutende Gruppe von Meeresreptilien des Erdmittelalters. Es gab zwei Formtypen, die bis zu 14 m lang werden konnten. Der eine Formtyp besaß einen kleinen Kopf, einen langen, recht steifen Hals und einen kurzen, gedrungenen Körper. Tiere dieses Typs jagten vor allem Fische und Tintenfische. Der zweite Formtyp besaß einen großen Kopf und einen kurzen Hals. Wie heutige Schwertwale standen Tiere dieses Typs an der Spitze der Nahrungspyramide und fraßen auch andere Meeresreptilien. Plesiosaurier brachten lebende Junge im Meer zur Welt. Am Ende der Kreidezeit starben sie wie die nicht-Vogel-Dinosaurier aus.

Pseudosuchia – Eine der beiden Hauptgruppen der Archosaurier. Sie unterscheiden sich von den Avemetatarsalia in ihrem Fußgelenk, dessen Bewegung zwischen den beiden fußnäheren Fußwurzelknochen erfolgt. Zu ihr gehören die Krokodile und ihre zahlreichen ausgestorbenen Verwandten, z.B. das durch seine Spuren bekannte *Chirotherium*, Laufkrokodile wie der sechs Meter lange *Batrachotomus* aus Baden-Württemberg und Meereskrokodile wie *Steneosaurus* aus dem süddeutschen Holzmaden. Bevor die Pseudosuchier den Dinosauriern als beherrschende Gruppe von Landwirbeltieren Platz machen mussten, zeigten sie eine erstaunliche Vielfalt an Formen. Sie brachten nicht nur große Fleischfresser hervor, sondern auch zahnlose Pflanzenfresser mit Hornschnäbeln, Arten mit starker Körperpanzerung oder Rückensegeln und sogar einige nur auf den Hinterbeinen laufende Formen. Die heutigen Krokodile sind nur noch ein Schatten dieser Vielfalt.

Pterosauria – Die Flugsaurier sind mit den Dinosauriern enger verwandt als mit allen anderen Gruppen von Reptilien. Sie waren die ersten Wirbeltiere, die aktiv fliegen konnten. Im Unterschied zu den Vögeln spannte sich eine Flughaut an den Armen und entlang des vierten, stark verlängerten Fingers der Hand. Sie besaßen dünnwandige, hohle Knochen zur Gewichtsreduktion und bei vielen Arten sind eine fellähnliche Körperbedeckung und zum Teil sehr große und extravagante Fortsätze auf dem Kopf bekannt. Im Laufe der Kreidezeit ging ihre Vielfalt zugunsten der Vögel stark zurück. Die letzten, und mit einer Spannweite von bis zu 12 m auch größten Arten starben gemeinsam mit den Nicht-Vogel-Dinosauriern vor 66 Millionen Jahren aus.

Reptiliomorpha – Eine Großgruppe die neben den Amniota alle Gruppen von Landwirbeltieren umfasst, die näher mit den Amniota als mit den heutigen Amphibien verwandt sind. Relativ sicher zu diesen »Reptilien-artigen« Landwirbeltieren gehören frühe, schon weitestgehend an das Landleben angepasste Ursaurier wie *Diadectes*, *Orobates* und *Seymouria*. Ohne entsprechende Fossilfunde wird es allerdings ein Rätsel bleiben, in welcher Gruppe der Reptiliomorpha tatsächlich erstmals ein Ei mit fester Schale und den einzelnen Eihäuten wie bei heutigen Reptilien und Vögeln vorkam und damit der wichtigste Schritt der Anpassung an das Leben an Land vollzogen war.

Sauria – Ursprünglich als Bezeichnung für die modernen Echsen verwendet. Heute fasst der Begriff alle Gruppen der Lepidosauromorpha und Archosauromorpha zusammen und ist damit eine Großgruppe der Reptilien, in der Echsen und Schlangen genauso vorkommen wie die Krokodile, Dinosaurier und Vögel.

Saurischia – Echsenbecken-Dinosaurier, eine der beiden Großgruppen der Dinosaurier. Sie unterscheiden sich von der Großgruppe der Ornithischia in der Anordnung der Beckenknochen, in der das Pubis oder Schambein nach vorn und unten zeigt. Zu den Saurischia gehören die langhalsigen, riesigen Sauropoden und ihre Vorfahren (Sauropodomorpha) und die Raubdinosaurier mit den Vögeln (Theropoda).

Sauropodomorpha – eine Großgruppe der Saurischia. Sie umfasst pflanzenfressende Dinosaurier mit teilweise sehr langem Hals und Schwanz. Zu den frühen Vertretern gehört auch der »deutsche Lindwurm« *Plateosaurus*. Am bekanntesten sind jedoch die teilweise gigantischen Sauropoden der Jura- und Kreidezeit, zu denen auch die größten und schwersten Landtiere aller Zeiten gehören.

Sauropsida – eine der beiden Großgruppen der Amniota und die Schwestergruppe der Synapsida. Zu ihr gehören alle heute lebenden Reptilien und Vögel sowie zahlreiche ausgestorbene Gruppen von Reptilien, darunter auch die Parareptilia mit dem Ursaurier *Eudibamus* sowie alle diapsiden Reptilien wie die Ichthyosauria, die Plesiosauria und die Großgruppen der Sauria.

Synapsida – eine der beiden Großgruppen der Amniota und die Schwestergruppe der Sauropsida. Die Synapsiden werden auch säugetierähnliche Reptilien genannt und umfassen die Säugetiere und alle ihre Vorfahren, die ihnen verwandtschaftlich näherstehen als den Reptilien und Vögeln. Darunter fallen auch so auffällige Tiere wie das Rückensegeltragende *Dimetrodon* oder der kleine Caseide *Martensius*, die am Bromacker gefunden wurden. In der Zeit vor 300 bis etwa 250 Millionen Jahren, vor dem Aufstieg der Archosaurier, waren die Synapsiden die bedeutendste Gruppe unter den Landwirbeltieren. Mit etwa 6400 Arten stehen die überlebenden Säugetiere den Sauropsida heute immer noch nach, aber ihr Größenspektrum, ihr Formenreichtum und ihr teilweise hoch entwickeltes Sozialverhalten macht sie zu einer der wichtigsten Tiergruppen der Gegenwart.

Tetrapoda – Landwirbeltiere. Übersetzt bedeutet der Name Vierfüßer. Diese Gruppe umfasst alle Landwirbeltiere, die als ursprüngliches Merkmal vier Beine besitzen und sich an Land fortbewegen können. Einige Gruppen, wie die Schlangen, haben ihre Beine im Laufe ihrer Entwicklung wieder verloren oder haben zu Flügeln umgebildete Vorderbeine, wie Vögel, Fledermäuse und Flugsaurier. Zu den Tetrapoda gehören alle Amphibien, Reptilien, Vögel und Säugetiere. Unter diesen gibt es zahlreiche Gruppen, die unabhängig voneinander wieder ins Wasser zurückgekehrt sind und anstatt Beinen wieder Flossen besitzen, wie z.B. die Wale, Robben, Pinguine, Meeresschildkröten, Plesiosaurier, Ichthyosaurier und viele andere. Dennoch gehören sie wegen ihrer Vorfahren verwandtschaftlich zu den Tetrapoda.

Theropoda – eine Großgruppe der Saurischia. Sie umfasst alle fleischfressenden Dinosaurier, wie z.B. *Tyrannosaurus* und *Deinonychus*, sowie die Vögel einschließlich dem Urvogel *Archaeopteryx*. Einige Theropoden erreichten Körperlängen von 13 m und sind damit die größten Landraubtiere der Erdgeschichte. Auch unabhängig von der Entwicklungslinie zu den Vögeln waren einige Gruppen dieser Zweibeiner zahnlos und ernährten sich von Kleintieren und Pflanzen.

Ursaurier – eine künstliche Bezeichnung für Landwirbeltiere der unteren Permzeit vor etwa 290 Millionen Jahren, die allesamt am Bromacker zwischen Tambach-Dietharz und Georgenthal im Thüringer Wald gefunden wurden. Mit dem Begriff werden auf einfache Weise Tiere zusammengefasst, die so unterschiedlichen Gruppen wie den Synapsida, den Reptiliomorpha, den Sauropsida und verschiedenen ausgestorbenen Linien von Amphibien angehören.

Impressum

Dieses Buch erscheint begleitend zur Ausstellung
»Saurier – Die Erfindung der Urzeit«,
einer Sonderausstellung der Stiftung Schloss Friedenstein Gotha vom 6. Februar bis 22. August 2021.

Ausstellung
Direktor: Tobias Pfeifer-Helke
Kurator: Tom Hübner
Idee: Tom Hübner und Carsten Eckert
Konzept: Tom Hübner
Texte: Tom Hübner
Wiss. Begleitung: Carsten Eckert
Registrarin: Christiane Backhaus
Ausstellungsgestaltung: Marianne Conrad/atelier MA conrad
Grafik: Marianne Conrad und Steve Hampel
Objekteinrichtung und Technik: Andreas Fiedler, Ronny Wolf, Matthias Kauk, Guntram Hofmann und René Winter
Restauratorische Betreuung: Peter Mildner, Fuhyi Kuo, Pia Kain
Öffentlichkeits- und Pressearbeit: Marco Karthe, Susanne Hörr
Museumspädagogik: Petra Hill, Alina Depner, Maria Schulz
Drittmittelmanagement: Ingrid Dettmann

Buch
Herausgeber: Tom Hübner für die Stiftung Schloss Friedenstein Gotha
Konzept: Tom Hübner
Autoren: Gottfried Böhme, Carsten Eckert, Tom Hübner, Lisa Janke, Dennis Janzen, Björn Kröger, Thomas Martens, Peter Mildner, Eckhard Mönnig, Ilja Nieuwland, Annette Richter, Frederik Spindler
Redaktion und Lektorat: Tom Hübner
Wiss. Begleitung: Carsten Eckert

Dank/Leihgeber
Die SSFG dankt den folgenden Institutionen und Personen für die großzügige Unterstützung der Ausstellung mit Leihgaben:

Bayerische Staatssammlung für Paläontologie und Geologie, München
Geiseltalsammlung, Zentralmagazin Naturwissenschaftlicher Sammlungen (ZNS), Martin-Luther-Universität Halle-Wittenberg
Geowissenschaftliches Zentrum der Universität Göttingen, Museum & Sammlungen
Herr Marcus Sommer von Somso Modelle GmbH, Coburg
Herr Petr Modlitba, Brno
Institut für Geographie und Geologie, Universität Greifswald
LWL-Museum für Naturkunde Münster
Moravské zemské muzeum / Moravian Museum, Brno
Museum für Naturkunde – Leibniz-Institut für Evolutions- und Biodiversitätsforschung, Berlin
Museum Kloster Banz, Bad Staffelstein
Národní muzeum / The National Museum, Prag
Naturhistorisches Museum Schloss Bertholdsburg, Schleusingen
Naturkundemuseum Erfurt
Naturkunde-Museum Coburg
Paläontologisches Institut und Museum, Universität Zürich
Senckenberg Naturhistorische Sammlungen Dresden
Stiftung Deutsches Optisches Museum, Jena

Verwendete Abkürzungen im Buch
SSFG: Objekt aus den Sammlungen der Stiftung Schloss Friedenstein Gotha
MNG: Museum der Natur Gotha, Teil der Inventarnummern der SSFG

Bibliografische Information der Deutschen Nationalbibliothek:
Die Deutsche Nationalbibliothek verzeichnet diese Publikation in der Deutschen Nationalbibliografie; detaillierte bibliografische Daten sind im Internet über http://dnb.dnb.de abrufbar.

1. Auflage 2020

Umschlaggestaltung: Anna Braungart, Tübingen
Layout und Satz: typegerecht berlin
Druck: optimal media GmbH, Röbel/Müritz
ISBN 978-3-7954-3507-3

Weitere Informationen zum Verlagsprogramm erhalten Sie unter: www.schnell-und-steiner.de